Die gesetzliche Regelung der Lebendspende von Organen
in der Bundesrepublik Deutschland

RECHT & MEDIZIN

Herausgegeben von den Professoren
Dr. Erwin Deutsch, Dr. Adolf Laufs, Dr. Hans-Ludwig Schreiber

Bd./Vol. 65

Frankfurt am Main · Berlin · Bern · Bruxelles · New York · Oxford · Wien

Markus Schreiber

Die gesetzliche Regelung der Lebendspende von Organen in der Bundesrepublik Deutschland

PETER LANG
Europäischer Verlag der Wissenschaften

Bibliografische Information Der Deutschen Bibliothek
Die Deutsche Bibliothek verzeichnet diese Publikation in der
Deutschen Nationalbibliografie; detaillierte bibliografische
Daten sind im Internet über <http://dnb.ddb.de> abrufbar.

Zugl.: Göttingen, Univ., Diss., 2003

Gedruckt auf alterungsbeständigem,
säurefreiem Papier.

D 7
ISSN 0172-116X
ISBN 3-631-52037-9

© Peter Lang GmbH
Europäischer Verlag der Wissenschaften
Frankfurt am Main 2004
Alle Rechte vorbehalten.

Das Werk einschließlich aller seiner Teile ist urheberrechtlich
geschützt. Jede Verwertung außerhalb der engen Grenzen des
Urheberrechtsgesetzes ist ohne Zustimmung des Verlages
unzulässig und strafbar. Das gilt insbesondere für
Vervielfältigungen, Übersetzungen, Mikroverfilmungen und die
Einspeicherung und Verarbeitung in elektronischen Systemen.

Printed in Germany 1 2 3 4 5 7

www.peterlang.de

VORWORT

Die vorliegende Arbeit wurde im Sommersemester 2003 von der Juristischen Fakultät der Georg-August-Universität zu Göttingen als Dissertation angenommen. Die Arbeit befindet sich inhaltlich auf dem Stand Januar 2001. Neuere Literatur und Rechtsprechung konnten im wesentlichen nur in den Fußnoten berücksichtigt werden.

Mein besonderer gilt Herrn Prof. Dr. Dr. hc. mult. Hans-Ludwig Schreiber, der die Arbeit angeregt und ihr Entstehen begleitet hat.

Den Herrn Prof. Dr. Dr. hc. mult. Erwin Deutsch und Prof. Dr. Dr. hc. mult. Adolf Laufs danke ich neben meinem Doktorvater für die freundliche Aufnahme der Arbeit in die von ihnen herausgegebene Schriftenreihe „Recht und Medizin".

Zum Schluß möchte ich meinen Eltern für ihre Unterstützung danken, ohne die dies alles nicht möglich gewesen wäre. Ihnen sei die Arbeit gewidmet.

München, im September 2003

Markus Schreiber

INHALTSVERZEICHNIS

EINLEITUNG 15

1. TEIL: MEDIZINISCHE ASPEKTE 19
  A. Begriffsbestimmung.. 19
  B. Transplantierbare Organe, Organteile und Gewebe 20
  C. Anzahl der durchgeführten Transplantationen und Transplantationsergebnisse 21

2. TEIL: DER WEG DER GESETZGEBUNG 27
  A. Nicht verwirklichte Gesetzgebungsvorhaben des Bundes und der Länder 27
    I. Die Gesetzentwürfe der CDU-Fraktion im Berliner Abgeordnetenhaus 27
    II. Gesetzentwurf der Bundesregierung 1978 29
    III. Gesetzentwurf der SPD-Fraktion im Niedersächsischen Landtag 31
    IV. Entschließungsantrag der SPD-Fraktion im Bundestag 1994 . 31
    V. Transplantationsgesetz für das Land Rheinland-Pfalz 1994 32
    VI. Gesetzesantrag der Länder Bremen und Hessen im Bundesrat 1994 34
    VII. Strafrechtliche Gesetzentwürfe 37
  B. Außerparlamentarische Gesetzentwürfe 39
    I. Gesetzentwurf der Deutschen Stiftung Organtransplantation und der Arbeitsgemeinschaft der Deutschen Transplantationszentren 1990 39
    II. Gesetzentwurf der Arbeitsgemeinschaft der Dialysepatienten und Nierentransplantierten in Bayern e.V. 1990 40
  C. Das Gesetzgebungsverfahren in der 13. Legislaturperiode 41
  D. Die Rechtslage in der ehemaligen DDR 45
    I. Rechtslage in der DDR.. 45
    II. Rechtslage nach der Wiedervereinigung 47

3. TEIL: ANWENDUNGSBEREICH DES TRANSPLANTATIONSGESETZES
UND BEGRIFFSBESTIMMUNGEN 49
  A. Anwendungsbereich.. 49
  B. Begriffsbestimmungen 50
    I. Organe.. 50
    II. Lebendspende 51

4. TEIL: DIE REGELUNG DER ORGANENTNAHME BEIM LEBENDEN
SPENDER IN § 8 TPG 55
  A. Einführung.. 55
  B. Volljährigkeit, Einwilligung und ärztliche Aufklärung 55
    I. Die Erforderlichkeit der Einwilligung... 55
    II. Einwilligungsfähigkeit und Volljährigkeit............................... 57
      1) Gesetzliche Regelung 57
        a) Einwilligungsfähigkeit... 57
        b) Volljährigkeit 58
      2) Die Organentnahme beim Minderjährigen 59
      3) Die Organentnahme beim Betreuten 63
        a) Der einwilligungsfähige Betreute 64
        b) Der einwilligungsunfähige Betreute 65
      4) Zusammenfassung... 67
    III. Erklärung der Einwilligung... 67
      1) Schriftform der Einwilligung.. 67
      2) Freiwilligkeit der Einwilligung.. 68
      3) Widerrufsmöglichkeit 71
      4) Folgen fehlender Schriftform.. 72
      5) Zusammenfassung... 75
    IV. Die ärztliche Aufklärung des Organspenders......................... 75
      1) Gesetzliche Regelung 75
      2) Funktion der Aufklärung 76
      3) Gegenstand und Umfang der Aufklärung............................ 77
        a) Gegenstand der Aufklärung 77
        b) Umfang der Aufklärung 81
        c) Zulässigkeit eines Aufklärungsverzichts 83

4) Durchführung der Aufklärung 85
5) Formelle Anforderungen 85
6) Folgen fehlerhafter Aufklärung 86
7) Zusammenfassung 89
V. Einwilligung und Aufklärung des Organempfängers 89
C. Medizinische Voraussetzungen und Subsidiarität 91
I. Voraussetzungen auf der Spenderseite, § 8 Abs. 1 S. 1 Nr. 1c) TPG 91
1) Gesetzliche Regelung 91
a) Geeignetheit des Organspenders 92
b) Gefährdung des Organspenders 92
c) Schwere gesundheitliche Beeinträchtigung des Organspenders 93
2) Verletzung des Grundrechts aus Art. 2 Abs. 2 S. 1 GG 95
II. Erfolgsaussichten beim Empfänger, § 8 Abs. 1 S. 1 Nr. 2 TPG 97
III. Subsidiarität, § 8 Abs. 1 S. 1 Nr. 3 TPG..................................99
1) Gesetzliche Regelung 99
2) Die einzelnen Voraussetzungen 100
a) Verfügbarkeit eines Organs 100
b) Geeignetheit des Organs 101
aa) Problemstellung 101
bb) Auslegung des Begriffs „geeignet" 103
3) Verletzung des Grundrechts aus Art. 2 Abs. 2 S. 1 GG 104
a) Eingriff in den Schutzbereich 104
b) Verfassungsrechtliche Rechtfertigung................................105
4) Verfassungskonforme Auslegung 110
5) Zusammenfassung 113
D. Vornahme des Eingriffs durch einen Arzt, § 8 Abs. 1 S. 1 Nr. 4 TPG...113
E. Einschränkung des Empfängerkreises bei der Entnahme sich nicht wieder bildender Organe nach § 8 Abs. 1 S. 2 TPG 114
I. Gesetzliche Regelung 114

II. Familienrechtliche Beziehung zwischen Spender und
Empfänger 115
  1) Verwandtschaft ersten oder zweiten Grades 115
  2) Ehegatten und Verlobte 117
III. Personen, die sich in besonderer persönlicher Verbundenheit offenkundig nahestehen 118
  1) Einleitung 118
  2) Auslegungshinweise in der Gesetzesbegründung 118
  3) Auslegung 122
    a) Besondere persönliche Verbundenheit 122
    b) Offenkundigkeit 125
    c) Nahestehen in dieser Beziehung 127
    d) Zusammenfassung 127
  4) Besondere Spender-Empfänger-Konstellationen 128
    a) Homosexuelle Lebensgemeinschaft 128
    b) Überkreuz-Lebendspende 129
      aa) Ansicht in der Literatur 130
      bb) Überkreuz-Lebendspende als indirekte Spende 132
    c) Näheverhältnis zwischen Spender und Verwandten des
    Empfängers 135
      aa) Ansichten in der Literatur 135
      bb) Eigene Lösung 140
IV. Verletzung von Grundrechten 142
  1) Einleitung 142
  2) Verletzung von Art. 2 Abs. 2 S. 1 GG (Organempfänger) .. 143
    a) Eingriff in den Schutzbereich 144
    b) Verfassungsrechtliche Rechtfertigung 145
      aa) Bestimmtheitsgrundsatz 145
      bb) Verhältnismäßigkeitsgrundsatz 147
        (1) Legitimes Ziel 147
        (2) Geeignetheit 148
        (3) Erforderlichkeit 150
        (4) Verhältnismäßigkeit im engeren Sinne 152
  3) Verletzung von Art. 3 Abs. 1 GG (Organempfänger) 154
    a) Ungleichbehandlung 154
    b) Verfassungsrechtliche Rechtfertigung 155

 4) Verletzung von Art. 2 Abs. 1 GG (Organspender)...............157
  a) Eingriff in den Schutzbereich 157
  b) Verfassungsrechtliche Rechtfertigung....................158
 5) Verletzung von Art. 12 Abs. 1 GG (Transplantationschirurg)..160
  a) Eingriff in den Schutzbereich 160
  b) Verfassungsrechtliche Rechtfertigung....................162
 6) Verletzung von Art. 4 Abs. 1 GG (Transplantationschirurg)..164
  a) Eingriff in den Schutzbereich 164
  b) Verfassungsrechtliche Rechtfertigung....................165
 7) Zusammenfassung 167
F. Weitere Voraussetzungen nach § 8 Abs. 3 TPG 167
 I. Nachbetreuung nach § 8 Abs. 3 S. 1 TPG............................167
 II. Gutachtliche Stellungnahme der zuständigen Landeskommission nach § 8 Abs. 3 S. 2 TPG 168
  1) Gesetzliche Regelung 168
  2) Kritik in der Literatur 171
  3) Effektivität der Kommission 173
  4) Landesrechtliche Regelungen zur Kommission 176
   a) Bisher erlassene landesrechtliche Regelungen 176
   b) Diskussion...182
G. Nicht ausdrücklich im Transplantationsgesetz geregelte Fälle der Organentnahme...184
 I. Der Anenzephalus als Organspender 184
 II. Die anonyme Organspende 186

5. TEIL: ORGANISATORISCHE VORSCHRIFTEN MIT BEZUG ZUR LEBENDSPENDE 189
 A. Transplantationszentren...189
 B. Koordinierungsstelle..190
 C. Datenschutz und Fristen..192
 D. Richtlinienkompetenz der Bundesärztekammer nach § 16 TPG 193
  I. Gesetzliche Regelung 193
  II. Kritik in der Literatur 195

E. Kostentragung bei der Lebendspende von Organen 201
  I. Tragung der Kosten der Übertragung eines Organs 202
    1) Krankenversicherte Organempfänger 202
    2) Nicht krankenversicherte Organempfänger 203
      a) Nicht krankenversicherte Deutsche 203
      b) Nicht krankenversicherte Ausländer 204
  II. Tragung der Kosten der Organentnahme beim Spender und
  Ersatz der Aufwendungen des Spenders 206
    1) Krankenversicherte Organempfänger 207
    2) Nicht krankenversicherte Organempfänger 208
      a) Nicht krankenversicherte Deutsche 208
      b) Nicht krankenversicherte Ausländer 209
  III. Kostentragung bei einer Organtransplantation auf Grund
  eines Arbeitsunfalls 209
  IV. Versicherungsrechtliche Absicherung eines Spendeunfalls. 210
  V. Weitergehende Absicherung von Risiken 217

6. TEIL: STRAFVORSCHRIFTEN UND BUSSGELDVORSCHRIFTEN MIT
BEZUG ZUR LEBENDSPENDE 219
  A. Strafbarkeit des Handels mit Organen lebender Spender
  gemäß § 18 TPG 219
    I. Gesetzliche Regelung 219
    II. Geschützte Rechtsgüter 219
      1) Schutz vor Ausnutzung gesundheitlicher oder wirtschaft-
      licher Notlagen 220
      2) Schutz der körperlichen Integrität des Spenders 221
      3) Schutz der Menschenwürde des Spenders 222
    III. Tathandlungen 227
      1) Handeltreiben 227
        a) Auslegung des Begriffs „Handeltreiben" 227
        b) Kritik in der Literatur 230
        c) Handeltreiben bei der Überkreuz-Lebendspende 233
      2) Entnahme, Übertragen und sich Übertragenlassen von
      Organen 234
      3) Tatbestandsausschluß nach § 17 Abs. 1 S. 2 Nr. 1 TPG 236
      4) Tatbestandsausschluß nach § 17 Abs. 1 S. 2 Nr. 2 TPG 240

5) Ausgrenzung von Geringfügigkeiten aus dem Tatbestand?.242
IV. Subjektiver Tatbestand 243
  1) Vorsatz..243
  2) Eigennützigkeit 244
V. Rechtswidrigkeit und Schuld 244
VI. Qualifikation nach § 18 Abs. 2 TPG 247
VII. Absehen von Strafe und Strafmilderung nach § 18 Abs. 4
TPG 248
VIII. Versuchsstrafbarkeit nach § 18 Abs. 3 TPG 252
IX. Auslandstaten...252
B. Strafvorschriften hinsichtlich der Lebendspende gemäß § 19
Abs. 2 TPG 253
I. Gesetzliche Regelung 253
II. Verhältnis zu den Körperverletzungstatbeständen gemäß §§
223 ff. StGB 254
III. Verfassungsrechtliche Bedenken 256
  1) Einleitung..256
  2) Verstoß gegen das Bestimmtheitsgebot aus Art. 103
  Abs. 2 GG 256
  3) Verstoß gegen den Schuldgrundsatz aus Art. 1 Abs. 1 GG .259
C. Strafvorschriften hinsichtlich der Verletzung von Datenschutzbestimmungen gemäß § 19 Abs. 3 TPG 262
D. Bußgeldvorschriften gemäß § 20 TPG 263

7. TEIL: DIE REGELUNG DER LEBENDSPENDE VON ORGANEN IN
EUROPA 265

ZUSAMMENFASSUNG 281

LITERATURVERZEICHNIS 287

ABKÜRZUNGSVERZEICHNIS 305

EINLEITUNG

Die Geschichte der Transplantation reicht lange zurück. Hinweise auf entsprechende chirurgische Techniken finden sich bereits in frühen ägyptischen Papyri aus der Zeit um 2000 v. Chr..[1] Detaillierte Beschreibungen sind aus der altindischen Medizin überliefert, die auch plastische Operationen in Form von Hautlappentransplantationen kannte und durchführte.[2] Eine Sage aus China berichtet von der Austauschung der Herzen zweier Menschen im 6. Jahrhundert v. Chr..[3] Auch in christlichen Legenden und volkstümlichen Erzählungen wird über erfolgreiche Transplantationen von Nasen und ganzen Gliedmaßen berichtet.[4] Im 19. Jahrhundert wurden Hautverpflanzungen vorgenommen. Dabei blieb es aber bei der traditionellen plastischen Chirurgie mit ihren Verpflanzungstechniken an der Körperoberfläche. Der Übergang zur modernen Transplantationschirurgie als Ersatz eines nicht mehr oder nur unzureichend funktionierenden Organs durch Einbringung eines fremden gesunden Organs in den Körper des Empfängers vollzog sich 1883 mit der Implantation von Schilddrüsengewebe bei einem Patienten, dem vorher die Schilddrüse komplett entfernt worden war.[5] In den nächsten Jahrzehnten wurde die Transplantationstechnik verbessert. Meilensteine waren die Transplantation von Hundenieren durch Ullmann um 1902 und die Verbesserung der Gefäßnahttechnik durch Carrel.[6] Die Erfolge blieben jedoch gering. Erst mit der Erforschung der immunologischen Probleme und dem Durchbruch auf diesem Gebiet mit der Erforschung der Histokompatibilitätsantigene Anfang der 1940er Jahre durch Medawar sowie der Einführung der Immunsuppression konnten die Erfolge der Allo-

---

[1] Dippel, FS Hanack, S. 665 (666); einen tabellarischen Überblick über die Geschichte der Transplantation gibt Wagner, in: Pichlmayr, Transplantationschirurgie, S. 11 ff..

[2] Dippel, FS Hanack, S. 665 (666).

[3] Breitner/Land, Transplantationschirurgie, S. 3.

[4] Breitner/Land, Transplantationschirurgie, S. 3; Dippel, FS Hanack, S. 665 (667).

[5] Dippel, FS Hanack, S. 665 (668).

[6] Vogt/Karbaum, in: Toellner, Organtransplantation, S. 7 (8 f.).

transplantation beim Menschen gesteigert werden.[7] Ende Dezember 1954 erfolgte dann die erste erfolgreiche Übertragung einer Niere zwischen zwei eineiigen Zwillingen durch Murray, die erste erfolgreiche Lebertransplantation folgte 1967 durch Starzel und die erste erfolgreiche Herztransplantation durch Barnard am 2.12.1967.[8] In den folgenden Jahrzehnten wurde die Operationstechnik weiter verbessert.[9] Es wurden neu entwickelte Immunsuppressiva eingeführt. Entscheidende Fortschritte brachten die Einführung von Azathioprin 1960 und Ciclosporin Anfang der 80er Jahre, das zu einer wesentlich besseren Bewältigung der immunologischen Probleme bei der Allotransplantation führte.[10]

Am 25. Juni 1997 hat der Bundestag mit breiter Zustimmung ein Gesetz über die Spende, Entnahme und Übertragung von Organen (Transplantationsgesetz - TPG) beschlossen. Der Bundesrat stimmte am 26. September 1997 zu. Am 5. November wurde das Gesetz vom Bundespräsidenten ausgefertigt und trat im wesentlichen am 1. Dezember 1997 in Kraft.[11] Mit diesem Gesetz wurden die jahrzehntelangen Bemühungen um eine gesetzliche Regelung der Transplantation zu einem Abschluß gebracht.[12] Damit besteht erstmals eine spezialgesetzliche Regelung dieses Bereiches auf Bundesebene. Zwar herrschte auch bisher auf dem Gebiet der Transplantation kein rechtloser Zustand. Die für Transplantationen geltenden Regeln mußten aber aus

---

[7] Dippel, FS Hanack, S. 665 (669); Vogt/Karbaum, in: Toellner, Organtransplantation, S. 7 (10 f.).

[8] Nickel, Entnahme von Organen, S. 11.

[9] Vogt/Karbaum, in: Toellner, Organtransplantation, S. 7 (11 f.).

[10] Dippel, FS Hanack, S. 665 (669 f.); Hillebrand u.a., TxMed 1996, 101 (102).

[11] Erst zum 1. Dezember 1999 tritt § 8 Abs. 3 S. 2 und 3 TPG in Kraft, vgl. § 26 Abs. 1 S. 2 TPG.

[12] Hierbei war schon grundsätzlich die Notwendigkeit eines Transplantationsgesetzes umstritten. Verneinend Deutsch, ZRP 1982, 174 (177); Laufs, NJW 1995, 2398; anders aber ders., NJW 1997, 1609 (1617). Bejahend Großmann, RuP 1992, 60 (66); Lührs, ZRP 1992, 302 (303); Schreiber, FS Klug, S. 341 (358) m.w.N. und dezidiert ders., in: Toellner, Organtransplantation, S. 97 (100 f.); Sasse, Veräußerung von Organen, S. 171 f..

allgemeinen Rechtssätzen abgeleitet werden.[13] Eine Zusammenfassung wichtiger medizinischer, ärztlicher, ethischer und juristischer Grundsätze bei der Organtransplantation enthielt der Transplantationskodex der Arbeitsgemeinschaft der Transplantationszentren in der Bundesrepublik Deutschland, den sich die deutschen Transplantationszentren am 7. November 1987 selbst gegeben hatten.[14] Zu dessen Einhaltung hatten sich die Transplantationszentren zwar selbst verpflichtet, die Qualität einer rechtlich verbindlichen Norm hatte er als selbstauferlegte regulierende Grundsätze bei Organentnahme und Organtransplantation allerdings nicht.[15] Aus diesem Grund ist die spezialgesetzliche Regelung der Organtransplantation grundsätzlich zu begrüßen, weil sie Rechtsklarheit und damit Rechtssicherheit schafft.

Mit der Verabschiedung des Transplantationsgesetzes hat der Gesetzgeber einen höchst sensiblen Bereich geregelt. Zum einen verbinden sich mit der Transplantation eines Organs für den Empfänger die Hoffnung auf Rettung des Lebens und Heilung einer Krankheit sowie mehr Lebensqualität. Auf der anderen Seite steht die Organentnahme zum Teil im Zusammenhang mit dem Tod des Spenders und dem Leid der Angehörigen. Die Transplantation eines Organs wirft daher nicht nur medizinische und juristische Fragen auf, sondern berührt auch ethische, philosophische und theologische Fragen. Die hohe emotionale Bedeutung erklärt sich daraus, daß es um Leben und Sterben, um die menschliche Existenz selbst geht. Nicht zuletzt bestehen auch Befürchtungen, daß nach dem Tod Organe gegen den Willen des Verstorbenen entnommen werden, der Leichnam „ausgeschlachtet" wird und nicht alle möglichen medizinischen Maßnahmen zur Rettung eines Kranken ausgeschöpft werden, um an seine für eine Transplantati-

---

[13] Hirsch/Schmidt-Didczuhn, Transplantation, S. 1 f.; Uhlenbruck, in: Laufs/Uhlenbruck, Hdb. des Arztrechts, § 131 Rn.2; Schreiber/Wolfslast, MedR 1992, 189 (190); zur Rechtslage vor Erlaß des TPG Höfling/Rixen, Verfassungsfragen, S. 13 ff.; Voll, Einwilligung, S. 232 ff..

[14] Abgedruckt in DNÄ, Nr. 106 vom 7. Juni 1988, S. 4; der Kodex wurde 1992 überarbeitet, diese Fassung ist veröffentlicht in TxMed 1995, 154 f..

[15] Ebenso Bock, Organentnahme, S. 74; anders Lemke, MedR 1991, 281 (284), der eine Rechtsverbindlichkeit im eigentlichen Sinne verneint, aber eine Rechtsverbindlichkeit über die Selbstbindung und Eigenkontrolle hinaus annimmt.

on geeigneten Organe zu gelangen, und der Tod im Interesse einer Transplantatentnahme zu schnell und zu voreilig festgestellt wird.[16] Diese Problematik trifft nicht in gleicher Weise auf die hier behandelte Entnahme und Übertragung von Organen lebender Spender zu. Die Frage des Todeszeitpunktes spielt nicht dieselbe überragende Rolle und die Notwendigkeit der Einwilligung des Spenders in die Entnahme ist unbestritten. Zumindest in Deutschland muß niemand befürchten, daß ihm zu Lebzeiten zwangsweise Organe entnommen werden. Die Lebendspende war denn auch in der öffentlichen Diskussion und im Gesetzgebungsverfahren wesentlich weniger umstritten als die „großen" Fragen des Todeszeitpunkts und der Einwilligung bei der Organentnahme vom toten Spender. Hier seien insoweit nur die Stichworte Hirntod und Einwilligungs-/Widerspruchslösung genannt.[17]

Dennoch ist die Organentnahme von Lebenden zu Transplantationszwecken nicht unproblematisch. Immerhin wird dem Spender ein völlig gesundes Organ ohne gesundheitlichen Nutzen für ihn selbst entnommen. Probleme werfen unter anderem die Frage der Freiwilligkeit der Spendeentscheidung und ihre Sicherstellung sowie die Frage der Entgeltlichkeit der Spende und die Verhinderung von Organhandel auf. Ein weiteres Problem ist die Beschränkung des Spenderkreises bei lebenden Spendern und ihre verfassungsrechtliche Zulässigkeit.

Gegenstand der Arbeit ist die Untersuchung der gesetzlichen Voraussetzungen der Organentnahme bei lebenden Spendern auf ihre Verfassungsmäßigkeit und Sachgerechtigkeit (4. Teil) sowie der organisatorischen und strafrechtlichen Vorschriften im Zusammenhang mit der Lebendspende (5. und 6. Teil). Einleitend werden kurz medizinische Aspekte der Organtransplantation (1. Teil) und der Weg der gesetzgeberischen Bemühungen um ein Transplantationsgesetz (2. Teil) sowie der Anwendungsbereich des Transplantationsgesetzes (3. Teil) dargestellt. Abschließend wird ein Überblick über die Regelung der Lebendspende in anderen europäischen Ländern gegeben (7. Teil).

---

[16] C. Schreiber, in: Kaufmann, Moderne Medizin; S. 73; Schreiber, Transplantation und Recht, S. 17; Voll, Einwilligung, S. 231.

[17] Vgl. zu dieser Diskussion m.w.N. Taupitz, JuS 1997, 203 ff..

1. Teil: Medizinische Aspekte

A. Begriffsbestimmung

Unter Organtransplantation wird die Übertragung von Organen, Geweben oder Zellen (Transplantaten) von einem Spender auf einen Empfänger verstanden.[18] Die Organtransplantation ist ein chirurgisches Behandlungsverfahren, das darauf beruht, irreversibel geschädigte Organe bei potentiellen Empfängern durch vitale Organe oder Organsysteme von Spendern zu ersetzen.[19]

Ein Organ ist ein aus verschiedenen Zellen und Geweben zusammengesetzter, eine funktionelle Einheit bildender Teil des Organismus.[20] Als Gewebe wird ein durch spezifische Leistungen gekennzeichneter Verband gleichartiger (= „differenzierter") Zellen bezeichnet.[21] Die operative Einbringung des Transplantats wird auch Implantation[22], die Entnahme beim Spender Explantation[23] genannt.

Bei der autogenen Transplantation (autologe Transplantation, Autotransplantation) sind Spender und Empfänger identisch. Das Transplantat wird von einer Stelle des Organismus auf eine andere Stelle des gleichen Körpers übertragen.[24] Bei der allogenen Transplantation (allogenetische, homologe, homogene Transplantation, Allotransplantation, Homotransplantation) wird das Transplantat von einem Spender auf einen Empfänger der gleichen Art übertragen. Spender und

---

[18] Heberer/Köle/Tscherne, Chirurgie, S. 220; Pschyrembel, Klinisches Wörterbuch, Stichwort Transplantation, S. 1591.

[19] Heberer/Köle/Tscherne, Chirurgie, S. 231.

[20] Pschyrembel, Klinisches Wörterbuch, Stichwort Organ, S. 1161; Roche-Lexikon Medizin, Stichwort Organum, S. 1280.

[21] Pschyrembel, Klinisches Wörterbuch, Stichwort Gewebe, S. 571; Roche-Lexikon Medizin, Stichwort Gewebe, S. 663.

[22] Pschyrembel, Klinisches Wörterbuch, Stichwort Implantation, S. 753.

[23] Pschyrembel, Klinisches Wörterbuch, Stichwort Explantation, S. 477.

[24] Zur Terminologie siehe Heberer/Köle/Tscherne, Chirurgie, S. 220 Tabelle 17.1; Breitner/Land, Transplantationschirurgie, S. 4; Roche-Lexikon Medizin, Stichwort Transplantation, S. 1709.

Empfänger weisen dabei unterschiedliche Erbinformationen auf. Als isogene Transplantation (isologe, syngene, syngenetische Transplantation, Isotransplantation) wird die Verpflanzung eines Organs zwischen zwei genetisch identischen Individuen, zum Beispiel eineiigen Zwillingen, bezeichnet. Bei der xenogenen Transplantation (xenogenetische, heterologe, heterogenetische Transplantation, Xenotransplantation) wird ein Organ zwischen Individuen unterschiedlicher Arten, zum Beispiel Mensch und Tier, übertragen.

Die Organspende vom einem lebenden Menschen nennt man Lebendspende, die von einem verstorbenen Spender Leichenspende oder postmortale Spende.

B. TRANSPLANTIERBARE ORGANE, ORGANTEILE UND GEWEBE

Die Transplantation ist bei praktisch allen Organen, Organteilen und Geweben möglich.[25] Die Übertragung von Nieren, Herzen und Lebern ist eine etablierte therapeutische Behandlungsmethode. Noch im Stadium der klinischen Erprobung befinden sich die klinische Pankreastransplantation, die klinische Dünndarmtransplantation und die Transplantation von Organsystemen wie Leber-Niere, Herz-Niere und Herz-Leber.[26] In großer Anzahl werden Augenhornhäute und Gehörknöchelchen übertragen. Möglich ist auch die Übertragung von Teilen eines Organs. In Betracht kommt die Übertragung von Teilen der Leber (linker Leberlappen, Lebersegmente), des Pankreas (Pankreas-

---

[25] Vgl. die Übersicht bei Hammer/Eberbach, in: Hiersche/Hirsch/Graf-Baumann, Organtransplantation, S. 12 (14). In Neuseeland wurde letztlich mit anscheinend gutem Erfolg sogar eine komplette Hand transplantiert, siehe HAZ, Nr. 236 vom 9./10. Oktober 1999, S. 8.

[26] Heberer/Köle/Tscherne, Chirurgie, S. 231; ausführlich zu medizinischen Aspekten der Transplantation Löw-Friedrich/Schoeppe, Transplantation. Zum Teil werden auch bereits Dreifach-Transplantationen durchgeführt; so wurde im Mai 1999 am Göttinger Universitätsklinikum die weltweit erste kombinierte Herz-, Leber- und Nierentransplantation vorgenommen, der Patient starb allerdings Ende Oktober 1999, vgl. die Notiz in der HAZ, Nr. 251 vom 27. Oktober 1999, S. 4.

schwanz) und des Dünndarms (Dünndarmschlingen) sowie der Lunge (Lungenlappen).[27]

Die Lebendspende wird nur durchgeführt bei sich wieder bildenden Organen und Geweben, bei paarigen Organen und bei Teilen von Organen. Daher ist die Lebendspende möglich bei Blut, Knochenmark, Haut, Lebersegmenten, Nieren, Lungenlappen, Dünndarm- und Bauchspeicheldrüsensegmenten.

C. Anzahl der durchgeführten Transplantationen und Transplantationsergebnisse

Einen Überblick über die in Deutschland durchgeführten Organtransplantationen gibt die als Tabelle 1 angefügte Übersicht.[28]

Der Anteil der Lebendspenden war dabei gering. Bei der Nierentransplantation betrug der Anteil der lebendgespendeten Organe 1990 1,7%[29] und 1993 2,8%[30]. In den letzten Jahren ist allerdings eine stetige Zunahme des Anteils der Lebendspenden zu beobachten: 1996 betrug der Anteil 6,4%, 1997 schon 12,4% und im Jahre 1998 14,7%.[31] Dieser Trend setzte sich in den folgenden Jahren über 16,7% 1999, 15,6% 2000, 16,5% 2001 und 19,1% 2002 fort.[32]

Lebersegmente wurden 1998 in Deutschland 18mal von Eltern zur Übertragung auf ihre Kinder lebend gespendet.[33] Dies waren ungefähr 2,5% aller durchgeführten Leberübertragungen. Auch bei der Lebertransplantation ist der Anteil der Lebendspenden in den letzten Jahren gestiegen. Waren es 1999 schon 5,4%, so stieg dieser Anteil über

---

[27] Breitner/Land, Transplantationschirurgie, S. 53.

[28] Zitiert bis 1992 nach Nickel, Entnahme von Organen, S. 225; ab 1993 zitiert nach Deutsche Stiftung Organtransplantation, Organspende, S. 20 Abb. 17, S. 28 Abb. 27, S. 36 Abb. 39.

[29] Land, ZTxMed 1993, 59 (60).

[30] Höppner u.a., TxMed 1994, 217 (218).

[31] Smit u.a., Organspende, S. 25 Abb. 41.

[32] Deutsche Stiftung Organtransplantation, Organspende, S. 28 Abb. 27.

[33] Smit u.a., Organspende, S. 31.

Tabelle 1

Jahr	Leber-Tx BRD/DDR (Lebendspende)	Herz-Tx BRD/DDR	Lungen-Tx BRD/DDR	Nieren-Tx BRD/DDR (Lebendspende)	Pankreas-Tx BRD/DDR
1963	0 / 0	0 / 0	0 / 0	1 / 0	0 / 0
1967	0 / 0	0 / 0	2 / 0	11 / 2	0 / 0
1968	0 / 0	0 / 0	0 / 0	27 / 5	0 / 0
1969	1 / 0	2 / 0	0 / 0	25 / 5	0 / 0
1970	0 / 0	0 / 0	0 / 0	61 / 14	0 / 0
1971	0 / 0	0 / 0	0 / 0	56 / 22	0 / 0
1972	1 / 0	0 / 0	0 / 0	72 / 36	0 / 0
1973	0 / 0	0 / 0	0 / 0	98 / 30	0 / 0
1974	0 / 0	0 / 0	0 / 0	158 / 37	0 / 0
1975	1 / 0	0 / 0	0 / 0	199 / 48	0 / 0
1976	2 / 1	0 / 0	0 / 0	185 / 79	0 / 0
1977	3 / 2	0 / 0	0 / 0	277 / 97	0 / 0
1978	1 / 2	0 / 0	0 / 0	399 / 117	0 / 0
1979	7 / 3	0 / 0	0 / 0	587 / 114	1 / 0
1980	8 / 3	0 / 0	0 / 0	670 / 123	1 / 0
1981	25 / 4	1 / 0	0 / 0	762 / 138	3 / 0
1982	33 / 5	4 / 0	0 / 0	923 / 172	2 / 0
1983	33 / 4	19 / 0	1 / 0	1027/ 141	15 / 0
1984	45 / 7	46 / 0	1 / 0	1274/ 177	18 / 0
1985	58 / 6	71 / 0	0 / 0	1275/ 165	11 / 0
1986	106 / 2	161 / 6	1 / 0	1627/ 204	21 / 2
1987	100 / 4	228 / 3	1 / 0	1711/ 236	40 / 0
1988	168 / 8	243 / 9	12 / 0	1778/ 287	46 / 1
1989	268 / 7	298 / 14	22 / 0	1960/ 254	42 / 0

1990	316 / 43	457 / 19	36 / 0	2015/ 343	37 / 0
1991	452	557	46	2255	45
1992	502	516	62	2092	31
1993	590 (12)	505	71	2164 (58)	45
1994	586 (11)	478	98	1972 (78)	49
1995	595 (9)	498	84	2128 (83)	63
1996	699 (10)	510	108	2016 (129)	102
1997	762 (24)	562	120	2249 (279)	146
1998	722 (25)	542	131	2340 (343)	183
1999	757 (41)	500	146	2275 (380)	218
2000	780 (90)	418	158	2219 (346)	244
2001	757 (95)	410	139	2352 (388)	212
2002	756 (85)	395	198	2325 (443)	163
Summe	9235 (402)	7472	1437	46411 (2527)	1741

11,5% im Jahr 2000 auf 12,5% im Jahr 2001 und sank 2002 leicht auf 11,2%.[34]

In anderen Ländern liegt der Anteil der Lebendspenden dagegen wesentlich höher, im europäischen Vergleich nimmt Deutschland eine Position am Ende ein.[35]

1998 waren 38% der Lebendspender von Nieren Eltern, 33% Ehepartner, 20% Geschwister, 5% sonstige Familienangehörige und 5% nicht

---

[34] Deutsche Stiftung Organtransplantation, Organspende, S. 36 Abb. 39.

[35] Vgl. die Zahlen für die Nierentransplantation bei Hillebrand u.a., TxMed 1996, 101 (102) und die Übersicht für ausgewählte europäische Länder bei Land, ZTxMed 1993, 59 (60) sowie bei Esser, in: Höfling, Transplantationsgesetz, § 8 Rn. 1.

verwandte Personen.[36] Der Anteil der weiblichen Lebendspender betrug dabei 62,7%.[37]

Die Erfolge bei der Transplantation sind bei fast allen Transplantationsarten sehr gut. So funktionieren ein Jahr nach der Transplantation noch etwa 85% der Nieren, nach fünf Jahren sind es noch ca. 70%. Bei der Lebertransplantation überleben ungefähr 80% der Patienten das erste Jahr, nach fünf Jahren liegt die Funktionsrate bei rund 65%. Bei der Herztransplantation betragen die entsprechenden Zahlen 85% und ca. 65%. Bei der Lungentransplantation sind es ungefähr 73% und 60%. Bei der Bauchspeicheldrüsentransplantation funktionieren nach einem Jahr ca. 80% der Transplantate, nach fünf Jahren sind es ca. 60%. Bei der Augenhornhautübertragung sind es mehr als 95% nach einem Jahr und nach fünf Jahren noch mehr als 80%.[38]

Nach der neueren CTS-Studie ergeben sich noch günstigere Ergebnisse. Bei der Nierentransplantation beträgt die Fünf-Jahres-Transplantatfunktionsrate im untersuchten Zeitraum 1985 bis 2001 etwa 81% bei lebend gespendeten Organen und ca. 66% bei postmortal gespendeten Organen.[39] Bei der Lebertransplantation liegt die Fünf-Jahres-Transplantatfunktionsrate im untersuchten Zeitraum 1994 bis 2001 für die Ersttransplantation bei 62%[40], bei der Pankreastransplantation im untersuchten Zeitraum 1985 bis 2001 bei 61%[41], bei der

---

[36] Smit u.a., Organspende, S. 26.

[37] Smit u.a., Organspende, S. 12 Abb. 17. Bemerkenswerterweise betrug im Gegensatz dazu der Anteil der Frauen bei der postmortalen Organspende nur 40,2%, vgl. Smit u.a., Organspende, S. 12 Abb. 16.

[38] Zahlen nach Arbeitskreis Organspende, Antworten auf Fragen, S. 15; siehe auch die Übersicht bei Heberer/Köle/Tscherne, Chirurgie, S. 231 Tabelle 17.7.

[39] Zitiert nach Deutsche Stiftung Organtransplantation, Organspende, S. 28 Abb. 28.

[40] Zitiert nach Deutsche Stiftung Organtransplantation, Organspende, S. 37 Abb. 48.

[41] Zitiert nach Deutsche Stiftung Organtransplantation, Organspende, S. 30 Abb. 31.

Herztransplantation im selben Zeitraum bei 62%[42] und bei der Lungentransplantation im untersuchten Zeitraum 1987 bis 2001 bei 47%[43].

---

[42] Zitiert nach Deutsche Stiftung Organtransplantation, Organspende, S. 33 Abb. 35.

[43] Zitiert nach Deutsche Stiftung Organtransplantation, Organspende, S. 39 Abb. 45.

2. Teil: Der Weg der Gesetzgebung

A. Nicht verwirklichte Gesetzgebungsvorhaben des Bundes und der Länder

I. Die Gesetzentwürfe der CDU-Fraktion im Berliner Abgeordnetenhaus

Den ersten Gesetzentwurf zur Regelung des Transplantationsrechts legte die CDU-Fraktion im Berliner Abgeordnetenhaus am 22. Juni 1973 vor.[44] Der Gesetzentwurf sah als Gesetz über Sektionen und Transplantationen eine Regelung dieser beiden Bereiche vor. Er war damit als Alternative zu dem Entwurf eines Bestattungsgesetzes gedacht, das nur eine Regelung der klinischen und anatomischen Sektionen enthielt.[45]

Die Zulässigkeit von Organtransplantationen ist in den §§ 9-13 des Entwurfes geregelt. Dabei wird zwischen der Zulässigkeit der Transplantatentnahme und der Transplantatübertragung unterschieden. Bei der Transplantatentnahme wird wiederum zwischen der Entnahme bei lebenden und bei verstorbenen Personen differenziert.[46]

Die Zulässigkeitsvoraussetzungen der Transplantatentnahme von einer lebenden Person sind in § 11 des Entwurfs normiert. Nach Absatz 1 ist zunächst die Einwilligung des Spenders in die Transplantatentnahme erforderlich. Absatz 2 enthält die Anforderungen an die Aufklärung des Spenders. Dort wird verlangt, daß der Spender vor der Erklärung der Einwilligung über Art, Folgen, Risiko und Erfolgschancen des Eingriffs bei sich und dem Empfänger aufgeklärt worden sein muß. Die Aufklärung hat durch den die Transplantation leitenden Arzt zu erfolgen. Auf eine Erfolgsgeeignetheit als weitere Zulässigkeitsvoraussetzung der Entnahme verzichtet der Entwurf. Der Spender soll allein entscheiden, ob er das Risiko einer Transplantation auf sich nehmen will.[47]

---

[44] LT-Drs. Berlin 6/948.
[45] Linck, JZ 1973, 759 (760).
[46] Vgl. Linck, JZ 1973, 759 (763).
[47] Linck, JZ 1973, 759 (764).

Die Zulässigkeit der Transplantatübertragung bestimmt sich nach § 12 des Entwurfs. Erforderlich ist die Einwilligung des Organempfängers und eine vorherige Aufklärung, die sich auf Art, Folgen, Risiko und Erfolgschancen des Eingriffs erstreckt, § 12 Abs. 1, 2. Nach § 12 Abs. 3 kann die Einwilligung für einen nicht die erforderliche Einsichts- und Willensfähigkeit besitzenden Organempfänger durch den Personensorgeberechtigten abgeben werden. Dieser muß entsprechend aufgeklärt worden sein. Falls die Einwilligung nach Absatz 3 nicht rechtzeitig eingeholt werden kann oder eine Person aus tatsächlichen Gründen nicht in der Lage ist, eine wirksame Einwilligung zu erklären, so ist die Übertragung nach § 12 Abs. 4 zulässig, wenn sie das einzige Mittel zur Erhaltung des Lebens des Empfängers oder zur wirksamen Behandlung einer Krankheit oder eines Köperschadens ist.

§ 13 regelt die Durchführung der Transplantation. Nach § 13 Abs. 1 i.V.m. § 2 Abs. 3 muß die Einwilligung in schriftlicher Form in Gegenwart von mindestens zwei Zeugen erklärt werden. Bei fehlender Einsichts- und Willensfähigkeit kann die Einwilligung von dem zur Personensorge Berechtigten erklärt werden. § 13 Abs. 1 i.V.m. § 3 bestimmt, daß Transplantationen nur in Einrichtungen von Universitäten oder Krankenanstalten durchgeführt werden dürfen, denen vom dazu zuständigen Senator eine Erlaubnis erteilt wurde. Aus § 13 Abs. 1 i.V.m. § 4 ergibt sich, daß für die Einwilligung keine Gegenleistung verlangt werden darf. Nach § 13 Abs. 2 hat ein Facharzt der Einrichtung der Universität oder der Krankenanstalt die Entscheidung über das Vorliegen der Voraussetzungen nach § 12 Abs. 1, 3 und 4 zu treffen.

Der Entwurf wurde in der Zweiten Lesung am 16. Januar 1975 im Hinblick auf die anstehenden gesetzgeberischen Bemühungen auf Bundesebene auf Empfehlung des Ausschusses für Gesundheit und Umweltschutz[48] abgesetzt.[49]

Am 24. Februar 1978 brachte die CDU-Fraktion erneut den Entwurf für ein Gesetz über Sektionen und Transplantationen in das Abgeord-

---

[48] LT-Drs. Berlin 6/1652.

[49] Plenarprotokoll Berlin 6/91, S. 3406.

netenhaus ein.⁵⁰ Dieser Gesetzentwurf war identisch mit dem Entwurf von 1973. Aber auch dieser Entwurf wurde nicht Gesetz, sondern mit Rücksicht auf die Bemühungen um ein Transplantationsgesetz auf Bundesebene auf Empfehlung des Ausschusses für Gesundheit und Umweltschutz vom 1. November 1978⁵¹ am 23. November 1978 für erledigt erklärt.⁵²

II. Gesetzentwurf der Bundesregierung 1978

In der 8. Wahlperiode legte die Bundesregierung erstmals dem Bundestag den Entwurf eines Transplantationsgesetzes vor. Am 16. März 1979 wurde dem Bundestag der Entwurf eines Gesetzes über Eingriffe an Verstorbenen zu Transplantationszwecken (Transplantationsgesetz) zugeleitet.⁵³ Zuvor hatte der Bundesrat in seiner Sitzung am 10. November 1978 gemäß Art. 76 Abs. 2 GG zu dem Entwurf Stellung genommen und einen eigenen Entwurf beigefügt.⁵⁴

Der Gesetzentwurf der Bundesregierung stützte sich auf umfangreiche Vorarbeiten einer Bund-Länder-Arbeitsgruppe, die auf Beschluß der 42. Konferenz der Justizminister und -senatoren beim Bundesminister der Justiz gebildet worden war. In dieser Arbeitsgruppe hatten sich in den Jahren 1974 bis 1976 Mediziner und Juristen um eine gesetzliche Regelung der Transplantation und Sektion bemüht.⁵⁵ Ein diesem Entwurf im wesentlichen inhaltsgleicher Referenten-Entwurf wurde vom Bundesministerium der Justiz an die Landesjustizverwaltungen und

---

⁵⁰ LT-Drs. Berlin 7/1166.

⁵¹ LT-Drs. Berlin 7/1528.

⁵² Plenarprotokoll Berlin 7/98, S. 4334.

⁵³ BT-Drs. 8/2681.

⁵⁴ Abgedruckt BT-Drs. 8/2681, S. 13 ff.; vgl. zu dem Entwurf des Bundesrates Carstens, ZRP 1979, 282 ff..

⁵⁵ Der Entwurf eines Transplantationsgesetzes der Bund-Länder-Arbeitsgruppe ist teilweise abgedruckt in DRiZ 1975, 383; eine Regelung der Lebendspende enthält der Entwurf nicht; kritisch zu dem Entwurf Linck, ZRP 1975, 249 ff..

interessierte Verbände mit der Bitte um Stellungnahme herausgegeben.[56]

Wie schon der Titel des Gesetzentwurfes der Bundesregierung deutlich macht, war mit dem Gesetz lediglich die Regelung von Eingriffen an Verstorbenen beabsichtigt.[57] Die Transplantation unter Lebenden sollte von dem Entwurf bewußt nicht erfaßt werden. Für eine gesetzliche Regelung dieses Problemkreises wurde kein vordringliches Bedürfnis gesehen. Begründet wurde dies damit, daß die Rechtsprechung sich in der insoweit allein entscheidenden Frage, unter welchen Voraussetzungen eine Einwilligung der Betroffenen wirksam ist und die Transplantation zu rechtfertigen vermag, an den von der Rechtsprechung zu der Problematik der Einwilligung bei ärztlichen Eingriffen entwickelten Grundsätzen orientieren könne.[58] Auch der Gesetzentwurf des Bundesrates verzichtete - insoweit in Übereinstimmung mit dem Regierungsentwurf - auf die Regelung der Transplantation unter Lebenden.[59]

Auf Grund von Uneinigkeit vor allem über die Frage einer Widerspruchs- oder Einwilligungslösung kam das Gesetz nicht zustande. Zwar war am 16. September 1979 zu diesem Punkt eine öffentliche Anhörung durchgeführt worden, doch hatte auch diese die Auffassungsunterschiede nicht ausräumen können. Mit Ablauf der Legislaturperiode verfiel der Gesetzentwurf dann der Diskontinuität und wurde später nicht wieder aufgegriffen.[60] Der damalige Justizminister Hans-Jochen Vogel empfahl eine „Überlegungs- und Besinnungspause" und das Sammeln weiterer Erfahrungen.[61] Gleichwohl fand sich das Transplantationsgesetz im Arbeitsprogramm des Bundesjustizministers für die 9. Wahlperiode. Die Regierung nahm dann allerdings -

---

[56] Linck, ZRP 1975, 249.

[57] Zu dem Regierungsentwurf allgemein vgl. Höfling/Rixen, Verfassungsfragen, S. 26 ff.; Sturm, JZ 1979, 697 ff.; Kunert, Jura 1979, 350 ff.; siehe auch Behl, DRiZ 1980, 342 f..

[58] Vgl. die Begründung zu § 1 des Entwurfs, BT-Drs. 8/2681, S. 8.

[59] Vgl. die Begründung zu § 1 des Entwurfs, BT-Drs. 8/2681, S. 16.

[60] Vgl. Schreiber, FS Klug, S. 341 f.; Lemke, MedR 1991, 281 (283).

[61] NJW 1980, 625 (629).

entsprechend der Empfehlung der Bundesärztekammer vom 11. Januar 1980 eine abwartende Haltung ein.[62]

III. Gesetzentwurf der SPD-Fraktion im Niedersächsischen Landtag

Im Januar 1992 formulierte die SPD-Fraktion im Niedersächsischen Landtag den Gesetzentwurf eines Transplantationsgesetzes.[63] Dieser Entwurf stützte sich im wesentlichen auf den Vorschlag einer Arbeitsgruppe von Ärzten und Juristen unter Vorsitz von Professor Schreiber, die 1990 beim Niedersächsischen Ministerium für Wissenschaft und Kunst tätig war.[64] Der Entwurf wurde allerdings dem Landtag nicht zugeleitet, weil die Bemühungen um eine bundeseinheitliche Regelung abgewartet werden sollten.[65]

Inhaltlich stimmte der Entwurf weitgehend mit dem Entwurf der Arbeitsgemeinschaft der Deutschen Transplantationszentren überein.[66]

IV. Entschließungsantrag der SPD-Fraktion im Bundestag 1994

Am 21. Juni 1994 brachten die Abgeordneten Gudrun Schaich-Walch, Hans Gottfried Bernrath u.a. und die Fraktion der SPD einen Entschließungsantrag zu einem Transplantationsgesetz in den Bundestag ein.[67] Darin wurde die Bundesregierung aufgefordert, einen Gesetzentwurf für ein Transplantationsgesetz vorzulegen. Hinsichtlich der Entnahme von Organen bei lebenden Personen sollte der Gesetzentwurf folgenden Inhalt haben[68]:

Voraussetzung der Entnahme von Organen, Organteilen und Gewebe ist, daß die Entnahme erforderlich und geeignet ist, das Leben eines

---

[62] Erklärung des Parlamentarischen Staatssekretärs beim Bundesministerium der Justiz vom 16. September 1981, BT-Drs. 9/828, S. 8 Ziffer 13.

[63] Zu dem Entwurf allgemein Lührs, ZRP 1992, 302 (304 f.).

[64] Schreiber/Wolfslast, MedR 1992, 189 (190).

[65] Vgl. LT-Drs. Niedersachsen 13/422, S. 1.

[66] Siehe dazu 2. Teil B. I..

[67] BT-Drs. 12/8063.

[68] BT-Drs. 12/8063, S. 5.

anderen Menschen zu erhalten oder ein schwerwiegendes Leiden zu beheben oder zu mildern. Der Spender ist über sämtliche kurz-, mittel- und langfristigen Gefahren für seine Gesundheit aufzuklären und hat ohne äußeren und inneren Druck die Einwilligung in die Entnahme schriftlich erklärt. Eine starke Gefährdung des Spenders über das allgemeine Operationsrisiko hinaus und eine schwere gesundheitliche Beeinträchtigung über die bloßen Folgen der Entnahme hinaus sind nach Auffassung des Arztes nicht wahrscheinlich oder vorhersehbar. Die Übertragung sich nicht wieder bildender Organe wird auf eine genetische Verwandtschaft zwischen Spender und Empfänger beschränkt; ein geeignetes Leichenorgan darf nicht zur Verfügung stehen. Eine Gewährung oder Zusicherung von Vorteilen ist unzulässig, Anhaltspunkte dafür dürfen dem transplantierenden Arzt nicht bekannt sein. Der Ersatz notwendiger Aufwendungen ist dagegen zulässig. Der Spender muß volljährig sein, eine Ausnahme ist bei Knochenmarkspenden unter Verwandten zu machen. Der Spender muß weiterhin geschäftsfähig sein. Die Anonymität zwischen Spender und Empfänger ist, außer bei Knochenmarkspenden unter Verwandten, sicherzustellen. Eine Dokumentationspflicht für Lebendspenden ist festzulegen.

V. Transplantationsgesetz für das Land Rheinland-Pfalz 1994

Am 15. Oktober 1992 wurde der Entwurf eines Transplantationsgesetzes für das Land Rheinland-Pfalz dem rheinland-pfälzischen Landtag zugeleitet.[69] Dieser Entwurf wurde durch eine Beschlußempfehlung des Sozialpolitischen Ausschusses inhaltlich modifiziert.[70] Am 23. Juni 1994 wurde das Gesetz durch den Landtag verabschiedet.[71] Damit hatte erstmals ein Legislativorgan in der Bundesrepublik Deutschland ein Transplantationsgesetz beschlossen.[72] Auf Grund massiver

---

[69] LT-Drs. Rheinland-Pfalz 12/2094.
[70] LT-Drs. Rheinland-Pfalz 12/5037.
[71] Plenarprotokoll Rheinland-Pfalz 12/82, S. 6622.
[72] Zu dem Gesetz allgemein vgl. Kern, MedR 1994, 389 (392); Nickel, MedR 1995, 139 ff.; Weber/Lejeune, NJW 1994, 2392 ff..

öffentlicher Kritik[73], die sich insbesondere gegen die Widerspruchslösung bei der Organentnahme von Verstorbenen und auch gegen Bestimmungen zur Lebendspende richtete, wurde das Gesetz am 25. August 1994 vom Landtag einstimmig wieder aufgehoben.[74]

Das Gesetz regelte in den §§ 8 und 9 die Entnahme von Organen bei lebenden Personen. § 8 Abs. 1 Nr. 1 bestimmte, daß Organe, Organteile und Gewebe bei lebenden, über 18 Jahre alten Personen nur entnommen werden dürfen, wenn die Entnahme erforderlich und geeignet ist, um das Leben eines anderen Menschen zu erhalten oder ein schwerwiegendes Leiden zu beheben oder zu mindern. Außerdem muß der Spender in den Eingriff eingewilligt haben, nachdem er zuvor über Art und Umfang des Eingriffs sowie mögliche, auch entfernt liegende, Folgen für seine Gesundheit aufgeklärt worden ist, § 8 Abs. 1 Nr. 2. Absatz 2 legte fest, daß nicht regenerierungsfähige Organe unter den Voraussetzungen des Absatzes 1 grundsätzlich nur bei Ehegatten, nichtehelichen Lebenspartnern und nahen Verwandten des Empfängers entnommen werden dürfen.[75] Weitere Voraussetzung war, daß ein geeignetes Organ eines verstorbenen Spenders nicht oder nicht rechtzeitig zur Verfügung steht. § 8 Abs. 3 bestimmte die jederzeitige Widerruflichkeit der Einwilligung. Absatz 4 verbot die Entnahme trotz Einwilligung, wenn dem Spender Vorteile gleich welcher Art gewährt oder zugesichert worden sind. Das gilt auch, wenn der Arzt dafür Anhaltspunkte hat. Aufwendungen dürfen allerdings ersetzt werden. Nach Absatz 5 war die Entnahme weiterhin unzulässig, wenn absehbar ist, daß sie den Spender über das allgemeine Operationsrisiko hinaus gefährden oder über die bloßen Folgen der Entnahme hinaus gesundheitlich schwer beeinträchtigen wird.

---

[73] Vgl. dazu die Nachweise bei Nickel, MedR 1995, 139.

[74] Plenarprotokoll Rheinland-Pfalz 12/85, S. 6823; vgl. auch den Antrag der Fraktion der CDU, LT-Drs. Rheinland-Pfalz 12/5181 und die Beschlußempfehlung des Sozialpolitischen Ausschusses, LT-Drs. Rheinland-Pfalz 12/5291.

[75] Der ursprüngliche Gesetzentwurf sah nur nahe Verwandte vor, die Erweiterung um Ehegatten und nichteheliche Lebenspartner erfolgte erst durch die Beschlußempfehlung des Sozialpolitischen Ausschusses, vgl. LT-Drs. Rheinland-Pfalz 12/5037.

§ 9 enthielt ergänzende Bestimmungen für die Organentnahme bei lebenden Minderjährigen sowie geistig und seelisch behinderten Personen. Eine Entnahme bei diesen Personen war unter den Voraussetzungen des § 8 nur zulässig, wenn das Transplantat zur Übertragung auf nahe Verwandte bestimmt ist, § 9 Nr. 1. Das entnommene Organ, Organteil oder Gewebe muß sich wieder neu bilden können, § 9 Nr. 2. Bei einem minderjährigen, aber einsichtsfähigen Spender müssen nach § 9 Nr. 3 dieser und sein gesetzlicher Vertreter eingewilligt haben.[76] Bei nicht einsichtsfähigen Minderjährigen und geistig behinderten Personen muß gemäß § 9 Nr. 3 der gesetzliche Vertreter mit Zustimmung eines vom Amtsgericht zu bestellenden Betreuers entscheiden.[77]

VI. Gesetzesantrag der Länder Bremen und Hessen im Bundesrat 1994

Am 30. Juni 1994 brachten die Länder Bremen und Hessen den Entwurf eines Gesetzes zur Entnahme und Übertragung von Organen (Transplantationsgesetz) in den Bundesrat ein.[78]

Der Gesetzentwurf beruhte auf Vorarbeiten der Arbeitsgemeinschaft der Leitenden Medizinalbeamten der Länder. Diese war von der Konferenz der Gesundheitsminister am 5./6. November 1992 beauftragt worden, eine gesetzliche Regelung vorzubereiten.[79] In der Anlage zur Ergebnisniederschrift über die Sitzung war ein erster Entwurf der Arbeitsgemeinschaft enthalten.[80] Dieser Entwurf wurde von der Gesundheitsministerkonferenz als geeignete Grundlage zur Regelung der Rechtsmaterie angesehen.[81] Der Entwurf des Mustergesetzes sah in

---

[76] Zustimmend Kern, MedR 1994, 389 (392).

[77] Dazu kritisch Kern, MedR 1994, 389 (392); anders Nickel, MedR 1995, 139 (145).

[78] BR-Drs. 682/94.

[79] Vgl. BR-Drs. 682/94, S. 15.

[80] Ergebnisniederschrift über die 65. Sitzung der Gesundheitsministerkonferenz am 05./06. November 1992 in Schlangenbad, Anlage 2 zu TOP 6.

[81] Ergebnisniederschrift über die 65. Sitzung der Gesundheitsministerkonferenz am 05./06. November 1992 in Schlangenbad, Anlage 1 zu TOP 6.

seinem dritten Abschnitt eine Regelung der Organentnahme bei lebenden Personen vor. Nach § 9 Abs. 1 Nr. 1 des Entwurfs dürfen Organe, Organteile und Gewebe bei lebenden, über 18 Jahre alten Personen nur entnommen werden, wenn die Entnahme geeignet und erforderlich ist, das Leben eines anderen Menschen zu erhalten oder ein schwerwiegendes Leiden zu beheben oder zu mindern. § 9 Abs. 1 Nr. 2 sah vor, daß der Spender nach Aufklärung über Art und Umfang des Eingriffs sowie über mögliche, auch entfernt liegende Folgen für seine Gesundheit in die Entnahme schriftlich eingewilligt haben muß. Absatz 2 bestimmte, daß Organe, Organteile und Gewebe, die sich nicht neu bilden, unter den Voraussetzungen des Absatzes 1 grundsätzlich nur bei genetisch Verwandten des Empfängers und nur dann entnommen werden dürfen, wenn ein geeignetes Organ einer Leiche nicht oder nicht rechtzeitig zur Verfügung steht. § 9 Abs. 3 enthielt die jederzeitige Widerrufbarkeit der Einwilligung. Eine Entnahme ist nach § 9 Abs. 4 trotz Einwilligung nicht zulässig, wenn dem Spender durch den Empfänger oder andere Personen ein Vorteil gewährt oder zugesichert wird. Den Ärzten ist die Entnahme verboten, wenn sie entsprechende Anhaltspunkte dafür haben. Zulässig ist der Ersatz der entstehenden notwendigen Aufwendungen. Eine Entnahme sollte weiterhin unzulässig sein, wenn absehbar ist, daß sie den Spender über das allgemeine Operationsrisiko hinaus gefährden oder über die bloßen Folgen der Entnahme hinaus gesundheitlich schwer beeinträchtigen würde, § 9 Abs. 4. § 10 des Entwurfs regelte die Organentnahme bei minderjährigen oder geistig und seelisch behinderten Personen. Bei diesen Personen ist die Entnahme von Organen, Organteilen oder Gewebe unter den Voraussetzungen des § 9 nicht zulässig.

Gleichzeitig war die Arbeitsgemeinschaft der Leitenden Medizinalbeamten beauftragt worden, eine öffentliche Anhörung zu diesem Thema durchzuführen.[82] Die Anhörung hat am 16. Dezember 1992 im Hessischen Landtag stattgefunden. Außerdem gingen bis zum 20. Januar 1993 weitere schriftliche Stellungnahmen ein.[83]

---

[82] Ergebnisniederschrift über die 65. Sitzung der Gesundheitsministerkonferenz am 05./06. November 1992 in Schlangenbad, Anlage 1 zu TOP 6.
[83] Vgl. BR-Drs. 682/94, S. 16.

Am 5. April 1993 wurde daraufhin eine überarbeitete Fassung des Mustergesetzentwurfs der Leitenden Medizinalbeamten der Länder veröffentlicht. Dieser Gesetzentwurf regelte in seinem dritten Abschnitt, der nur aus § 8 besteht, die Organentnahme vom lebenden Spender.

Organe und Gewebe dürfen lebenden Personen nach § 8 Abs. 1 Nr. 1 des Entwurfs nur entnommen werden, wenn sie das 18. Lebensjahr vollendet haben und nicht geistig oder seelisch behindert sind. Gemäß § 8 Abs. 1 Nr. 2 muß der Spender über Art und Umfang des Eingriffs und über mögliche, auch entfernt liegende Folgen für seine Gesundheit aufgeklärt worden sein und in die Entnahme schriftlich eingewilligt haben. Weiterhin ist nach § 8 Abs. 1 Nr. 3 erforderlich, daß die Entnahme erforderlich und geeignet ist, das Leben eines anderen Menschen zu erhalten oder ein schwerwiegendes Leiden zu beheben oder zu lindern. § 8 Abs. 2 bestimmt, daß sich nicht wieder bildende Organe in der Regel nur bei Verwandten und nur dann entnommen werden dürfen, wenn ein geeignetes Organ oder Gewebe einer Leiche nicht oder nicht rechtzeitig zur Verfügung steht. Mit dieser Formulierung sollten den juristischen Bedenken Rechnung getragen werden, die sich bei einer Beschränkung der Lebendspende auf genetisch Verwandte ergeben würden.[84] § 8 Abs. 3 legte fest, daß die Einwilligung jederzeit widerrufen werden kann. Nach § 8 Abs. 4 ist die Entnahme unzulässig, wenn absehbar ist, daß sie den lebenden Spender über das allgemeine Operationsrisiko gefährdet oder über die unmittelbaren Folgen der Entnahme hinaus gesundheitlich schwer beeinträchtigt.

Eine weitere überarbeitete Fassung wurde am 28. September 1993 veröffentlicht.[85] Die Entnahme von Organen lebender Personen ist in § 8 des Entwurfs bei unterschiedlicher Numerierung in Absatz 1 des Entwurfs inhaltlich identisch mit dem vorhergehenden Entwurf.

---

[84] Vgl. Nagel, EthikMed 1993, 203 (205); zu den verfassungsrechtlichen Bedenken Gutmann, ZTxMed 1993, 75 (77 f.).
[85] Abgedruckt in EthikMed 1993, 211 ff.; zu diesem Entwurf Kern, MedR 1994, 389 ff.; Nagel, EthikMed 1993, 203 ff..

Eine ähnliche Regelung sah der Gesetzentwurf der Länder Bremen und Hessen in § 9 des Entwurfs vor. Organe, Organteile und Gewebe dürfen einer lebenden Person nur dann entnommen werden, wenn sie das 18. Lebensjahr vollendet hat und nicht geistig oder seelisch behindert ist, § 9 Abs. 1 Nr. 1. Der Spender muß gemäß § 9 Abs. 1 Nr. 2 nach Aufklärung über Art und Umfang des Eingriff und über mögliche, auch entfernt liegende Folgen für seine Gesundheit in die Entnahme schriftlich eingewilligt haben. Gemäß § 9 Abs. 1 Nr. 3 muß der Eingriff ebenfalls erforderlich und geeignet sein, das Leben eines anderen Menschen zu erhalten oder ein schwerwiegendes Leiden zu beheben oder zu lindern. § 9 Abs. 2 beschränkte die Entnahme sich nicht neu bildender Organe und Gewebe auf die Entnahme zum Zweck der Übertragung auf genetisch Verwandte. Damit wurde trotz der zwischenzeitlich dagegen geäußerten verfassungsrechtlichen Bedenken inhaltlich zu der ersten Fassung des Gesetzentwurfes der Arbeitsgemeinschaft der Leitenden Medizinalbeamten der Länder zurückgekehrt. Absatz 3 bestimmte die jederzeitige Widerrufbarkeit der Einwilligung. § 9 Abs. 4 i.V.m. § 5 legte fest, daß vor der Transplantation die nach den Regeln der medizinischen Wissenschaft erforderlichen Maßnahmen zum Schutz des Empfängers vor durch Transplantate übertragbare Krankheiten zu treffen sind.

VII. Strafrechtliche Gesetzentwürfe

Parallel zu den Bemühungen um ein Transplantationsgesetz gab es Bestrebungen, ein strafrechtliches Verbot des Organhandels im Strafgesetzbuch zu schaffen. Einen ersten Entwurf zur strafrechtlichen Regelung der Organtransplantation sah der Hamburger Referenten-Entwurf zur Neufassung des § 168 StGB vom 13. August 1973 vor.[86] Der Entwurf beschränkte sich auf die Strafbarkeit der Entnahme von Teilen einer Leiche und enthielt in seinem Absatz 4 Rechtfertigungsgründe für eine zu beabsichtigten Heilzwecken durchgeführte Entnahme von Teilen einer Leiche.[87] Der Entwurf wurde nicht verwirklicht.

---

[86] Der Text des Entwurfs ist abgedruckt bei Kuckuk, JR 1974, 410 Fn. 3.
[87] Zu dem Entwurf Kuckuk, JR 1974, 410 ff..

Am 21. Februar 1991 leitete der Senat der Freien und Hansestadt Bremen dem Bundesrat eine Entschließung zum Verbot des kommerziellen Organhandels zu.[88] Diese Entschließung wurde am 26. April 1991 in der 629. Sitzung vom Bundesrat verabschiedet.[89] Vom Bundesministerium der Justiz wurde der Entwurf eines Strafrechtsänderungsgesetzes erarbeitet.[90] Dieser Referenten-Entwurf eines § 302 StGB sah die Pönalisierung des Handels mit menschlichen Organen, Organteilen und Geweben vor. Danach sollte sich strafbar machen, wer es in der Absicht, sich oder einem Dritten einen Vermögensvorteil zu verschaffen, unternimmt, nicht regenerierungsfähige, zur Übertragung auf einen Menschen geeignete Organe, Organteile oder Gewebe Lebender oder Verstorbener, zu veräußern oder sich zu verschaffen, öffentlich anzubieten oder zu versuchen, mit ihnen Handel zu treiben oder zum Zwecke der Übertragung auf einen anderen Menschen zu vermitteln. Ein weiterer Referenten-Entwurf zum Verbot des Organhandels sah die Schaffung eines § 298 StGB vor.[91] Der Entwurf sah vor, daß sich strafbar macht, wer mit menschlichen Organen, Organteilen oder Geweben, die als solche einer Heilbehandlung zu dienen bestimmt sind, Handel treibt. Ebenfalls unter Strafe gestellt werden sollte die Entnahme und Übertragung von Organen, Organteilen oder Geweben, die Gegenstand verbotenen Handeltreibens sind. Vom Bundesministerium der Justiz wurde ein weiterer Entwurf eines Strafrechtsänderungsgesetzes am 23. September 1994 dem Bundesrat zugeleitet.[92] Der Entwurf sah ebenfalls die Schaffung eines § 298 StGB vor. Bestraft werden sollte, wer mit Haut, Knochenmark, Leberexplantaten, Nieren oder anderen nicht regenerierungsfähigen Organen, Organteilen oder Geweben, die einem lebenden Menschen entnommen und einer Heilbehandlung zu dienen bestimmt sind, Handel treibt. Gleichfalls strafbar sollte die Entnahme und Übertragung eines Organs sein, das Gegenstand verbotenen Handeltreibens ist. Dieser

---

[88] BR-Drs. 119/91.
[89] Plenarprotokoll BR 629/91, S. 155.
[90] Abgedruckt bei Lührs, ZRP 1992, 302 Fn. 1.
[91] Abgedruckt bei Deutsch, ZRP 1994, 179, mit kritischer Stellungnahme.
[92] BR-Drs. 875/94.

Entwurf wurde am 16. Februar 1995 mit einer Stellungnahme des Bundesrates durch die Bundesregierung dem Bundestag vorgelegt.[93] Er wurde allerdings nicht weiter verfolgt, da es von der Bundesregierung als sachgerecht angesehen wurde, das geplante Verbot des Organhandels in dem Entwurf eines Transplantationsgesetzes zu regeln.[94]

B. AUßERPARLAMENTARISCHE GESETZENTWÜRFE

I. Gesetzentwurf der Deutschen Stiftung Organtransplantation und der Arbeitsgemeinschaft der Deutschen Transplantationszentren 1990

1990 legten die Deutsche Stiftung Organtransplantation und die Arbeitsgemeinschaft der Deutschen Transplantationszentren den Entwurf eines Transplantationsgesetzes vor.[95] Dieser Gesetzentwurf beruhte auf dem Vorschlag einer Arbeitsgruppe von Ärzten und Juristen, die 1990 beim Niedersächsischen Ministerium für Wissenschaft und Kunst tätig war.[96]

Der Entwurf sah in den §§ 7 und 8 eine Regelung der Lebendspende vor. § 7 enthält die allgemeinen Voraussetzungen der Organentnahme bei einer lebenden Person, in § 8 wird die Entnahme bei Minderjährigen sowie geistig und seelisch behinderten Personen geregelt.

Als Voraussetzung der Entnahme von Organen, Organteilen oder Geweben bei volljährigen Personen ist es nach § 7 Abs. 1 Nr. 1 erforderlich, daß die Entnahme erforderlich und geeignet ist, das Leben eines anderen Menschen zu erhalten oder ein schwerwiegendes Leiden zu beheben oder zu mindern. Weiterhin muß der Spender in die Entnahme des Organs schriftlich eingewilligt haben, nachdem er über Art und Umfang des Eingriffs sowie über mögliche, auch entfernt liegende Risiken für seine Gesundheit aufgeklärt worden ist, § 7 Abs. 1 Nr.

---

[93] BT-Drs. 13/587.
[94] BT-Drs. 13/587, S. 9.
[95] Abgedruckt bei Schreiber/Wolfslast, MedR 1992, 189 (194 f.), mit näherer Kommentierung; vgl. auch Lemke, MedR 1991, 281 (285 f.).
[96] Schreiber/Wolfslast, MedR 1992, 189 (190).

2. § 7 Abs. 2 bestimmt, daß nicht regenerierungsfähige Organe unter den Voraussetzungen des Absatzes 1 grundsätzlich nur bei nahen Verwandten des Empfängers entnommen werden dürfen. Außerdem darf das Organ eines Verstorbenen nicht oder nicht rechtzeitig zur Verfügung stehen. Nach § 7 Abs. 3 ist die Einwilligung jederzeit widerrufbar. Absatz 4 verbietet die Entnahme trotz Einwilligung, wenn dem Spender durch den Empfänger oder eine andere Person Vorteile gleich welcher Art gewährt oder zugesichert worden sind. Dies gilt auch, wenn der Arzt dafür Anhaltspunkte hat. Nicht verboten wird der Ersatz von Aufwendungen. Gemäß § 7 Abs. 5 ist die Entnahme bei einer lebenden Person unzulässig, wenn absehbar ist, daß der Spender über das allgemeine Operationsrisiko hinaus gefährdet oder über die bloßen Folgen der Entnahme hinaus gesundheitlich schwer beeinträchtigt wird.

Die Zulässigkeit der Organentnahme bei Minderjährigen sowie geistig oder seelisch behinderten Person wird an weitere Voraussetzungen geknüpft. Das Transplantat muß gemäß § 8 S. 1 Nr. 1 zur Übertragung auf einen nahen Verwandten bestimmt sein und es muß sich um ein regenerierungsfähiges Organ handeln, insbesondere Knochenmark und Haut, § 8 S. 1 Nr. 2. Außerdem ist nach § 8 S. 1 Nr. 3 die Einwilligung des minderjährigen, aber einsichtsfähigen Spenders und seines gesetzlichen Vertreters erforderlich. Bei nicht einsichtsfähigen minderjährigen Spendern und geistig behinderten Personen ist gemäß § 8 S. 2 die Entscheidung des gesetzlichen Vertreters mit Zustimmung eines vom Vormundschaftsgericht zu bestellenden Pflegers erforderlich.

II. Gesetzentwurf der Arbeitsgemeinschaft der Dialysepatienten und Nierentransplantierten in Bayern e.V. 1990

Ein weiterer außerparlamentarischer Gesetzentwurf für ein Transplantationsgesetz wurde von der Arbeitsgemeinschaft der Dialysepatienten und Nierentransplantierten in Bayern e.V. 1990 initiert. Der Entwurf wurde als Abschluß eines von der Interessengemeinschaft in Auftrag gegebenen Gutachtens der Öffentlichkeit vorgestellt.[97] Die überarbei-

---
[97] Seewald, Stellungnahme, S. 80 ff..

tete Fassung des Entwurfs von 1991 sah in den §§ 9 bis 13 eine Regelung der Zulässigkeitsvoraussetzungen der Lebendspende vor.

Nach § 9 S. 1, 2 des Entwurfs wird die Organspende von lebenden Personen auf Eltern und Kinder, Geschwister, Ehegatten, Personen, die in eheähnlicher Gemeinschaft leben, und auf Verwandte zweiten Grades im Sinne von § 1589 BGB beschränkt. Gemäß § 9 S. 3 muß im Rahmen einer umfassenden ärztlichen Untersuchung festgestellt worden sein, daß dem Spender durch den Eingriff keine erheblichen gesundheitlichen Beeinträchtigungen drohen.

§ 10 bestimmt, daß die Lebendspende nur von volljährigen Spendern zulässig ist und die höchstpersönliche Zustimmung des Spenders erforderlich ist. Diese muß aus freiem Entschluß und ohne Beeinflussung durch Dritte abgegeben werden. Die Zustimmung kann bis unmittelbar vor dem Eingriff ohne Angabe von Gründen widerrufen werden. Nach § 11 ist eine umfassende Aufklärung des lebenden Organspenders über alle im Zusammenhang mit der Organspende stehenden Umstände erforderlich, soweit sie für die Spendeentscheidung bedeutsam sein können. Das Aufklärungsgespräch und die Zustimmungserklärung sind zu protokollieren und von den Beteiligten zu unterschreiben. § 12 bestimmt, daß die Organentnahme erst durchgeführt werden darf, wenn das Protokoll vorliegt und die Voraussetzungen der §§ 9 - 11 des Entwurfs erfüllt sind.

Gemäß § 13 kann der Lebendspender die Einwilligung unter der Bedingung erklären, daß das Organ allein einem von ihm bestimmten Empfänger übertragen werden darf. Falls die Transplantation auf den vorgesehenen Empfänger unmöglich ist, darf das Organ nur dann einem Dritten implantiert werden, wenn eine Reimplantation beim Spender nicht möglich oder von diesem nicht gewünscht ist.

C. DAS GESETZGEBUNGSVERFAHREN IN DER 13. LEGISLATURPERIODE

Durch die Grundgesetzänderung vom 27. Oktober 1994 wurde Art. 74 Abs. 1 Nr. 26 GG neu in das Grundgesetz eingefügt.[98] Dadurch erhielt

---

[98] BGBl. I 1994, S. 3146.

der Bund die konkurrierende Gesetzgebungskompetenz für die Regelung zur Transplantation von Organen und Geweben. Erst durch diese Grundgesetzänderung sind die rechtlichen Voraussetzungen für eine umfassende Regelung des Transplantationsrechts auf Bundesebene geschaffen worden.

Am 28. Juni 1995 führte der Ausschuß für Gesundheit in seiner 17. Sitzung zur Vorbereitung des Transplantationsgesetzes eine öffentliche Anhörung von Sachverständigen durch. Dabei befaßte er sich mit den Themen der Todesfeststellung und der erweiterten oder engen Zustimmungslösung.

Einen ersten Gesetzentwurf legten die Abgeordneten Monika Knoche, Gerald Häfner und die Fraktion Bündnis 90/Die Grünen am 7. November 1995 mit dem Entwurf eines Gesetzes über die Spende, die Entnahme und die Übertragung von Organen (Transplantationsgesetz - TPG) vor.[99]

Der Entwurf regelte in § 13 die Voraussetzungen der Organentnahme bei Lebendspenden und in § 14 die ärztliche Aufklärungspflicht. Die Entnahme von Organen bei Lebendspenden sollte nach dem Entwurf nur zulässig sein, wenn eine wirksame Einwilligung vorliegt und über die Art des Eingriffs, den Umfang, die Nachteile und alle unmittelbaren und mittelbaren Folgen der Organentnahme und ihre Risiken sowie über alle Umstände, denen eine Bedeutung für die Organentnahme zukommt, zuvor ärztlich aufgeklärt wurde, § 13 Nr. 1.

Für die Wirksamkeit der Einwilligung wurde auf § 4 Abs. 1, 2 des Entwurfs verwiesen. § 4 Abs. 2 S. 1 verlangte die Volljährigkeit des Einwilligenden, eine Lebendspende vor Vollendung des 18. Lebensjahres war nach § 4 Abs. 2 S. 2 ausdrücklich unzulässig. Aus § 4 Abs. 2 S. 3 i.V.m. § 4 Abs. 1 ergab sich weiter, daß der Einwilligende einsichtsfähig sein muß und die Einwilligung nur höchstpersönlich erklärt werden kann.

Weiterhin mußte der Spender gemäß § 13 Nr. 2 nach ärztlicher Erkenntnis geeignet sein, nicht über das Operationsrisiko hinaus gefährdet und über die unmittelbaren Folgen der Entnahme hinaus gesundheitlich erheblich beeinträchtigt werden. Erforderlich war nach § 13

---

[99] BT-Drs. 13/2926.

Nr. 3 außerdem, daß die Übertragung auf Verwandte ersten oder zweiten Grades erfolgt, sofern nach Abwägung aller Umstände keine gleichwertige Alternative in Betracht kommt und eine nachhaltige Verbesserung des Gesundheitszustandes des Organempfängers zu erwarten ist.

Hinsichtlich der Aufklärung bestimmte § 14 Abs. 1, daß die Aufklärung nach § 13 Nr. 1 durch den explantierenden Arzt unter Hinzuziehung eines weiteren Arztes erfolgen muß. Nach § 14 Abs. 2 war der Inhalt der ärztlichen Aufklärung und die Einwilligungserklärung schriftlich niederzulegen.

In § 15 regelte der Entwurf die Entnahme von Organen bei Personen, bei denen ein Ausfall aller meßbaren Hirnfunktionen vorliegt. Auch diese Personen wurden von dem Entwurf als Lebende angesehen.

Am 14. März 1996 brachten die Abgeordneten Dr. Wolfgang Wodarg, Dr. Herta Däubler-Gmelin u.a. einen Antrag zu den Kriterien für die Spende, Entnahme und Übertragung von menschlichen Organen ein.[100] Dieser Antrag bezog sich auf die Organentnahme bei Verstorbenen.

Am 16. April 1996 legten die Fraktionen der CDU/CSU, SPD und F.D.P. einen Gesetzentwurf vor.[101] Dabei wurden die besonders umstrittenen Probleme des Todeszeitpunkts und der Frage der Einwilligung bei der Organentnahme vom Verstorbenen zunächst offengelassen; eine Lösung sollte im weiteren Gesetzgebungsverfahren gefunden werden. Dieser Gesetzentwurf wurde zur Grundlage der geltenden gesetzlichen Regelung.

Am 17. April brachten die Abgeordneten Rudolf Dressler, Rudolf Scharping u.a. einen Antrag in den Bundestag ein.[102] Dieser hatte - ebenso wie der Antrag der Abgeordneten Eckart von Klaeden, Dr. Wolfgang Götzer u.a. vom 17. Dezember 1996[103] - die Organentnahme bei Verstorbenen zum Gegenstand.

---

[100] BT-Drs. 13/4114.
[101] BT-Drs. 13/4355.
[102] BT-Drs. 13/4368.
[103] BT-Drs. 13/6591.

Die Erste Lesung des Transplantationsgesetzes erfolgte in der 99. Sitzung des Bundestages am 19. April 1996.[104] Dort wurden die Gesetzentwürfe und Anträge zur federführenden Beratung an den Ausschuß für Gesundheit und an den Innenausschuß, den Rechtsausschuß, den Ausschuß für Familie, Senioren, Frauen und Jugend sowie den Ausschuß für Bildung, Wissenschaft, Forschung, Technologie und Technikfolgenabschätzung zur Mitberatung überwiesen.

Im Zuge der Ausschußberatungen fanden mehrere öffentliche Anhörungen von Sachverständigen statt: Vor dem Ausschuß für Gesundheit in der 64. Sitzung am 25. September 1996 und in der 67. Sitzung am 9. Oktober 1996 sowie vor dem Rechtsausschuß in der 72. Sitzung am 15. Januar 1997. Dabei beschäftigte sich der Ausschuß für Gesundheit in der 67. Sitzung intensiv mit der Frage der Lebendspende von Organen.

Am 23. Juni 1997 legte der federführende Ausschuß für Gesundheit seine Beschlußempfehlung und seinen Bericht dem Bundestag vor.[105] Die im Gesetzentwurf der Fraktionen der CDU/CSU, SPD und F.D.P. vorgesehene Regelung der Organentnahme beim lebenden Spender blieb dabei inhaltlich im wesentlichen unverändert.

Zur Beratung des Gesetzentwurfs wurden im Bundestag eine Reihe von Änderungsanträgen eingebracht.[106] Diese Änderungsanträge beziehen sich überwiegend auf die Frage der Zustimmung bei der Organentnahme beim Verstorbenen und den Todeszeitpunkt. Inhaltliche Änderungen bei der Lebendspende sind in den Anträgen nicht enthalten. Lediglich in dem Antrag der Abgeordneten Eckart von Klaeden, Dr. Wolfgang Wodarg u.a.[107] sollte die Überschrift des Dritten Abschnitts als „Organentnahme bei weiterlebenden Spendern" gefaßt werden.

Die Zweite und Dritte Lesung des Transplantationsgesetzes im Bundestag erfolgte in der 183. Sitzung am 25. Juni 1997.[108] Am selben

---

[104] Plenarprotokoll BT 13/99, S. 8817 ff..

[105] BT-Drs. 13/8017.

[106] BT-Drs. 13/8025 - 13/8031.

[107] BT-Drs. 13/8025.

[108] Plenarprotokoll BT 13/183, S. 16401 ff..

Tag erfolgte der Gesetzesbeschluß des Bundestages. Angenommen wurde der Entwurf der Fraktionen der CDU/CSU, SPD und F.D.P. in der Fassung der Beschlußempfehlung des Ausschusses für Gesundheit und des Änderungsantrags der Abgeordneten Horst Seehofer, Wolfgang Lohmann u.a.[109] und einer mündlich vorgetragenen Änderung.[110] In seiner 716. Sitzung am 26. September 1997 stimmte der Bundesrat dem Gesetzesbeschluß des Bundestages gemäß Art. 84 Abs. 1 GG zu.[111] Am 5. November 1997 wurde das Transplantationsgesetz vom Bundespräsidenten ausgefertigt und am 11. November 1997 im Bundesgesetzblatt Teil I 1997 Nr. 74, S. 2631 ff. verkündet.

D. DIE RECHTSLAGE IN DER EHEMALIGEN DDR

I. Rechtslage in der DDR

In der DDR war die Durchführung von Organtransplantationen durch eine Verordnung über die Durchführung von Organtransplantationen vom 4. Juli 1975[112] und eine Erste Durchführungsbestimmung zur Verordnung über die Durchführung von Organtransplantationen vom 29. März 1977[113] geregelt.[114] § 11 der Verordnung von 1975 wurde durch eine Zweite Verordnung über die Durchführung von Organtransplantationen vom 5. August 1987[115] geändert.

Die Verordnung von 1975 regelte in ihrem Dritten Abschnitt die Organentnahme vom lebenden Spender. § 6 DDR-VO bestimmte, daß eine Organentnahme nur zulässig ist, wenn für den lebenden Spender

---

[109] BT-Drs. 13/8027.

[110] Vgl. BR-Drs. 635/97 mit Berichtigung BR-Drs. 635/97 (2).

[111] Vgl. Plenarprotokoll BR 716/97, S. 372.

[112] GBl. I 1975, S. 597.

[113] GBl. I 1977, S.141.

[114] Vgl. zum Inhalt der Regelung insgesamt Carstens, ZRP 1978, 146 ff.; Hirsch/Schmidt-Didczuhn, Transplantation, S. 31 ff.; Kern, DtZ 1992, 348; Mandel, NJ 1975, 621 ff..

[115] GBl. I 1987, S. 199.

im Ergebnis umfassender ärztlicher Untersuchung keine gesundheitlichen Beeinträchtigungen zu erwarten sind und mit hoher Wahrscheinlichkeit angenommen werden kann, daß die Transplantation des Organs zur Rettung des Lebens oder Wiederherstellung oder Besserung der Gesundheit eines Kranken führen wird. § 7 DDR-VO verlangte als Zulässigkeitsvoraussetzung der Entnahme, daß der Spender aus freiem und unbeeinflußten Entschluß seine Zustimmung erteilt hat. Diese kann nicht ersetzt werden. Nach § 7 Abs. 2 DDR-VO war die Volljährigkeit des Spenders erforderlich. § 7 Abs. 3 DDR-VO legte fest, daß der Spender seine Zustimmung bis unmittelbar vor der Organentnahme ohne Angabe von Gründen zurücknehmen kann.

§ 8 Abs. 1 DDR-VO enthielt Anforderungen an die Aufklärung des Spenders. Dieser ist vor der Erteilung der Zustimmung über die möglichen Folgen und Risiken der Organentnahme umfassend aufzuklären. Aufzuklären ist über alle im Zusammenhang mit der Organspende stehenden Umstände, soweit sie für die Erteilung der Zustimmung von Bedeutung sein können. § 8 Abs. 2 DDR-VO bestimmte, daß die Zustimmung gegenüber dem zuständigen Kreisarzt in Anwesenheit eines Vertreters des Ärztekollektivs, das die Organentnahme vornimmt, zu erklären ist. Über den Inhalt der Aufklärung und die Zustimmungserklärung des Spenders war gemäß § 8 Abs. 3 DDR-VO ein Protokoll aufzunehmen, das durch den Kreisarzt, den Vertreter des Ärztekollektivs und den Spender zu unterschreiben ist.

§ 9 Abs. 1 DDR-VO erklärte die Erteilung der Zustimmung unter der Bedingung, daß das Organ nur einem bestimmten Empfänger transplantiert wird, für zulässig. Ist nach der Organentnahme die Übertragung auf den vorgesehenen Empfänger unmöglich geworden, so durfte das Organ einem Dritten transplantiert werden, wenn andere Organe nicht zur Verfügung stehen und die Replantation beim Spender nicht möglich ist oder von ihm nicht gewünscht wird, § 9 Abs. 2 DDR-VO.

Nach § 10 DDR-VO traf die Entscheidung über die Organentnahme ein vom Ärztlichen Direktor der Gesundheitseinrichtung bestimmtes Ärztekollektiv. § 11 DDR-VO enthielt die Regelung der materiellen Absicherung des Spenders.

In § 1 Abs. 2 DDR-VO wurde klargestellt, daß zur Durchführung von Organtransplantationen vorrangig die Organe von Verstorbenen zu verwenden sind. § 1 Abs. 3 DDR-VO bestimmte, daß Organe lebender Spender nur Verwendung finden können, wenn geeignete Organe Verstorbener nicht zur Verfügung stehen. Aus § 1 Abs. 1 DDR-VO ergab sich, daß eine Organtransplantation überhaupt nur in Betracht kommt, wenn die Anwendung anderer medizinischer Mittel und Methoden keine oder nur geringe Aussicht auf Erfolg verspricht. Damit wurde eine doppelte Subsidiarität der Lebendspende festgelegt.

II. Rechtslage nach der Wiedervereinigung

Ob diese Verordnungen in den neuen Bundesländern nach der Wiedervereinigung als Landesrecht weitergalten, war umstritten. Insbesondere gegen die Regelung der Explantation vom Verstorbenen, die eine strikte Widerspruchslösung vorsah, wurden verfassungsrechtliche Bedenken geäußert.[116]

Dieser Streit hat mittlerweile durch das Inkrafttreten des Gesetzes über die Spende, Entnahme und Übertragung von Organen vom 5. November 1997 am 1. Dezember 1997 seine Bedeutung verloren. § 26 Abs. 2 Nr. 1 und 2 TPG bestimmen insoweit, daß die Verordnung vom 4. Juli 1975, geändert durch die Verordnung vom 5. August 1987 und die Erste Durchführungsbestimmung vom 29. März 1977 am 1. Dezember 1997 außer Kraft treten.

---

[116] Zur Frage der Fortgeltung Hirsch/Schmidt-Didczuhn, Transplantation, S. 37 ff.; Kern, DtZ 1992, 348 ff.; Laufs, NJW 1992, 1529 (1537); Lemke, MedR 1991, 281 (287 f.); Schmidt-Didczuhn, ZRP 1991, 264 (266 ff.); zu verfassungsrechtlichen Fragen allgemein Maurer, DÖV 1980, 7 ff..

3. Teil: Anwendungsbereich des Transplantationsgesetzes und Begriffsbestimmungen

A. Anwendungsbereich

Der Anwendungsbereich des Transplantationsgesetzes wird in § 1 TPG definiert. Das Gesetz findet Anwendung auf die Spende und Entnahme von menschlichen Organen, Organteilen und Geweben zum Zwecke der Übertragung auf andere Menschen sowie auf die Übertragung der Organe einschließlich der Vorbereitung dieser Maßnahmen, § 1 Abs. 1 S. 1 TPG.[117]

Nicht in den Anwendungsbereich des Transplantationsgesetzes fällt daher die autologe Transplantation, die Xenotransplantation[118] und die Einpflanzung künstlicher Organe[119]. Ebenfalls nicht erfaßt wird die Spende und Entnahme zu anderen Zwecken als der Übertragung auf einen anderen Menschen.[120] Irrelevant ist es dagegen, welchen Zwecken die Übertragung dient und aus welchem Anlaß das Organ entnommen wird.[121]

§ 1 Abs. 2 TPG bestimmt, daß Blut und Knochenmark sowie embryonale und fetale Organe und Gewebe von dem Anwendungsbereich des

---

[117] Kritisch zur Weite des Anwendungsbereichs Deutsch, NJW 1998, 777 (778).

[118] Für diesen Bereich will die Bundesärztekammer eine umfassende Richtlinie erarbeiten, vgl. den Bericht in der HAZ, Nr. 221 vom 22. September 1999, S. 2; zu den derzeit anwendbaren Regelungen Vesting/Müller, MedR 1997, 203 (205 ff.).

[119] Ein Kunstherz zur Dauertherapie wurde erstmals am 26. Oktober 1999 einem Patienten in Bad Oeyenhausen eingepflanzt, vgl. den Bericht in der FAZ, Nr. 251 vom 28. Oktober 1999, S. 17.

[120] Nicht geregelt wird also auch die Entnahme eines Organs zu Forschungszwecken. Angesichts der strengen Voraussetzungen an eine Lebendspende im Transplantationsgesetz und dem mit der Spende verfolgten hochrangigen Ziel der Lebensrettung oder Heilung eines Kranken werden an die Zulässigkeit der Lebendspende zu wissenschaftlichen Zwecken, die allenfalls indirekt kranken Menschen zugute kommt, zur Vermeidung von Wertungswidersprüchen jedenfalls keine geringeren Anforderungen zu stellen sein.

[121] Begründung zu § 1 Abs. 1 E-TPG, BT-Drs. 13/4355, S. 16.

Gesetzes ausgenommen sind. Vom Anwendungsbereich des Gesetzes nicht erfaßt werden auch Gene und andere DNA-Teile, Ei- und Samenzellen.[122] Hierfür gelten besondere Regelungen. Die Übertragung und Gewinnung von Blut wird durch das Gesetz zur Regelung des Transfusionswesens (Transfusionsgesetz - TFG) vom 1. Juli 1998[123] geregelt. Für Knochenmarkspenden gelten die Richtlinien für die allogene Knochenmarktransplantation mit nichtverwandten Spendern[124] und die Vereinbarung der Spitzenverbände der Krankenkassen mit dem Zentralen Knochenmarkspender-Register und der Deutschen Knochenmarkspenderdatei vom 20. September 1993 zum weiteren Aufbau und Betrieb eines Zentralen-Knochenmark-Spender-Registers für die Bundesrepublik Deutschland. Weiterhin gelten das Gesetz zum Schutz von Embryonen (Embryonenschutzgesetz - ESchG) vom 13. Dezember 1990[125] und Richtlinien zur Verwendung fetaler Zellen und fetaler Gewebe, die von der „Zentralen Kommission der Bundesärztekammer zur Wahrung ethischer Grundsätze in der Reproduktionsmedizin, Forschung an menschlichen Embryonen und Gentherapie" erarbeitet worden sind[126].

B. BEGRIFFSBESTIMMUNGEN

I. Organe

Der Begriff des Organs wird in § 1 Abs. 1 S. 1 TPG legaldefiniert. Unter Organen werden danach menschliche Organe, Organteile und Gewebe verstanden.

In § 1 Abs. 2 TPG wird, da dort fetale Organe und Gewebe nebeneinander genannt werden, nach einer Ansicht anscheinend ein engerer

---

[122] Begründung zu § 1 Abs. 2 E-TPG, BT-Drs. 13/4355, S. 16; teilweise anderer Ansicht für die Entnahme von Sperma Deutsch, NJW 1998, 777 (778).

[123] BGBl. I 1998, S. 1752.

[124] Aufgestellt vom Wissenschaftlichen Beirat der Bundesärztekammer, abgedruckt in DÄBl 1994, B 578 ff..

[125] BGBl. I 1990, S. 2746.

[126] Abgedruckt in DÄBl 1991, B 2788 ff..

Organbegriff verwendet.[127] Näher liegt es allerdings, eine entbehrliche Klarstellung des Gesetzgebers anzunehmen. Die Worte „und Gewebe" in § 1 Abs. 2 TPG wurden erst auf die Empfehlung des Ausschusses für Gesundheit eingefügt, im ursprünglichen Entwurf war nur von fetalen Organen die Rede. Ausweislich der Begründung war mit der Ergänzung in § 1 Abs. 2 TPG nur eine Klarstellung beabsichtigt.[128] Eine sachliche Änderung sollte nicht erfolgen. Nach der Definition des § 1 Abs. 1 S. 1 TPG umfaßt schon der Begriff des Organs Organe, Organteile und Gewebe. Der Gesetzgeber muß deshalb das fetale Gewebe im Gesetzentwurf als durch den Begriff des Organs miterfaßt angesehen haben; ansonsten hätte es sich um eine konstitutive Änderung gehandelt. Für eine Klarstellung bestand also eigentlich kein Bedarf. Dies spricht dafür, die Einfügung der Worte „und Gewebe" als überflüssige Klarstellung zu betrachten.[129]

II. Lebendspende

Eine gesetzliche Definition der Lebendspende zur Abgrenzung der Organentnahme bei toten Spendern existiert im Transplantationsgesetz nicht. § 3 Abs. 1 Nr. 2 TPG bestimmt insoweit, daß der Tod nach Regeln, die dem Stand der Erkenntnisse der medizinischen Wissenschaft entsprechen, festgestellt worden sein muß. In § 3 Abs. 2 Nr. 2 TPG wird festgelegt, daß die Entnahme eines Organs beim toten Organspender unzulässig ist, bevor nicht der nicht behebbare Ausfall der Gesamtfunktion des Großhirns, des Kleinhirns und des Hirnstamms

---

[127] Deutsch, NJW 1998, 777 (778).

[128] Begründung zu § 1 Abs. 2 E-TPG, BT-Drs. 13/8017, S. 41.

[129] Widersprüchlich König, Organhandel, S. 142, der einerseits die Verwendung eines engeren Organbegriffs in § 1 Abs. 2 TPG ablehnt und andererseits eine ungewollte Lücke hinsichtlich der nicht aufgeführten Organteile annimmt. Eine Lücke kann aber nur dann angenommen werden, wenn ein engerer Organbegriff als in § 1 Abs. 1 S. 1 TPG verwendet wird, weil ansonsten Organteile schon vom Begriff des Organs erfaßt werden. Versteht man aber Organe in § 1 Abs. 2 TPG nicht gemäß der Definition in § 1 Abs. 1 S. 1 TPG als Organe, Organteile und Gewebe, so wird in § 1 Abs. 2 TPG in der Tat zwangsläufig ein engerer Organbegriff verwendet.

nach Verfahrensregeln, die dem Stand der Erkenntnisse der medizinischen Wissenschaft entsprechen, festgestellt ist.

Damit hat der Gesetzgeber auf eine allgemeine Todesdefinition verzichtet. Diese bleibt der Wissenschaft überlassen.

Als Mindestvoraussetzung der Organentnahme beim toten Organspender hat der Gesetzgeber den irreversiblen Gesamthirntod festgesetzt. Damit wird der Gesamthirntod als Grenze des Lebens und Zeichen des Todes bestimmt. Vor dem irreversiblen Ausfall der Funktionen des Gesamthirns kann ein Spender nicht als tot im Sinne des Transplantationsgesetzes angesehen werden. Folglich handelt es sich bei der Organentnahme von einem Spender, bei dem kein irreversibler Ausfall der Gesamtfunktionen des Großhirns, des Kleinhirns und des Hirnstamms festgestellt wurde, um eine Lebendspende im Sinne des Transplantationsgesetzes. Der Eintritt des Gesamthirntodes ist damit das entscheidende Abgrenzungskriterium zwischen der Lebendspende und der postmortalen Spende.

Die Frage des Todeszeitpunktes und damit einhergehend die Frage, ob der hirntote Mensch bereits als Toter oder noch als Lebender (wenngleich irreversibel Sterbender) anzusehen ist, war die zentrale und äußerst kontrovers diskutierte Streitfrage im Gesetzgebungsverfahren. Die Diskussion um Todeszeitpunkt und Hirntodkonzept soll hier nur kurz dargestellt werden. Insoweit wird auf die sehr umfangreiche Literatur verwiesen.[130]

Die Verfechter des Gesamthirntodkriteriums nehmen an, daß der Todesbegriff der Rechtsordnung zwar vorgegeben ist, aber der normativen Ausfüllung bedarf. Zur Begründung des Gesamthirntodes als Tod des Menschen werden im wesentlichen zwei Ansätze vertreten. Die eine Ansicht begründet den Gesamthirntod als Tod des Menschen damit, daß dasjenige, was den Menschen in seiner individuellen Ganzheit zum Lebewesen macht, die in seiner biologisch-physischen Existenz von Anfang an angelegte unteilbare körperlich-geistige Einheit

---

[130] Vgl. Ugowski, Rechtsfragen, S. 9 ff.; Esser, Verfassungsrechtliche Aspekte, S. 17 ff.; Höfling/Rixen, in: Höfling, Transplantationsgesetz, § 3 Rn. 7 ff.; in der Schmitten, in: Höfling, Transplantationsgesetz, Anhang zu § 3 Rn. 1 ff.; jeweils m.w.N..

als personhaftes Lebewesen ist. Mit dem Ausfall der gesamten Hirnfunktion werde diese körperlich-geistige Einheit zerstört, da sie weder aktuell noch potentiell mehr vorhanden sei. Mit dem irreversiblen Ausfall des gesamten Gehirns entfalle die biologische Grundlage für die Geistigkeit des Menschen, die Wesenskriterium des Menschseins sei. Die andere Ansicht führt an, daß der Tod als Ende des Organismus in seiner funktionellen Ganzheit zu verstehen ist. Mit dem Gesamthirntod entfalle die Integration der körperlichen Einzelfunktionen zu einer übergeordneten Einheit des Lebewesens in seiner funktionellen Ganzheit.

Die Kritiker des Gesamthirntodkonzepts wenden dagegen ein, daß der Hirntote ein irreversibel Sterbender ist. Der Gesamthirntod markiert danach (nur) einen unumkehrbaren Punkt im Sterbeprozeß. Dem Gesamthirntodkonzept wird entgegengehalten, daß es auf einer quantifizierenden Entscheidung beruhe. Die Anknüpfung an spezifische kognitive oder psychische Leistungskriterien bei der Bestimmung menschlichen Lebens sei verfassungswidrig. Die Annahme des Endes des Gesamtorganismus mit Eintritt des Hirntodes beruhe auf einem Zirkelschluß. Das Gesamthirntodkonzept sei lediglich zur Bewältigung der mit der modernen Intensivmedizin entstandenen Probleme entwickelt worden. Nach dieser Ansicht tritt der Tod mit dem Stillstand der Herz-Kreislauf-Funktion ein.

Das Konzept des Gesamthirntodes ist richtig und sachgerecht. Gerade die Kritiker des Gesamthirntodkonzepts verkürzen die Bestimmung des menschlichen Lebens unzulässig, wenn sie lediglich auf die noch vorhandene Herz-Kreislauf-Funktion abstellen. Das menschliche Leben erschöpft sich nicht in der schlichten Funktion einzelner Organe. Menschliches Leben kann nicht schon daraus abgeleitet werden, daß unter intensivmedizinischen Bedingungen mit technischen Mitteln einzelne Organfunktionen aufrecht erhalten werden.

4. Teil: Die Regelung der Organentnahme beim lebenden Spender in § 8 TPG

A. Einführung

In § 8 TPG sind die Voraussetzungen der Zulässigkeit der Organentnahme beim lebenden Organspender ausführlich geregelt. Absatz 1 enthält die Zulässigkeitsvoraussetzungen hinsichtlich der Person des Organspenders und des Organempfängers sowie das Erfordernis der Einwilligung und der Subsidiarität. Absatz 2 stellt bestimmte Anforderungen an Inhalt und Durchführung der Aufklärung des Organspenders auf. In Absatz 3 werden die Bereiterklärung zur Teilnahme an einer Nachbetreuung durch den Organspender und den Organempfänger als weitere Zulässigkeitsvoraussetzungen normiert. Außerdem enthält Absatz 3 das Erfordernis der gutachtlichen Stellungnahme einer Kommission zur Frage der Freiwilligkeit der Organspende und dazu, ob das Organ Gegenstand verbotenen Handeltreibens nach § 17 TPG ist, sowie Vorschriften über die Organisation der Kommission.

Diese Zulässigkeitsvoraussetzungen der Organentnahme beim lebenden Organspender sind im folgenden im Einzelnen zu untersuchen.

B. Volljährigkeit, Einwilligung und ärztliche Aufklärung

I. Die Erforderlichkeit der Einwilligung

Nach § 8 Abs. 1 S. 1 Nr. 1b) TPG ist die Entnahme eines Organs beim lebenden Organspender nur mit dessen Einwilligung zulässig.

Bei der Organentnahme zu Transplantationszwecken wird dem lebenden Spender ein gesundes und voll funktionsfähiges Organ entnommen. Nur ein solches ist zur Transplantation geeignet, da der Empfänger gerade ein gesundes Organ benötigt. Die Organentnahme dient damit - im Gegensatz zur Implantation beim Transplantatempfänger - nicht der Heilung einer Krankheit des Organspenders.[131] Die Entnah-

---

[131] Laufs, Arztrecht, Rn. 275; Kramer, Organtransplantation, S. 166; Deutsch, ZRP 1982, 174.

me ist lediglich dazu bestimmt, im Rahmen der Organtransplantation der Gesundheit des Organempfängers zu dienen.[132] Die Explantation ist daher auf seiten des Organspenders nicht als Heileingriff anzusehen, sondern schadet ihm nur physisch und gefährdet seine Gesundheit. Sie ist eine „Heilhilfe" für einen Dritten.[133]
Die rechtliche Qualifizierung des ärztlichen Heileingriffs ist damit für die Organentnahme irrelevant. Die Entnahme eines Organs zu Transplantationszwecken stellt für die Person, der das Organ explantiert wird, immer eine Verletzung des Körpers und der Gesundheit dar.[134] Sie ist ein Eingriff in die körperliche Integrität.

Dieser Eingriff kann unter dem Gesichtspunkt des Autonomieprinzips seine Rechtfertigung ausschließlich durch die Einwilligung desjenigen finden, dessen körperliche Integrität durch den Eingriff beeinträchtigt wird.[135] Die verfassungsrechtliche Grundlage der Einwilligung ist in Art. 1 Abs. 1 GG und Art. 2 GG zu sehen. Die Menschenwürde (Art. 1 Abs. 1 GG), das Recht auf freie Entfaltung der Persönlichkeit (Art. 2 Abs. 1 GG) und das Recht auf körperliche Unversehrtheit (Art. 2 Abs. 2 S. 1 GG) garantieren jedermann das Recht, über sich selbst und seinen Körper grundsätzlich frei bestimmen zu können.[136] Eine Rechtfertigung unter Notstandsgesichtspunkten kommt nicht in Betracht.[137]

---

[132] BSG NJW 1973, 1432 (1433); Carstens, Organtransplantation, S. 26 f.; Sasse, Veräußerung von Organen, S. 124; Siegrist, MMW 1969, 742 (744).

[133] V. Bubnoff, GA 1968, 65 (66); ähnlich Geilen, in: Honecker, Aspekte, S. 127 (133).

[134] Schoeller, Organspende, S. 89; Kaufmann, ZStW 73 (1961), 341 (370); Rüping, GA 1978, 129 (131); Schreiber, Der Internist 1974, 551 (556).

[135] Hirsch/Schmidt-Didczuhn, Transplantation, S. 12 und 50; Bockelmann, Strafrecht, S. 103; Laufs, Arztrecht, Rn. 276 m.w.N.; Schreiber, Der Internist 1974, 551 (556).

[136] BGHZ 29, 176 (179 ff.); 106, 391 (397); Giesen, Arzthaftungsrecht, Rn. 203; Laufs, in: Laufs/Uhlenbruck, Hdb. des Arztrechts, § 61 Rn. 14 f.; Nüßgens, in: RGRK, BGB, § 823 Anh. II Rn. 62; Deutsch, AcP 192 (1992), 161 (166). Esser, Verfassungsrechtliche Aspekte, S. 79 leitet dies aus der allgemeinen Handlungsfreiheit aus Art. 2 Abs. 1 GG her.

[137] Uhlenbruck, in: Laufs/Uhlenbruck, Hdb. des Arztrechts; § 131 Rn. 13; Ulsenheimer, in: Laufs/Uhlenbruck, Hdb. des Arztrechts, § 142 Rn. 25; Kramer, Organ-

II. Einwilligungsfähigkeit und Volljährigkeit

1) Gesetzliche Regelung

Voraussetzung für die Wirksamkeit einer Einwilligung ist, daß der Einwilligende überhaupt einwilligungsfähig ist. § 8 Abs. 1 S. 1 Nr. 1a) TPG stellt dieses Erfordernis ausdrücklich klar. Darüber hinaus ist gemäß § 8 Abs. 1 S. 1 Nr. 1a) TPG zusätzlich die Volljährigkeit des Organspenders erforderlich. Diese Regelung entspricht dem Leitsatz 4 der von der Weltgesundheitsorganisation auf ihrer 44. Versammlung am 13. Mai 1991 verabschiedeten 25 Leitsätze für die Transplantation menschlicher Organe.

a) Einwilligungsfähigkeit

Zunächst muß der Lebendspender eines Organs überhaupt einwilligungsfähig sein, § 8 Abs. 1 S. 1 Nr. 1a) TPG. Eine Person ist einwilligungsfähig, wenn sie die natürliche Einsichts- und Urteilsfähigkeit besitzt, auf Grund deren sie fähig ist, die Bedeutung und Tragweite des Eingriffs und seiner Gestattung zu ermessen.[138] Erforderlich ist mit anderen Worten die geistige und sittliche Reife, die den Betroffenen befähigt, die Tragweite des Eingriffs zu erfassen.[139] Es kommt also entscheidend auf die natürliche Einsichtsfähigkeit an, das Besitzen der erforderlichen intellektuellen Voraussetzungen. Das Alter der einwilligenden Person ist dabei unerheblich, Geschäftsfähigkeit ist nicht erforderlich.[140] Allein maßgeblich und ausreichend ist die natürliche Einsichtsfähigkeit.

---

transplantation, S. 168; Voll, Einwilligung, S. 235; wohl auch Engisch, Der Chirurg 1967, 252 (254).

[138] BGHSt 23, 1 (4); Bockelmann, Strafrecht, S. 55; Laufs, in: Laufs/Uhlenbruck, Hdb. des Arztrechts, § 66 Rn. 9; Hirsch, in: Leipziger Komm. StGB, vor § 32 Rn. 118; Kallmann, FamRZ 1969, 572.

[139] BGHZ 29, 33 (36); Deutsch, Haftungsrecht, Rn. 282.

[140] BGHZ 29, 33 (36); Bockelmann, Strafrecht, S. 55; Giesen, Arzthaftungsrecht, Rn. 250; Hirsch, in: Leipziger Komm. StGB, Vor § 32 Rn. 118; Lackner/Kühl, StGB, Vor § 32 Rn. 16.

Dies ergibt sich daraus, daß es sich bei der Einwilligung nicht um eine Zustimmung zu einem Rechtsgeschäft handelt, sondern um eine Gestattung oder Ermächtigung zur Vornahme tatsächlicher Handlungen.[141] Mit unterschiedlicher Formulierung, aber sachlich übereinstimmend, wird die Einwilligung auch als Disposition über ein höchstpersönliches Rechtsgut[142] oder als willentliche Erklärung, daß im Rahmen ärztlicher Behandlung auf Persongüter in bestimmter Weise eingewirkt werden darf[143], bezeichnet.

Bestehen Zweifel, ob ein Spendewilliger wegen einer psychischen Erkrankung einwilligungsfähig ist, so ist vor der Aufklärung nach § 8 Abs. 2 TPG ein Facharzt für Psychiatrie hinzuzuziehen.[144]

b) Volljährigkeit

Im engen Zusammenhang mit dem Erfordernis der Einwilligungsfähigkeit steht das Erfordernis der Volljährigkeit. Nach § 8 Abs. 1 S. 1 Nr. 1a) TPG ist es für die Zulässigkeit der Organentnahme beim lebenden Organspender erforderlich, daß dieser volljährig ist. Wann eine Person volljährig ist, ergibt sich aus § 2 BGB. Danach tritt die Volljährigkeit mit Vollendung des achtzehnten Lebensjahres ein.

Daraus folgt, daß die natürliche Einsichtsfähigkeit des Organspenders zwar eine notwendige, aber keine hinreichende Bedingung für die Zulässigkeit der Organentnahme ist. Die Wirksamkeit der Einwilligung hängt von dem zusätzlichen Erfordernis der Volljährigkeit ab. Sowohl natürliche Einwilligungsfähigkeit als auch Volljährigkeit müssen deshalb kumulativ vorliegen. Weder die eine, noch die andere ist für sich allein ausreichend.

---

[141] BGHZ 29, 33 (36); 105, 45 (47 f.); Giesen, Arzthaftungsrecht, S. 215 Fn. 261; Schreiber, in: Müller/Olbing, Ethische Probleme, S. 225 (226); Hirsch, in: Leipziger Komm. StGB, § 226a Rn. 16; Tröndle, StGB, § 228 Rn. 2.

[142] Laufs, in: Laufs/Uhlenbruck, Hdb. des Arztrechts, § 66 Rn. 9.

[143] Deutsch, Medizinrecht, Rn. 105.

[144] Begründung zu § 7 Abs. 1 S. 1 Nr. 1 E-TPG, BT-Drs. 13/4355, S. 20; Nikkel/Schmidt-Preisigke/Sengler, Transplantationsgesetz, Erl. § 8 Rn. 5.

2) Die Organentnahme beim Minderjährigen

Aus dem Erfordernis der Volljährigkeit des Organspenders bei der Lebendorganspende gemäß § 8 Abs. 1 S. 1 Nr. 1a) TPG folgt, daß bei einem Minderjährigen eine Organentnahme zu Lebzeiten ausgeschlossen ist. Es stellt sich aber die Frage, ob nicht auch ein Minderjähriger schon über die natürliche Einsichts- und Urteilsfähigkeit verfügen kann, um die Bedeutung und Tragweite einer Lebendorganspende zu ermessen. Fraglich ist daher, ob der generelle Ausschluß Minderjähriger von der Lebendorganspende gerechtfertigt ist.

In der vor dem Inkrafttreten des Transplantationsgesetzes veröffentlichten Literatur war es umstritten, ob eine feste Altersgrenze sinnvoll ist. Eine Ansicht verzichtete vollständig auf eine feste Altersgrenze und wollte ausschließlich auf die Einsichts- und Urteilsfähigkeit des Minderjährigen abstellen.[145] Eine andere Ansicht stellte dagegen auf eine feste Altersgrenze ab, die bei einem Alter von mindestens 16 Jahren liegen sollte[146], zum Teil wurde auch ein geringeres Alter angenommen[147]. Die überwiegende Ansicht ging jedoch davon aus, daß auf Grund der lebenslangen Folgen eines Organverlustes an die Einwilligungsfähigkeit besonders hohe Anforderungen zu stellen sind und diese deshalb bei Minderjährigen nicht vorliegt.[148]

---

[145] Kramer, Organtransplantation, S. 177; Schoeller, Organspende, S. 91; v. Bubnoff, GA 1968, 65 (68). So auch Ugowski, Rechtsfragen, S. 40, der trotzdem eine Regelung für sinnvoller hält, die „grundsätzlich" die Volljährigkeit verlangt und damit für besondere Einzelfälle Ausnahmen zuläßt; ähnlich Rüping, GA 1978, 129 (132), der die Einsichtsfähigkeit aber bei unter 16jährigen kaum annehmen will.

[146] Korthals, Organtransplantation, S. 84; Gründel, ZTxMed 1993, 70 (73). Entgegen der Ansicht von Ugowski, Rechtsfragen, S. 39 und Carstens, Organtransplantation, S. 31 bezieht sich die Altersgrenze bei Strätz, Zivilrechtliche Aspekte, S. 57 nicht auf die Organentnahme beim lebenden Spender, sondern auf die Gestaltung der postmortalen Verhältnisse am Leichnam, vgl. Strätz, Zivilrechtliche Aspekte, S. 56 f..

[147] Bucher, in: Largiadèr, Organtransplantation, S. 75 (77).

[148] Brenner, Arzt und Recht, S. 88; Bock, Organentnahme, S. 132 f.; Carstens, Organtransplantation, S. 43; Giesen, Zivilrechtliche Haftung, S. 30; Pichlmayr/Honecker/Wolfslast, in: Eser/v. Lutterotti/Sporken, Lexikon Medizin- Ethik- Recht, Stichwort Organtransplantation, Spalte 771; Rieger, Lexikon, Rn.

Die gesetzliche Regelung in § 8 Abs. 1 S. 1 Nr. 1a) TPG ist eindeutig: Die Volljährigkeit des Organspenders ist Zulässigkeitsvoraussetzung bei der Explantation vom lebenden Spender, ohne sie ist die Einwilligung unwirksam. Der Grund für das Erfordernis der Volljährigkeit des Organspenders ist in dem Schutz minderjähriger Personen zu sehen. Es soll damit verhindert werden, daß einer Person ein Organ entnommen wird, obwohl ihr die notwendige Einsichts- und Urteilsfähigkeit fehlt.[149] Dieses Ziel ist als richtig anzusehen.

Bei der Beurteilung der Frage, ob eine starre Altersgrenze von 18 Jahren sinnvoll ist, ist davon auszugehen, daß die Explantation eines Organs in der Regel einen besonders schwerwiegenden Eingriff in die körperliche Integrität darstellt. Er ist für den Minderjährigen keine Heilmaßnahme, sondern läuft seinen Gesundheitsinteressen zuwider. Mit der Explantation ist das Organ für den Minderjährigen regelmäßig unwiederbringlich verloren. Er hat die lebenslangen Folgen dieses Organverlustes zu tragen. Möglicherweise ergeben sich für ihn selbst daraus gesundheitliche Beeinträchtigungen. So kann es zum Beispiel bei einer Nierenentnahme nicht ausgeschlossen werden, daß das verbliebene Organ in Folge eines Unfalls oder einer Krankheit funktionsunfähig wird und der Minderjährige selbst dialysepflichtig wird oder einer Transplantation bedarf.

Ob ein Minderjähriger aber in der Lage ist, diese Risiken und möglichen Folgen abzuschätzen, muß bezweifelt werden. Die Entscheidung betrifft allein unter dem zeitlichen Aspekt den Rest seines Lebens. Daß zum Beispiel ein 16jähriger Jugendlicher fähig ist, in einem Zeitraum von mehreren Jahrzehnten zu denken und diese derart vorausschauend zu überblicken, ist sehr unwahrscheinlich.

Für eine Altersgrenze von 18 Jahren spricht ebenfalls, daß die Regeln über die Geschäftsfähigkeit als wesentlicher Orientierungspunkt für

---

1767; C. Schreiber, in: Kaufmann, Moderne Medizin, S. 73 (74); Schreiber, in: Müller/Olbing, Ethische Probleme, S. 225 (229 f.); Voll, Einwilligung, S. 236 f.; Siegrist, MMW 1969, 742 (744); ein ausdrückliches Verbot begrüßt auch Kern, MedR 1994, 389 (390).

[149] Ugowski, Rechtsfragen, S. 38.

die Einwilligungsfähigkeit heranzuziehen sind.[150] Insoweit sprechen die ausschließliche Fremdnützigkeit und die möglicherweise gravierenden Folgen für ein Alter, in dem auch die unbeschränkte Geschäftsfähigkeit eintritt. Durch das Volljährigkeitserfordernis wird der Minderjährige vor einer Entscheidungssituation geschützt, die ihn gerade in dem durch hohe emotionale Instabilität gekennzeichneten Pubertätsalter überfordern könnte.[151] Damit geht ein Schutz vor intrafamiliärem und sozialem Druck einher, der sich für Außenstehende kaum feststellen lassen wird.[152]

Zu berücksichtigen ist weiter, daß der Anwendungsbereich des Transplantationsgesetzes gemäß § 1 Abs. 2 TPG die Blut- und Knochenmarkspende nicht erfaßt. Gerade für diese relativ risikoarmen und wenig schwerwiegenden Eingriffe wird teilweise in der Literatur die Einwilligungsfähigkeit Minderjähriger angenommen, wenn sie auch ansonsten abgelehnt wird.[153] Da aber die Blut- und Knochenmarkspende von dem Anwendungsbereich des Transplantationsgesetzes nicht erfaßt werden, läßt sich deshalb daraus kein Argument gegen eine starre Altersgrenze im Anwendungsbereich des Gesetzes ableiten.

Für eine feste Altersgrenze läßt sich weiterhin anführen, daß die Prüfung der Einsichtsfähigkeit des Minderjährigen schwierig und unsicher sein kann. Angesichts der Schwere der möglichen Folgen sollte die Möglichkeit einer Fehleinschätzung nicht vernachlässigt werden. Immerhin wird der Minderjährige die Folgen dieser Entscheidung sein ganzes Leben zu tragen haben. Die Folge einer Überschätzung der intellektuellen Gegebenheiten gerade bei jüngeren Spendern geht zu Lasten der Ärzte und vor allem zu Lasten des Organspenders.[154] Denn auch für den Arzt birgt die Schwierigkeit der Feststellung der Ein-

---

[150] Deutsch, Medizinrecht, Rn. 105; Laufs, Arztrecht, Rn. 222; Kern, NJW 1994, 753 (755).

[151] Bock, Organentnahme, S. 134; Voll, Einwilligung, S. 237.

[152] Lilie, in: Albert, Praxis der Nierentransplantation, S. 89 (93).

[153] So Bock, Organentnahme, S. 134; Carstens, Organtransplantation, S. 158; Sasse, Veräußerung von Organen, S. 126 f.; Voll, Einwilligung, S. 237; wohl auch Schreiber, in: Müller/Olbing, Ethische Probleme, S. 225 (230).

[154] Carstens, Organtransplantation, S. 33; Ugowski, Rechtsfragen, S. 39.

sichtsfähigkeit das Risiko der irrtümlichen Annahme der Einsichtsfähigkeit und daraus folgend das Risiko der Unwirksamkeit der Einwilligung in die Organentnahme. Zwar entlastet den Arzt auch die Volljährigkeit nicht von der Prüfung und Feststellung des Vorhandenseins der erforderlichen Einsichtsfähigkeit. Er darf aber grundsätzlich davon ausgehen, daß eine volljährige Person die notwendige Einsichtsfähigkeit zur Beurteilung einer Lebendspende von Organen hat. Etwas anderes gilt lediglich, wenn der Arzt Anzeichen für das Fehlen der Einsichts- und Urteilsfähigkeit feststellt. Insoweit ist es gerechtfertigt, von einer „negativen Prüfungspflicht" des Arztes zu sprechen.[155] Für die Volljährigkeit als feste Altersgrenze sprechen damit die Aspekte der Rechtsklarheit und Rechtssicherheit.[156]

Unter Berücksichtigung der oben angeführten Risiken kann auch eine Lösung entsprechend § 8 Abs. 2 DDR-VO nicht überzeugen.[157] § 8 Abs. 2 DDR-VO sah vor, daß der Organspender seine Zustimmung gegenüber einem staatlichen Arzt und einem Vertreter des Transplantationsteams erklären muß. Dadurch sollte die Gewährleistung eines effektiven Schutzes Minderjähriger möglich sein.

Gegen diese Ansicht spricht, daß mit dieser Regelung der Schutz des Minderjährigen keineswegs hinreichend sicher gestellt ist. Im Regelfall wird die Lebendorganspende eines Minderjährigen zugunsten eines Geschwisters erfolgen. Gerade in dieser Situation erscheint es nicht ausgeschlossen, daß die Interessen des Minderjährigen auch durch einen staatlichen Arzt zugunsten des kranken Geschwisters zurückgestellt werden. Denn niemand kann garantieren, daß nicht auch der staatliche Arzt in dieser extremen Situation eine erhöhte Gefährdung des minderjährigen Spenders in Kauf nimmt, um das Leben des Geschwisters zu retten. Es kann nicht ausgeschlossen werden, daß er nicht eine zu Lasten des Minderjährigen gehende Nutzen-Risiko-Abwägung vornimmt.

---

[155] Carstens, Organtransplantation, S. 34; Ugowski, Rechtsfragen, S. 39 f..

[156] Ebenso Esser, in: Höfling, Transplantationsgesetz, § 8 Rn. 18; Nickel/Schmidt-Preisigke/Sengler, Transplantationsgesetz, Erl. § 8 Rn. 5; Gutmann/Schroth, Organlebendspende, S. 60.

[157] So aber Schoeller, Organspende, S. 91.

Wie Carstens richtig betont, bedeutet für den jungen Kranken, der ein Organ benötigt, die Versagung der Organspende durch einen lebenden Minderjährigen nicht, daß eine Rettung oder Heilung ausgeschlossen ist. In diesem Fall kommt immer noch die Organspende eines erwachsenen Verwandten oder der Rückgriff auf das Organ eines jungen Verstorbenen in Betracht.[158] In den praktisch relevanten Fällen der Nierenspende besteht zudem die Möglichkeit einer Dialysebehandlung, so daß keine akute Lebensgefahr besteht. Deshalb ist auch eine solche Regelung wie in § 8 Abs. 2 DDR-VO im Interesse des Minderjährigenschutzes abzulehnen.

Insgesamt ist daher das Erfordernis der Volljährigkeit des Lebendspenders zum Schutz Minderjähriger als sinnvoll und berechtigt anzusehen.[159]

3) Die Organentnahme beim Betreuten

Ebenso wie bei Minderjährigen stellt sich bei Betreuten die Frage nach der Zulässigkeit einer lebzeitigen Organentnahme zu Transplantationszwecken.

Nach § 1896 Abs. 1 S. 1 BGB wird einer volljährigen Person, die auf Grund einer psychischen Krankheit oder einer körperlichen, geistigen oder seelischen Behinderung ihre Angelegenheiten ganz oder teilweise nicht besorgen kann, ein Betreuer bestellt. Dabei darf gemäß § 1896 Abs. 2 S. 1 BGB ein Betreuer nur für die Aufgaben bestellt werden, für die eine Betreuung erforderlich ist. Die Betreuung umfaßt gemäß § 1901 Abs. 1 BGB alle Tätigkeiten, die erforderlich sind, um die Angelegenheiten des Betreuten rechtlich zu besorgen. Die Angelegenheiten sind so zu besorgen, wie es dem Wohl des Betreuten entspricht, § 1901 Abs. 2 BGB.

---

[158] Carstens, Organtransplantation, S. 43.

[159] Esser, Verfassungsrechtliche Aspekte, S. 120 hält die gesetzliche Regelung in verfassungsrechtlicher Hinsicht für unbedenklich. Dies wird damit begründet, daß der Gesetzgeber im Rahmen seines weiten Ermessensspielraums beachtliche Gründe für die getroffene Regelung habe und somit die Ungeeignetheits- oder Willkürgrenze nicht überschritten sei.

Bei der Frage der Lebendspende von Organen ist zwischen dem einsichtsfähigen und dem einsichtsunfähigen Betreuten zu unterscheiden.

a) Der einwilligungsfähige Betreute
Bei der Regelung des neuen Betreuungsrechts gab es nach Ansicht des Gesetzgebers kein Bedürfnis nach einer besonderen Bestimmung zur Organspende.[160] Insoweit sind die allgemeinen Grundsätze anwendbar.

Aus § 1904 BGB ergibt sich, daß der gesetzliche Vertreter an Stelle des einwilligungsunfähigen Betreuten die Einwilligung in ärztliche Maßnahmen erteilt. Besitzt der Betreute dagegen die natürliche Einsichtsfähigkeit hinsichtlich der konkreten Maßnahme, so muß er selbst die Einwilligung erteilen, der Betreuer ist zur Erteilung nicht befugt.[161] Dies ergibt sich zwar nicht unmittelbar aus dem Wortlaut des § 1904 Abs. 1 BGB, folgt aber aus der Begründung des Gesetzgebers, der eine entsprechende ausdrückliche Regelung in § 1904 Abs. 1 BGB als selbstverständlich unterlassen hat.[162] Die Regelung des § 1904 ist damit erst jenseits der natürlichen Einsichtsfähigkeit des Betreuten anwendbar.[163]

Danach kann der Betreute in eine Organentnahme einwilligen, wenn er im konkreten Fall die Schwere und Tragweite des Eingriffs erfassen und zu einem selbstbestimmten Urteil gelangen kann, also einsichtsfähig ist. Die Entscheidung über die Organspende liegt dann ausschließlich beim Betreuten selber. Für eine Entscheidung des Betreuers bleibt in diesem Fall kein Raum.[164] Allerdings müssen wegen der mit einer Lebendspende von Organen verbundenen gesundheitlichen Beeinträchtigung an die Einsichtsfähigkeit des Betreuten strenge An-

---

[160] BT-Drs. 11/4528, S. 142.
[161] Schwab, in: MünchKomm. BGB, § 1904 Rn. 4; LG Berlin FamRZ 1993, 597 (598).
[162] So die Begründung in BT-Drs. 11/4528, S. 141.
[163] Diederichsen, in: Palandt, BGB, § 1904 Rn. 2.
[164] Vgl. Damrau/Zimmermann, Betreuung, § 1094 Rn. 2.

forderungen gestellt werden.[165] Zum Schutz des Betreuten ist eine besonders sorgfältige Prüfung erforderlich.

Diese Regelung entspricht damit dem vom Betreuungsgesetz verfolgten Anliegen, die Fähigkeit des Betreuten zur Selbstbestimmung soweit als möglich zu achten.[166] Dieses sicher anerkennenswerte Ziel birgt aber die Gefahr einer Beeinflussung und Manipulation des Betreuten, die eine selbstbestimmte Einwilligung verhindern würde.[167] Bei Zweifeln an der Einwilligungsfähigkeit des Betreuten sollte deshalb zu dessen Schutz auf eine Organentnahme verzichtet werden.[168]

b) Der einwilligungsunfähige Betreute

Anders stellt sich die Situation bei dem einwilligungsunfähigen Betreuten dar. Dieser kann wegen seiner fehlenden Einsichtsfähigkeit nicht selber in eine Organentnahme einwilligen. Damit stellt sich die Frage, ob an Stelle des einsichtsunfähigen Betreuten dessen Betreuer einwilligen kann.

§ 1904 Abs. 1 S. 1 BGB legt fest, daß die Einwilligung des Betreuers in einen ärztlichen Eingriff der Genehmigung des Vormundschaftsgerichts bedarf, wenn die begründete Gefahr besteht, daß der Betreute auf Grund des Eingriffs stirbt oder einen schweren und länger dauernden gesundheitlichen Schaden erleidet. Nach § 8 Abs. 1 S. 1 Nr. 1c) TPG ist eine Organentnahme beim lebenden Spender unzulässig, wenn dieser über das Operationsrisiko hinaus gefährdet oder über die unmittelbaren Folgen der Entnahme hinaus gesundheitlich schwer beeinträchtigt wird. In den durch § 1904 Abs. 1 S. 1 BGB geregelten Fällen der Gefährdung des Betreuten ist daher eine Organentnahme schon nach § 8 Abs. 1 S. 1 Nr. 1c) TPG unzulässig. In den Fällen einer Organentnahme wird daher wegen fehlender Gefährdung des Be-

---

[165] Voll, Einwilligung, S. 242; Kern, MedR 1991, 66 (70).

[166] Vgl. Schwab, in: MünchKomm. BGB, vor § 1896 Rn. 12; Diederichsen, in: Palandt, BGB, Einf v § 1896 Rn. 5.

[167] Ebenso Voll, Einwilligung, S. 242.

[168] Im Ergebnis ebenso Esser, in: Höfling, Transplantationsgesetz, § 8 Rn. 12 ff..

treuten eine Genehmigung des Vormundschaftsgerichts nach § 1904 Abs. 1 BGB nicht notwendig sein.[169]

Eine Einwilligung des Betreuers in eine Organentnahme könnte aber nach § 1901 Abs. 2 BGB ausgeschlossen sein. Der Betreuer hat gemäß § 1901 Abs. 2 BGB die Angelegenheiten des Betreuten so zu besorgen, wie es dessen Wohl entspricht. Die Organentnahme dient jedoch lediglich fremdnützigen Zwecken und gefährdet das gesundheitliche Wohl des Betreuten, sie liegt deshalb nicht in seinem Interesse. Eine Einwilligung des Betreuers dient damit nicht dem Wohl des Betreuten und ist unzulässig.[170]

Allerdings hat der Gesetzgeber in den Gesetzesmaterialien zum Ausdruck gebracht, daß in extremen Ausnahmefällen die Organspende eines einwilligungsunfähigen Betreuten zulässig sein soll. Die Organspende soll dann möglich sein, wenn sie auch dem seelischen Wohl des Betreuten dient, etwa wenn das Leben eines Kindes des Betreuten nur durch eine Organspende von diesem zu retten ist. In diesen Ausnahmefällen sollen die allgemeinen Vorschriften über das Wohl des Betreuten und die Beachtlichkeit seiner Wünsche (§ 1901 Abs. 1 und 2 BGB) für die Erzielung sachgemäßer Ergebnisse ausreichen.[171] Gegen diese Auffassung läßt sich aber einwenden, daß es einen Widerspruch zu der herrschenden Lehre und Judikatur bedeutet, wenn das Wohl des Betreuten nicht ausschließlich an dessen gesundheitlichen Belangen ausgerichtet wird.[172] Diese Lösung würde auch vernachlässigen, daß der Betreute hier gerade nicht einwilligungsfähig ist. Er kann Bedeutung und Tragweite des Eingriffs gerade nicht erkennen. Eine Feststellung, was dem seelischen Wohl des Betreuten entspricht, würde daher auf eine objektive Vermutung hinauslaufen.[173]

---

[169] Ebenso Schoeller, Organspende, S. 94; im Ergebnis auch Geilen, in: Honecker, Aspekte, S. 127 (149) und Walter, FamRZ 1998, 201 (203), die auf die Höchstpersönlichkeit der Einwilligung abstellen.

[170] BT-Drs. 11/4528, S. 142; Damrau/Zimmermann, Betreuung, § 1904 Rn. 9; Kern, MedR 1991, 66 (70).

[171] BT-Drs. 11/4528, S. 142.

[172] Kern, MedR 1991, 66 (70 Fn. 50).

[173] Voll, Einwilligung, S. 245, ähnlich Bock, Organentnahme, S. 143.

Deutsch hat vor Inkrafttreten des Transplantationsgesetzes vorgeschlagen, daß eine Organentnahme dann zulässig sein soll, wenn der einsichtsunfähige Betreute und der Sorgeberechtigte zusammen einwilligen.[174] Gegen diese Lösung spricht, daß der Betreute nicht fähig ist, Bedeutung und Tragweite des Eingriffs zu erkennen; seine Einwilligung ist deswegen bedeutungslos. Die Einwilligung des Betreuers kann aber wegen der höchstpersönlichen Natur der Einwilligung keine Bedeutung haben.[175]

Wie Laufs zu Recht betont, handelt es sich bei einem Geisteskranken um eine geschwächte und schutzbedürftige Person.[176] Eine Organentnahme mit Erwägungen hinsichtlich des seelischen Wohls zuzulassen, öffnet der Fremdbestimmung des Betreuten und Nützlichkeitserwägungen Tür und Tor. Das wird der gesteigerten Schutzbedürftigkeit dieses Personenkreises nicht gerecht. Die Lebendorganspende eines einsichtsunfähigen Betreuten ist folglich zu recht ausgeschlossen.[177]

4) Zusammenfassung

Voraussetzung der Organentnahme beim lebenden Spender ist die Volljährigkeit und Einwilligungsfähigkeit. Die Unzulässigkeit der Lebendspende Minderjähriger und einsichtsunfähiger Betreuter ist sachgerecht und trägt dem verstärkten Schutzbedürfnis dieser Personen Rechnung.

III. Erklärung der Einwilligung

1) Schriftform der Einwilligung

Gemäß § 8 Abs. 1 S. 1 Nr. 1b) TPG ist die Einwilligung des Organspenders eine Zulässigkeitsvoraussetzung für die Entnahme von Or-

---

[174] Deutsch, Medizinrecht, 3. Auflage, Rn. 503.

[175] Voll, Einwilligung, S. 244.

[176] Laufs, in: Hiersche/Hirsch/Graf-Baumann, Organtransplantation, S. 57 (64).

[177] Dem generellen Ausschluß geistig oder seelisch behinderter Personen zustimmend Sasse, Veräußerung von Organen, S. 189; zurückhaltend auch Gutmann/Schroth, Organlebendspende, S. 55.

ganen bei lebenden Spendern. Die Einwilligung kann nur ausdrücklich und durch den Spender selbst erklärt werden. Zusätzlich ist nach § 8 Abs. 2 S. 3 TPG die Aufzeichnung der Einwilligungserklärung in einer Niederschrift erforderlich. Diese ist zu unterschreiben. Aus der Pflicht zur Niederschrift und zur Unterschrift der Einwilligung ergibt sich, daß eine konkludente Einwilligung des Organspenders nicht möglich ist. Das Erfordernis der Niederschrift und Unterschrift hat immer die Ausdrücklichkeit der Einwilligungserklärung zur Folge. Auch für eine mutmaßliche Einwilligung ist damit - abgesehen davon, daß für sie kaum ein Anwendungsbereich vorstellbar ist - kein Raum.

Die Ausdrücklichkeit der Einwilligung ist auch sinnvoll. Zwar ist bei einem ärztlichen Heileingriff eine konkludente oder eine mutmaßliche Einwilligung ausreichend. Im Unterschied zur Organtransplantation ist aber der ärztliche Heileingriff für den Betroffenen nützlich, er entspricht seinen objektiven Interessen. Dieses objektive Interesse gleicht die fehlende Ausdrücklichkeit aus. Dagegen ist die Organentnahme für den Spender weder dringlich noch nützlich. Deshalb ist eine ausdrückliche Einwilligung notwendig.[178] Das Erfordernis der Ausdrücklichkeit und der Erklärung der Einwilligung durch den Spender selbst folgt aus der Bedeutung der Organentnahme als Eingriff in höchstpersönliche Rechte.[179]

2) Freiwilligkeit der Einwilligung

Für die Wirksamkeit der Einwilligung ist die Freiwilligkeit der Erklärung erforderlich. Eine Einwilligung kann nur dann rechtfertigende Wirkung entfalten, wenn sie freiwillig erteilt wird.[180]

Zu untersuchen ist deshalb, wann eine Einwilligung freiwillig erteilt wurde. Hierbei kann auf die Grundsätze der Freiwilligkeit beim ärztli-

---

[178] Ebenso Laufs, Arztrecht, Rn. 276; Bucher, in: Largiadèr, Organtransplantation, S. 75 (76); Gramer, Organtransplantation, S. 30; Ugowski, Rechtsfragen, S. 42; Schmidt-Didczuhn, ZRP 1991, 266 f.; Siegrist, MMW 1969, 742 (744).

[179] Bock, Organentnahme, S. 93; Laufs, in: Hiersche/Hirsch/Graf-Baumann, Organtransplantation, S. 57 (64); Voll, Einwilligung, S. 232 f..

[180] BGHSt 4, 113 (118); v. Bubnoff, GA 1968, 65 (66 f.); Bucher, in: Largiadèr, Organtransplantation, S. 75 (76).

chen Heileingriff zurückgegriffen werden. Bei diesem fehlt die Freiwilligkeit bei äußeren Zwängen wie Gewalt und Drohung und bei wesentlichen Irrtümern des Patienten.[181] Bei Vorliegen dieser Fälle fehlt es auch an der Freiwilligkeit der Einwilligung des Organspenders. Dieser muß ebenfalls freiwillig und in zutreffender Kenntnis aller Umstände und Risiken der Organspende einwilligen. Erforderlich ist also die Kenntnis des Organspenders von Bedeutung und Risiken der Organspende. Fehlt dieses Wissen, so liegt ein Willensmangel vor, der die Einwilligung unwirksam macht. Um dem Spender das erforderliche Wissen zu verschaffen, wird notwendig eine ärztliche Aufklärung stattfinden müssen. Außerdem muß der Patient ohne Zwang in Kenntnis aller möglichen Nachteile und Risiken einwilligen.[182] Die Freiwilligkeit setzt damit den freien, nicht erzwingbaren sittlichen Entschluß zu dem Eingriff voraus.[183] Die Einwilligung muß also ohne physischen und psychischen Druck abgegeben werden.

Wann aber der Entschluß zu einer Organspende wirklich freiwillig ist, ist schwer zu beurteilen. Dies ergibt sich schon aus der tatsächlichen Situation des potentiellen Organspenders. Dieser soll in aller Regel zugunsten eines Familienmitgliedes oder einer anderen persönlich eng verbundenen Person spenden. Besonders extrem wird diese Situation, wenn es um die Rettung eines eigenen Kindes geht. Die Beziehung zwischen Organspender und Organempfänger ist regelmäßig durch eine enge persönliche Verbundenheit gekennzeichnet. In diesen Fällen wird sich der Organspender einer mehr oder weniger starken Erwartungshaltung der Familienmitglieder und auch des sozialen Umfelds ausgesetzt sehen. Schon diese Erwartungshaltung kann geeignet sein, die Freiwilligkeit der Entscheidung aufzuheben. Dieser Zwang kann so erheblich sein, daß der Spender sich dem Drängen nicht widerset-

---

[181] BGHSt 4, 88 (90); Deutsch, Haftungsrecht, Rn. 282; Korthals, Organtransplantation, S. 75.

[182] Schreiber, in: Toellner, Organtransplantation, S. 97 (99); Wolfslast, DÄBl 1995, B 28 (30).

[183] BGHSt 19, 201 (206); Ulsenheimer, in: Laufs/Uhlenbruck, Hdb. des Arztrechts, § 142 Rn. 29; Lilie, in: Albert, Praxis der Nierentransplantation, S. 89 (92).

zen kann und sich von den Erwartungen Dritter beeinflussen läßt.[184] So kann das Bewußtsein, die einzige Rettung für einen nahen Angehörigen zu sein, eine freiwillige Entscheidung fast unmöglich machen.[185] Eine völlig freie Entscheidung des Organspenders wird damit schon auf Grund des sozialen Kontextes der Organspende fast immer ausgeschlossen sein.

Andererseits hat der Gesetzgeber die Spende in engen persönlichen Beziehungen als natürliches Verhalten angesehen und eine bestimmte Nähebeziehung bei der Spende sich nicht wieder bildender Organe in § 8 Abs. 1 S. 2 TPG als Zulässigkeitsvoraussetzung bestimmt. Die mit dem Näheverhältnis normalerweise einhergehende Einschränkung der Freiwilligkeit kann deshalb die Freiwilligkeit der Spendeentscheidung nicht ausschließen.[186]

Aus diesen Gründen ist es die Aufgabe des Arztes, durch eine möglichst objektive und neutrale Beratung ein Mindestmaß an Freiwilligkeit des Organspenders sicherzustellen. Dazu kann beitragen, daß der Arzt bei Zweifeln an der Freiwilligkeit dem Lebendspender während des Aufklärungsgesprächs anbietet, die Organspende unter Berufung auf objektive medizinische Gründe wie Gewebeunverträglichkeit abzulehnen.[187] Durch dieses Verfahren würde einer nicht spendebereiten Person die Möglichkeit gegeben, sich der Organentnahme zu entziehen, ohne möglichem Druck durch Angehörige ausgesetzt zu sein. Der potentielle Spender könnte so nach außen sein Gesicht wahren. Durch die Verringerung dieses äußeren Drucks kann zumindest zur Freiwilligkeit der Spendeentscheidung beigetragen werden. Trotzdem wird es sich schwerlich feststellen lassen, inwieweit die Entscheidung auf ei-

---

[184] Maier, Verkauf, S. 29; Lilie, in: Albert, Praxis der Nierentransplantation, S. 89 (92); Mandel, NJ 1975, 621 (624); siehe dazu auch Geilen, in: Honecker, Aspekte, S. 127 (150 f.).

[185] In diesem Sinne Renner, in: Toellner, Organtransplantation, S. 53 (59); Schreiber, in: Land/Dossetor, Organ Replacement Therapy, S. 13 (16); Eigler, MedR 1992, 88 (90).

[186] So auch Eigler, DMW 1997, 1398 (1399).

[187] So Gründel, ZTxMed 1993, 70 (73); Hoyer u.a., TxMed 1994, 211 (214); Sasse, Veräußerung von Organen, S. 131, der von einer „goldenen Brücke" spricht.

gener Überzeugung oder auf psychischem Druck der Angehörigen beruht. Hier ist das Einfühlungsvermögen des Arztes gefordert.[188] Zusammenfassend läßt sich feststellen, daß eine Unfreiwilligkeit der Spendeentscheidung dann vorliegt, wenn der Organspender nicht weiß, in was er einwilligt oder er auf Grund äußeren Zwangs einwilligt. Eine innere Zwangslage wird dagegen nicht in jedem Fall die Freiwilligkeit ausschließen. Wie sich aus dem oben Ausgeführten ergibt, besteht praktisch immer eine mehr oder weniger starke innere Zwangslage, der nahestehenden Person durch die Organspende zu helfen. Hier wird Unfreiwilligkeit erst dann angenommen werden können, wenn die innere Zwangslage so stark ist, daß die Entscheidung des Spenders nicht mehr als eigene angesehen werden kann.

3) Widerrufsmöglichkeit

In § 8 Abs. 2 S. 5 TPG ist die Möglichkeit des Widerrufs der Einwilligung vorgesehen. Der Widerruf kann schriftlich oder mündlich erfolgen. Er ist also im Gegensatz zur Erklärung der Einwilligung nicht an eine bestimmte Form gebunden. Mit dieser Regelung wird dem Selbstbestimmungsrecht des Betroffenen Rechnung getragen. Denn wenn es das Selbstbestimmungsrecht erfordert, bei jedem ärztlichen Eingriff den Willen des Betroffenen zu beachten, so muß auch eine geäußerte Änderung des Willens Beachtung finden.[189] Einer Angabe von Gründen für den Widerruf bedarf es nicht.[190] Das Erfordernis eines Widerrufsgrundes würde dem Selbstbestimmungsrecht nicht gerecht werden. Es würde dem Wesen der Organentnahme als ausschließlich fremdnütziger Aufopferung eigener Gesundheit widersprechen. In zeitlicher Hinsicht besteht keine Begrenzung. Der Widerruf ist jederzeit bis zur Vornahme des Eingriffs möglich.[191] Eine zeitliche

---

[188] Kramer, Organtransplantation, S. 171; Voll, Einwilligung, S. 233.

[189] BGH VersR 1974, 752 (753); Bockelmann, Strafrecht, S. 54; Forkel, JZ 1974, 593 (595).

[190] Carstens, Organtransplantation, S. 63; Ugowski, Rechtsfragen, S. 47.

[191] Voll, Einwilligung, S. 139; Hirsch, in: Leipziger Komm. StGB, § 226a Rn. 33 m.w.N..

Grenze wird sich lediglich aus tatsächlichen Gründen mit der Narkose für den Explantationseingriff ergeben.

Fraglich ist, ob die Möglichkeit eines konkludenten Widerrufs der Einwilligung besteht. In § 8 Abs. 2 S. 5 TPG wird nur der schriftliche oder mündliche, also ausdrückliche Widerruf erwähnt. Trotzdem muß er im Interesse des Organspenders möglich sein. Denkbar wäre ein konkludenter Widerruf in der Form, daß der Organspender überhaupt nicht zur Organentnahme im Krankenhaus erscheint oder es vorher wieder verläßt. In diesen Fällen wird es aber regelmäßig zu Nachfragen durch den Arzt kommen, so daß eine ausdrückliche Erklärung erfolgen wird. Ein konkludenter Widerruf wird damit keine praktische Bedeutung haben.

Zum Schutz des Organspenders ist es sinnvoll, nach der Erklärung der Einwilligung mehrere Tage mit dem Eingriff zu warten, um dem Organspender eine weitere Überlegungszeit einzuräumen und ihm die Chance zu geben, von der Widerrufsmöglichkeit Gebrauch zu machen, es sei denn, daß der Gesundheitszustand des Organempfängers keinen Aufschub duldet.[192] Bei einem sich unmittelbar anschließenden Eingriff wäre die vorgesehene Widerrufsmöglichkeit bedeutungslos.

4) Folgen fehlender Schriftform

Zu untersuchen ist, welche Folgen es hat, wenn die nach § 8 Abs. 2 S. 3 TPG angeordnete Schriftform nicht beachtet wurde, also die Einwilligungserklärung nicht aufgezeichnet und/oder nicht unterschrieben worden ist.

Zunächst ist zu klären, welche Funktion die Schriftform hat. Bei der Schriftform könnte es sich um ein Wirksamkeitserfordernis der Einwilligung oder um eine Zulässigkeitsvoraussetzung der Organentnahme handeln.

Nach der Gesetzesbegründung dient die Dokumentation nach § 8 Abs. 2 S. 3 TPG der Verfahrenssicherung.[193] Das Schriftformerfordernis

---

[192] Begründung zu § 7 Abs. 2 E-TPG, BT-Drs. 13/4355, S. 21; Ugowski, Rechtsfragen, S. 47.

[193] Begründung zu § 7 Abs. 2 E-TPG, BT-Drs. 13/4355, S. 21.

dient zum einen dem Schutz des Selbstbestimmungsrechts des Organspenders. Der formelle Akt der Unterschrift unter die Einwilligungserklärung bringt dem Lebendspender noch einmal eindringlich zu Bewußtsein, worauf er sich einläßt. Durch die Verbindung von Aufklärungsniederschrift und Einwilligungserklärung werden ihm die mit der Einwilligung verbundenen Folgen und Risiken nochmals deutlich vor Augen geführt. Er hat es schwarz auf weiß vor sich. Außerdem besteht vor der Entnahme eine weitere Hürde, die durch ihre Formalisierung dem Spender die Bedeutung der Erklärung vor Augen führt. Insofern dient sie dem Schutz des Organspenders vor einer übereilten Entscheidung.

Zum anderen dient das Schriftformerfordernis dem Schutz des Arztes, der die Organentnahme vornimmt. Kommt es später zwischen Arzt und Organspender zu einer rechtlichen Auseinandersetzung, so hat der Arzt die Möglichkeit, die Einwilligung des Spenders zu beweisen. Durch die Verbindung von Einwilligungserklärung und Aufklärungsniederschrift ergibt sich für den Arzt die Möglichkeit nachzuweisen, daß der Organspender wußte, in was er einwilligt. Die Unterschrift des unabhängigen Arztes und eventuell weiterer aufklärender Personen verstärkt die Beweiskraft noch. Das Schriftformerfordernis hat damit eine doppelte Schutzrichtung.

Mehrere Gründe sprechen allerdings dagegen, die Schriftform der Einwilligung als Wirksamkeitserfordernis der Einwilligungserklärung anzusehen. Als Zulässigkeitsvoraussetzung der Organentnahme ist nach dem Wortlaut des § 8 Abs. 1 S. 1 Nr. 1b) TPG nur die Einwilligung notwendig. Insoweit wird nicht auf formelle Anforderungen an die Erklärung als Wirksamkeitsvoraussetzung abgestellt. Das Schriftformerfordernis folgt erst aus § 8 Abs. 2 S. 3 TPG. Nach dem Wortlaut liegt es daher nahe, die Schriftform nicht als Wirksamkeitsvoraussetzung anzusehen. Damit würde es bei dem Grundsatz bleiben, daß die Einwilligung in einen ärztlichen Eingriff zu ihrer Wirksamkeit keiner bestimmten Form bedarf.[194] Dafür spricht auch, daß der Gesetzgeber in einem anderen Fall die Schriftform als Wirksamkeitser-

---

[194] Vgl. Deutsch, Medizinrecht, Rn. 139; Ulsenheimer, in: Laufs/Uhlenbruck, Hdb. des Arztrechts, § 139 Rn. 34; Voll, Einwilligung, S. 105.

fordernis ausdrücklich klar gestellt hat. In § 40 Abs. 2 Nr. 2 AMG ist explizit festgelegt, daß die Einwilligung nur wirksam ist, wenn sie schriftlich erfolgt.[195] Der Gesetzgeber hat also durchaus die Möglichkeit gesehen und auch genutzt, die Schriftform als Wirksamkeitserfordernis festzulegen. Dies spricht im Gegenschluß dafür, daß es sich bei der Schriftform im Transplantationsgesetz nicht um ein Wirksamkeitserfordernis handelt.

Bei der Schriftform der Einwilligungserklärung könnte es sich zum eine Zulässigkeitsvoraussetzung der Organentnahme handeln. Problematisch ist jedoch, daß in § 8 Abs. 1 S. 1 und 2 TPG ausdrücklich die Zulässigkeitsvoraussetzungen der Organentnahme aufgezählt sind und hierbei die Schriftform nicht genannt ist: § 8 Abs. 1 S. 1 Nr. 1b) TPG verweist explizit nur auf § 8 Abs. 2 S. 1 TPG. Nicht in Bezug genommen wird hingegen § 8 Abs. 2 S. 3 TPG, der das Erfordernis der Niederschrift und Unterschrift konstituiert. Dies würde dagegen sprechen, auch die Schriftform als Zulässigkeitsvoraussetzung anzusehen. Andererseits trägt der gesamte § 8 TPG die Überschrift „Zulässigkeit der Organentnahme". Die Schriftform ist deshalb Zulässigkeitsvoraussetzung der Organentnahme. Wird sie nicht beachtet, so ist eine Sanktionierung nach Berufs- und Standesrecht möglich.

Dieses Ergebnis ist nicht als sinnvoll anzusehen. Durch den formellen Akt der Unterschrift wird dem Organspender noch einmal eindringlich die Bedeutung und Tragweite seiner Einwilligung zu Bewußtsein gebracht. Damit ist die Schriftform durchaus geeignet, eine zusätzliche Warnfunktion zu entfalten. Zwar wird grundsätzlich die ärztliche Aufklärung die Warnung des Organspenders bewirken, inhaltlich fügt dem die Schriftlichkeit der Erklärung nichts hinzu. Aber die Schriftform unterstreicht das besondere Gewicht und die Bedeutung der Erklärung. Die Schriftform kann daher zumindest zum Schutz des Spenders beitragen. Angesichts eines so gravierenden Eingriffs, wie ihn eine Organentnahme im Regelfall darstellt, und der betroffenen Rechtsgüter wäre dies sinnvoll. Dies stände auch im Einklang mit dem vom Transplantationsgesetz angestrebten Ziel, einen möglichst weit-

---

[195] Trotz des ausdrücklichen Gesetzeswortlauts nimmt Deutsch, Medizinrecht, Rn. 787 sogar in diesem Fall an, daß die Schriftform auf Grund fehlender Warnfunktion kein Wirksamkeitserfordernis der Einwilligung ist.

reichenden Schutz des Lebendspenders zu gewährleisten. Die Schriftform als Wirksamkeitserfordernis der Einwilligungserklärung würde folglich dem von § 8 TPG angestrebten Spenderschutz besser gerecht werden.

5) Zusammenfassung

Der Organspender muß die Einwilligung ausdrücklich und schriftlich erklären. Die Schriftform ist Zulässigkeitsvoraussetzung der Organentnahme, aber kein Wirksamkeitserfordernis der Einwilligung. Erforderlich ist die Freiwilligkeit der Erklärung. Der Organspender kann die Einwilligung jederzeit ohne Angabe von Gründen formlos widerrufen.

IV. Die ärztliche Aufklärung des Organspenders[196]

1) Gesetzliche Regelung

§ 8 Abs. 1 S. 1 Nr. 1b) TPG legt fest, daß der lebende Organspender gemäß § 8 Abs. 2 S. 1 TPG aufgeklärt worden sein muß. In § 8 Abs. 2 TPG sind die Anforderungen an Inhalt, Umfang und Durchführung der Aufklärung aufgeführt. Der lebende Organspender ist nach § 8 Abs. 2 S. 1 TPG über die Art des Eingriffs, den Umfang und mögliche, auch mittelbare Folgen und Spätfolgen der beabsichtigten Organentnahme für seine Gesundheit sowie über die zu erwartende Erfolgsaussicht der Organübertragung und sonstige Umstände, denen er erkennbar Bedeutung für die Organspende beimißt, aufzuklären. Die Aufklärung hat durch einen Arzt zu erfolgen. Erforderlich ist gemäß § 8 Abs. 2 S. 2 TPG die Anwesenheit eines weiteren Arztes bei der Aufklärung. Dieser Arzt darf weder an der Entnahme noch an der Übertragung des Organs beteiligt sein noch darf er den Weisungen eines an diesen Maßnahmen beteiligten Arztes unterstehen. Im Bedarfsfall sind weitere sachverständige Personen heranzuziehen. Nach § 8 Abs. 2 S. 3 TPG ist der Inhalt der Aufklärung in einer Nieder-

---

[196] Ein Muster-Formular zu Aufklärung und Einverständnis findet sich bei Kirste, Nieren-Lebendspende, Anhang S. 183 ff..

schrift aufzuzeichnen und von allen Beteiligten zu unterschreiben. Diese Niederschrift muß ferner Angaben über die versicherungsrechtliche Absicherung der gesundheitlichen Risiken des Organspenders enthalten, § 8 Abs. 2 S. 4 TPG.

2) Funktion der Aufklärung
Für die Zulässigkeit der Organentnahme ist die Einwilligung des lebenden Organspenders eine notwendige Voraussetzung, § 8 Abs. 1 S. 1 Nr. 1b) TPG. Mit der Einwilligung ermächtigt der Lebendspender den Arzt zum Eingriff in seine Personengüter. Damit die Einwilligung nicht bloßer Verzicht, sondern Ausdruck der Selbstbestimmung ist, muß der Einwilligende wissen, wozu er den Arzt ermächtigt.[197] Eine Einwilligung kann nur dann wirksam sein, wenn sie in Kenntnis der wesentlichen Merkmale und Risiken des Eingriffs erfolgt.[198]

Im allgemeinen wird der Organspender als medizinischer Laie nicht über das notwendige Wissen verfügen, um Möglichkeiten und Risiken des ärztlichen Eingriffs sachgerecht beurteilen zu können. Die umfassende Aufklärung durch den Arzt soll daher dem Betroffenen dieses Wissen vermitteln und ihn so in die Lage versetzen, eine auf seiner Einsicht beruhende, rechtlich wirksame Entscheidung zu treffen.[199] Die Aufklärung schafft damit erst die Voraussetzungen für den Organspender, sein grundrechtlich verbürgtes Selbstbestimmungsrecht hinsichtlich seiner leiblich-seelischen Integrität wahrzunehmen.[200] Man kann deshalb die Aufklärung als die Grundlage bezeichnen, auf der eine wirksame Einwilligung überhaupt erst möglich ist.

---

[197] BGH NJW 1983, 333; Deutsch, Medizinrecht, Rn. 100, 111; Nüßgens, in: RGRK, BGB, § 823 Anh. II Rn. 60; Tempel, NJW 1980, 609 (611).

[198] BHG NJW 1956, 1106 (1107); NJW 1977, 337; Giesen, Arzthaftungsrecht, Rn. 204.; Laufs, Arztrecht, Rn. 169 f.; Deutsch, NJW 1983, 1351 (1354).

[199] BGHZ 90, 96 (99); BGH NJW 1976, 363 (364); Deutsch, Medizinrecht, Rn. 111; Voll, Einwilligung, S. 114; Kollhosser/Kubilus, JA 1996, 339 (340 f.).

[200] BVerfGE 52, 131 (173).

3) Gegenstand und Umfang der Aufklärung

a) Gegenstand der Aufklärung

Den Gegenstand der Aufklärung hat der Gesetzgeber mit der Umschreibung in § 8 Abs. 2 S. 1 TPG zum Ausdruck gebracht: Der Arzt hat über die Art des Eingriffs, den Umfang der Organentnahme und die damit verbundenen Risiken und Folgen aufzuklären. Dies bedeutet im einzelnen:

Der Arzt muß dem Spendewilligen eine Vorstellung von Art und Bedeutung der Organentnahme verschaffen. Der Organspender muß wissen, was eine Organtransplantation überhaupt ist, welches Organ entnommen werden soll, welche Bedeutung dieses im Gesamtorganismus hat und ob es regenerierbar ist. Erläutert werden muß der Verlauf des Eingriffs.

Der Arzt hat den Lebendorganspender umfassend und detailliert über die Risiken und Folgen der Organentnahme für seine Gesundheit zu informieren.[201] Die Aufklärungspflicht beginnt nicht erst mit der Organentnahme sondern erstreckt sich auch auf die Untersuchungen des Spenders im Vorfeld der Entnahme. Bevor die Organentnahme durchgeführt werden kann, sind verschiedene Untersuchungen erforderlich, um die Eignung des Organspenders für die Transplantation festzustellen, so zum Beispiel hinsichtlich der Gewebeübereinstimmung und dem Vorliegen von Krankheiten.[202] Schon diese Untersuchungen sind mit Eingriffen in die körperliche Integrität verbunden. Darüber und über die mit der Untersuchung verfolgten Ziele ist der Spendewillige aufzuklären. Hinzuweisen ist auf mit der Untersuchung verbundene Beschwerden und Risiken.[203] Dazu zählen auch nur entfernte Risiken.

Der Arzt muß den Spendewilligen über die Risiken des Eingriffs zur Entnahme des Organs aufklären. Erforderlich ist also die Erläuterung der mit dem Eingriff als solchen verbundenen Risiken. Dazu gehören

---

[201] Eine Übersicht über die mit einer Lebendspende für den Spender verbundenen Nachteile geben Höppner u.a., TxMed 1994, 217 (219 Tabelle 3); siehe auch Land, ZTxMed 1993, 52 (55).

[202] Siehe die Übersicht bei Hillebrand u.a., TxMed 1996, 101 (104).

[203] Carstens, Organtransplantation, S. 49.

die Gefahren der Narkose und sonstiger Komplikationen wie zum Beispiel Blutungen. Auf Komplikationen, die aus der besonderen physischen Konstitution des Spenders resultieren, muß gesondert hingewiesen werden, weil sie das Risiko des Eingriffs erhöhen und damit geeignet sind, die Spendeentscheidung zu beeinflussen.[204] Auch hier muß die Aufklärung wegen der ausschließlichen Fremdnützigkeit des Eingriffs atypische und nur entfernte Risiken umfassen.

Außerdem hat der Arzt den potentiellen Organspender über postoperative Zwischenfälle wie zum Beispiel Wundinfektionen, Thrombosen und Pneumonien aufzuklären.[205] Denn diese Risiken können ebenfalls für die Spendeentscheidung bedeutsam sein.[206]

Eine besondere Bedeutung kommt schließlich der Aufklärung über die Folgen und Risiken des Organverlustes zu. Das Gesetz fordert eine Aufklärung über mögliche, auch mittelbare Folgen und Spätfolgen. So ist bei der Spende eines paarigen Organs auf die Gefahr des Verlustes des verbliebenen Organs hinzuweisen. Bei der Spende einer Niere muß dem Lebendorganspender die Gefahr bewußt sein, daß die verbliebene Niere in Folge eines Unfalls oder einer Krankheit funktionsunfähig wird.[207] Um eine sachlich fundierte Entscheidung des Spenders zu gewährleisten, ist eine umfassende, auch atypische Folgen berücksichtigende Aufklärung notwendig.

In § 8 Abs. 2 S. 1 TPG wird zusätzlich die Aufklärung über die zu erwartende Erfolgsaussicht der Organübertragung verlangt. Die Bedeutung der Erfolgsaussicht der Transplantation für die Entscheidung des Organspenders liegt auf der Hand. Denn die Heilungschance für den Empfänger wird den Entscheidungsprozeß des Spenders, ob er die Risiken und Folgen des Eingriffs auf sich nimmt, nicht unmaßgeblich beeinflussen. Das Opfer eines Teils seines Körpers wird ihm im Re-

---

[204] Carstens, Organtransplantation, S. 50.

[205] Gramer, Organtransplantation, S. 38 f.; Bauer, Der Chirurg 1967, 245 (248).

[206] Das Risiko perioperativer Komplikationen wird in der Literatur zwischen 5 und 20% für schwere und zwischen 5 und 50% für leichtere Folgen angegeben, vgl. Eigler, DMW 1997, 1398 (1399).

[207] Korthals, Organtransplantation, S. 77; Bauer, Der Chirurg 1967, 245 (248).

gelfall nur dann sinnvoll erscheinen, wenn es die realistische Wahrscheinlichkeit des Heilerfolgs für den Organempfänger beinhaltet.[208]

Neben diesen physischen Folgen und Risiken der Organentnahme hat auch eine Aufklärung hinsichtlich möglicher psychischer Probleme, welche unmittelbar mit der Entscheidung des Organspenders zusammenhängen, stattzufinden.[209] Angesprochen werden sollten mit der Organtransplantation verbundene positive und negative Änderungserwartungen und die erwarteten Auswirkungen auf die Beziehung zwischen Spender und Empfänger. Bei Ehegatten sollte die Möglichkeit einer Trennung oder Scheidung berücksichtigt werden. Ebenfalls erwähnt werden sollte die Möglichkeit des Fehlschlagens der Transplantation und des Ausbleibens des Heilerfolgs beim Organempfänger.[210] Der Organspender wird damit vor überzogenen Erwartungen und späteren Enttäuschungen bewahrt.

Dem Spender muß verdeutlicht werden, daß es sich bei der Organentnahme um einen fremdnützigen Eingriff handelt. Ob er ihm mittelbar Vorteile bringt, ist ungewiß. So kann es geschehen, daß die Organspende als selbstverständlich hingenommen wird und die erwartete Dankbarkeit nicht gezeigt wird. Im Interesse des Organspenders sollte deshalb einer falschen Erwartungshaltung von vornherein entgegengewirkt werden.

Die Aufklärung des Spendewilligen soll auch sonstige Umstände erfassen, denen der Organspender erkennbar eine Bedeutung für die Organspende zumißt, § 8 Abs. 2 S. 1 TPG. Um welche Umstände es sich hierbei handelt, hat sich an den individuellen Wünschen und Bedürfnissen des jeweiligen Organspenders auszurichten. Eine entscheidende

---

[208] Die Aufklärung über die Erfolgsaussicht der Transplantation entspricht auch der im älteren Schrifttum vertretenen Auffassung, so zum Beispiel Bockelmann, Strafrecht, S. 103; Giesen, Zivilrechtliche Haftung, S. 30; Gramer, Organtransplantation, S. 32 f.; Laufs, Arztrecht, Rn. 275.

[209] Murauer, Organtransplantation, S. 32.

[210] Vgl. dazu Hillebrand u.a., TxMed, 1996, 101 (106).

Rolle wird dabei den Fähigkeiten des Arztes zukommen, diese zu erkennen.[211]

Gemäß § 8 Abs. 2 S. 4 TPG muß neben der ärztlichen Aufklärung über die mit der Organentnahme verbundenen Risiken eine Aufklärung über die versicherungsrechtliche Absicherung des gesundheitlichen Risikos erfolgen.[212] Ebenfalls ist über die möglichen Auswirkungen der Organspende auf das Berufsleben des Spenders aufzuklären.[213]

Ob eine wirtschaftliche Aufklärungspflicht des Arztes sinnvoll ist, wird in der Literatur bezweifelt.[214] Zum einen werden den Ärzten vielfach schon die Kenntnisse in versicherungsrechtlichen Fragen fehlen. Zum anderen wird es nicht ohne Auswirkungen für das Verhältnis zwischen Arzt und Patienten bleiben, wenn dem Arzt die Rolle eines „Versicherungs- und Rentenberaters" zugemutet wird. Allerdings verlangt das Transplantationsgesetz nicht, daß die wirtschaftliche Aufklärung durch den Arzt selbst erfolgt. Wie sich aus § 8 Abs. 2 S. 3 TPG ergibt, kann der Arzt bei der medizinischen Aufklärung erforderlichenfalls weitere sachverständige Personen heranziehen. Dies muß erst recht für einen Fragenkreis gelten, der nicht primär den ärztlichen Tätigkeitsbereich betrifft. Für diese Fragen kann also der Arzt im Rahmen des Aufklärungsgesprächs, soweit er nicht ausreichend eigene Sachkunde besitzt, eine sachverständige Person hinzuziehen, zum

---

[211] Nickel/Schmidt-Preisigke/Sengler, Transplantationsgesetz, Erl. § 8 Rn. 27 weisen zutreffend darauf hin, daß im Rahmen der Aufklärung auch über die Transplantation postmortal gespendeter Organe als Behandlungsalternative zu informieren ist. Über die Nachrangigkeit der Lebendspende ist dagegen meines Erachtens nicht aufzuklären. Es handelt sich um eine Zulässigkeitsvoraussetzung der Lebendspende, ohne deren Vorliegen die Organentnahme unzulässig ist. Im Rahmen des Aufklärungsgesprächs wird daher ohnehin bereits angesprochen worden sein, daß ein postmortal gespendetes Organ nicht zur Verfügung steht. Die bloße Mitteilung der (sowieso erfüllten) gesetzlichen Voraussetzung dürfte daher auf die Willensentschließung des Spenders ohne Einfluß sein.

[212] Vgl. zur versicherungsrechtlichen Situation 5. Teil E..

[213] Tress, Organtransplantation, S. 66 f.; Ugowski, Rechtsfragen, S. 51.

[214] Ablehnend Heinze, FS Schewe, S. 61 (68); anders Brenner, in: Mergen, Juristische Problematik, S. 126 (128).

Beispiel Vertreter der Kranken- und Rentenversicherungen. Im Ergebnis ist der Arzt nicht verpflichtet über versicherungsrechtliche und wirtschaftliche Fragen in eigener Person aufzuklären, ihm obliegt vielmehr nur die Pflicht dafür zu sorgen, daß eine solche Aufklärung stattfindet. Eine derartige Pflicht des Arztes ist auch angemessen, weil er derjenige ist, der die Explantation beim Spender vornimmt und den besten Überblick über die durchzuführenden Maßnahmen hat. Eine Aufteilung der Aufklärungspflichten birgt zudem das Risiko, daß eine Aufklärung zu Lasten des Spenders teilweise unterbleibt.

b) Umfang der Aufklärung

Die Anforderungen an den Umfang der Aufklärung haben sich an den allgemeinen Grundsätzen zum ärztlichen Heileingriff zu orientieren. Danach hat die Aufklärung des Patienten desto gründlicher und ausführlicher zu sein, je weniger notwendig und dringlich der Eingriff für den Betroffenen ist.[215] Es besteht ein reziproker Zusammenhang zwischen Indikation und Aufklärung; es gilt der „Grundsatz, daß das Maß der Genauigkeit, mit der aufgeklärt werden muß, im umgekehrten Verhältnis zu dem Maß der Dringlichkeit steht, mit der die Operation indiziert ist"[216]. Entsprechend werden an die Ausführlichkeit der Aufklärung über die Risiken einer kosmetischen Operation besonders strenge Anforderungen gestellt.[217]

Für den Organspender ist die Organentnahme weder indiziert noch dringlich noch für seine Gesundheit vorteilhaft.[218] Sie ist eine Heilhilfe für einen Dritten.[219] Wegen dieses fehlenden unmittelbaren Heilzwecks der Organentnahme für den Lebendspender sind strengere Anforderungen an die Aufklärung zu stellen als bei einem Heileingriff

---

[215] BGH NJW 1991, 2349; Laufs, in: Laufs/Uhlenbruck, Hdb. des Arztrechts, § 64 Rn. 5.

[216] Bockelmann, Strafrecht, S. 59; ähnlich Engisch, Operation, S. 13.

[217] BGH MedR 1991, 85; Engisch, in: Engisch/Hallermann, Aufklärungspflicht, S. 7 (34 f.); Kaufmann, ZStW 73 (1961), 341 (383).

[218] BSG NJW 1973, 1432 (1433).

[219] V. Bubnoff, GA 1968, 65 (66).

zugunsten des Betroffenen.[220] In der Literatur wird eine „intensive und schonungslose Aufklärung"[221] gefordert, der Spendewillige muß auf „das Genaueste"[222], „erschöpfend"[223], „eingehend"[224], „umfassend"[225], „besonders intensiv"[226] unterrichtet werden, es bestehen „höchste Anforderungen"[227]. Mit diesen Umschreibungen soll zum Ausdruck gebracht werden, daß der Arzt dem Spendewilligen nichts für die Spendeentscheidung relevantes verschweigen darf, er über alle maßgeblichen Umstände aufzuklären hat. Für die Inanspruchnahme eines therapeutischen Privilegs[228] oder einer sonstigen Einschränkung des Umfangs der Aufklärung bleibt auf Grund der ausschließlichen Fremdnützigkeit des Eingriffs kein Raum. Die Aufklärung hat sich daher auf alle mit dem Eingriff verbundenen, auch fernliegenden und atypischen Risiken und mögliche Spätfolgen geringer Wahrscheinlichkeit zu erstrecken. Dies hat das Gesetz in § 8 Abs. 2 S. 1 TPG zum Ausdruck gebracht, wenn es eine Aufklärung über mögliche, auch mittelbare Folgen und Spätfolgen der Organentnahme verlangt.

Nicht aufgeklärt werden muß dagegen über Risiken, die aus einem Verstoß gegen die lex artis resultieren. Insoweit muß dasselbe wie bei der Heilbehandlung gelten. Danach ist es nicht Aufgabe der ärztlichen

---

[220] Kramer, Organtransplantation, S. 169 f.; Ugowski, Rechtsfragen, S. 48 f.; Tröndle, StGB, § 223 Rn. 9d; Mandel, NJ 1975, 621 (623); Möx, ArztR 1994, 39 (42).

[221] Hirsch/Schmidt-Didczuhn, Transplantation, S. 9; Ugowski, Rechtsfragen, S. 49.

[222] Bockelmann, Strafrecht, S. 103

[223] Korthals, Organtransplantation, S. 77; v. Bubnoff, GA 1968, 65 (67); Laufs, VersR 1972, 1 (7).

[224] Giesen, Zivilrechtliche Haftung, S. 30; Schreiber, Der Internist 1974, 551 (556).

[225] Bucher, in: Largiadèr, Organtransplantation, S. 75 (76); Geilen, in: Honecker, Aspekte, S. 127 (148); Rieger, Lexikon, Rn. 1766; Rüping, GA 1978, 129 (132); Siegrist, MMW 1969, 742 (744).

[226] Kallmann, FamRZ 1969, 572 (573).

[227] Brenner, in: Mergen, Juristische Problematik, S. 126 (128).

[228] Vgl. zum therapeutischen Privileg Deutsch, Medizinrecht, Rn. 149; Laufs, in: Laufs/Uhlenbruck, Hdb. des Arztrechts, § 61 Rn. 9; Voll, Einwilligung, S. 130 ff..

Aufklärung, dem Patienten zu schildern, welche fahrlässigen Fehler bei der Behandlung des Kranken unterlaufen können.[229] Über aus Kunstfehlern resultierende Risiken muß nicht aufgeklärt werden.[230] Daß derartige Fehler geschehen, ist allgemein bekannt.[231]
Hinsichtlich des Umfangs der Aufklärung wird diskutiert, ob nicht eine Unterscheidung zwischen verschieden riskanten Eingriffen zweckmäßig sei.[232] Es ist sicherlich richtig, daß die Transplantation verschiedener Organe mit einem unterschiedlichen Risiko für den Spender verbunden ist. Die unterschiedliche Schwere und das unterschiedliche Risiko ändert aber nichts daran, daß der Spender zugunsten eines Dritten gesundheitliche Belastungen auf sich nimmt, er Nachteile erleidet ohne gesundheitliche Vorteile zu erlangen. Deshalb müssen dem Spender auch bei weniger riskanten und leichteren Eingriffen alle Risiken bekannt sein. Es kann wegen der Fremdnützigkeit des Eingriffs nicht nach dem Grundsatz verfahren werden, daß die ärztliche Aufklärungspflicht desto strenger und umfassender ist, je schwerwiegender die Folgen des Eingriffs sind.[233] Zumindest im Anwendungsbereich des Transplantationsgesetzes sollte deshalb nicht nach Gewicht und Risiko des Eingriffs differenziert werden.

c) Zulässigkeit eines Aufklärungsverzichts

Fraglich ist, ob der potentielle Organspender auf eine Aufklärung durch den Arzt verzichten kann. Hinsichtlich eines ärztlichen Heileingriffs wird ein vollständiger Aufklärungsverzicht für unzulässig gehal-

---

[229] BGHZ 29, 46 (58); BGH VersR 1962, 155 (156).

[230] BGH NJW 1985, 2193; NJW 1992, 1558 (1559); Laufs, in: Laufs/Uhlenbruck, Hdb. des Arztrechts, § 64 Rn. 3.

[231] In diesen Zusammenhang dürfte auch der der Entscheidung EuGH NJW 2001, 2781 zu Grunde liegende Sachverhalt einzuordnen sein. Dort sollte dem Kläger die von seinem Bruder lebend gespendete Niere transplantiert werden. Hierzu kam es jedoch nicht, weil bei der Transplantationsvorbereitung die gespendete Niere mit einer fehlerhaften Perfusionsflüssigkeit gespült wurde, die zum Verstopfen einer Arteriole während des Spülvorgangs führte.

[232] Tress, Organtransplantation, S. 67 ff.; Ugowski, Rechtsfragen, S. 52.

[233] So aber Ugowski, Lebendspende, S. 52.

ten. Der Patient soll grundsätzlich nur auf Informationen über Einzelheiten des Verlaufs und von Gefahren verzichten können, er muß dagegen regelmäßig Erforderlichkeit und Art des Eingriffs kennen und wissen, daß die Operation nicht ganz ohne Risiko verläuft.[234]
Dieser Grundsatz muß erst recht für die Organspende gelten. Denn diese ist für den Organspender nicht vorteilhaft, sondern dient bloß den Interessen eines Dritten und schadet ihm selbst. Es fehlt das bei einem Heileingriff wenigstens potentiell vorliegende kompensierende Element der Verbesserung des eigenen Gesundheitszustandes. Ein vollständiger Aufklärungsverzicht würde auch der Regelung des § 8 Abs. 1 S. 1 Nr. 1b) TPG widersprechen, wonach eine Aufklärung nach § 8 Abs. 2 S. 1 TPG eine Zulässigkeitsvoraussetzung der Organentnahme beim lebenden Spender ist. Die in § 8 Abs. 2 S. 3 TPG vorgesehene Pflicht zur Niederschrift des Inhalts der Aufklärung wäre in diesem Fall bedeutungslos. Möglicherweise würde auch der Arzt zu einem Aufklärungsverzicht drängen.[235]
Damit ist auch die Frage nach der Zulässigkeit eines teilweisen Aufklärungsverzichts beantwortet. Die Zulässigkeit eines teilweisen Verzichts auf Aufklärung ist ebenfalls abzulehnen. Zwar besteht die Aufklärungspflicht im Interesse des Organspenders, so daß deshalb ein Verzicht möglich erscheint. Andererseits soll der potentielle Spender durch die umfassende, auch mittelbare und Spätfolgen einbeziehende Aufklärung in die Lage versetzt werden, eine selbstbestimmte und sachlich fundierte Entscheidung zu treffen. In Anbetracht der Tragweite des Eingriffs und der möglichen Folgen für seine eigene Gesundheit muß der Organspender wissen, worauf er sich einläßt. Er muß wissen, in welchem Umfang er in die Verletzung seiner körperlichen Unversehrtheit einwilligt. Er kann nicht wie der Kranke sein Schicksal vertrauensvoll in die Hände des Arztes legen, denn bei ihm wird die fehlende Aufklärung nicht durch eine Verbesserung des gesundheitlichen Zustandes ausgeglichen.

---

[234] Kern/Laufs, Aufklärungspflicht, S. 119; Laufs, in: Laufs/Uhlenbruck, Hdb. des Arztrechts, § 64 Rn. 18.
[235] Vgl. dazu Deutsch, NJW 1983, 1351 (1354).

Die Organentnahme schädigt den Lebendspender im Interesse eines Dritten, eine wirklich eigenverantwortliche und selbstbestimmte Entscheidung über die Hilfeleistung ist aber nur in Kenntnis aller Konsequenzen möglich. Ein Verzicht auf Aufklärung würde damit einen zumindest partiellen Verzicht auf Selbstbestimmung bedeuten. Das wird man bei der ausschließlich fremdnützigen Organspende nicht zulassen können.

Ein Verzicht auf ärztliche Aufklärung ist daher unzulässig.

4) Durchführung der Aufklärung

Die Durchführung der ärztlichen Aufklärung muß entsprechend dem mit ihr verfolgten Ziel erfolgen, nämlich den Organspender in den Stand zu einer freien und selbstbestimmten Entscheidung zu setzen.

Bei dem ärztlichen Heileingriff hat sich die Aufklärung an der Intelligenz, dem Bildungsgrad und der Erfahrung im medizinischen Bereich zu orientieren.[236] Der Eingriff ist dem Betroffenen also in einer seinen Verständnismöglichkeiten angepaßten Weise zu erläutern.[237]

Gleiches hat für die Aufklärung bei der Organtransplantation zu gelten. Dies darf aber nicht dazu führen, daß Wesen, Bedeutung und Risiken der Organentnahme in einer verharmlosenden Weise dargestellt werden.

Schließlich muß die Beratung ergebnisoffen geführt werden. Der potentielle Organspender darf nicht in Richtung einer bestimmten Entscheidung gedrängt werden. Es sollte von vornherein die Möglichkeit einer Nicht-Spende nicht ausgeschlossen werden.[238]

5) Formelle Anforderungen

In formeller Hinsicht fordert § 8 Abs. 2 S. 2 TPG die Anwesenheit eines weiteren Arztes bei der Durchführung der Aufklärung des Or-

---

[236] BGH NJW 1976, 363 (364); Kaufmann, ZStW 73 (1961), 341 (381); Kern/Laufs, Aufklärungspflicht, S. 117.

[237] BHG VersR 1971, 929 (930); Deutsch, Medizinrecht, Rn. 120.

[238] Hillebrand u.a., TxMed 1996, 101 (106).

ganspenders. Für diesen Arzt gelten die Anforderungen des § 5 Abs. 2 S. 1 und 2 TPG entsprechend. Danach darf der Arzt weder an der Entnahme noch an der Übertragung des Organs des Lebendspenders beteiligt sein. Außerdem darf er nicht den Weisungen eines an diesen Maßnahmen beteiligten Arztes unterstehen.[239] Damit soll zum Schutz des Organspenders die Anwesenheit eines unabhängigen Arztes erreicht werden.

Soweit die Anwesenheit weiterer sachverständiger Personen erforderlich ist, haben diese während der Aufklärung zugegen zu sein. Zu denken ist hier zum Beispiel an Psychologen.[240] In Betracht käme es auch, über diese Vorschrift die Hinzuziehung in Versicherungsfragen sachverständiger Personen zu erreichen.

Als weitere formelle Anforderung ist gemäß § 8 Abs. 2 S. 3 TPG der Inhalt der Aufklärung in einer Niederschrift aufzuzeichnen. Diese Niederschrift ist von den aufklärenden Personen, dem weiteren Arzt und dem Organspender zu unterschreiben. Nach § 8 Abs. 2 S. 4 TPG hat die Niederschrift eine Angabe über die versicherungsrechtliche Absicherung der gesundheitlichen Risiken nach § 8 Abs. 2 S. 1 TPG zu enthalten.

6) Folgen fehlerhafter Aufklärung

Bei fehlender Aufklärung des Spenders ist die Organentnahme wegen § 8 Abs. 1 S. 1 Nr. 1b) TPG unzulässig. Die Einwilligung des Spenders ist unwirksam, wenn die fehlende Aufklärung bewirkt, daß er nicht in Kenntnis der Folgen und Risiken des Eingriffs eingewilligt hat. Ist die Aufklärung des Organspenders unvollständig, so ist die erteilte Einwilligung unwirksam, wenn und soweit der Spender sie nicht in Kenntnis aller Folgen und Risiken abgegeben hat.

---

[239] Esser, in: Höfling, Transplantationsgesetz, § 8 Rn. 98 fordert weitergehend zur Sicherstellung der Unabhängigkeit des weiteren Arztes, daß dieser nicht bei derselben Institution „Krankenhaus" wie der operierende Arzt beschäftigt ist.

[240] Esser, in: Höfling, Transplantationsgesetz, § 8 Rn. 99 sieht die Hinzuziehung eines Psychologen regelmäßig als erforderlich an.

Fraglich sind dagegen die Folgen eines Verstoßes gegen die formellen Voraussetzungen der Niederschrift über den Inhalt der Aufklärung, die Unterschrift, die Anwesenheit eines unabhängigen Arztes und der Angabe über die versicherungsrechtliche Absicherung des gesundheitlichen Risikos.

Ausweislich der Begründung des Gesetzgebers hat die Dokumentation die Verfahrenssicherung zum Ziel.[241] Die Niederschrift des Inhalts der Aufklärung und die Unterschrift dienen zum einen der Ermöglichung einer späteren Kontrolle der Aufklärung. Die Pflicht zur Niederschrift wird den aufklärenden Arzt zur Vollständigkeit anhalten. Insoweit schützt die Schriftform die Interessen des Organspenders. Geschützt wird aber auch das Interesse des Arztes, der im Falle einer späteren rechtlichen Auseinandersetzung den Inhalt der Aufklärung durch die Niederschrift beweisen kann.

Diese Zwecke der Niederschrift zwingen nicht dazu, sie als Wirksamkeitsvoraussetzungen der Einwilligung anzusehen. Das mit der Aufklärung verfolgte Ziel, dem Organspender das für eine selbstbestimmte Entscheidung notwendige Wissen zu vermitteln, wird durch den Inhalt der Aufklärung und nicht durch die Niederschrift erreicht. Der Arzt wird zwar durch die Niederschrift zur Vollständigkeit angehalten werden. Er muß aber sowieso im eigenen Interesse umfassend und vollständig aufklären, um eine wirksame Einwilligung zu erhalten. In dieser Beziehung schafft die Pflicht zur Niederschrift kein Mehr an Sicherheit für den Spender. Als zusätzliches Argument läßt sich der Wortlaut des § 8 Abs. 1 S. 1 Nr. 1b) TPG anführen. Dieser verlangt als Zulässigkeitsvoraussetzung der Organentnahme beim lebenden Spender, daß der Spender nach § 8 Abs. 2 S. 1 TPG aufgeklärt worden ist. Damit wird nur auf den Inhalt der Aufklärung Bezug genommen, nicht aber auf formelle Anforderungen. Gegen die Annahme der Schriftform als Wirksamkeitsvoraussetzung der Einwilligung läßt sich weiterhin anführen, daß schon die Schriftform der Einwilligungserklärung kein Wirksamkeitserfordernis der Einwilligung ist. Dies muß dann erst recht für die Schriftform der Aufklärung gelten. Ein Unterlassen der Niederschrift des Inhalts der Aufklärung hat daher nicht die

---

[241] So die Begründung § 7 Abs. 2 E-TPG, BT-Drs. 13/4355, S. 21.

Unwirksamkeit der Einwilligung zur Folge. Das Gleiche gilt für die Unterschrift unter der Niederschrift.

Auch das Fehlen der Angabe über die versicherungsrechtliche Absicherung der gesundheitlichen Risiken in der Niederschrift gemäß § 8 Abs. 2 S. 5 TPG wird nicht zur Unwirksamkeit der Einwilligung führen. Die Dokumentation selbst hat auf die Spendeentscheidung keinen Einfluß. Ausreichend ist das Wissen des Spenders. Der Schutz des Lebendspenders wird durch die fehlende Schriftform nicht verkürzt.

Etwas anderes müßte man dagegen für die Anwesenheit eines unabhängigen Arztes annehmen. Dieser sichert gerade durch seine kontrollierende Anwesenheit die Objektivität und Vollständigkeit der Aufklärung. Damit wird die überlegene Stellung des aufklärenden Arztes, die sich aus seinem überlegenen fachlichen Wissen ergibt, kompensiert. Die Gefahr, daß der Arzt seine Überlegenheit ausnutzt, wird dadurch verringert. Dies gilt vor allem im Hinblick darauf, daß der aufklärende Arzt eventuell voreingenommen in Richtung einer Organspende sein wird, um seinem Patienten zu helfen. Die Anwesenheit des unabhängigen Arztes kommt daher unmittelbar dem Schutz des Organspenders zugute. Diese Auffassung läßt sich jedoch nicht mit dem Wortlaut des Gesetzes vereinbaren. Nach dem ausdrücklichen Gesetzeswortlaut in § 8 Abs. 1 S. 1 Nr. 1b) TPG wird hinsichtlich der Anforderungen an die Aufklärung ausschließlich auf § 8 Abs. 2 S. 1 TPG verwiesen. Das Fehlen des unabhängigen weiteren Arztes führt folglich nicht zur Unwirksamkeit der Einwilligung. Dies ist unter Berücksichtigung des mit der Anwesenheit eines weiteren, unabhängigen Arztes für den Organspender verbunden Schutzes bedauerlich.

Zur Unwirksamkeit der Einwilligung wird dagegen das Unterlassen der Hinzuziehung weiterer erforderlicher Sachverständiger führen. Weitere sachverständige Personen sind nach dem Gesetz nur dann hinzuzuziehen, wenn sie erforderlich sind. In diesem Fall wird also das Wissen des aufklärenden Arztes nicht ausreichen. Damit ergibt sich zwangsläufig, daß der Arzt nicht umfassend und vollständig aufklären kann. Die Aufklärung wird deswegen unvollständig sein und nicht als Grundlage einer wirksamen Einwilligung ausreichen. Es handelt sich also in Wirklichkeit schon um ein Problem der inhaltlichen Vollständigkeit der Aufklärung.

Insgesamt wird folglich ein Verstoß gegen die formellen Anforderungen der Aufklärung nicht zu einer Unwirksamkeit der Einwilligung führen. Bei den formellen Anforderungen an die Aufklärung handelt es sich um Zulässigkeitsvoraussetzungen der Organentnahme. Ihr Fehlen macht eine Organentnahme unzulässig. Es bleibt die Möglichkeit der Sanktionierung von Verstößen nach Berufs- und Standesrecht.

7) Zusammenfassung

Der potentielle Organspender ist über die Folgen der Organentnahme in einer ihm verständlichen Weise umfassend und schonungslos aufzuklären. Dazu gehören auch nur mittelbare, atypische und wenig wahrscheinliche Folgen. Die Aufklärung muß sich auf die Folgen physischer, psychischer und finanzieller Art erstrecken. Bei der Aufklärung hat ein weiterer, unabhängiger Arzt zugegen zu sein. Über den Inhalt der Aufklärung ist eine Niederschrift anzufertigen, die von allen Beteiligten zu unterschreiben ist.

V. Einwilligung und Aufklärung des Organempfängers[242]

Nicht im Transplantationsgesetz geregelt ist die Einwilligung und ärztliche Aufklärung des Organempfängers.

Die Implantation eines Organs beim Organempfänger dient dazu, bei diesem die Gesundheit zu erhalten oder wiederherzustellen. Sie ist deshalb für den Organempfänger eine Heileingriff, im Falle einer nicht etablierten Transplantation unter Umständen ein Heilversuch.[243] Hinsichtlich Einwilligung und Aufklärung gelten deshalb die von Rechtsprechung und Lehre zum ärztlichen Heileingriff allgemein entwickelten Grundsätze.[244]

---

[242] Ein Muster-Formular zu Aufklärung und Einverständnis findet sich bei Kirste, Nieren-Lebendspende, Anhang S. 189 f..

[243] Hirsch/Schmidt-Didczuhn, Transplantation, S. 23; Kramer, Organtransplantation, S. 12 f.; Ugowski, Rechtsfragen, S. 25; Voll, Einwilligung, S. 273.

[244] Bockelmann, Strafrecht, S. 97; Hirsch/Schmidt-Didczuhn, Transplantation, S. 23; Höfling/Rixen, Verfassungsfragen, S. 14; Rieger, Lexikon, Rn. 1769; C.

Die Einwilligung ist als Rechtmäßigkeitsvoraussetzung des Eingriffs erforderlich. Der Organempfänger muß einwilligungsfähig sein. Ist er nicht selbst einwilligungsfähig, so kommt im Gegensatz zum Organspender eine Vertretung durch den Sorgeberechtigten oder den Betreuer in Betracht. Eine Vertretung ist hier möglich, weil der Eingriff dem Wohl und den Interessen des Vertretenen dient. Falls die begründete Gefahr besteht, daß der Betreute auf Grund der ärztlichen Maßnahme stirbt oder einen schweren und länger dauernden gesundheitlichen Schaden erleidet, so bedarf gemäß § 1904 Abs. 1 S. 1 BGB die Einwilligung des Betreuers der Genehmigung des Vormundschaftsgerichts.

Voraussetzung einer rechtswirksamen Einwilligung ist eine ärztliche Aufklärung über den Eingriff. Der Patient muß über Art und Umfang des Eingriffs sowie über die Erfolgsaussichten der Organübertragung aufgeklärt werden. Besondere Bedeutung wird dabei der Aufklärung über die Erfolgsaussichten des Eingriffs zukommen. In diesem Zusammenhang ist der Patient über mögliche Nebenwirkungen, Folgeschäden und die erforderliche weitere medizinische Nachbehandlung aufzuklären. Der Organempfänger muß wissen, wie lange und unter welchen Bedingungen er mit dem implantierten Organ weiterleben kann.[245]

Darüber hinaus wird teilweise gefordert, daß der Organempfänger über das Risiko, das der Lebendspender mit der Organspende eingeht, aufgeklärt wird, da dieser Umstand von einem verständigen Menschen in die Entscheidung einbezogen werden wird.[246] Dagegen wird zu Recht eingewendet, daß das Unterlassen der Aufklärung über das Ri-

---

Schreiber, in: Kaufmann, Moderne Medizin, S. 73 (81); Ugowski, Rechtsfragen, S. 25 f.; Rüping, GA 1978, 129 (133).

[245] Vgl. Hirsch/Schmidt-Didczuhn, Transplantation, S. 24; Höfling/Rixen, Verfassungsfragen, S. 14; Ugowski, Rechtsfragen, S. 26 f.; Ulsenheimer, in: Laufs/Uhlenbruck, Hdb. des Arztrechts, § 142 Rn. 34; Voll, Einwilligung, S. 273; allgemein zur ärztlichen Aufklärung Laufs, in: Laufs/Uhlenbruck, Hdb. des Arztrechts, §§ 61 ff..

[246] Hirsch/Schmidt-Didczuhn, Transplantation, S. 24; Korthals, Organtransplantation, S. 51; Kramer, Organtransplantation, S. 26 f.; Kohlhaas, NJW 1967, 1489 (1490).

siko des Spenders nicht dazu führen kann, daß die Einwilligung des Organempfängers unwirksam ist und damit eine am Organempfänger begangenen Körperverletzung vorliegt.[247]

Zusammenfassend muß der Organempfänger durch die Aufklärung in den Stand gesetzt werden, sich in Kenntnis aller Vor- und Nachteile für oder gegen eine Transplantation zu entscheiden.

C. MEDIZINISCHE VORAUSSETZUNGEN UND SUBSIDIARITÄT

In § 8 Abs. 1 S. 1 Nr. 1c), Nr. 2 und Nr. 3 TPG hat der Gesetzgeber Anforderungen an die Geeignetheit und die gesundheitliche Gefährdung des Spenders, an die Erfolgsgeeignetheit der Transplantation und das Erfordernis der Subsidiarität der Lebendspende festgelegt. Mit dieser Regelung hat der Gesetzgeber die in der Literatur unter dem Gesichtspunkt der Verhältnismäßigkeit der Organentnahme[248] behandelte Frage der Opfergrenze des Organspenders als Zulässigkeitsbeschränkung der Organentnahme näher konkretisiert.

I. Voraussetzungen auf der Spenderseite, § 8 Abs. 1 S. 1 Nr. 1c) TPG

1) Gesetzliche Regelung

Für die Zulässigkeit einer Organentnahme beim lebenden Spender ist es gemäß § 8 Abs. 1 S. 1 Nr. 1c) TPG erforderlich, daß der Spendewillige nach ärztlicher Beurteilung als Spender geeignet ist und voraussichtlich nicht über das Operationsrisiko hinaus gefährdet oder über die unmittelbaren Folgen der Entnahme hinaus gesundheitlich schwer beeinträchtigt wird.

---

[247] Bockelmann, Strafrecht, S. 99; ablehnend auch Tress, Organtransplantation, S. 132 f..

[248] Vgl. Carstens, Organtransplantation, S. 74 ff.; Hirsch/Schmidt-Didczuhn, Transplantation, S. 12, 51 f.; Ugowski, Rechtsfragen, S. 53 ff.; Voll, Einwilligung, S. 235; Kallmann, FamRZ 1969, 572 (573).

a) Geeignetheit des Organspenders

Zunächst muß der Spendewillige nach Ansicht des Arztes aus medizinischer Sicht für eine Organspende geeignet sein. Geeignet ist eine Person als Organspender, wenn sie die physischen Voraussetzungen für die Organspende mitbringt. Neben diesen physischen Aspekten muß der Organspender auch psychisch für eine Organspende geeignet sein. Hier wird es darauf ankommen, wie sich die Organspende auf das Verhältnis zwischen Spender und Empfänger auswirkt und wie der Organspender die Organspende verkraftet.

b) Gefährdung des Organspenders

Außerdem darf der Organspender voraussichtlich nicht über das Operationsrisiko hinaus gefährdet werden. Die Gesetzesbegründung stellt klar, daß mit dem Operationsrisiko das allgemeine Operationsrisiko gemeint ist.[249] Unter dem Operationsrisiko wird die Gefährdung des Patienten durch den operativen Eingriff verstanden. Diese ist von Art und Ausmaß der Operation abhängig.[250] Der Gesetzgeber meint also das Operationsrisiko, das mit dem Eingriff als solchem einhergeht und nicht ausgeschlossen werden kann. Unzulässig ist die Organspende deshalb dann, wenn das Operationsrisiko bei dem Spendewilligen zum Beispiel wegen eingeschränkter Narkosetauglichkeit oder einer Krankheit erhöht ist.

Dieser Regelung wird entgegengehalten, daß sie in sich inkonsistent sei, weil zum Beispiel einem Lebendnierenspender mit einem erhöhten Operationsrisiko die Spende auch dann verwehrt sei, wenn sein „Gesamtrisiko" immer noch geringer sei als das eines völlig gesunden Lungenteilspenders.[251] Die Regelung wird allerdings verständlich, wenn man davon ausgeht, daß der Gesetzgeber jedes vermeidbare Risiko für den Lebendorganspender ausschließen und jede erhöhte Gefährdung verhindern wollte. Das Ziel ist die Minimierung der Risiken. Der Gesetzgeber will nur ein mit dem Eingriff seiner Art nach ver-

---

[249] Begründung zu § 7 Abs. 1 S. 1 Nr. 1 E-TPG, BT-Drs. 13/4355, S. 20.
[250] Roche-Lexikon Medizin, Stichwort Operationsrisiko, S. 1274.
[251] So Gutmann, MedR 1997, 147 (152).

bundenes Risiko hinnehmen, eine darüber hinausgehende Gefährdung aber untersagen. Dies schließt es auch ein, das mit einer Lungenteilspende zwangsläufig verbundene Risiko hinzunehmen, selbst wenn es über dem einer Nierenspende liegt. Die gesetzgeberische Intention ist damit deutlich: Keine Gefährdung des Organspenders über das mit dem Eingriff seiner Art nach zwangsläufig verbundene Risiko hinaus. Unter dem Gesichtspunkt des Spenderschutzes ist die Regelung in sich schlüssig.

c) Schwere gesundheitliche Beeinträchtigung des Organspenders

Weiterhin darf der Organspender nicht über die unmittelbaren Folgen der Organentnahme hinaus gesundheitlich schwer beeinträchtigt werden. Aus der Gesetzesbegründung ergibt sich, daß mit den unmittelbaren Folgen der Entnahme die unmittelbaren Folgen des Eingriffs gemeint sind.[252] Zu den unmittelbaren Folgen gehören daher nur die Folgen des operativen Eingriffs selbst, so zum Beispiel der Verlust des Organs und die erforderliche Wundheilung.

Fraglich ist, wann eine schwere gesundheitliche Beeinträchtigung vorliegt. Bei dem Begriff der gesundheitlichen Beeinträchtigung kann man sich an der Körperverletzung gemäß § 223 StGB orientieren. Eine gesundheitliche Beeinträchtigung ist dann gegeben, wenn das körperliche Wohlbefinden oder die körperliche Unversehrtheit nicht nur unerheblich beeinträchtigt wird oder ein krankhafter Zustand hervorgerufen wird.[253] Eine gesundheitliche Beeinträchtigung liegt auch dann vor, wenn ein negativer psychischer Zustand hervorgerufen wird. Schwer ist eine Beeinträchtigung, wenn die negativen Auswirkungen erheblich sind. Die Auswirkungen müssen nach Art und Dauer von bedeutendem Umfang sein. Ausschlaggebend sind damit ein qualitatives Moment und ein Zeitmoment. Eine schwere gesundheitliche Beeinträchtigung liegt im Ergebnis also dann vor, wenn die physische

---

[252] Begründung zu § 7 Abs. 1 S. 1 Nr. 1 E-TPG, BT-Drs. 13/4355, S. 20.

[253] Zum Begriff der körperlichen Mißhandlung und der Gesundheitsschädigung bei § 223 StGB siehe Lackner/Kühl, StGB, § 223 Rn. 4 f.; Stree, in: Schönke/Schröder, StGB, § 223 Rn. 3 und 5; Tröndle/Fischer, StGB, § 223 Rn. 3 und 6.

oder psychische Gesundheit nach Art und Dauer erheblich negativ beeinflußt wird. Eine bloß kurzfristige, vorübergehende oder leichte Beeinträchtigung reicht nicht aus. Hinsichtlich des durch den Begriff der schweren Beeinträchtigung implizierten Zeitmoments kann als Anhaltspunkt auf die länger dauernde Gesundheitsschädigung im Sinne des § 1904 BGB zurückgegriffen werden. Als länger dauernd sieht die amtliche Begründung eine Beeinträchtigung der Gesundheit an, wenn sie ein Jahr oder länger dauert.[254] Diese Beeinträchtigung steht jedoch im Zusammenhang mit einer ärztlichen Heilbehandlung. Auf Grund des fehlenden Nutzens des Eingriffs für den Organspender wird daher bei § 8 Abs. 1 S. 1 Nr. 1c) TPG die Zeitspanne erheblich kürzer anzusetzen sein.

Als Anhaltspunkt für das qualitative Moment der gesundheitlichen Beeinträchtigung kann die schwere Körperverletzung nach § 226 StGB herangezogen werden. Unzulässig sind deshalb Eingriffe, die bei dem Organspender zu Siechtum, weitgehender Lähmung oder Entstellung führen und ihn zum Krüppel machen.[255] Die Organentnahme darf ebenfalls nicht zum Verlust des Seh-, Hör- oder Sprechvermögens führen.[256] Eine schwere gesundheitliche Beeinträchtigung ist auch gegeben, wenn bei der Entnahme eines paarigen Organs schon im Zeitpunkt der Entnahme absehbar ist, daß das verbleibende Organ infolge einer Krankheit funktionslos wird und der Spender selbst ärztlicher Behandlung oder gar einer Transplantation bedarf. Die schwere gesundheitliche Beeinträchtigung ist auch im Falle einer psychischen Erkrankung des Organspenders anzunehmen, wenn sie sein Leben erheblich beeinflußt und die gewöhnliche Lebensführung beeinträchtigt. Die Organentnahme darf daher nicht dazu führen, daß dem Organspender die Möglichkeit genommen wird, sein Leben ähnlich wie bisher fortzuführen.[257] Insgesamt sind wegen der ausschließlichen Fremdnützigkeit der Organspende nicht zu strenge Anforderungen an

---

[254] BT-Drs. 11/4528, S. 141; Schwab, in: MünchKomm. BGB, § 1904 Rn. 13.

[255] Engisch, Operation, S. 35; Korthals, Organtransplantation, S. 72; Hirsch, in: Leipziger Komm. StGB, § 226a Rn. 46.

[256] Carstens, Organtransplantation, S. 79; Korthals, Organtransplantation, S. 72.

[257] Carstens, Organtransplantation, S. 79.

das Vorliegen einer schweren Beeinträchtigung der Gesundheit zu stellen.

Aus diesen Voraussetzungen folgt, daß eine Organentnahme unzulässig ist, wenn sie mit einer Lebensgefahr für den Organspender verbunden ist. Damit ist die in der älteren Literatur vertretene Auffassung nicht mehr zu vereinbaren, daß eine Lebensgefahr für den Spender hingenommen werden kann, wenn dadurch der Tod des Empfängers abwendbar erscheint.[258] Erst recht nicht zulässig ist die Entnahme eines Organs, wenn sie mit Sicherheit zum Tod des Organspenders führt. Dies ergibt sich schon aus § 216 StGB, der die Tötung auf Verlangen unter Strafe stellt. Das Leben eines Menschen steht grundsätzlich nicht zur Disposition, auch wenn damit ein anderes Leben gerettet werden kann.

Die Beurteilung der gesundheitlichen Risiken hat der Arzt vorzunehmen. Die Risiken des Eingriffs sind daher sorgfältig durch den Arzt abzuklären. Für die ärztliche Beurteilung ist auf den Zeitpunkt vor dem Eingriff abzustellen. Eine sich nach dem Eingriff ergebende schwere gesundheitliche Beeinträchtigung soll nach dem Willen des Gesetzgebers nicht zur Rechtswidrigkeit des Eingriffs führen, wenn sie bei Anwendung der nach dem Stand der medizinischen Wissenschaft gebotenen Sorgfalt nicht voraussehbar war.[259]

2) Verletzung des Grundrechts aus Art. 2 Abs. 2 S. 1 GG

Durch die Regelung des § 8 Abs. 1 S. 1 Nr. 1c) TPG könnten Grundrechte des potentiellen Organspenders verletzt werden. Eine Verletzung von Grundrechten kommt insofern in Betracht, als es dem Lebendspender bei einem erhöhten gesundheitlichen Risiko für ihn selbst wegen dieser Regelung unmöglich ist, ein Organ zu spenden, selbst wenn er das Risiko in Kauf zu nehmen bereit ist. Dadurch könnte das

---

[258] Bucher, in: Largiadèr, Organtransplantation, S. 75 (78); Carstens, Organtransplantation, S. 75; Engisch, Der Chirurg 1967, 252 (253); anderer Ansicht schon Korthals, Organtransplantation, S. 70.

[259] So die Begründung zu § 7 Abs. 1 S. 1 Nr. 1 E-TPG, BT-Drs. 13/4355, S. 20.

Grundrecht auf körperliche Unversehrtheit aus Art. 2 Abs. 2 S. 1 GG verletzt sein.

Der Schutzbereich der körperlichen Unversehrtheit umfaßt die Gesundheit im engeren Sinne, die psychisch-seelische Gesundheit im weiteren Sinne und die körperliche Integrität unabhängig von der Zufügung körperlicher oder seelischer Schmerzen.[260] Beeinträchtigungen des Rechts auf körperliche Unversehrtheit bewirken alle Maßnahmen der öffentlichen Gewalt, die in erheblicher Weise in den menschlichen Körper eingreifen.[261]

Art. 2 Abs. 2 S. 1 GG beschränkt sich aber als besondere Verbürgung der in Art. 2 Abs. 1 GG garantierten freien Entfaltung der Person nicht auf Gesundheitsschutz. Gewährleistet wird zuvörderst Freiheitsschutz im Bereich der leiblich-seelischen Integrität. Die Bestimmung über die leiblich-seelische Integrität gehört zum ureigensten Bereich der Personalität des Menschen. In diesem Bereich ist er aus der Sicht des Grundgesetzes frei, seine Maßstäbe zu wählen und nach ihnen zu leben und zu entscheiden.[262] Hier darf dem Patienten nicht zugemutet werden, nach den Maßstäben Dritter „vernünftig" zu sein.[263] Dies muß auch für den Bereich der Organspende gelten.

Die Entscheidung über einen Eingriff in die eigene körperliche Integrität als Akt sittlicher Hilfeleistung gehört in den Bereich uneinschränkbarer Selbstbestimmung.[264] Der Gesetzgeber kann daher den Organspender nicht daran hindern, ein erhöhtes Risiko für sich einzugehen. Allerdings kann der Gesetzgeber dem Arzt verbieten, eine mit einem erhöhten gesundheitlichen Risiko für den Organspender verbundene Transplantation vorzunehmen. Es handelt sich insoweit um eine zulässige gesetzgeberische Beschränkung der allgemeinen

---

[260] Schulze-Fielitz, in: Dreier, GG, Art. 2 Abs. 2 Rn. 18; Pieroth/Schlink, Grundrechte, Rn. 393.

[261] Schulze-Fielitz, in: Dreier, GG, Art. 2 Abs. 2 Rn. 30; Murswiek, in: Sachs, GG, Art. 2 Rn. 154.

[262] BVerfGE 52, 131, (173 ff.).

[263] BVerfGE 52, 131, (184).

[264] So Hirsch/Schmidt-Didczuhn, Transplantation, S. 51.

Handlungs- und Berufsfreiheit.[265] Etwas anderes kann sich auch nicht daraus ergeben, daß der Organspender zur Realisierung seiner Entscheidung die Hilfe eines Arztes braucht. Im Interesse der Funktionsfähigkeit der sozialen Gemeinschaft und des geordneten Zusammenlebens kann der Gesetzgeber Eingriffe in die Körperintegrität untersagen.[266] Es liegt folglich kein Eingriff in den Schutzbereich des Art. 2 Abs. 2 S. 1 GG vor.

Das Grundrecht des Organspenders aus Art. 2 Abs. 2 S. 1 GG wird durch die Regelung des § 8 Abs. 1 S. 1 Nr. 1c) TPG nicht verletzt.

II. Erfolgsaussichten beim Empfänger, § 8 Abs. 1 S. 1 Nr. 2 TPG

Nach § 8 Abs. 1 S. 1 Nr. 2 TPG ist weiterhin erforderlich, daß die Übertragung des Organs auf den Empfänger nach ärztlicher Beurteilung geeignet ist, das Leben des Empfängers zu erhalten oder bei ihm eine schwerwiegende Krankheit zu heilen, ihre Verschlimmerung zu verhüten oder ihre Beschwerden zu lindern.

Daraus ergeben sich mehrere Voraussetzungen. Zunächst muß das zu entnehmende Organ selbst gesund und funktionsfähig sein. Ansonsten wäre es schon nicht geeignet, bei dem Empfänger einen Heilerfolg herbeizuführen. In Betracht kommt deshalb nur die Explantation eines völlig gesunden Organs.

Das zu explantierende Organ muß weiterhin für den Empfänger geeignet sein. Die Transplantation muß also unter medizinischen Gesichtspunkten möglich sein. Eine Transplantation darf zum Beispiel nicht wegen fehlender Gewebeverträglichkeit oder Blutgruppenunverträglichkeit ausgeschlossen sein. In diesem Fall wäre eine Organentnahme von vornherein sinnlos, mit ihr könnte kein Heilzweck erreicht werden und der Spender würde nur sinnlos in seiner Gesundheit beeinträchtigt und gefährdet.

Außerdem darf die Organübertragung nicht wegen des Gesundheitszustandes des Organspenders ausgeschlossen sein. Dieser darf nicht

---

[265] Hirsch/Schmidt-Didczuhn, Transplantation, S. 51.
[266] Hirsch/Schmidt-Didczuhn, Transplantation, S. 52; ebenso Edelmann, VersR 1999, 1065 (1069) und Esser, Verfassungsrechtliche Aspekte, S. 95 ff..

an Krankheiten leiden, die wegen der Gefahr der Übertragung den Empfänger gefährden können. Zu denken ist hier unter anderem an Aids, Hepatitis und Krebs.

Auch der Gesundheitszustand des Organempfängers muß die Transplantation zulassen. Befindet er sich in einem gesundheitlichen Zustand, der aus medizinischer Sicht eine Transplantation ausschließt, so kann mit der Organentnahme beim Spender kein Heilerfolg bei dem Empfänger erreicht werden. Die Organentnahme würde ihr Ziel verfehlen.

Die Organübertragung muß dazu dienen, das Leben des Empfängers zu erhalten oder bei ihm eine schwerwiegende Krankheit zu heilen, ihre Verschlimmerung zu verhüten oder ihre Beschwerden zu lindern. Damit ist das durch die Transplantation zu verfolgende Ziel durch den Gesetzgeber vorgegeben. Andere mit der Transplantation eines Organs vom lebenden Spender verfolgten Ziele sind unzulässig. Durch den Begriff der Krankheit wird zum Ausdruck gebracht, daß bei dem Empfänger ein krankhafter Zustand bestehen muß, der durch die Transplantation geheilt werden soll. Unter Krankheit wird eine Störung der normalen Funktionen der Organe oder Organsysteme des Körpers verstanden.[267] Nicht zulässig ist deshalb eine Transplantation, die zu ausschließlich kosmetischen oder leistungssteigernden Zwecken vorgenommen wird, ohne daß sie einen krankhaften Zustand heilt. Der zu beseitigende Zustand muß Krankheitswert haben.

Nach § 8 Abs. 1 S. 1 Nr. 1c) TPG muß es sich dabei um eine schwerwiegende Krankheit handeln. Erforderlich ist eine Krankheit von einem gewissen Ausmaß und Gewicht. Die Heilung lediglich leichter, wenig gefährlicher und wenig beeinträchtigender Krankheiten ist damit nicht ausreichend. Es darf sich um keine Bagatelle handeln. Bei der Bewertung der Schwere der Krankheit ist zum Schutz des Lebendspenders eine objektive ärztliche Beurteilung notwendig. Es wird auch zu berücksichtigen sein, ob es sich um die Entnahme eines regenerierungsfähigen Organs handelt und mit welchen Risiken der Eingriff für den Spender verbunden ist. So werden an die Entnahme von Haut ge-

---

[267] Pschyrembel, Klinisches Wörterbuch, Stichwort Krankheit, S. 867.

ringere Anforderungen als an die Entnahme einer Niere zu stellen sein.

Fehlt eine der vorgenannten Voraussetzungen, so ist eine Organentnahme unzulässig. Dies sollte sich eigentlich von selbst verstehen. Wenn auf Grund des Zustandes des Organs, des Spenders oder des Empfängers eine Übertragung des Organs von Anfang an ausgeschlossen ist, so ist die Entnahme sinnlos. Mit der Entnahme kann der angestrebte Heilerfolg nicht erreicht werden, sie bringt dem Empfänger keinen Nutzen. Der Spender wird nur unnötig gesundheitlich beeinträchtigt und gefährdet, durch den Eingriff entstehen Kosten[268] und es werden unnütz Kapazitäten der Krankenhäuser belegt. An einer solchen sinnlosen Explantation kann niemand ein berechtigtes Interesse haben.

Die Beurteilung der Geeignetheit hat der Arzt vorzunehmen. Für die Rechtmäßigkeit der Organentnahme ist von dem Befund vor dem Eingriff auszugehen. Nach dem Willen des Gesetzgebers soll es nicht zur Rechtswidrigkeit der Organentnahme führen, wenn sich die Ungeeignetheit des Organs erst nachträglich ergibt und dies bei Anwendung der nach dem Stand der medizinischen Wissenschaft gebotenen Sorgfalt nicht erkennbar war.[269] Dies ist sachgerecht. Der Arzt wäre ansonsten mit einem unzumutbaren Risiko belastet. Mehr als kunstgerechtes Handeln kann von ihm billigerweise nicht verlangt werden.

III. Subsidiarität, § 8 Abs. 1 S. 1 Nr. 3 TPG

1) Gesetzliche Regelung

Als weitere Zulässigkeitsvoraussetzung stellt § 8 Abs. 1 S. 1 Nr. 3 TPG das Erfordernis der Subsidiarität auf. Danach ist die Organentnahme bei lebenden Personen nur zulässig, wenn ein geeignetes Spenderorgan nach § 3 oder § 4 TPG im Zeitpunkt der Organentnahme nicht zur Verfügung steht. § 3 und § 4 TPG regeln die Organentnahme bei toten Organspendern. Die Organentnahme bei einer lebenden Per-

---

[268] Die Kosten für eine Nierentransplantation werden beispielsweise mit 35.000 bis 50.000 DM angegeben, Hirsch/Schmidt-Didczuhn, Transplantation, S. 4.
[269] So die Begründung zu § 7 Abs. 1 S. 1 Nr. 2 E-TPG, BT-Drs. 13/4355, S. 20.

son ist deshalb unzulässig, wenn das Organ eines Verstorbenen zur Verfügung steht. Daraus folgt, daß die Organentnahme von Verstorbenen Vorrang vor der Organentnahme von lebenden Spendern hat. Die Lebendspende soll im Interesse des Lebendspenders nur die letzte Möglichkeit sein.[270] Dies dürfte regelmäßig auch dem Willen der beteiligten Personen entsprechen. Der Organspender wird auf die mit dem Eingriff verbundenen Beeinträchtigungen und Risiken verzichten, wenn eine andere Heilungsmöglichkeit für den Organempfänger besteht.[271]

Nach dem Zweck der Subsidiaritätsregel - Lebendspende als ultima ratio - muß die Lebendspende nicht nur dann unzulässig sein, wenn das Organ eines verstorbenen Spenders zur Verfügung steht, sondern auch, wenn eine zur Transplantation alternative Heilmethode zur Verfügung steht. Diese doppelte Subsidiarität sah § 1 Abs. 1 S. 2, Abs. 3 DDR-VO ausdrücklich vor.

Mit der Subsidiarität der Lebendspende hat der Gesetzgeber auch seinen Willen zum Ausdruck gebracht, daß die Lebendspende nicht dazu führen soll, daß das Bemühen um die Spende von Verstorbenen vernachlässigt wird.[272] Die Organspende von Verstorbenen hat „klaren Vorrang" vor der Lebendspende, dieser kommt „nur nachrangige Bedeutung" zu.[273]

2) Die einzelnen Voraussetzungen

a) Verfügbarkeit eines Organs

Nach dem Subsidiaritätsgrundsatz ist eine Organentnahme bei einer lebenden Person nur dann zulässig, wenn im Zeitpunkt der Organentnahme ein geeignetes Organ eines Verstorbenen nicht zur Verfügung

---

[270] Begründung zu § 7 Abs. 1 S. 1 Nr. 3 E-TPG, BT-Drs. 13/4355, S. 20.

[271] In diesem Sinne auch Gutmann, Ausschuß-Drs. 591/13, 32 (39); ders., MedR 1997, 147 (152).

[272] Begründung zu § 7 Abs. 1 S. 1 Nr. 3 E-TPG, BT-Drs. 13/4355, S. 20; ebenso Schreiber/Wolfslast, MedR 1992, 189 (193).

[273] BT-Drs. 13/4355, S. 14; dem Subsidiaritätsprinzip wohl zustimmend Gutmann, ZTxMed 1993, 75 (77).

steht. Maßgeblicher Zeitpunkt der Beurteilung ist damit der Zeitpunkt der Organentnahme. Dieser wird sich nach dem Zeitpunkt des medizinischen Erforderlichwerdens der Transplantation richten.

In diesem Zeitpunkt darf kein geeignetes Organ eines verstorbenen Spenders zur Verfügung stehen. Niere, Leber, Lunge und Darm, die Spendern nach § 3 oder § 4 TPG entnommen worden sind, sind gemäß § 9 S. 2 i.V.m. § 9 S. 1 TPG vermittlungspflichtige Organe. Sie müssen daher durch die Vermittlungsstelle unter Beobachtung der Regelungen nach § 12 TPG vermittelt werden.[274] Ein Organ steht deshalb dann nicht zur Verfügung, wenn im Zeitpunkt der Organentnahme dem Transplantationszentrum, auf dessen Warteliste der Patient gemäß § 10 Abs. 2 Nr. 1 TPG gemeldet ist, kein entsprechendes Organ für diesen Empfänger durch die Vermittlungsstelle vermittelt worden ist.[275]

b) Geeignetheit des Organs

aa) Problemstellung

Fraglich ist, wann ein geeignetes Organ verfügbar ist. Ein geeignetes Organ kann einmal schon dann verfügbar sein, wenn ein überhaupt transplantierbares Organ vorhanden ist. Ein geeignetes Organ könnte aber auch erst dann zu Verfügung stehen, wenn das Totenorgan auf

---

[274] Zur Zeit wird die Organvermittlung für die Transplantationszentren in Deutschland, Belgien, den Niederlanden, Luxemburg und Österreich durch die private gemeinnützige Stiftung Eurotransplant in Leiden/Niederlande durchgeführt. Auch nach dem Transplantationsgesetz ist die Übertragung der Vermittlungsaufgabe durch Vertrag auf eine ausländische Einrichtung weiterhin zulässig, vgl. § 12 Abs. 2 TPG.

[275] Esser, in: Höfling, Transplantationsgesetz, § 8 Rn. 52 vertritt hierzu die Ansicht, daß das Tatbestandsmerkmal nicht erst dann erfüllt ist, wenn ein postmortal gespendetes Organ überhaupt nicht bereit steht, sondern bereits dann, wenn ein postmortal gespendetes Organ – etwa im Hinblick auf besondere Dringlichkeit – nicht *rechtzeitig* zur Verfügung steht. Das ist jedoch überflüssig. Die Verfügbarkeit des postmortal gespendeten Organs muß sich auf den Zeitpunkt der Organentnahme beziehen, die sich wiederum nach der auch in zeitlicher Hinsicht medizinischen Erforderlichkeit der Transplantation richten muß. Dies beinhaltet schon den zeitlichen Aspekt der Rechtzeitigkeit.

Grund seines Zustandes, der Gewebeverträglichkeit usw. mindestens genauso geeignet ist wie das Transplantat des Lebendspenders. Fraglich ist also, ob die Übertragung des Organs des Verstorbenen den gleichen Heilerfolg versprechen muß wie die des Organs des Lebendspenders.

Diese Problematik wird am Beispiel der Transplantation von Nieren deutlich. Medizinische Untersuchungen haben gezeigt, daß die Übertragung von Nieren lebender Organspender zu besseren Ergebnissen als die Übertragung von Nieren toter Organspender führt. Dies gilt auch für genetisch nicht verwandte Personen.[276] Generell kann gelten, daß die Erfolge der Lebendspende auf ein Jahr gesehen um 10 v.H. besser sind als bei der Leichenspende.[277] Die 50-Prozentmarke für die Lebendtransplantation hinsichtlich des Transplantatüberlebens wird nach 23,4 Jahren erreicht, bei der Leichenspende wird dagegen die 50-Prozentmarke im statistischen Mittel bereits nach ungefähr neun Jahren erreicht.[278] Nach der CTS-Studie liegt die Fünf-Jahres-Transplantatfunktionsrate bei lebend gespendeten Nieren mit etwa 81% um ungefähr 16 Prozentpunkte über derjenigen postmortal gespendeter Nieren.[279]

Wissenschaftlich ist noch nicht vollständig geklärt, weswegen die Verwendung von lebend gespendeten Organen zu besseren Ergebnissen führt. Als Erklärung werden die kurze Ischämie- oder Konservierungszeit des Spenderorgans, die sofortige Funktionsaufnahme und die Planbarkeit des Eingriffs angeführt. Angenommen wird, daß die Planbarkeit des Eingriffs dazu führe, daß der Eingriff zu einem für den

---

[276] Hoyer u.a., TxMed 1994, 211 (214); Terasaki u.a., The New England Journal of Medicine 333 (1995), 333 ff.; Cecka/Terasaki, Transplantation Proceedings 29 (1997), 203.

[277] Kirste, Protokoll der 67. Sitzung des Ausschusses für Gesundheit, 13. Wahlperiode, S. 40; Terasaki u.a., The New England Journal of Medicine 333 (1995), 333 (336).

[278] Kirste, Protokoll der 67. Sitzung des Ausschusses für Gesundheit, 13. Wahlperiode, S. 40.

[279] Zitiert nach Deutsche Stiftung Organtransplantation, Organspende, S. 28 Abb. 28. Vgl. auch die Angaben bei Gutmann/Schroth, Organlebendspende, S. 25 ff., insbesondere die entsprechenden Zahlen bei frühzeitiger Nierentransplantation.

Spender, den Empfänger und die beteiligten Ärzte optimalen Zeitpunkt stattfindet. Dadurch bestehe auch die Möglichkeit präoperativer Immunmodulation bei dem Organempfänger. Weiterhin wird als ursächlich für die schlechteren Ergebnisse bei postmortal entnommenen Organen eine vor der Entnahme stattgefundene Organschädigung beziehungsweise ein nach der Konservierung auftretender Reperfusionsschaden angenommen.[280]

Die besseren Erfolge der Verpflanzung lebendgespendeter Nieren hat auch der Gesetzgeber gesehen.[281] Allerdings hat der Gesetzgeber insoweit nur festgestellt, daß es wegen dieser medizinischen Erkenntnisse keinen Grund gegen eine Organspende unter nicht verwandten Personen gibt. Offengeblieben ist dabei die Frage, ob wegen dieser besseren Eignung eines Lebendorgans der Lebendspende nicht zumindest solange Vorrang zukommen muß, als das Leichenorgan nicht den gleichen Heilerfolg herbeiführen kann.

bb) Auslegung des Begriffs „geeignet"

Deshalb ist zu klären, was unter dem Begriff des geeigneten Organs zu verstehen ist. Unter geeignet wird verstanden, daß ein Mittel dazu tauglich ist, einen bestimmten angestrebten Zweck zu verwirklichen. Aus dem Regelungszusammenhang ergibt sich, daß es auf die Tauglichkeit zur Erreichung des Heilerfolges beim Organempfänger ankommt. Daraus läßt sich aber noch nicht schließen, ob geeignet hier im Sinne von gleich geeignet oder von überhaupt geeignet zu verstehen ist. Aus der Gesetzesbegründung läßt sich entnehmen, daß der Gesetzgeber zum Schutz der Interessen des Lebendspenders die Organspende von lebenden Personen als ultima ratio angesehen hat.[282] Der Gesetzgeber will also die Lebendspende als Ausnahme und die Spende vom Verstorbenen als Regelfall. Die Möglichkeit der Lebend-

---

[280] Breitner/Land, Transplantationschirurgie, S. 14; Kirste, DÄBl 1996, B 2163 (2164); Land, ZTxMed 1993, 52 (53 f.); Terasaki u.a., The New England Journal of Medicine 333 (1995), 333 (335 f.); zu den Vorteilen der Lebendspende siehe auch die Übersicht bei Höppner u.a., TxMed 1994, 217 (218 Tabelle 2).

[281] BT-Drs. 13/4355, S. 14.

[282] Begründung zu § 7 Abs. 1 S. 1 Nr. 3 E-TPG, BT-Drs. 13/4355, S. 20.

spende soll gerade nicht zur Vernachlässigung der Bemühungen um Spenden von Verstorbenen führen. Insgesamt ergibt sich, daß der Gesetzgeber eine restriktive Haltung zu Lebensorganspenden einnimmt. Er knüpft sie zugunsten der Entnahme von Verstorbenen an erhöhte Voraussetzungen. Aus dieser restriktiven Haltung des Gesetzgebers wird der Schluß gezogen werden müssen, daß „geeignet" hier in dem Sinne zu verstehen ist, daß ein Organ zur Verfügung steht, wenn es überhaupt zur Transplantation auf den Empfänger tauglich ist. Steht daher irgendein transplantierbares Organ eines Verstorbenen zur Verfügung, so müßte die Organentnahme beim lebenden Spender unzulässig sein.

3) Verletzung des Grundrechts aus Art. 2 Abs. 2 S. 1 GG

Bei dieser Auslegung könnte § 8 Abs. 1 S. 1 Nr. 3 TPG Grundrechte verletzen. Der Organempfänger wäre durch diese Vorschrift gezwungen, mit der Transplantation des Leichenorgans die weniger erfolgreiche Behandlung in Anspruch zu nehmen. In Betracht kommt hier eine Verletzung des Grundrechts des Organempfängers auf körperliche Unversehrtheit aus Art. 2 Abs. 2 S. 1 GG.

a) Eingriff in den Schutzbereich

Der Schutzbereich des Grundrechts auf körperliche Unversehrtheit umfaßt die Gesundheit im engeren Sinne, die psychisch-seelische Gesundheit im weiteren Sinne und die körperliche Integrität unabhängig von der Zufügung körperlicher oder seelischer Schmerzen.[283] Eingriffe sind alle beeinträchtigenden Einwirkungen auf den Körper.[284] Über dieses Abwehrrecht hinaus normiert Art. 2 Abs. 2 S. 1 GG objektiv-

---

[283] Schulze-Fielitz, in: Dreier, GG, Art. 2 Abs. 2 Rn. 18 ff.; Pieroth/Schlink, Grundrechte, Rn. 393.

[284] Schulze-Fielitz, in: Dreier, GG, Art. 2 Abs. 2 Rn. 30; Murswiek, in: Sachs, GG, Art. 2 Rn. 154.

rechtliche Handlungsgebote an den Staat, das Recht auf Leben und körperliche Unversehrtheit zu schützen und zu fördern.[285]

Hier bewirkt die gesetzliche Normierung des Grundsatzes der Subsidiarität, daß im Falle der Verfügbarkeit eines Leichenorgans die Transplantation des Organs eines lebenden Spenders unzulässig ist. Der Organempfänger wird damit gezwungen, sich das Organ eines Verstorbenen implantieren zu lassen. Zumindest bei der Nierentransplantation ist aber der medizinische Erfolg der Transplantation lebend gespendeter Nieren statistisch höher als bei der Verwendung von Leichenorganen. Der Organempfänger muß daher die medizinisch weniger erfolgreiche Behandlung wählen. Es würde sich damit um den einzigartigen Fall handeln, daß dem Patienten durch Gesetz die medizinisch eindeutig schlechtere Therapie aufgezwungen wird.[286]

Durch diesen Zwang zur Inanspruchnahme der medizinisch schlechteren Therapie wird dem Patienten eine Heilungschance genommen und somit seine Gesundheit beeinträchtigt. Insoweit ist es auch irrelevant, daß der Gesetzgeber nicht für die Krankheit des Organempfängers verantwortlich ist. Dieser Eingriff erfolgt durch das Gesetz. Es liegt folglich ein finaler und unmittelbarer Eingriff in den Schutzbereich von Art. 2 Abs. 2 S. 1 GG vor.[287]

b) Verfassungsrechtliche Rechtfertigung

Das Grundrecht der körperlichen Unversehrtheit steht unter dem Gesetzesvorbehalt des Art. 2 Abs. 2 S. 3 GG. Aus der Wesentlichkeitslehre ergibt sich, daß es sich wegen der Intensität des Eingriffs regelmäßig um ein Parlamentsgesetz handeln muß.[288] Dies ist bei dem

---

[285] BVerfGE 39, 1 (41 f.); 85, 191 (212); Schulze-Fielitz, in: Dreier, GG, Art. 2 Abs. 2 Rn. 47; Murswiek, in: Sachs, GG, Art. 2 Rn. 188 ff..

[286] So Gutmann, MedR 1997, 147 (152); Edelmann, VersR 1999, 1065 (1068).

[287] Esser, Verfassungsrechtliche Aspekte, S. 30 ff. betont aber, daß auf der Empfängerseite kein verfassungsrechtlicher Anspruch im Sinne eines Rechts auf Transplantation als Ausdruck eines Rechts auf bestmögliche medizinische Versorgung besteht.

[288] Schulze-Fielitz, in: Dreier, GG, Art. 2 Abs. 2 Rn. 34; Murswiek, in: Sachs, GG, Art. 2 Rn. 167; Pieroth/Schlink, Grundrechte, Rn. 397.

durch den Bundestag erlassenen Transplantationsgesetz der Fall. Weiterhin muß die Regelung verhältnismäßig sein. Der Verhältnismäßigkeitsgrundsatz verlangt, daß der Gesetzgeber ein legitimes Ziel verfolgt, der Einsatz des Mittels zur Erreichung des Ziels geeignet ist, das Mittel zur Erreichung des Zwecks erforderlich ist und der Eingriff verhältnismäßig im engeren Sinne ist.[289]

Ein Ziel ist legitim, wenn es dem Gesetzgeber nicht durch das Grundgesetz verboten ist.[290] Mit der Subsidiarität der Lebendspende bezweckt der Gesetzgeber den Schutz der Interessen des lebenden Organspenders, die Lebendspende soll nur die letzte Möglichkeit sein, wenn das Organ eines Verstorbenen nicht zur Verfügung steht. Soweit damit versucht wird, mündige und ärztlich aufgeklärte Erwachsene gegen ihren erklärten Willen von dem rational begründbaren und in den Risiken kalkulierbaren Eingriff in die körperliche Integrität zugunsten eines nahestehenden Menschen abzuhalten, wird die Legitimität des gesetzgeberischen Ziels bezweifelt. Gesetzlicher Paternalismus dieser Art sei in einem liberalen Rechtsstaat schlechthin nicht zu rechtfertigen.[291]

Grundsätzlich umfaßt die allgemeine Handlungsfreiheit auch gefährliche und riskante Tätigkeiten.[292] Das Bundesverfassungsgericht hat aber ausgeführt, daß der Gesetzgeber zu gesetzlichen Regelungen, die in Art. 2 Abs. 1 GG eingreifen, befugt ist, wenn sie einen Menschen davor schützen sollen, sich selbst größeren persönlichen Schaden zuzufügen.[293] An anderer Stelle wird festgestellt, daß der Einzelne sich diejenigen Schranken seiner allgemeinen Handlungsfreiheit gefallen lassen muß, die ihm der Gesetzgeber im Rahmen des Zumutbaren zur Pflege und Förderung des sozialen Zusammenlebens zieht, soweit da-

---

[289] Murswiek, in: Sachs, GG, Art. 2 Rn. 21; Pieroth/Schlink, Grundrechte, Rn. 279.

[290] Pieroth/Schlink, Grundrechte, Rn. 280.

[291] Gutmann, MedR 1997, 147 (152).

[292] BVerwGE 82, 45 (48 f.); Isensee, in: Isensee/Kirchhof, Hdb. des Staatsrechts, § 111 Rn. 113; Dreier, in: Dreier, GG, Art. 2 Abs. 1 Rn. 26.

[293] BVerfGE 60, 123 (132); 90, 145 (172).

bei die Eigenständigkeit der Person gewahrt bleibt.[294] Als zulässig wird eine staatliche Einschränkung der allgemeinen Handlungsfreiheit angesehen, wenn aus dem Verhalten möglicherweise Lasten für die Allgemeinheit resultieren, auch wenn durch das Verhalten Dritte nicht unmittelbar gefährdet werden.[295]

Bei der Organspende eines lebenden Menschen besteht immer die Gefahr, daß es bei oder infolge der Organentnahme zu Komplikationen kommt. So existiert das allgemeine Operationsrisiko und das Risiko postoperativer Komplikationen.[296] Durch die Organentnahme wird also ein völlig gesunder Mensch gefährdet. Bei der Entnahme eines sich nicht wieder bildenden Organs besteht zusätzlich die Gefahr, daß wegen des Fehlens des Organs eine ärztliche Behandlung notwendig wird. Insbesondere bei der Spende der Niere besteht das Risiko, daß bei dem Lebendspender die verbleibende Niere auf Grund von Krankheit oder Unfall funktionsunfähig wird und er selbst auf eine Dialysebehandlung und eventuell auf eine Transplantation angewiesen ist. Wenngleich dieses Risiko eher gering ist, so ist es dennoch existent. Deshalb darf es nicht vernachlässigt werden. Dies zeigt sich auch daran, daß der Spender hierüber aufgeklärt werden muß. Außerdem ist die Gefahr, daß es in einem Fall doch zu Komplikationen kommt um so größer, je mehr Lebendorganspenden durchgeführt werden. In derartigen Fällen muß der Spender selbst ärztlich behandelt und möglicherweise längerfristig betreut werden. Eventuell droht eine dauerhafte Pflegebedürftigkeit und Arbeitsunfähigkeit. Dann müssen vorhandene medizinische Kapazitäten in Anspruch genommen werden und stehen anderen Patienten nicht mehr zur Verfügung. Es entstehen für die Allgemeinheit erhebliche Kosten. Falls der Spender infolge der Komplikationen selber auf eine Transplantation angewiesen ist, stei-

---

[294] BVerfGE 59, 275 (279).

[295] Dreier, in: Dreier, GG, Art. 2 Abs. 1 Rn. 26; Starck, in: v.Mangoldt/Klein/Starck, GG, Art. 2 Rn. 117.

[296] Das Mortalitätsrisiko bei der Entnahme einer Niere wird mit 0,03% angegeben, Terasaki u.a., The New England Journal of Medicine 333 (1995), 333 (336). Das Risiko perioperativer Komplikationen wird in der Literatur zwischen 5 und 20% für schwere und zwischen 5 und 50% für leichtere Folgen angegeben, vgl. den Nachweis bei Eigler, DMW 1997, 1398 (1399).

gert dies den Organbedarf und vergrößert zusätzlich die ohnehin bestehende Organknappheit zu Lasten aller Erkrankten. Dies zeigt, daß es sich bei der Lebendspende von Organen keineswegs lediglich um einen Vorgang handelt, der nur Spender und Empfänger betrifft.[297] Auch die Interessen der Allgemeinheit sind dadurch berührt, daß eventuell erhebliche medizinische Kapazitäten und Geld bereit gestellt werden müssen. Diese fehlen wieder bei der Behandlung anderer erkrankter Personen. Immer droht durch eine Lebendspende einem vorher völlig gesunden Menschen das Risiko der Behandlungsbedürftigkeit. Es ist deshalb ein legitimes Interesse der Allgemeinheit zu verhindern, daß durch ärztliche Eingriffe gesunden Menschen ein Schaden zugefügt wird, der eine ärztliche Behandlung erforderlich macht. Es ist folglich auch ein legitimes Ziel zu verhindern, daß sich Personen insoweit selbst gefährden.[298]

Andere gesetzliche Vorschriften bezwecken ebenfalls den Schutz einer Person gegen ihren Willen. Wie sich aus § 216 StGB ergibt, ist trotz Einwilligung die Tötung eines anderen Menschen nicht gerechtfertigt. § 228 StGB versagt der Einwilligung die rechtfertigende Wirkung, wenn die Körperverletzung trotz der Einwilligung gegen die guten Sitten verstößt. Dieser Einschränkung liegt der Gedanke zu Grunde, daß trotz des mit der Einwilligung zum Ausdruck gebrachten Verzichts auf Rechtsschutz das geschützte Rechtsgut dem Zugriff Dritter nicht preisgegeben werden soll, wenn dies sozialethischen Wertvorstellungen zuwiderläuft.[299] Die Verfügungsbefugnis des Rechtsgutinhabers wird beschränkt, weil das Rechtsgut gegenüber Beeinträchtigungen durch Dritte nicht schlechthin, sondern nur innerhalb eines tolerierbaren Rahmens zur Disposition des einzelnen gestellt wird.[300] Eine andere Ansicht stellt die Abwehr gemeinschaftsschädlicher Eingriffe in den Vordergrund und betont, daß die Gesundheit die

---

[297] Davon scheint aber Gutmann, MedR 1997, 1147 (152) und NJW 1999, 3387 (3388) auszugehen.

[298] Auch das BVerfG betont in seinem Beschluß zur Lebendspende die Legitimität des gesetzgeberischen Ziels, BVerfG NJW 1999, 3399 (3401).

[299] Stree, in: Schönke/Schröder, StGB, § 226a Rn. 5.

[300] Hirsch, in: Leipziger Komm. StGB, § 226a Rn. 7.

Grundvoraussetzung für die Erfüllung der meisten Aufgaben des Menschen in der Gemeinschaft ist.[301] Dies zeigt, daß es dem Gesetzgeber nicht grundsätzlich verwehrt ist, gesetzliche Regelungen zu schaffen, die den Schutz einer Person gegen ihren Willen bezwecken.

In der engen Auslegung könnte die Subsidiaritätsregel aber unverhältnismäßig im engeren Sinne sein. Die Verhältnismäßigkeit im engeren Sinne verlangt, daß eine angemessene Zweck-Mittel-Relation besteht, ein angemessener Ausgleich zwischen der Schwere der grundrechtlichen Beeinträchtigung und der Bedeutung des mit der Maßnahme verfolgten öffentlichen Belangs erfolgt. Der Betroffene darf nicht übermäßig belastet werden.[302] Sofern bei der Verfügbarkeit eines überhaupt transplantierbaren Organs auf die Lebendspende verzichtet werden müßte, wird der Patient gezwungen, eine schlechtere Behandlungsmethode in Anspruch zu nehmen. Bei der Transplantation einer Niere würde das bedeuten, daß wesentlich früher mit einer Funktionsunfähigkeit des Transplantats gerechnet werden muß und dann eine erneute Transplantation oder die Rückkehr zur Dialyse erforderlich wird. Dies ist für den Empfänger mit erheblichen Belastungen verbunden. Auf der anderen Seite wird der Spender hier durch die Organentnahme gesundheitlich nicht besonders beeinträchtigt und gefährdet. In diesem Fall wäre eine Organentnahme schon nach § 8 Abs. 1 S. 1 Nr. 1c) TPG unzulässig, der eine Entnahme verbietet, wenn eine Gefährdung über das Operationsrisiko hinaus und eine schwere gesundheitliche Beeinträchtigung über die unmittelbaren Folgen der Entnahme hinaus droht. Damit ergibt sich, daß die Gesundheitsinteressen des Empfängers im Kern berührt sind, während der Schutz des Spenders nicht beeinträchtigt ist. Bei der engen Auslegung des Begriffs „geeignet" liegt deshalb ein unverhältnismäßiger Eingriff vor.

Die enge Auslegung des Begriffs „geeignet" im Sinne von ein überhaupt transplantierbares Organ verletzt das Grundrecht des Organempfängers aus Art. 2 Abs. 2 S. 1 GG.

---

[301] Jescheck/Weigend, AT, S. 379.
[302] BVerfGE 51, 324 (346); 90, 145 (185); Dreier, in: Dreier, GG, Vorb. Rn. 94; Starck, in: v.Mangoldt/Klein/Starck, GG, Art. 1 Rn. 243.

4) Verfassungskonforme Auslegung

Der Begriff „geeignet" kann aber verfassungskonform ausgelegt werden. Nach der verfassungskonformen Auslegung verdient diejenige von mehreren möglichen Auslegungen den Vorzug, die der Verfassung besser entspricht.[303] Das Gebot der verfassungskonformen Auslegung verlangt, daß von mehreren möglichen Normdeutungen, die teils zu einem verfassungswidrigen, teils zu einem verfassungsmäßigen Ergebnis führen, diejenige vorzuziehen ist, die mit dem Grundgesetz im Einklang steht.[304] Die verfassungsmäßige Auslegung ist zu bevorzugen.[305]

Hier kann der Begriff des geeigneten Organs so ausgelegt werden, daß ein geeignetes Organ eines toten Spenders im Zeitpunkt der Organentnahme dann nicht zur Verfügung steht, wenn ein Organ eines toten Spenders überhaupt nicht zur Verfügung steht oder trotz Vermittlung eines Organs durch die Vermittlungsstelle das Organ des verstorbenen Spenders nach ärztlicher Beurteilung nicht geeignet ist, einen ähnlich guten Heilerfolg wie das Organ des Lebendspenders zu erreichen. Ein geeignetes Leichenorgan stände also auch dann nicht zur Verfügung, wenn das tatsächlich angebotene Leichenorgan nicht ungefähr genauso geeignet ist wie das lebend gespendete Organ, das Leben des Empfängers zu erhalten, bei ihm eine schwerwiegende Krankheit zu heilen, ihre Verschlimmerung zu verhüten oder ihre Beschwerden zu lindern.

Eine solche Auslegung würde dem Organempfänger die beste mögliche Therapie zukommen lassen und deshalb nicht in das Grundrecht aus Art. 2 Abs. 2 S. 1 GG eingreifen. In dem Fall, daß nach ärztlicher Einschätzung ein gleichgeeignetes Leichenorgan zur Verfügung steht, besteht kein gesundheitliches Interesse des Empfängers daran, gerade ein lebendgespendetes Organ verpflanzt zu bekommen.

Eine verfassungskonforme Auslegung ist aber nicht unbegrenzt möglich. Die Auslegung muß sich im Rahmen des Wortlauts der Vor-

---

[303] Pieroth/Schlink, Grundrechte, Rn. 79; allgemein zur verfassungskonformen Auslegung von Gesetzen Schlaich, BVerfG, Rn. 405 ff..
[304] BVerfGE 32, 373 (383 f.); 64, 229 (242).
[305] Schlaich, BVerfG, Rn. 408.

schrift halten.³⁰⁶ Die gesetzgeberischen Grundentscheidungen, Wertungen und die darin angelegten Zwecke der gesetzlichen Regelung dürfen nicht angetastet werden. Dem eindeutigen Gesetz darf kein entgegengesetzter Sinn gegeben werden und das gesetzgeberische Ziel darf nicht in einem wesentlichen Punkt verfehlt oder verfälscht werden.³⁰⁷ Der Wortlaut steht dieser Auslegung nicht entgegen. Die Auslegung widerspricht auch nicht dem eindeutigen Willen des Gesetzgebers. Der Gesetzgeber will zwar die Lebendspende von Organen als Ausnahmefall behandelt wissen. Andererseits verfolgt er mit dem Transplantationsgesetz insgesamt das Ziel, schwerkranken Menschen durch eine Organtransplantation das Leben zu retten oder ihre Krankheit zu heilen oder zu lindern.³⁰⁸ Dieses Ziel hat er auch in § 8 Abs. 1 S. 1 Nr. 1c) TPG zum Ausdruck gebracht. Weiterhin war sich der Gesetzgeber bewußt, daß zumindest bei der Übertragung von Nieren die Organe von Lebendspendern zu besseren Ergebnissen führen als die von hirntoten Spendern.³⁰⁹ Die Auslegung kommt daher diesem Ziel entgegen. Auch wird der ausdrückliche Wille des Gesetzgebers nicht mißachtet, weil es trotzdem bei einer restriktiven Handhabung der Lebendspende bleibt: Die Lebendspende ist nur dann zulässig, wenn sie gegenüber der Spende vom Verstorbenen bessere Ergebnisse zeitigt. Die Auslegung hält sich folglich in den Grenzen der zulässigen verfassungskonformen Auslegung.³¹⁰

---

³⁰⁶ BVerfGE 8, 28 (34); 90, 263 (275).

³⁰⁷ BVerfGE 54, 277 (299).

³⁰⁸ Vgl. BT-Drs. 13/4355, S. 10 f..

³⁰⁹ Vgl. BT-Drs. 13/4355, S. 14.

³¹⁰ Die Möglichkeit der verfassungskonformen Auslegung des Begriffs „geeignet" zieht Esser, Verfassungsrechtliche Aspekte, S. 195 ff. bei der Betrachtung der Subsidiaritätsklausel nicht in Betracht. Esser, Verfassungsrechtliche Aspekte, S. 199 geht davon aus, daß die grundsätzliche Subsidiarität der Lebendspende einen nicht gerechtfertigten Eingriff in die Grundrechte von Spender und Empfänger beinhaltet. Seiner Ansicht nach wäre lediglich eine Subsidiarität in Fällen zu befürchtender schwerer gesundheitlicher Beeinträchtigungen auf seiten des Spenders oder etwaiger für ihn bestehender Todesgefahr verfassungsrechtlich unbedenklich. Bei dieser Einschränkung hätte die Subsidiaritätsregel neben § 8 Abs. 1 S. 1 Nr. 1c) TPG keine eigenständige Bedeutung.

Zuzugeben ist allerdings, daß bei dieser Auslegung das Erfordernis der Subsidiarität der Lebendspende in der Praxis wegen der (wenigstens bei Nieren) grundsätzlich besseren Eignung lebend gespendeter Organe nur eine geringe Bedeutung haben und weitgehend leerlaufen wird. Dieser Einwand trifft aber die Subsidiaritätsregel grundsätzlich. Denn es besteht die Möglichkeit, den Zeitpunkt für die Lebendspende erst dann endgültig festzulegen, wenn sicher ist, daß kein Organ eines verstorbenen Spenders zur Verfügung steht. Die Umgehung des Vorrangs der postmortalen Organspende wird sich deshalb bei Verfügbarkeit eines Lebendspenders in der Realität nicht verhindern lassen - zumindest so lange nicht, wie lange Wartelisten für die einzelnen Organarten bestehen. Insoweit wird das Bekenntnis zur Subsidiarität der Lebendspende ein Lippenbekenntnis und die Anmeldung bei einem Transplantationszentrum nur eine Formalie sein.[311]

---

[311] In diesem Sinne auch Schreiber, in: Kirste, Nieren-Lebendspende, S. 33 (40). Im Ergebnis auch Gutmann/Schroth, Organlebendspende, S. 29. Unter Hinweis auf den angestrebten (gesundheitlichen) Schutz des Lebendspenders halten Nikkel/Schmidt-Preisigke/Sengler, Transplantationsgesetz, Erl. § 8 Rn. 10 die Subsidiarität der Lebendspende trotz der besseren Funktionsrate lebend gespendeter Organe ohne weiteres für zulässig. Eine Einschränkung wird von Nickel/Schmidt-Preisigke/Sengler, Transplantationsgesetz, Erl. § 8 Rn. 11 und Sengler, in: Kirste, Nieren-Lebendspende, S. 100 (103 f.) nur insoweit gemacht, daß der Subsidiaritätsgrundsatz nicht gegenüber Organempfängern Anwendung findet, die aus welchen Gründen auch immer (zum Beispiel psychische oder moralische Vorbehalte) nur lebend gespendete Organe als Transplantat akzeptieren. Dies würde jedoch dazu führen, daß eine gesetzliche Voraussetzung der Lebendspende in das völlige Belieben der Beteiligten gestellt wäre. Mit dem Willen des Gesetzgebers, die Lebendspende restriktiv zu handhaben und sie nur als ultima ratio zum Zuge kommen zu lassen, läßt sich dies nicht vereinbaren.

Ebenfalls in diese Richtung gehend halten Gutmann/Schroth, Organlebendspende, S. 30 den potentiellen Organempfänger nicht für verpflichtet, jede Möglichkeit zum Erhalt eines postmortal gespendeten Organs zu nutzen. Der potentielle Empfänger sei nicht verpflichtet, das „Zur-Verfügung-Stehen" eines Leichenorgans herbeizuführen, die Anmeldung zur Warteliste unterliege seiner Entscheidung. Auch dies würde die gesetzliche Voraussetzung der Subsidiarität zur freien Disposition des Organempfängers stellen.

5) Zusammenfassung

Die Entnahme eines Organs vom lebenden Spender ist nur zulässig, wenn kein geeignetes Organ eines Verstorbenen zur Verfügung steht. Ein geeignetes Organ eines Verstorbenen steht nicht nur dann nicht zur Verfügung, wenn überhaupt kein transplantierbares Leichenorgan verfügbar ist, sondern auch dann, wenn das Organ des Verstorbenen nach ärztlicher Beurteilung nicht ungefähr genauso gut wie das lebend gespendete Organ geeignet ist, das Leben des Organempfängers zu erhalten oder bei ihm eine schwerwiegende Krankheit zu heilen, ihre Verschlimmerung zu verhüten oder ihre Beschwerden zu lindern.

D. VORNAHME DES EINGRIFFS DURCH EINEN ARZT, § 8 ABS. 1 S. 1 NR. 4 TPG

§ 8 Abs. 1 S. 1 Nr. 4 TPG ordnet an, daß die Zulässigkeit der Organentnahme beim lebenden Spender von der weiteren Voraussetzung abhängt, daß der Eingriff durch einen Arzt vorgenommen wird.

Das Erfordernis der Vornahme des Eingriffs durch einen Arzt soll die fachgerechte Durchführung des Eingriffs sicherstellen. Bezweckt wird damit der Schutz der Gesundheit des Organspenders.[312] Dieser soll vor Gesundheitsschäden durch eine nicht sachgerechte Durchführung des Eingriffs geschützt werden. Aus dem mit der Vorschrift verfolgten Zweck folgt, daß mit dem Arzt nicht irgendein Arzt gemeint sein kann, sondern ein Spezialist auf dem Gebiet der Transplantationsmedizin gemeint sein muß. Nur ein solcher Spezialist kann die sachgerechte Durchführung des Eingriffs sicherstellen. Allein das Erfordernis eines approbierten Arztes wird dem Schutz des Lebendspenders nicht gerecht.

Das Erfordernis der Vornahme des Eingriffs durch einen spezialisierten Arzt dient zugleich den Interessen des Organempfängers. Nur ein spezialisierter Arzt ist in der Lage, das Organ so zu entnehmen, daß es nicht beschädigt wird und wie es für eine optimale Durchführung der Transplantation erforderlich ist. Nur so kann die Gewinnung eines

---

[312] Begründung zu § 7 Abs. 1 S. 1 Nr. 4 E-TPG, BT-Drs. 13/4355, S. 20.

transplantierbaren Organs sichergestellt und der vom Transplantationsgesetz verfolgte Zweck gesichert werden. Der Schutz des Organempfängers durch eine sachgerechte Entnahme entspricht auch dem Willen des Gesetzgebers.[313]

E. EINSCHRÄNKUNG DES EMPFÄNGERKREISES BEI DER ENTNAHME SICH NICHT WIEDER BILDENDER ORGANE NACH § 8 ABS. 1 S. 2 TPG

I. Gesetzliche Regelung

Durch § 8 Abs. 1 S. 2 TPG wird die Zulässigkeit der Lebendspende nicht regenerierbarer Organe eingeschränkt. Die Entnahme von Organen, die sich nicht wieder bilden können, ist nach § 8 Abs. 1 S. 2 TPG nur zum Zweck der Übertragung auf Verwandte ersten oder zweiten Grades, Ehegatten, Verlobte oder andere Personen, die dem Spender in besonderer persönlicher Verbundenheit offenkundig nahestehen, zulässig.[314]

Zusätzlich zu den übrigen Voraussetzungen des § 8 TPG ist damit eine besondere Beziehung zwischen Spender und Empfänger bei der Entnahme nicht regenerierbarer Organe beim lebenden Spender erforderlich. Durch diese Regelung wird der Empfängerkreis lebendgespendeter Organe zusätzlich eingeschränkt.

Die Entnahme nicht regenerierbarer Organe kommt nur bei paarigen Organen oder Teilen von Organen in Betracht. Es handelt sich um Lungenlappen, Teile der Bauchspeicheldrüse und - praktisch am bedeutsamsten - Nieren. Die Übertragung von Lebersegmenten fällt dagegen nicht hierunter, weil die entnommenen Leberteile sich wieder neu bilden.[315]

---

[313] Begründung zu § 7 Abs. 1 S. 1 Nr. 4 E-TPG, BT-Drs. 13/4355, S. 20.

[314] Durch Art. 3 § 7 Nr. 2 des Gesetzes zur Beendigung der Diskriminierung gleichgeschlechtlicher Gemeinschaften: Lebenspartnerschaften vom 16. Februar 2001 (BGBl. I S. 266) ist hinter dem Wort „Ehegatten" das Wort „Lebenspartner" eingefügt worden.

[315] Nickel/Schmidt-Preisigke/Sengler, Transplantationsgesetz, Erl. § 8 Rn. 13 nehmen an, daß auch die Entnahme von Lebersegmenten in den Bereich der Ent-

II. Familienrechtliche Beziehung zwischen Spender und Empfänger

Zulässig ist die Übertragung sich nicht wieder bildender Organe auf Verwandte ersten oder zweiten Grades, Ehegatten oder Verlobte. Dabei wird auf die familienrechtliche Beziehung zwischen Spender und Empfänger abgestellt.

1) Verwandtschaft ersten oder zweiten Grades

Die Verwandtschaft richtet sich nach § 1589 BGB. Verwandt sind danach Personen, deren eine von der anderen abstammt (Verwandtschaft in gerader Linie) oder die von derselben dritten Person abstammen (Verwandtschaft in Seitenlinie). Der Grad der Verwandtschaft wird durch die Zahl der sie vermittelnden Geburten bestimmt.[316]

Grundlage der verwandtschaftlichen Rechtsbeziehung ist damit grundsätzlich die Blutsverwandtschaft.[317] Der Ehelichkeit oder Nichtehelichkeit der Geburt kommt für die Verwandtschaft keine Bedeutung zu.[318]

---

nahme sich nicht wieder bildender Organteile fällt, weil sich zwar der verbleibende Teil der Leber vergrößere und den Gewebsverlust ausgleiche, die Lebersegmente des entnommenen Teils aber nicht nachwachsen. Dem ist nicht zuzustimmen. Aus medizinischer Sicht handelt es sich bei der Leber um ein regenerierbares Organ. Im Rahmen des § 8 Abs. 1 S. 2 TPG kann es nur darauf ankommen, daß die Leber den erfolgten Substanzverlust durch Regeneration wieder ausgleicht und die volle Organfunktion wieder erreicht. Erfaßt werden soll nach Sinn und Zweck ersichtlich nur der nicht durch Neubildung kompensierte Substanzverlust von Organen und Organteilen. Im Ergebnis ebenso Gutmann/Schroth, Lebendorganspende, S. 18 f.. Soweit Gutmann/Schroth, Lebendorganspende, S. 19 dieses Ergebnis als absurd im Hinblick darauf, daß das Risiko der Entnahme eines Lebersegments höher ist als das einer Niere und die Spende eines Lebersegments trotzdem nicht unter § 8 Abs. 1 S. 2 TPG fällt, kritisieren, läßt sich dem entgegenhalten, daß die Regelung sinnvoll und widerspruchsfrei ist, wenn auf die Risiken des endgültigen und nicht kompensierten Organverlustes abgestellt wird und das Operationsrisiko nur im Rahmen des § 8 Abs. 1 S. 1 Nr. 1c) TPG erfaßt wird.

[316] Zur Zählweise vgl. Rauscher, in: Staudinger, BGB, § 1589 Rn. 10.

[317] Rauscher, in: Staudinger, BGB, § 1589 Rn. 2.

[318] Diederichsen, in: Palandt, BGB, § 1589 Rn. 2; Rauscher, in: Staudinger, BGB, § 1589 Rn. 5.

Daraus ergibt sich:

Verwandt in gerader Linie im ersten Grad sind Eltern und Kinder, im zweiten Grad Großeltern und Enkel. In Seitenlinie im zweiten Grad verwandt sind Geschwister, die wenigstens einen Elternteil gemeinsam haben; eine Differenzierung nach Voll- oder Halbbürtigkeit erfolgt nicht. Eine Verwandtschaft ersten Grades gibt es in Seitenlinie nicht, da eine Verbindung über einen Stammelternteil bestehen muß.

Eine Verwandtschaft kann sich auch durch Adoption ergeben. Bei der Annahme Minderjähriger als Kind gilt der Grundsatz der Volladoption.[319] Der Angenommene erhält damit die rechtliche Stellung eines Kindes des Annehmenden und wird in jeder Hinsicht wie ein leibliches Kind in die Familie des Annehmenden aufgenommen. Es treten alle Folgen des Eltern-Kind-Verhältnisses ein.[320] Das Kind und seine Abkömmlinge treten gegenüber dem Annehmenden und auch seinen Verwandten in die vollen verwandtschaftsrechtlichen Beziehungen ein.[321] Die Adoption begründet also ein gesetzliches Verwandtschaftsverhältnis; Grundlage ist damit nicht die Blutsverwandtschaft.

Daraus folgt, daß das adoptierte Kind mit dem Annehmenden in gerader Linie im ersten Grad verwandt ist; mit den Eltern des Annehmenden ist es in gerader Linie im zweiten Grade verwandt. Die Kinder des adoptierten Kindes sind mit dem Annehmenden in gerader Linie im zweiten Grade verwandt. Mit den Kindern des Annehmenden ist das adoptierte Kind in Seitenlinie im zweiten Grade verwandt.

Bei der Annahme Volljähriger erstrecken sich dagegen gemäß § 1770 Abs. 1 S. 1 BGB die Wirkungen der Annahme nicht auf die Verwandten des Annehmenden. Der Angenommene und seine Abkömmlinge sind daher nur mit dem Annehmenden verwandt. Der Adoptierte ist dann mit dem Annehmenden in gerader Linie im ersten Grad verwandt, seine Kinder mit dem Annehmenden in gerader Linie im zweiten Grade. Unter den Voraussetzungen des § 1772 Abs. 1 BGB kann

---

[319] Schwab, Familienrecht, Rn. 698; Diederichsen, in: Palandt, BGB, Einf v § 1741 Rn. 2.

[320] Schwab, Familienrecht, Rn. 714; Diederichsen, in: Palandt, BGB, § 1754 Rn. 1.

[321] Schwab, Familienrecht, Rn. 715.

die Adoption Volljähriger aber ebenfalls die Wirkungen der Volladoption haben.

2) *Ehegatten und Verlobte*

Unter Ehegatten sind die zwei Personen zu verstehen, die nach den bürgerlich-rechtlichen Vorschriften die Ehe miteinander geschlossen haben.[322] Im Rahmen des Transplantationsgesetzes muß Voraussetzung sein, daß eine gültige Ehe vorliegt, es sich also nicht um eine absolute Nichtehe handelt.[323] Außerdem muß die Ehe noch bestehen, sie darf nicht durch Urteil geschieden[324] oder aufgehoben[325] sein. Daß es sich um eine bestehende Ehe handeln muß, ergibt sich aus dem Wortlaut des § 8 Abs. 1 S. 2 TPG, der nur Ehegatten aufführt und daraus, daß nicht - wie bei dem Angehörigenbegriff des § 11 Abs. 1 Nr. 1a) StGB - auch eine nicht mehr bestehende Ehe einbezogen worden ist.

Unter Verlöbnis versteht man das gegenseitige Versprechen von Mann und Frau, künftig die Ehe miteinander eingehen zu wollen und das mit diesem Versprechen begründete Rechtsverhältnis unter den beiden Personen.[326] Die Verlobten sind demnach die Personen, die sich das Eheversprechen gegeben haben. Auch hier muß das Verlöbnis wirksam sein und noch bestehen.[327]

---

[322] Zur Eheschließung vgl. §§ 1310 ff. BGB.

[323] Vgl. zur Nichtehe Schwab, Familienrecht, Rn. 51; Diederichsen, in: Palandt, BGB, Einf § 1313 Rn. 2.

[324] Vgl. zur Ehescheidung §§ 1564 ff. BGB.

[325] Vgl. zur Eheaufhebung §§ 1313 ff. BGB.

[326] Schwab, Familienrecht, Rn. 30; Diederichsen, in: Palandt, BGB, Einf § 1297 Rn. 1.

[327] Die Voraussetzungen der Wirksamkeit des Verlöbnisses sind bei Minderjährigen umstritten, vgl. Gernhuber/Coester-Waltjen, Familienrecht, § 8 I 5 einerseits und Diederichsen, in: Palandt, BGB, Einf § 1297 Rn. 1 andererseits jeweils m.w.N.. Zu beachten ist, daß wegen § 8 Abs. 1 S. 1 Nr. 1a) TPG ein minderjähriger Verlobter auf keinen Fall als Lebendspender eines Organs, sondern ausschließlich als Empfänger in Betracht kommt.

III. Personen, die sich in besonderer persönlicher Verbundenheit offenkundig nahestehen

1) Einleitung

Die Entnahme sich nicht wieder bildender Organe ist darüber hinaus zur Übertragung auf Personen zulässig, die dem Spender in besonderer persönlicher Verbundenheit offenkundig nahestehen. Mit dieser Erweiterung des Empfängerkreises auf persönlich besonders verbundene Personen wird der Empfängerkreis über die in familienrechtlicher Beziehung stehenden Personen hinaus ausgedehnt.

Auslegungsbedürftig ist, was unter „Personen, die dem Spender in besonderer persönlicher Verbundenheit offenkundig nahestehen", zu verstehen ist. Zunächst läßt sich feststellen, daß das Gesetz hierfür drei Voraussetzungen aufstellt. Es muß (1) eine besondere persönliche Verbundenheit zwischen Spender und Empfänger bestehen, diese muß (2) offenkundig sein und (3) Spender und Empfänger müssen sich in dieser Beziehung nahestehen. Entscheidend kommt es folglich auf die Art der Beziehung zwischen Spender und Empfänger an.[328]

2) Auslegungshinweise in der Gesetzesbegründung

Eine allgemeine Definition der besonderen persönlichen Nähebeziehung zwischen Spender und Empfänger durch den Gesetzgeber ist nicht erfolgt. Der Gesetzgeber hat in der Gesetzesbegründung lediglich ein Beispiel für dieses Verhältnis angeführt. Eine besondere persönliche Verbundenheit kann danach zwischen den Partnern einer auf Dauer angelegten, also nicht nur befristeten oder zufälligen, häuslichen Lebensgemeinschaft bestehen. Der Gesetzgeber vermutet, daß Grundlage einer solchen Verbindung in der Regel eine gemeinsame Lebensplanung mit innerer Bindung sein wird.[329] Mit dieser Formulierung hat er die nichteheliche Lebensgemeinschaft gemeint.[330]

---

[328] Schroth, MedR 1999, 67 (68).

[329] Begründung zu § 7 Abs. 1 S. 2 E-TPG, BT-Drs. 13/4355, S. 20 f..

[330] Ebenso Heuer/Conrads, MedR 1997, 195 (201); Schroth, MedR 1999, 67 (68).

Andererseits hat der Gesetzgeber selbst gesehen, daß eine häusliche Gemeinschaft ihre Grundlage nicht in jedem Fall in einer gemeinsamen Lebensplanung mit innerer Bindung hat. So gibt es auch nicht zufällige und nicht befristete ökonomisch motivierte Zweckwohngemeinschaften, zum Beispiel studentische Wohngemeinschaften. Hier soll sich aber aus der häuslichen Gemeinschaft keine innere Bindung ableiten lassen.[331] Hinsichtlich der häuslichen Gemeinschaft als Anzeichen einer inneren Bindung ist der Gesetzgeber zu einer weiteren Einschränkung gezwungen. So räumt er ein, daß es eine enge persönliche Verbundenheit auch zwischen in räumlicher Trennung lebenden Personen geben kann. In diesem Fall soll sich die Verbundenheit anhand anderer offenkundiger Tatsachen wie zum Beispiel einem engen persönlichen Freundschaftsverhältnis mit häufigen engen persönlichen Kontakten über einen längeren Zeitraum erweisen.[332]

Verallgemeinernd stellt der Gesetzgeber fest, daß die Motivation des Spenders sich aus einem innerlich akzeptierten Gefühl der sittlichen Pflicht, das aus der persönlichen Verbundenheit erwächst, ergeben soll.[333] Weiterhin geht der Gesetzgeber davon aus, daß die enge persönliche Beziehung der Verwandtschaft vergleichbar sein soll.[334] Diese wurde als beste Gewähr für die Sicherung der Freiwilligkeit der Spende und als geeignetes Mittel zur Verhinderung eines verdeckten Organhandels angesehen.

Zuzustimmen ist dem Gesetzgeber, daß bei einer nichtehelichen Lebensgemeinschaft eine besondere persönliche Verbundenheit zwischen den Partnern der Beziehung vorliegt. Dies ist überzeugend, weil die nichteheliche Lebensgemeinschaft als auf Dauer angelegtes partnerschaftliches Zusammenleben zweier Personen funktional weitest-

---

[331] Begründung zu § 7 Abs. 1 S. 2 E-TPG, BT-Drs. 13/4355, S. 21.

[332] Begründung zu § 7 Abs. 1 S. 2 E-TPG, BT-Drs. 13/4355, S. 21.

[333] Begründung zu § 7 Abs. 1 S. 2 E-TPG, BT-Drs. 13/4355, S. 21. Die Streichung des „und sittlicher" in § 8 Abs. 1 S. 2 TPG bedeutet nicht, daß der Gesetzgeber dem Sittlichen der Verbundenheit keine Bedeutung mehr beimessen wollte; er hält es bereits durch die Formulierung „in besonderer persönlicher Verbundenheit" für eingeschlossen, vgl. Begründung zu § 7 Abs. 1 E-TPG, BT-Drs. 13/8017, S. 42. Insoweit behalten die Ausführungen in der Gesetzesbegründung ihre Bedeutung.

[334] Begründung zu § 7 Abs. 1 S. 2 E-TPG, BT-Drs. 13/4355, S. 20.

gehend der Ehe entspricht und eine entsprechende persönliche Beziehung besteht. Eine enge Partnerschaft in einer nichtehelichen Beziehung ist auch nicht generell niedriger einzuschätzen als verwandtschaftliche Beziehungen.[335] Eine unterschiedliche Behandlung wäre deshalb nicht gerechtfertigt.

Richtig ist auch die Ansicht des Gesetzgebers, daß bei einer vorwiegend rationalen, durch vermögenswerte Vorteile bestimmten Beziehung keine persönliche Verbundenheit vorliegt.[336]

Darüber hinaus sind die Ausführungen des Gesetzgebers verfehlt. Das Kriterium der häuslichen Gemeinschaft ist für sich allein ungeeignet, um eine Eingrenzung der persönlichen Verbundenheit zu leisten. Von dem Vorliegen einer häuslichen Gemeinschaft läßt sich wegen der Existenz ökonomisch motivierter Zweckwohngemeinschaften weder notwendig auf das Bestehen einer besonderen persönlichen Verbundenheit schließen noch ist bei dem Fehlen einer häuslichen Gemeinschaft eine persönliche Verbundenheit zwangsläufig ausgeschlossen. Den begrenzten Wert dieses Kriteriums hat der Gesetzgeber selber gesehen. Damit verliert aber auch die Vermutung, daß eine häusliche Gemeinschaft ihre Grundlage in einer gemeinsamen Lebensplanung hat und eine besondere persönliche Verbundenheit begründet, ihre Aussagekraft. Im Rahmen des § 8 Abs. 1 S. 2 TPG ist es deshalb auch bei Vorliegen einer häuslichen Gemeinschaft immer erforderlich festzustellen, welche Motivation der häuslichen Gemeinschaft im Einzelfall zugrunde liegt.

Bei räumlicher Trennung soll sich die enge persönliche Verbundenheit nach dem Willen des Gesetzgebers anhand anderer offenkundiger Tatsachen wie zum Beispiel einem engen Freundschaftsverhältnis mit häufigen engen Kontakten über einen längeren Zeitraum erweisen. Wann aber ein enges Freundschaftsverhältnis besteht und die Kontakte enge persönliche Kontakte sind, läßt sich anhand offenkundiger Tatsachen nicht feststellen. Nicht jeder häufige persönliche Kontakt ist ein enger persönlicher Kontakt und Ausdruck einer Freundschaft. Allein aus der offenkundigen Tatsache der Anzahl der Kontakte läßt

---

[335] Heuer/Conrads, MedR 1997, 195 (201).
[336] Ebenso Gutmann, Ausschuß-Drs. 591/13, 33 (35).

sich deshalb nicht ohne Erforschung der zugrundeliegenden Motivation auf eine enge persönliche Verbundenheit schließen. Richtig dürfte es aber sein, das Fehlen von häufigen persönlichen Kontakten als Indiz gegen das Vorliegen einer engen persönlichen Verbundenheit anzusehen.

Damit zeigt sich, daß die Art der emotionalen Beziehung als entscheidendes Kriterium für die besondere persönliche Verbundenheit nicht ohne weiteres aus bestimmten objektiven Tatsachen gefolgert werden kann: Das emotionale Verhältnis zweier Personen, das Persönliche der Beziehung entzieht sich der Offenkundigkeit; was aber an offenkundigen Tatsachen vorhandenen ist, ist wegen der verschiedenen möglichen zugrundeliegenden Motivationen nicht aussagekräftig.

Von nur begrenztem Wert ist der Hinweis, daß die enge persönliche Beziehung der Verwandtschaft vergleichbar sein soll. Die Verwandtschaft ist eine familienrechtliche Beziehung, die enge persönliche Verbundenheit beruht dagegen auf der emotionalen Beziehung der beteiligten Personen. Die verwandtschaftliche Beziehung ist als rechtlich fundierte Beziehung von der emotionalen Qualität völlig unabhängig. So kann es zwar sein, daß zwischen Eltern und Kindern ein besonderes Zusammengehörigkeitsgefühl besteht, zwangsläufig ist dies aber nicht und für das Bestehen der Verwandtschaft auch ohne Bedeutung. Aus der Verwandtschaft kann deshalb nicht auf eine bestimmte emotionale Qualität der Beziehung geschlossen werden. Nur bei idealtypischer Betrachtung kann davon ausgegangen werden, daß innerhalb einer Familie ein besonderes Solidaritäts- und Zusammengehörigkeitsgefühl existiert, die Familienmitglieder für einander einstehen und Verantwortung übernehmen.

Verfehlt ist die Ansicht des Gesetzgebers, daß die Motivation des Spenders in einem aus der persönlichen Verbundenheit erwachsenden, innerlich akzeptierten Gefühl der sittlichen Pflicht liegen soll. Zunächst gibt es keine sittliche Pflicht, als Lebender einer anderen Person ein Organ zu spenden.[337] Zum anderen ist es nicht akzeptabel, wenn eine Spende deswegen unzulässig wäre, weil das Motiv des

---

[337] Vgl. Gutmann, MedR 1997, 147 (150).

Spenders nicht eine empfundene sittliche Pflicht, sondern reiner Altruismus ist.[338]

Der Gesetzesbegründung läßt sich folglich nur entnehmen, daß eine nichteheliche Lebensgemeinschaft eine besondere persönliche Verbundenheit begründet, eine durch vermögenswerte Vorteile bestimmte Beziehung sie dagegen ausschließt. Außerdem läßt sich feststellen, daß an die enge persönliche Verbundenheit strenge Anforderungen zu stellen sind.

3) Auslegung

a) Besondere persönliche Verbundenheit

Bei der Auslegung ist zunächst von der Bedeutung des Begriffs der Verbundenheit auszugehen. Unter Verbundenheit ist das Gefühl zweier Personen zu verstehen, miteinander verbunden zu sein. Aus diesem Gefühl der Verbundenheit muß sich ein Zusammengehörigkeitsgefühl ergeben. Dieses wird zur Folge haben, daß die beiden Personen sich einander zwischenmenschlich verpflichtet fühlen und für einander wechselseitig einstehen. Dieses Gefühl muß auf Gegenseitigkeit beruhen und bei beiden vorliegen.[339]

Persönlich bedeutet, daß das Zusammengehörigkeitsgefühl seinen Ursprung im zwischenmenschlichen Bereich haben muß. Der persönliche Charakter muß die Beziehung bestimmen. Dies schließt ein Gefühl der Verpflichtung aus ökonomischen Gründen aus. Nicht ausreichend ist auch ein lediglich sympathiegetragener gesellschaftlicher Umgang. Ebensowenig reicht eine Verbundenheit außerhalb des zwischenmenschlichen Bereichs aus, wie sie zum Beispiel bei Arbeitskollegen besteht, da sie sich auf einen bestimmten Lebensbereich beschränkt und kein umfassendes Zusammengehörigkeitsgefühl begründet.

---

[338] Schreiber, Ausschuß-Drs. 618/13, 6 (7 f.).

[339] Auch bei der nahestehenden Person im Rahmen des ähnlichen § 35 StGB ist es erforderlich, daß die Beziehung beiderseitig ist, vgl. Roxin, AT, § 22 Rn. 31; Lenckner, in: Schönke/Schröder, StGB, § 35 Rn. 15.

Besonders bringt zum Ausdruck, daß an das Bestehen der persönlichen Verbundenheit strenge Anforderungen zu stellen sind. Notwendig ist deshalb ein über das normale Maß hinausgehendes Zusammengehörigkeitsgefühl. Um ein derartiges Zusammengehörigkeitsgefühl entstehen zu lassen, wird eine längere Dauer der Beziehung erforderlich sein. Die Beziehung muß in einer gemeinsamen biographischen Entwicklung gründen.[340] Diese Bedingungen werden nur bei engen und bewährten Freundschaften gegeben sein. Lose Freundschaften oder gar Bekanntschaften genügen dem keinesfalls. Aus der gesetzgeberischen Gleichstellung der besonderen persönlichen Verbundenheit mit Ehe und Verlöbnis ergibt sich, daß die Beziehung zwischen den beiden Personen auf Dauer angelegt sein muß.[341]

Aus der Gleichstellung mit einer verwandtschaftlichen Beziehung läßt sich soviel entnehmen, daß es - wie es idealerweise bei der Verwandtschaft ersten oder zweiten Grades sein sollte - ein ausgeprägtes Zusammengehörigkeitsgefühl mit dem Willen des Einstehens für einander geben muß. Aus dem Zusammenhang mit Ehe und Verlöbnis kann weiterhin der Schluß gezogen werden, daß es sich bei der persönlichen Beziehung der Art nach um eine auf Dauer angelegte Beistands- und Einstehungsgemeinschaft und nicht um eine bloße Begegnungsgemeinschaft handeln muß.

Aus dem gesetzgeberischen Beispiel der nichtehelichen Lebensgemeinschaft darf allerdings nicht der Schluß gezogen werden, daß in jedem Fall eine gemeinsame Lebensplanung mit innerer Bindung notwendig ist. Zum einen wäre dann die nichteheliche Lebensgemeinschaft praktisch der einzige Anwendungsfall und nicht nur ein Beispiel für eine besondere persönliche Verbundenheit. Damit wären auch engste Freundschaften, Schwägerschaften usw. ausgeschlossen.

---

[340] In diesem Sinne Schroth, MedR 1999, 67.

[341] Esser, in: Höfling, Transplantationsgesetz, § 8 Rn. 79 setzt für die Mindestdauer der Beziehung im Regelfall eine Zeitspanne von mindestens einem halben Jahr an. Diese regelmäßige Mindestfrist der Beziehungsdauer läßt sich nicht nachvollziehbar begründen. Gegen eine bestimmte Mindestdauer Nickel/Schmidt-Preisigke/Sengler, Transplantationsgesetz, Erl. § 8 Rn. 16 f.; Koch, in: Kirste, Nieren-Lebendspende, S. 49 (52); Schreiber, in: Kirste, Nieren-Lebendspende, S. 33 (40); Gutmann/Schroth, Organlebendspende, S. 8.

In diesem Fall hätte der Gesetzgeber die nichteheliche Lebensgemeinschaft gleich ausdrücklich in das Gesetz aufnehmen können. Zum anderen steht dem der Vergleich mit der Verwandtschaft entgegen, bei der typischerweise keine gemeinsame Lebensplanung besteht. Die Forderung nach einer gemeinsamen Lebensplanung würde den Anwendungsbereich unangemessen einschränken.[342]

Zur Bestimmung des Vorliegens einer besonderen persönlichen Verbundenheit kann dagegen nicht ohne weiteres auf den psychologischen Fachterminus der engen persönlichen Beziehung zurückgegriffen werden.[343] Denn den psychologischen Fachterminus der engen persönlichen Beziehung hat der Gesetzgeber der Vorschrift des § 8 Abs. 1 S. 2 TPG gerade nicht als Rechtsbegriff zugrunde gelegt.

Es stellt sich weiter die Frage, ob die besondere persönliche Verbundenheit unabhängig von einer möglichen Lebendspende entstanden sein muß oder ob auch eine aus Anlaß der Lebendspende entstandene Verbundenheit den gesetzlichen Anforderungen genügt. In § 8 Abs. 1 S. 2 TPG ist weder ein bestimmter Anlaß noch ein besonderer Grund für die entstandene besondere persönliche Verbundenheit vorausgesetzt. Dem Gesetz ist daher nicht zu entnehmen, daß sich die besondere persönliche Verbundenheit unabhängig von einer möglichen Lebendspende entwickelt haben muß.[344]

Allerdings zeigen Gesetzeswortlaut und Gesetzesbegründung, daß der Gesetzgeber grundsätzlich von einer bereits bestehenden Beziehung zwischen Spender und Empfänger ausgegangen ist. Es ist aber kein Grund ersichtlich, daß eine – wenn auch aus Anlaß einer Lebendspende – tatsächlich entstandene besondere persönliche Verbundenheit ausgeschlossen wird. Das Problem wird hier vielmehr darin liegen festzustellen, ob bei dieser anlaßbezogenen Beziehung überhaupt eine

---

[342] Gegen das Erfordernis einer gemeinsamen Lebensplanung auch Gutmann/Schroth, Organlebendspende, S. 8 mit der Begründung, daß sich dieses Erfordernis nicht aus dem Gesetz ergibt und daher bedeutungslos ist.

[343] So aber Bock, Organentnahme, S. 121; ähnlich Gutmann, MedR 1997, 147 (149).

[344] Ebenso LSG NRW NWVBl 2001, 401 (410); Nickel/Schmidt-Preisigke/Sengler, Transplantationsgesetz, Erl. § 8 Rn. 17.

besondere persönliche Verbundenheit besteht. Die besondere persönliche Verbundenheit besteht jedenfalls nicht, wenn sich die Beziehung in dem Vollzug der Lebendspende erschöpft und nach diesem Zeitpunkt nicht weiter fortgesetzt werden soll. Es fehlt dann daran, daß die persönliche Beziehung auf Dauer angelegt ist. Im übrigen werden die Merkmale der Beistands- und Einstehungsgemeinschaft und der intendierten Dauer der Beziehung besonders sorgfältig zu prüfen sein.[345]

b) Offenkundigkeit

Nach dem Wortlaut des Gesetzes müssen sich Spender und Empfänger in der besonderen persönlichen Verbundenheit offenkundig nahestehen.

Die Nähebeziehung soll sich anhand offenkundiger Tatsachen erweisen.[346] Offenkundig ist eine Tatsache, wenn sie eindeutig erkennbar ist. Die Nähebeziehung muß sich daher anhand von eindeutig erkennbaren Tatsachen nach außen manifestieren.

Zunächst stellt sich hier die Frage, für wen die besondere persönliche Verbundenheit offenkundig sein muß. In Betracht kommen die Allgemeinheit, der behandelnde Arzt, die Kommission nach § 8 Abs. 3 TPG oder der Richter, der den Fall im Hinblick auf eine Strafbarkeit nach § 19 Abs. 2 TPG zu beurteilen hat. Angesichts der restriktiven Einstellung des Gesetzgebers hinsichtlich der Zulässigkeit der Lebendorganspende könnte die Offenkundigkeit für jedermann als strengste Anforderung angenommen werden.[347] Allerdings obliegt dem behandelnden Arzt die Beurteilung, ob die Voraussetzungen der Zulässigkeit einer Lebendspende vorliegen. Dies muß auch für die Offenkundigkeit gelten.

Problematischer ist das Merkmal der Offenkundigkeit in anderer Hinsicht. Was eine enge persönliche Beziehung ausmacht, ist - wie oben

---

[345] Nickel/Schmidt-Preisigke/Sengler, Transplantationsgesetz, Erl. § 8 Rn. 17 f..

[346] Begründung zu § 7 Abs. 1 S. 2 E-TPG, BT-Drs. 13/4355, S. 21.

[347] So stellt Schroth, MedR 1999, 67 auf die Ersichtlichkeit oder Erkennbarkeit für jeden ab. Ebenso LSG NRW NWVBl 2001, 401 (410) und wohl Esser, in: Höfling, Transplantationsgesetz, § 8 Rn. 80.

dargelegt - gerade nicht offensichtlich und entzieht sich der Feststellung anhand objektiver, nach außen sichtbarer Kriterien. Das Persönliche einer Beziehung ist eben nicht offenkundig. Es wird immer eine Bewertung der die Beziehung beherrschenden Motive erforderlich sein. Äußerliche Tatsachen werden erst durch die zugrundeliegende Motivation zu einem Anzeichen einer besonderen persönlichen Beziehung.

Daher kann nicht von den äußeren Tatsachen auf die Art der Beziehung geschlossen werden, sondern umgekehrt macht erst die Bewertung der inneren Einstellung die äußerlich sichtbaren Fakten zu Anzeichen einer besonderen persönlichen Beziehung. Von äußerlich sichtbaren Tatsachen auf die Art der emotionalen Beziehung zu schließen verkehrt deshalb die Argumentation. Diesen Tatsachen kann daher lediglich indizielle Bedeutung zukommen, indem sie andere Anhaltspunkte für das Vorliegen einer besonderen persönlichen Verbundenheit bestätigen und erhärten.[348]

Im übrigen hat der Gesetzgeber bei der häuslichen Lebensgemeinschaft selbst gesehen, daß der Schluß von der äußerlich sichtbaren Tatsache auf die Art der Beziehung nicht zwingend ist. Daraus hat er allerdings nicht die Konsequenz gezogen, auf dieses verfehlte Merkmal zu verzichten. Insoweit hat er nicht auf die im Gesetzgebungsverfahren und in der Literatur geäußerte Kritik an diesem problematischen Merkmal reagiert.[349]

Zweck des Merkmals der Offenkundigkeit soll es wohl sein, weitere Ermittlungen über das Nahestehen zu vermeiden.[350] Dies kann es jedoch nicht leisten. Aus dem verfehlten Merkmal der Offenkundigkeit wird man daher nur ableiten können, daß der Gesetzgeber strenge An-

---

[348] Dies spricht auch gegen die von Nickel/Schmidt-Preisigke/Sengler, Transplantationsgesetz, Erl. § 8 Rn. 24 vertretene Auffassung, Offenkundigkeit erfordere, daß die besondere persönliche Verbundenheit bei näherer Betrachtung zweifelsfrei (für wen?) sei und sich auf eine Weise manifestiere, die sie einleuchtend sein lasse.

[349] Gutmann, MedR 1997, 147 (149); Heuer/Conrads, MedR 1997, 195 (201); Schreiber, Ausschuß-Drs. 618/13, 6 (8).

[350] So Schreiber, Ausschuß-Drs. 618/13, 6 (8).

forderungen an das Vorliegen einer besonderen persönlichen Verbundenheit stellen wollte, sich deren Vorliegen im Sinne von unmittelbarer Einsichtigkeit geradezu aufdrängen soll.

c) Nahestehen in dieser Beziehung

§ 8 Abs. 1 S. 2 TPG verlangt, daß Spender und Empfänger sich in der besonderen persönlichen Verbundenheit nahestehen. Damit wird nochmals darauf hingewiesen, daß zwischen Spender und Empfänger ein sich aus der persönlichen Verbundenheit ergebendes Näheverhältnis bestehen muß. Das Nahestehen impliziert dabei, daß es sich um eine positive Beziehung handeln muß. Aus dem Erfordernis des Nahestehens ergibt sich auch, daß diese Beziehung im relevanten Zeitpunkt der Organentnahme noch bestehen muß.

d) Zusammenfassung

Eine besondere persönliche Verbundenheit besteht zwischen zwei Personen, wenn zwischen ihnen intensive Zusammengehörigkeitsgefühle und das Gefühl gegenseitiger Verantwortung existieren. Die Beziehung muß im zwischenmenschlichen Bereich wurzeln, ökonomische Motive sind ausgeschlossen. Es muß sich um eine Einstehungs- und Beistandsgemeinschaft handeln. Zu der besonderen Intensität der Beziehung gehört, daß sie über einen nicht unerheblichen Zeitraum gewachsen ist. Die Beziehung muß auf Dauer angelegt sein.

Bei der Beurteilung der Beziehung kann äußeren Lebensverhältnissen wie häuslicher Lebensgemeinschaft und häufigen persönlichen Kontakten eine indizielle Bedeutung zukommen. Eine indizielle Bedeutung können daneben auch institutionalisierte Beziehungen zwischen Spender und Empfänger wie Schwägerschaft oder Patenschaft haben. Diese äußeren Tatsachen können aber die Feststellung der Art der emotionalen Beziehung nicht ersetzen.

Eine besondere persönliche Verbundenheit ist bei einer nichtehelichen Lebensgemeinschaft gegeben; sie fehlt bei ökonomisch motivierten Beziehungen und zwischen einander unbekannten Personen. In den übrigen Fällen ist die Entscheidung im Einzelfall zu treffen. Dabei werden die Äußerungen der Beteiligten das entscheidende Mittel zur Feststellung der Art der Beziehung sein.

4) Besondere Spender-Empfänger-Konstellationen

a) Homosexuelle Lebensgemeinschaft

Zu klären ist, ob eine homosexuelle Lebensgemeinschaft eine besondere persönliche Verbundenheit begründen kann.[351] Sofern bei der homosexuellen Lebensgemeinschaft eine gemeinsame Lebensplanung mit innerer Bindung vorhanden ist, ist diese Frage wie bei der nichtehelichen Lebensgemeinschaft zu entscheiden. In diesem Fall erfüllt auch die homosexuelle Lebensgemeinschaft als auf Dauer angelegtes partnerschaftliches Zusammenleben in vielen Bereichen die gleichen Funktionen wie eine nichteheliche Lebensgemeinschaft. Die Qualität der emotionalen Beziehung zwischen den partnerschaftlich verbundenen Personen wird vergleichbar sein. Zwischen ihnen wird ebenfalls eine Einstehungs- und Beistandsgemeinschaft bestehen. Da § 8 Abs. 1 S. 2 TPG auf die Art der emotionalen Beziehung abstellt, ist insoweit kein Grund zur Differenzierung ersichtlich.

Der Aspekt der Gleichgeschlechtlichkeit kann eine unterschiedliche Bewertung jedenfalls nicht rechtfertigen. Zum einen schützt Art. 2 Abs. 1 i.V.m. Art. 1 Abs. 1 GG die eigene Einstellung zum Geschlechtlichen[352] und zum anderen stehen gleichgeschlechtliche Partnerschaften verfassungsrechtlich unter dem Schutz von Art. 2 Abs. 1

---

[351] Klärungsbedarf besteht nur noch insoweit, als die Partner der gleichgeschlechtlichen Lebensgemeinschaft nicht eine Lebenspartnerschaft im Sinne des Gesetzes über die Eingetragene Lebenspartnerschaft (Lebenspartnerschaftsgesetz – LPartG) vom 16. Februar 2001 (BGBl. I S. 266) begründet haben. Soweit eine Lebenspartnerschaft begründet wurde, ergibt sich die Zulässigkeit der Entnahme sich nicht wieder bildender Organe nunmehr bereits unmittelbar aus dem Gesetz. Durch Art. 3 § 7 Nr. 2 des Gesetzes zur Beendigung der Diskriminierung gleichgeschlechtlicher Gemeinschaften: Lebenspartnerschaften vom 16. Februar 2001 (BGBl. I S.266) wurde in § 8 Abs. 1 S. 2 TPG hinter das Wort „Ehegatten" das Wort „Lebenspartner" eingefügt.

[352] BVerfGE 47, 46 (73); Murswiek, in: Sachs, GG, Art. 2 Rn. 69.

GG, sie sind ohne weiteres zulässig[353]. Entscheidend ist aber, daß § 8 Abs. 1 S. 2 TPG mit der besonderen persönlichen Verbundenheit ausschließlich auf die Art der emotionalen Beziehung als relevantes Kriterium abstellt. Das Geschlecht von Spender und Empfänger hat deshalb keine Bedeutung. Zwischen den Partnern einer homosexuellen Lebensgemeinschaft ist folglich grundsätzlich von dem Bestehen einer besonderen persönlichen Verbundenheit auszugehen.[354]

b) Überkreuz-Lebendspende

Einen weiteren problematischen Fall stellt die Überkreuz-Lebendspende[355] dar. Ausgangspunkt ist in dieser Konstellation, daß eine Person seinem erkrankten Ehegatten ein Organ zu Lebzeiten spenden will. Die Transplantation des Organs auf den Ehegatten ist jedoch aus medizinischen Gründen, zum Beispiel wegen einer Blutgruppenunverträglichkeit, ausgeschlossen. Deshalb wird ein anderes Ehepaar gesucht, das sich in derselben Situation befindet. Dabei müssen jeweils die medizinischen Voraussetzungen der Organübertragung von dem Ehegatten der einen Ehe auf den erkrankten Ehegatten der anderen Ehe vorliegen. Dann spenden die gesunden Ehegatten wechselseitig für den erkrankten Ehegatten der anderen Ehe. Die Spende zwischen den Ehepaaren erfolgt somit praktisch über Kreuz.

In diesem Fall werden die Ehepaare regelmäßig einander unbekannt sein und sich erst über die Suche zum Zwecke der Spende kennenlernen. Organspender und Organempfänger sind deshalb einander fremd. Es bestehen keine persönlichen Beziehungen zwischen Spender und Empfänger, die eine besondere persönliche Verbundenheit begründen können.

---

[353] Pieroth/Schlink, Grundrechte, Rn. 640; Gröschner, in: Dreier, GG, Art. 6 Rn. 32.
[354] Im Ergebnis ebenso Nickel/Schmidt-Preisigke/Sengler, Transplantationsgesetz, Erl. § 8 Rn. 16; Esser, in: Höfling, Transplantationsgesetz, § 8 Rn. 81.
[355] Die Überkreuz-Lebendspende wird auch als Cross-Spende und Cross-Over-Spende bezeichnet.

aa) Ansicht in der Literatur

Gleichwohl wird in der Literatur die Ansicht vertreten, daß sich die Spender-Empfänger-Paare in besonderer persönlicher Verbundenheit offenkundig nahestehen.

Begründet wird diese Ansicht mit folgender Argumentation: „Bereits die allgemeine Lebenserfahrung belegt, daß sich zwei Menschen mit dem gleichen elementaren, den täglichen Lebensrhythmus beherrschenden Leiden auf Anhieb einander verbunden fühlen. Der Austausch sehr persönlicher eigener Erfahrungen im Umgang mit der Krankheit sowie das Erörtern von Möglichkeiten, mit den stetigen Entbehrungen und Einschränkungen zurechtzukommen, bringt die Betroffenen dazu, sich einander sehr rasch zu öffnen. Da gleiches Leid verbindet, wie es schon das Wort „Sympathie" aufgrund seiner sprachlichen Wurzel ausdrückt, können zwei „Leidensgenossen" schon kurz nach ihrem ersten Zusammentreffen ein inniges Verhältnis zueinander aufgebaut haben. Dies gilt erst recht dann, wenn sich zwei Ehepaare in der noch selteneren Situation befinden, daß sie aus denselben medizinischen Gründen von dem Schritt abgehalten werden, durch den sie zu einem Leben in weitgehender Normalität zurückfinden könnten. Eine besondere persönliche Verbundenheit der beiden Ehepaare ist auf dieser Grundlage leicht nachvollziehbar. Die im Vorfeld einer Überkreuz-Lebendspende entstehende zwar junge, aber enge Beziehung zwischen vier Menschen kann daher als „offenkundig" im Sinne von „jedermann einleuchtend" bezeichnet werden. Es ist daher nicht ausgeschlossen, sondern vielmehr im Regelfall zu erwarten, daß auch bei einer Überkreuz-Lebendspende das Merkmal des in besonderer persönlicher Verbundenheit offenkundig Nahestehens aus § 8 Abs. 1 S. 2 TPG erfüllt ist."[356]

Diese Begründung ist unhaltbar. Eine persönliche Verbundenheit wird durch Zusammengehörigkeitsgefühle der Beteiligten begründet. Es muß sich um eine im zwischenmenschlichen Bereich gründende

---

[356] Seidenath, MedR 1998, 253 (256); ebenso im Anschluß an Seidenath Rittner/Besold/Wandel, MedR 2001, 118 (122); Schreiber, in: Kirste, Nieren-Lebendspende, S. 33 (42). Im Ergebnis so auch Holznagel, DVBl 2001, 1629 (1635) im Wege einer verfassungskonformen Auslegung.

GG, sie sind ohne weiteres zulässig[353]. Entscheidend ist aber, daß § 8 Abs. 1 S. 2 TPG mit der besonderen persönlichen Verbundenheit ausschließlich auf die Art der emotionalen Beziehung als relevantes Kriterium abstellt. Das Geschlecht von Spender und Empfänger hat deshalb keine Bedeutung. Zwischen den Partnern einer homosexuellen Lebensgemeinschaft ist folglich grundsätzlich von dem Bestehen einer besonderen persönlichen Verbundenheit auszugehen.[354]

b) Überkreuz-Lebendspende

Einen weiteren problematischen Fall stellt die Überkreuz-Lebendspende[355] dar. Ausgangspunkt ist in dieser Konstellation, daß eine Person seinem erkrankten Ehegatten ein Organ zu Lebzeiten spenden will. Die Transplantation des Organs auf den Ehegatten ist jedoch aus medizinischen Gründen, zum Beispiel wegen einer Blutgruppenunverträglichkeit, ausgeschlossen. Deshalb wird ein anderes Ehepaar gesucht, das sich in derselben Situation befindet. Dabei müssen jeweils die medizinischen Voraussetzungen der Organübertragung von dem Ehegatten der einen Ehe auf den erkrankten Ehegatten der anderen Ehe vorliegen. Dann spenden die gesunden Ehegatten wechselseitig für den erkrankten Ehegatten der anderen Ehe. Die Spende zwischen den Ehepaaren erfolgt somit praktisch über Kreuz.

In diesem Fall werden die Ehepaare regelmäßig einander unbekannt sein und sich erst über die Suche zum Zwecke der Spende kennenlernen. Organspender und Organempfänger sind deshalb einander fremd. Es bestehen keine persönlichen Beziehungen zwischen Spender und Empfänger, die eine besondere persönliche Verbundenheit begründen können.

---

[353] Pieroth/Schlink, Grundrechte, Rn. 640; Gröschner, in: Dreier, GG, Art. 6 Rn. 32.

[354] Im Ergebnis ebenso Nickel/Schmidt-Preisigke/Sengler, Transplantationsgesetz, Erl. § 8 Rn. 16; Esser, in: Höfling, Transplantationsgesetz, § 8 Rn. 81.

[355] Die Überkreuz-Lebendspende wird auch als Cross-Spende und Cross-Over-Spende bezeichnet.

aa) Ansicht in der Literatur

Gleichwohl wird in der Literatur die Ansicht vertreten, daß sich die Spender-Empfänger-Paare in besonderer persönlicher Verbundenheit offenkundig nahestehen. Begründet wird diese Ansicht mit folgender Argumentation: „Bereits die allgemeine Lebenserfahrung belegt, daß sich zwei Menschen mit dem gleichen elementaren, den täglichen Lebensrhythmus beherrschenden Leiden auf Anhieb einander verbunden fühlen. Der Austausch sehr persönlicher eigener Erfahrungen im Umgang mit der Krankheit sowie das Erörtern von Möglichkeiten, mit den stetigen Entbehrungen und Einschränkungen zurechtzukommen, bringt die Betroffenen dazu, sich einander sehr rasch zu öffnen. Da gleiches Leid verbindet, wie es schon das Wort „Sympathie" aufgrund seiner sprachlichen Wurzel ausdrückt, können zwei „Leidensgenossen" schon kurz nach ihrem ersten Zusammentreffen ein inniges Verhältnis zueinander aufgebaut haben. Dies gilt erst recht dann, wenn sich zwei Ehepaare in der noch selteneren Situation befinden, daß sie aus denselben medizinischen Gründen von dem Schritt abgehalten werden, durch den sie zu einem Leben in weitgehender Normalität zurückfinden könnten. Eine besondere persönliche Verbundenheit der beiden Ehepaare ist auf dieser Grundlage leicht nachvollziehbar. Die im Vorfeld einer Überkreuz-Lebendspende entstehende zwar junge, aber enge Beziehung zwischen vier Menschen kann daher als „offenkundig" im Sinne von „jedermann einleuchtend" bezeichnet werden. Es ist daher nicht ausgeschlossen, sondern vielmehr im Regelfall zu erwarten, daß auch bei einer Überkreuz-Lebendspende das Merkmal des in besonderer persönlicher Verbundenheit offenkundig Nahestehens aus § 8 Abs. 1 S. 2 TPG erfüllt ist."[356]

Diese Begründung ist unhaltbar. Eine persönliche Verbundenheit wird durch Zusammengehörigkeitsgefühle der Beteiligten begründet. Es muß sich um eine im zwischenmenschlichen Bereich gründende

---

[356] Seidenath, MedR 1998, 253 (256); ebenso im Anschluß an Seidenath Rittner/Besold/Wandel, MedR 2001, 118 (122); Schreiber, in: Kirste, Nieren-Lebendspende, S. 33 (42). Im Ergebnis so auch Holznagel, DVBl 2001, 1629 (1635) im Wege einer verfassungskonformen Auslegung.

Einstandsgemeinschaft handeln. Bei den beiden Ehepaaren ist aber nicht zu erwarten, daß sie auf Grund ähnlich belastender Erfahrungen gleich ein intensives Zusammengehörigkeitsgefühl entwickeln. Die gleichen Erfahrungen können zwar eine gemeinsame Ebene des gesellschaftlichen Umgangs bilden, die auf Anhieb ein gutes Verständnis ermöglichen. Dies begründet aber kein Gefühl der persönlichen Verbundenheit im Sinne eines Einstandswillens für einander.

Auch das auf Grund gleichgerichteter Erfahrungen mögliche Nachempfinden der Gefühle des anderen, ein „Mitgefühl"[357] und ein Verständnis für die Situation des anderen führt nicht dazu. Sympathie ist etwas anderes als ein Gefühl der Zusammengehörigkeit. Ein geistiges Nahestehen reicht nicht aus.[358] Die Annahme eines Nahestehens durch gleichartige schicksalhafte Erfahrungen geht damit an dem vom Gesetzgeber intendierten Inhalt einer besonderen persönlichen Verbundenheit vorbei.[359]

Zweifelhaft ist aber auch schon, ob im Regelfall überhaupt ein derart positives Verhältnis, wie es von dieser Ansicht andeutet wird, entstehen wird. Die Herstellung des Kontaktes zwischen den Ehepaaren erfolgt zweckgerichtet mit dem Ziel einer wechselseitigen Organspende. Diese Zweckrichtung ist alleiniges Ziel, es geht nicht darum eine Bekanntschaft mit dem Ziel einer Freundschaft anzubahnen. Das Verhältnis ist primär zweckrational und utilitaristisch geprägt, Hauptzweck ist die Beschaffung eines transplantierbaren Organs für den eigenen Ehegatten im Wege der wechselseitigen Spende.[360] Jedes Ehepaar verfolgt damit vorrangig eigene Ziele. Ebenso ist das Verhältnis nicht wie eine Freundschaft auf unbestimmte Dauer angelegt, sondern erschöpft sich in der Erreichung des angestrebten Zwecks. Mögli-

---

[357] Dies ist die Wortbedeutung von „Sympathie", vgl. Brockhaus, Stichwort Sympathie, S. 525; im übrigen bezeichnet „Sympathie" eine Vielzahl verschiedener gefühlsmäßiger Beziehungen zwischen Personen, vgl. Grimm, Wörterbuch, Stichwort Sympathie, Spalte 1402 ff..

[358] Schroth, MedR 1999, 67.

[359] Im Ergebnis ebenso Koch, in: Kirste, Nieren-Lebendspende, S. 49 (53).

[360] Auf die zweckrationale Motivation der Beziehung weist auch Esser, Verfassungsrechtliche Aspekte, S. 185 hin.

cherweise haben die Ehepaare auch gar kein Interesse an vertieften persönlichen Kontakten oder an Kontakten nach erfolgter Transplantation, zum Beispiel wegen der Furcht vor Komplikationen nach der Transplantation beim anderen Empfänger. Eine besondere persönliche Verbundenheit zwischen den Ehepaaren läßt sich mit dieser Ansicht nicht begründen.[361]

bb) Überkreuz-Lebendspende als indirekte Spende

Die Zulässigkeit einer Überkreuz-Lebendspende läßt sich aber aus anderen Gründen annehmen. Diese Bewertung ergibt sich aus der Betrachtung des Sinngehalts und der tatsächlichen Bedeutung der Überkreuz-Lebendspende.

Bei der Überkreuz-Lebendspende erklärt sich der Spender nur dann zur Spende für den Ehegatten der anderen Ehe bereit, wenn dessen Ehegatte seinem eigenen Ehegatten das benötigte Organ spendet. Motiv der Spende ist damit die Erreichung der Spende für den eigenen Ehegatten. Die eigene Spende soll zweckgerichtet die Spende für den Ehegatten herbeiführen. Sinn und Zweck der Spende ist also nicht, dem fremden Ehegatten ein Organ zu verschaffen, sondern für den eigenen Ehegatten ein geeignetes Transplantat zu erlangen. Da das eigene Organ aber aus medizinischen Gründen ungeeignet ist, wird der Umweg über eine wechselseitige Spende gewählt, um ein transplantierbares Organ zu erhalten. Die Organspende des Ehegatten stellt sich folglich als indirekte Spende für den eigenen Ehegatten dar. Die Spende über Kreuz hat nur den Sinn, ein medizinisch geeignetes Organ zu erhalten.

Die beteiligten Personen werden dies ebenso sehen und die jeweilige Organspende dem Sinn nach als Spende für der eigenen Ehegatten empfinden. Die Spende hat gerade nicht den vorrangigen Sinn, dem fremden Ehegatten zu helfen. Der eigene Ehegatte ist aber nach § 8 Abs. 1 S. 2 TPG zulässiger Empfänger eines sich nicht wieder bildenden lebendgespendeten Organs. Deshalb stünde § 8 Abs. 1 S. 2 TPG

---

[361] Im Ergebnis ebenso Nickel/Schmidt-Preisigke/Sengler, Transplantationsgesetz, Erl. § 8 Rn. 22; Gutmann/Schroth, Organlebendspende, S. 7 ff..

einer Überkreuz-Lebendspende nicht regenerierbarer Organe nicht entgegen.

Die Bewertung der Überkreuz-Lebendspende als indirekte Spende steht auch nicht im Widerspruch zu den vom Gesetzgeber mit § 8 Abs. 1 S. 2 TPG verfolgten Zielen. Gesetzgeberisches Ziel der zusätzlichen Einschränkung des Empfängerkreises bei der Lebendspende nicht regenerierbarer Organe ist die Sicherung der Freiwilligkeit der Organspende und die Verhinderung von Organhandel.[362] Die Freiwilligkeit der Organspende ist hier grundsätzlich genauso wie bei einer unmittelbaren Spende für den eigenen Ehegatten einzuschätzen. In beiden Fällen ist das Motiv der Organspende, dem erkrankten Ehegatten durch die Organtransplantation eine Heilung zu ermöglichen. Die auf den spendenden Ehegatten einwirkenden Einflüsse und Zwänge sind deshalb prinzipiell nicht größer als bei einer direkten Spende. Die Freiwilligkeit der Spendeentscheidung ist im Gegenteil tendenziell eher bei einer Überkreuz-Lebendspende als bei einer direkten Spende anzunehmen. In diesem Fall ist eine direkte Spende nicht möglich. Der potentielle Spender ist deswegen frei von möglichem Zwang, dem Ehegatten sein Organ zu spenden. Der Entschluß zur Überkreuz-Lebendspende setzt einen zusätzlichen Entschluß und weitere Aktivitäten zur Suche eines geeigneten anderen Ehepaares voraus. Dem wird sich der potentielle Spender leichter entziehen können. Die Gefahr der Unfreiwilligkeit der Organspende ist folglich bei der Überkreuz-Lebendspende zumindest nicht größer als bei einer direkten Spende für den Ehegatten.

Auch ein Organhandel in dem Sinne, daß Organe gegen Entgelt verkauft werden, ist nicht zu befürchten. Beide Ehepaare stehen sich in der gleichen Situation gegenüber. Jeweils der eine Ehegatte benötigt dringend ein transplantierbares Organ, während jeweils der Ehegatte der anderen Ehe ein geeignetes Organ spenden kann. Damit sind Vorteile und Nachteile auf beiden Seiten im Hinblick auf geeignetes und benötigtes Organ gleich verteilt. Deshalb ist nicht zu befürchten, daß eine Seite gegenüber der anderen eine überlegene Position aufbauen und diese zur Erzielung eines Entgelts nutzen kann. Das „Entgelt" für

---

[362] Vgl. Begründung zu § 7 Abs. 1 S. 2 E-TPG, BT-Drs. 13/4355, S. 20.

die Spende liegt schon in der Spende für den eigenen Ehegatten. Die Organspenden kompensieren sich gegenseitig. Die Gleichheit der Positionen läßt keinen Raum für das Fordern zusätzlicher Leistungen. Das Verlangen weiterer Leistungen ist also in dieser Situation nicht zu befürchten. Das Risiko eines kommerziellen Organhandels wird durch die Überkreuz-Lebendspende nicht vergrößert. Die Zulassung der Überkreuz-Lebendspende widerspricht im Ergebnis nicht dem gesetzgeberischen Willen.[363]

Die Überkreuz-Lebendspende ist daher als indirekte Spende für den eigenen Ehegatten nicht durch § 8 Abs. 1 S. 2 TPG ausgeschlossen.

Problematisch bleibt allerdings die Möglichkeit einer Strafbarkeit wegen Organhandels nach § 18 Abs. 1 TPG.[364]

---

[363] Ebenso Schreiber, in: Kirste, Nieren-Lebendspende, S. 33 (42). A.A. Edelmann, VersR 1999, 1065 (1067), der dennoch fordert, über eine Zulassung der Überkreuz-Lebendspende nachzudenken. Ebenfalls a.A. Nickel/Schmidt-Preisigke/Sengler, Transplantationsgesetz, Erl. § 8 Rn. 21; Esser, in: Höfling, Transplantationsgesetz, § 8 Rn. 85; Sengler, in: Kirste, Nieren-Lebendspende, S. 100 (110 f.); LSG NRW NWVBl 2001, 401 (409). Im Ergebnis wie hier mit zweifelhafter Begründung Dufková, MedR 2000, 408 (410), wonach es aber auf eine zusätzliche, eine enge Verbundenheit dokumentierende Assoziation nicht entscheidend ankommen soll, da es sich bei den Personenpaaren um eine interessengleiche, schicksalhaft bedingte Zweckgemeinschaft handele und nur mittelbar über den Umweg der Cross-Spende dem nach § 8 Abs. 1 S. 2 TPG zulässigen Willen der Spender entsprochen werde.

Unzutreffend ist die dort weiterhin geäußerte Ansicht, daß innerhalb eines Näheverhältnisses nach § 8 Abs. 1 S. 2 TPG eine Gesundheitsgefährdung keine wesentliche Rolle spiele, da diese in dem gesetzlich normierten Verbot zum Schutz des Spenders vorgenommene Güterabwägung zwischen Verwandten und nahestehenden Personen entfalle. Denn die Voraussetzungen des § 8 Abs. 1 S. 1 Nr. 1c) TPG gelten selbstverständlich auch in diesen Spender-Empfänger-Konstellationen. Schon der Wortlaut „darüber hinaus nur zulässig" macht deutlich, daß es sich bei § 8 Abs. 1 S. 2 TPG um eine zusätzliche Zulässigkeitsvoraussetzung bei der Entnahme sich nicht wieder bildender Organe handelt, die die übrigen Zulässigkeitsvoraussetzungen unberührt läßt.

[364] Vgl. dazu unten 6. Teil A. III. 1) c).

c) Näheverhältnis zwischen Spender und Verwandten des Empfängers
In einem weiteren Fall war es problematisch, ob zwischen Spender und Empfänger eine besondere persönliche Verbundenheit besteht. In dem Fall bestand zwischen der Spenderin und der Mutter des Organempfängers ein schwesterngleiches Verhältnis. Als Freundin der Mutter hatte die Spenderin das Leiden deren Sohnes miterlebt, den Sohn selbst aber erst wenige Monate vor der Transplantation kennengelernt.

Verallgemeinernd stellt sich damit die Frage, ob eine persönliche Verbundenheit des potentiellen Spenders mit einem nahen Verwandten des potentiellen Organempfängers oder einer anderen diesem sehr nahestehenden Person eine besondere persönliche Verbundenheit zwischen Spender und Empfänger begründen kann.

aa) Ansichten in der Literatur
Eine Ansicht hat in diesem Fall eine besondere persönliche Verbundenheit zwischen der Freundin der Mutter und deren Sohn bejaht.
Zunächst wird angenommen, daß der Wortlaut des § 8 Abs. 1 S. 2 TPG dieser Auslegung nicht entgegensteht. Aus dem Gesetzestext lasse sich kein Hinweis entnehmen, woraus sich eine besondere persönliche Verbundenheit und ein Nahestehen ergeben können. Insbesondere sei kein Vergleich zum Verwandtschafts- oder Ehegattenverhältnis gezogen worden. Die Nähebeziehung müsse sich wegen der geforderten Offenkundigkeit lediglich nach außen manifestiert haben. Das Gesetz enthalte auch keinen Hinweis auf die Dauer der Beziehung, schließlich werde durch das Gesetz auch für die Ehegatten- oder Verlobteneigenschaft keine Mindestdauer gefordert.[365]

Etwas Gegenteiliges soll sich auch nicht aus dem Regelungszusammenhang ergeben. Von Bedeutung soll insoweit die Stellungnahme der Kommission nach § 8 Abs. 3 S. 2 TPG zur Frage der Freiwilligkeit der Organspende und zur Frage, ob das Organ Gegenstand verbotenen Handeltreibens war, sein. Um diese Merkmale werde das offenkundige Nahestehen in besonderer persönlicher Verbundenheit ergänzt. Weiterhin soll aus der Aufklärungspflicht nach § 8 Abs. 1 S. 1

---
[365] Seidenath, MedR 1998, 253 (254).

Nr. 1b), Abs. 2 TPG zu schließen sein, daß die besondere persönliche Beziehung so innig sein muß, daß der Lebendspender mögliche auch mittelbare Folgen und Spätfolgen der beabsichtigten Organentnahme für seine Gesundheit in Kauf nimmt. Auch im Falle gesundheitlicher Komplikationen solle er seinen Entschluß nicht bereuen.[366]

Nach dieser Ansicht soll sich aus der historischen Auslegung ergeben, daß der Gesetzgeber mit der Regelung des § 8 Abs. 1 S. 2 TPG in erster Linie eine Umgehung des Organhandelsverbots verhindern wollte. Ein Hinweis darauf, daß mit der Auffangformel nur nichteheliche und homosexuelle Lebensgemeinschaften erfaßt werden sollten, finde sich nicht. Neben der Durchsetzung des Organhandelsverbots lasse sich aus den Gesetzesbegründungen und Gesetzesberatungen herauslesen, daß der Wille des Organspenders nicht regenerierungsfähiger Organe so gefestigt sein solle, daß er auch bei eventuellen Komplikationen die Spende nicht bereue.[367]

Aus der teleologischen Auslegung des Transplantationsgesetzes soll sich ergeben, daß der Gesetzgeber mit dem Gesetz nicht die Lebendspende, sondern Organhandel und unfreiwillige Lebendspenden verhindern wollte.[368]

Bei der gebotenen verfassungskonformen Auslegung sei insbesondere das Sozialstaatsprinzip aus Art. 20 Abs. 1 GG zu beachten. Die Sozialstaatsklausel habe als hauptsächliches Ziel die Bewältigung sozialer Notlagen und Beeinträchtigungen, wie sie auch durch Krankheiten herbeigeführt werden. Dementsprechend sei § 8 Abs. 1 S. 2 TPG im Zweifel weit auszulegen.[369]

Das Transplantationsgesetz steht nach dieser Ansicht deshalb einer Lebendorganspende nicht entgegen, wenn die Spendebereitschaft aus einer persönlichen Verbundenheit, die den Spender mögliche schädli-

---

[366] Seidenath, MedR 1998, 253 (254 f.).
[367] Seidenath, MedR 1998, 253 (255).
[368] Seidenath, MedR 1998, 253 (255).
[369] Seidenath, MedR 1998, 253 (255).

che Folgen der Organentnahme in Kauf nehmen läßt, und aus Freiwilligkeit resultiert und keine finanziellen Interessen vorliegen.[370]

Ähnlich nimmt eine weitere Auffassung an, daß es entgegen dem Wortlaut des Transplantationsgesetzes nicht entscheidend darauf ankommen kann, ob die enge persönliche Beziehung zwischen dem Organspender und dem Organempfänger besteht. Dies wird damit begründet, daß es nach Sinn und Zweck des Transplantationsgesetzes allein wesentlich sei, daß die Organspende altruistisch motiviert sei und auf einer engen persönlichen Verbundenheit zu einer bestimmten Person beruhe, ohne daß dies der Organempfänger selbst zu sein brauche. In diesen Fälle spreche die Vermutung für die Freiwilligkeit der Spende und es werde gewährleistet, daß der Spender mögliche Folgen und Spätfolgen der Organentnahme für seine Gesundheit in Kauf nehme.[371]

Der ersten Auffassung kann nicht zugestimmt werden.[372] Zunächst ergibt sich aus dem Begriff der persönlichen Verbundenheit, daß es sich um eine im zwischenmenschlichen Bereich begründete Beziehung handeln muß. Abzulehnen ist weiter, daß keine bestimmte Dauer der Nähebeziehung erforderlich ist. Eine besondere persönliche Verbundenheit wird notwendig eine längere Entstehungszeit brauchen, um die vom Gesetzgeber vorausgesetzte hohe Intensität der Beziehung zu erreichen. Fehl geht insoweit der Hinweis, daß bei der Ehegatten- und Verlobteneigenschaft vom Gesetzgeber keine Mindestdauer gefordert wird. Zum einen wird bei der Ehegatten- und Verlobteneigenschaft nicht auf die Art der emotionalen Beziehung abgestellt, sondern auf die familienrechtliche Beziehung. Zum anderen liegt auch gerade bei Ehe und Verlöbnis typischerweise eine gemeinsame Lebensplanung mit innerer Bindung vor, die Beziehung ist auf Dauer angelegt. Nicht gefolgt werden kann dem Ergebnis der systematischen Auslegung. Die Stellungnahme der Kommission nach § 8 Abs. 3 S. 2 TPG hat grundsätzlich nichts mit der besonderen persönlichen Verbunden-

---

[370] Seidenath, MedR 1998, 253 (255).

[371] Edelmann, VersR 1999, 1065 (1067).

[372] Im Ergebnis ebenso Schroth, MedR 1999, 67 (68), der die Auslegung Seidenaths für wenig überzeugend und ergebnisorientiert hält.

heit zu tun. Beide haben nur den Zweck gemeinsam, einen Organhandel zu verhindern und die Freiwilligkeit der Organspende sicherzustellen.

Unverständlich ist die Folgerung von der Aufklärungspflicht nach § 8 Abs. 1 S. 1 Nr. 1b), Abs. 2 TPG darauf, daß die besondere persönliche Verbundenheit so innig sein muß, daß auch schwere Komplikationen für die eigene Gesundheit in Kauf genommen werden. Zweck der Aufklärung ist es, den Spender über die Risiken einer Organentnahme zu informieren und ihm damit das erforderliche Wissen für eine wirksame Einwilligung zu vermitteln. Erst dadurch wird der Spender überhaupt in die Lage versetzt, einen wirksame Einwilligung zu erteilen. Die Aufklärung dient folglich der Freiwilligkeit der Spendeentscheidung, die ohne das Wissen, in was eingewilligt wird, nicht möglich ist. Es geht dem Gesetzgeber also nicht darum, Reuegefühle des Spenders im Falle von Komplikationen auszuschließen. Dies könnte durch eine Aufklärung nur begrenzt sichergestellt werden.

Der historischen Auslegung ist insoweit zuzustimmen, daß der Gesetzgeber nicht nur die nichteheliche Lebensgemeinschaft mit der besonderen persönlichen Verbundenheit erfassen wollte. Dies ergibt sich schon daraus, daß sie lediglich als Beispiel angeführt wird. Nicht zugestimmt werden kann aber der Auffassung, daß sich aus der Gesetzesbegründung ein eindeutiger Wille des Gesetzgebers hinsichtlich der Dauer der Nähebeziehung nicht ergibt. In der Gesetzesbegründung hat der Gesetzgeber auf einen längeren Zeitraum abgestellt. Im Zusammenhang mit der besonderen persönlichen Verbundenheit ergibt sich, daß es sich um einen nicht unerheblichen Zeitraum handeln muß, also einige Wochen oder wenige Monate nicht ausreichen. Unklar bleibt auch hier, wo in der Gesetzesbegründung und der Gesetzesberatung der Wunsch des Gesetzgebers deutlich wird, daß der Wille des Spenders eines sich nicht wieder bildenden Organs so fest sein soll, daß er bei möglichen Komplikationen die Spende nicht bereut. Dies müßte im übrigen sinnvollerweise gleichermaßen für regenerierbare Organe gelten.

Ebenfalls zu widersprechen ist dem Ergebnis der teleologischen Auslegung. Der Gesetzgeber nimmt hinsichtlich der Lebendspende von Organen grundsätzlich eine restriktive Haltung ein. Die Lebendspende soll nur in engen Grenzen und unter besonderen Voraussetzungen zulässig sein, weil die Organentnahme für den Spender kein Heileingriff ist, sondern ihm grundsätzlich körperlich schadet und ihn gesundheitlich gefährden kann.[373] Im Interesse des Lebendspenders soll die Lebendspende nur die letzte Möglichkeit sein, wenn ein Organ eines verstorbenen Spenders nicht verfügbar ist.[374] Diesen Willen hat der Gesetzgeber durch die Subsidiaritätsregel des § 8 Abs. 1 S. 1 Nr. 3 TPG explizit im Transplantationsgesetz zum Ausdruck gebracht. § 8 Abs. 1 S. 2 TPG enthält insoweit noch eine zusätzliche Beschränkung der Zulässigkeit der Entnahme sich nicht wieder bildender Organe, die der Sicherung der Freiwilligkeit der Spende und der Verhinderung des Organhandels dienen soll. Dies ist ebenfalls Ausdruck der grundsätzlichen Zurückhaltung des Gesetzgebers bei der Lebendspende. Die restriktive Einstellung ist im übrigen im Gesetzgebungsverfahren deutlich geworden.[375]

Das Transplantationsgesetz will zwar insgesamt die Vornahme von Transplantation fördern.[376] Der Zweck einer bestimmten Vorschrift kann aber nicht aus dem Ziel des gesamten Gesetzes bestimmt werden, sondern muß aus dem Ziel der bestimmten Vorschrift geschlossen werden.[377] Dieses ist aber bei § 8 Abs. 1 S. 2 TPG eindeutig und kann deshalb nicht mit dem Hinweis auf den Gesamtzweck des Gesetzes übergangen werden.

Eine weite Auslegung des § 8 Abs. 1 S. 2 TPG ist daher auch unter dem Gesichtspunkt der verfassungskonformen Auslegung unzulässig, weil sich die verfassungskonforme Auslegung nicht in Widerspruch

---

[373] Begründung zu § 7 E-TPG, BT-Drs. 13/4355, S. 20.

[374] Vgl. Begründung zu § 7 Abs. 1 S. 1 Nr. 3 E-TPG, BT-Drs. 13/4355, S. 20.

[375] Vgl. die Äußerung der Abg. Beatrix Philipp, Protokoll der 67. Sitzung des Ausschusses für Gesundheit, 13. Wahlperiode, S. 32: „Wir haben uns ja sehr viel Mühe gegeben, die Lebendspende so restriktiv wie möglich zu gestalten.".

[376] Vgl. BT-Drs. 13/4355, S. 11 f..

[377] Vgl. Schroth, MedR 1999, 67 (68).

zum ausdrücklichen Willen des Gesetzgebers setzen darf.[378] Dieser ist hier eindeutig und deshalb verbindlich.

Auch der zweiten Ansicht ist nicht zuzustimmen. Zum einen widerspricht sie dem klaren und eindeutigen Gesetzeswortlaut. Zum anderen kann durch das Bestehen eines Näheverhältnisses zu einer anderen Person als dem Organempfänger selbst nicht mit gleicher Sicherheit ein Organhandel ausgeschlossen werden wie bei einer Verbundenheit zwischen Spender und Empfänger. Denn nur die Verbundenheit zwischen Spender und Empfänger kann es gewährleisten, daß der Spender die Organspende wegen dieser Nähebeziehung und nicht für Geld auf sich nimmt. Darauf kam es dem Gesetzgeber aber entscheidend an.

bb) Eigene Lösung

§ 8 Abs. 1 S. 2 TPG setzt voraus, daß zwischen Spender und Empfänger eine besondere persönliche Verbundenheit besteht. Erforderlich ist, daß zwischen Spender und Empfänger eine spezifische Art der emotionalen Beziehung besteht, aus denen sich ein intensives Zusammengehörigkeitsgefühl ergibt. Dies setzt eine nicht unerhebliche Dauer der Beziehung voraus.

In der hier vorliegenden Konstellation sind sich Spender und Empfänger aber unbekannt oder haben sich erst vor kurzem zum Zwecke der Spende kennengelernt. Eine emotionale Beziehung in der vom Gesetzgeber im Rahmen des § 8 Abs. 1 S. 2 TPG vorausgesetzten Art besteht damit eindeutig nicht. Eine besondere persönliche Verbundenheit kann auch nicht durch die Motivation des Spenders begründet werden. Dies folgt daraus, daß § 8 Abs. 1 S. 2 TPG ausschließlich auf die Art der emotionalen Beziehung und nicht auf die Spendemotivation abstellt.[379]

Fraglich ist aber, ob die besondere persönliche Verbundenheit des potentiellen Spenders mit dem Verwandten des Empfängers oder einer anderen diesem sehr nahestehenden Person eine besondere persönli-

---

[378] Zu den Grenzen der verfassungskonformen Auslegung vgl. BVerfGE 54, 277 (299).

[379] Schroth, MedR 1999, 67 (68).

che Verbundenheit zu dem Empfänger vermitteln kann. Das Gesetz verlangt ausdrücklich, daß die Beziehung zwischen Spender und Empfänger bestehen muß.[380] Daher kann eine persönliche Verbundenheit mit einer Person nicht automatisch zu der Verbundenheit mit einer weiteren Person führen.

Auch wenn der potentielle Spender wegen seiner Verbundenheit mit einem Verwandten das Leid des Kranken besonders mitempfinden kann, hat dies keine persönlichen Verbundenheitsgefühle mit dem Kranken selber zur Folge. Es wird sich wohl auch in erster Linie um ein Mitfühlen mit dem persönlich verbundenen Verwandten des Kranken handeln. Es wird eher Beistand für diesen beabsichtigt sein.

Die persönliche Verbundenheit allein zu einem nahen Verwandten des potentiellen Organempfängers begründet deshalb in keinem Fall eine besondere persönliche Verbundenheit im Sinne des § 8 Abs. 1 S. 2 TPG.[381]

Auf diese Konstellation lassen sich auch nicht die Überlegungen zur Überkreuz-Lebendspende übertragen. Dort kommt das gespendete Organ indirekt dem eigenen Ehegatten als einem nach § 8 Abs. 1 S. 2 TPG zulässigen Empfänger zugute. Es erfolgt mittelbar eine Transplantation auf ein Mitglied des zulässigen Empfängerkreises.

Hier würde das gespendete Organ jedoch auch nicht mittelbar auf die in besonderer persönlicher Verbundenheit nahestehende Person übertragen werden. Wertungsmäßig entspricht die Spende an einen Verwandten der nahestehenden Person nicht einer Spende an die persönlich verbundene Person selbst. Außerdem könnte das Ziel des § 8 Abs. 1 S. 2 TPG, einen Organhandel zu verhindern, nicht sichergestellt werden. Während sich bei der Überkreuz-Lebendspende die Spenden gegenseitig kompensieren und damit ein zusätzliches Entgelt unwahrscheinlich machen, ist dies hier nicht der Fall. Nur der Empfänger befindet sich in einer Zwangslage.

Eine besondere persönliche Verbundenheit zwischen dem Organspender und einem nahen Verwandten des Empfängers oder einer anderen

---

[380] Ebenso LSG NRW NWVBl 2001, 401 (409).
[381] Im Ergebnis ebenso Schroth, MedR 1999, 67 (68); Esser, in: Höfling, Transplantationsgesetz, § 8 Rn. 82.

diesem sehr nahestehenden Person ist daher für sich allein nicht geeignet, eine besondere persönliche Verbundenheit im Sinne des § 8 Abs. 1 S. 2 TPG zwischen Spender und Empfänger zu begründen. § 8 Abs. 1 S. 2 TPG steht deshalb einer Spende sich nicht wieder bildender Organe entgegen.

IV. Verletzung von Grundrechten

1) Einleitung

Gegen die Beschränkung des Empfängerkreises nicht regenerierungsfähiger Organe bei der Lebendspende sind verfassungsrechtliche Bedenken geltend gemacht worden.

Gegen eine in früheren Gesetzentwürfen vorgesehene Beschränkung der Entnahme sich nicht wieder bildender Organe auf genetische Verwandte des Empfängers wurde vor allem eingewendet, daß dies einen tiefen Eingriff in das grundrechtlich verbürgte Persönlichkeits- und Selbstbestimmungsrecht des Spenders aus Art. 2 Abs. 1 GG und Art. 1 Abs. 1 GG darstelle und zugleich das Grundrecht des Empfängers auf Gesundheit und körperliche Unversehrtheit aus Art. 2 Abs. 2 S. 1 GG berühre.[382]

Diesen Bedenken hat der Gesetzgeber Rechnung getragen. Das Transplantationsgesetz sieht deshalb vor, daß neben Verwandten ersten und zweiten Grades auch Ehegatten, Verlobte und andere Personen, die dem Spender in besonderer persönlicher Verbundenheit offenkundig nahestehen, ein sich nicht wieder bildendes Organ spenden dürfen. Als Grund für die Erweiterung des Spenderkreises hat der Gesetzgeber insbesondere die Respektierung des durch Art. 2 Abs. 1 GG geschützten Selbstbestimmungsrechts des Spenders angeführt. Verfassungsrechtliche Gründe sprächen dafür, über familienrechtliche Beziehungen hinaus auch enge persönliche Beziehungen zu berücksichtigen.[383]

---

[382] Siehe dazu Ugowski, Rechtsfragen, S. 62 ff.; Gutmann, ZRP 1994, 111 (113 f.); ders., MedR 1997, 147 (148 f.); Heuer/Conrads, MedR 1997, 195 (201); Esser, Verfassungsrechtliche Aspekte, S. 145 ff..

[383] Begründung Allgemeiner Teil E-TPG, BT-Drs. 13/4355, S. 14.

Trotz dieser Erweiterung des Empfängerkreises sieht sich die Regelung weiterhin verfassungsrechtlichen Bedenken ausgesetzt.[384] Unter anderem gegen die Regelung des § 8 Abs. 1 S. 2 TPG wurden mehrere Verfassungsbeschwerden durch einen potentiellen Organspender, einen potentiellen Organempfänger und einen Transplantationschirurgen erhoben.[385] Die 1. Kammer des Ersten Senats des Bundesverfassungsgerichts hat die Verfassungsbeschwerden wegen mangelnder Erfolgsaussicht nicht zur Entscheidung angenommen.[386]

Als durch § 8 Abs. 1 S. 2 TPG verletzte Grundrechte kommen das Grundrecht auf Leben und körperliche Unversehrtheit des potentiellen Organempfängers aus Art. 2 Abs. 2 S. 1 GG und der allgemeine Gleichheitssatz aus Art. 3 Abs. 1 GG, die allgemeine Handlungsfreiheit des Organspenders sowie die Berufsfreiheit aus Art. 12 Abs. 1 GG und die Glaubens- und Gewissensfreiheit aus Art. 4 Abs. 1 GG des Transplantationschirurgen in Betracht. Im Hinblick auf eine möglicherweise zu unbestimmte Fassung der Formulierung „andere Personen, die dem Spender in besonderer persönlicher Verbundenheit offenkundig nahestehen" könnte das allgemeine rechtsstaatliche Bestimmtheitsgebot aus Art. 20 Abs. 3 GG verletzt sein.

2) *Verletzung von Art. 2 Abs. 2 S. 1 GG (Organempfänger)*

Zunächst soll geprüft werden, ob die Beschränkung des Empfängerkreises bei der Lebendspende sich nicht wieder bildender Organe das Grundrecht des potentiellen Organempfängers auf Leben und körperliche Unversehrtheit aus Art. 2 Abs. 2 S. 1 GG verletzt.

---

[384] Ugowski, Rechtsfragen, S. 74 ff.; Dippel, FS Hanack, S. 665 (693); Schroth, JZ 1997, 1149 (1153); Bedenken hinsichtlich der Erforderlichkeit der Regelung bei Gutmann, MedR 1997, 147 (150). Verfassungsrechtliche Bedenken im Hinblick darauf, daß mit dem strafbewehrten Organhandelsverbot ein milderes Mittel zur Erreichung des gesetzgeberischen Ziels der Verhinderung des Organhandels zur Verfügung steht, äußert Esser, in: Höfling, Transplantationsgesetz, § 8 Rn. 90 f..

[385] 1 BvR 2181/98; 1 BvR 2182/98; 1 BvR 2183/98.

[386] Beschluß vom 11. August 1999 - 1 BvR 2181/98-2183/98 -, NJW 1999, 3399 ff.; zu dem Beschluß sehr kritisch Gutmann, NJW 1999, 3387 ff..

a) Eingriff in den Schutzbereich

Das Recht auf Leben schützt das Recht auf das körperliche Dasein eines Menschen im Sinne der biologisch-physischen Existenz.[387] Das Recht auf körperliche Unversehrtheit schützt die körperliche Gesundheit im engeren biologisch-physiologischen Sinne, die psychisch-seelische Gesundheit im weiteren Sinne und die körperliche Integrität unabhängig von der Zufügung körperlicher oder seelischer Schmerzen.[388]

Das Recht auf Leben wird durch jede rechtliche oder faktische Maßnahme beeinträchtigt, die zurechenbar den Tod eines Menschen verursacht. Auch nichtfinale und mittelbare Beeinträchtigungen sind Eingriffe.[389] Eine Gefährdung des Lebens ist zumindest dann ein Eingriff, wenn eine Verletzung des Lebens ernsthaft zu befürchten ist.[390] Ein Eingriff in die körperliche Unversehrtheit liegt bei jeder beeinträchtigenden Einwirkung auf den Körper vor.[391]

Durch das Verbot des § 8 Abs. 1 S. 2 TPG wird es einem Kranken unmöglich gemacht, sich das nicht regenerierungsfähige Organ eines Spenders, mit dem er nicht in der vorausgesetzten Beziehung steht, implantieren zu lassen, obwohl dies seinen Gesundheitszustand verbessern könnte. Unerheblich ist es dabei, daß der Gesetzgeber die zugrundeliegende Krankheit nicht zu verantworten hat, weil er es durch das Verbot der Explantation zu verantworten hat, daß ein solches Organ nicht zur Verfügung steht und deshalb die Krankheit weiter besteht. Für den Fall, daß es keine Ersatztherapie für das erkrankte Organ gibt beziehungsweise eine Ersatztherapie aus medizinischen

---

[387] Schulze-Fielitz, in: Dreier, GG, Art. 2 Abs. 2 Rn. 15; Starck, in: v.Mangoldt/Klein/Starck, GG, Art. 2 Rn. 176.

[388] Schulze-Fielitz, in: Dreier, GG, Art. 2 Abs. 2 Rn. 18 ff.; Murswiek, in: Sachs, GG, Art. 2 Rn. 147 ff..

[389] Schulze-Fielitz, in: Dreier, GG, Art. 2 Abs. 2 Rn. 28; Murswiek, in: Sachs, GG, Art. 2 Rn. 151 f..

[390] BVerfGE 51, 324 (346 f.); Schulze-Fielitz, in: Dreier, GG, Art. 2 Abs. 2 Rn. 27, 29; Murswiek, in: Sachs, GG, Art. 2 Rn. 160 f..

[391] Schulze-Fielitz, in: Dreier, GG, Art. 2 Abs. 2 Rn. 30; Murswiek, in: Sachs, GG, Art. 2 Rn. 154.

Gründen nicht mehr möglich ist, ist auch das Leben des Kranken ernsthaft bedroht.

Es liegt deshalb ein Eingriff in den Schutzbereich der Grundrechte vor.

b) Verfassungsrechtliche Rechtfertigung

Der Eingriff in den Schutzbereich der Grundrechte kann aber gerechtfertigt sein.

In formeller Hinsicht verlangt Art. 2 Abs. 2 S. 3 GG, daß der Eingriff auf Grund eines Gesetzes erfolgt. Wegen des Ranges der betroffenen Grundrechte ist für Eingriffe in das Leben und die körperliche Unversehrtheit ein Parlamentsgesetz als gesetzliche Grundlage erforderlich.[392] Ein formelles Parlamentsgesetz ist mit § 8 Abs. 1 S. 2 TPG gegeben.

In materieller Hinsicht ist erforderlich, daß die Anforderungen des Bestimmtheitsgrundsatzes und des Verhältnismäßigkeitsgrundsatzes erfüllt werden.

aa) Bestimmtheitsgrundsatz

In der Literatur wird vertreten, daß die Regelung des § 8 Abs. 1 S. 2 TPG zu unbestimmt sei. Es sei offensichtlich zu unbestimmt, wann eine besondere persönliche Verbundenheit offenkundig sei und für wen sie dies sein müsse. Unklar sei auch, was eine persönliche Verbundenheit zu einer besonderen persönlichen Verbundenheit mache.[393]

Das allgemeine rechtsstaatliche Bestimmtheitsgebot ist ein Element des Rechtsstaatsprinzips aus Art. 20 Abs. 3 GG.[394] Der Grundsatz der Bestimmtheit von Gesetzen verlangt, daß gesetzliche Tatbestände so genau formuliert werden, daß ein Normadressat sein Handeln kalkulieren kann, weil die Folgen der Regelung für ihn voraussehbar und

---

[392] Pieroth/Schlink, Grundrechte, Rn. 397; Schulze-Fielitz, in: Dreier, GG, Art. 2 Abs. 2 Rn. 34; Starck, in: v.Mangoldt/Klein/Starck, GG, Art. 2 Rn. 182 ff..

[393] Schroth, JZ 1997, 1149 (1153).

[394] BVerfGE 26, 338 (367); Sachs, in: Sachs, GG, Art. 20 Rn. 77 f..

berechenbar sind.[395] Ein Verbot muß in seinen Voraussetzungen und Inhalt so klar formuliert sein, daß die von dem Verbot Betroffenen die Rechtslage erkennen und ihr Verhalten danach bestimmen können.[396] Durch das Bestimmtheitsgebot wird die Verwendung unbestimmter Rechtsbegriffe durch den Gesetzgeber nicht ausgeschlossen.[397] Ebenfalls zulässig ist der Gebrauch mit herkömmlichen juristischen Methoden auslegungsfähiger Generalklauseln.[398]

Die Auslegung hat ergeben, daß es sich bei der besonderen persönlichen Verbundenheit um eine Beziehung zwischen Organspender und Organempfänger handeln muß, die Zusammengehörigkeits- und Verbundenheitsgefühle zwischen diesen Personen zur Folge hat. Mit der persönlichen Verbundenheit ist klargestellt, daß die Beziehung im zwischenmenschlichen Bereich gründen muß. Eine durch ökonomische Motive geprägte Beziehung ist nicht ausreichend. Außerdem muß es sich um eine besonders enge Nähebeziehung handeln, also die Beziehung muß eine nicht unerhebliche Zeit bestehen, auf Dauer angelegt sein und eine hohe Intensität im Sinne einer Einstehungs- und Beistandsgemeinschaft haben. Insgesamt sind dabei an das Vorliegen der Voraussetzungen strenge Anforderungen zu stellen.

Diese Regelung ist hinreichend bestimmt. Es wird deutlich, welcher Art die Beziehung sein muß und daß hohe Anforderungen zu stellen sind. Eine gewisse Unbestimmtheit bleibt damit zwar bestehen. Diese hat ihren Grund aber darin, daß die Formulierung als Auffangtatbestand eine Vielzahl von verschiedenen möglichen Beziehungen zwischen Personen erfassen soll. So muß diese Formulierung flexibel genug sein, um so verschiedene Beziehungen wie Lebensgemeinschaft, Schwägerschaft, entfernte Verwandtschaft, enge Freundschaft und ähnliches zu erfassen. Sie trägt damit dem Umstand Rechnung, daß eine große und weiter zunehmende Zahl von Personen ihre wichtig-

---

[395] BVerfGE 83, 130 (145); 87, 234 (263); Schulze-Fielitz, in: Dreier, GG II, Art. 20 (Rechtsstaatsprinzip) Rn. 117.

[396] BVerfGE 17, 306 (314).

[397] BVerfGE 8, 274 (325 f.); 80, 103 (108).

[398] BVerfGE 78, 205 (212); 89, 69 (84 f.).

sten persönlichen und sozialen Beziehungen außerhalb von Ehe und Familie sucht und findet.[399]

Trotz dieser Unbestimmtheit läßt sich ihr Inhalt durch Auslegung hinreichend präzise ermitteln. Ein Verstoß gegen den Bestimmtheitsgrundsatz liegt folglich nicht vor.[400]

bb) Verhältnismäßigkeitsgrundsatz

Weiterhin muß die gesetzliche Regelung den Anforderungen des Verhältnismäßigkeitsgrundsatzes genügen.

(1) Legitimes Ziel

Zunächst muß die Regelung ein legitimes Ziel verfolgen. Legitim sind alle Zwecke, die dem Gesetzgeber nicht durch das Grundgesetz verboten sind.[401] Ziel der Vorschrift des § 8 Abs. 1 S. 2 TPG ist es, die Freiwilligkeit der Organspende zu sichern und die Gefahr eines Organhandels auszuschließen.[402] Außerdem soll der Vorrang der postmortalen Organspende im Interesse des Gesundheitsschutzes des Organspenders klargestellt werden.[403]

Die Legitimität des Ziels der Verhinderung von Organhandel und der Sicherung der Freiwilligkeit der Spendeentscheidung ist nicht zweifelhaft. Fraglich ist aber, ob der Gesundheitsschutz des Spenders ein legitimes gesetzgeberisches Ziel ist. Auch selbstgefährdendes Verhalten ist grundsätzlich Ausübung der allgemeinen Handlungsfreiheit. Die staatliche Schutzpflicht kann sich prinzipiell nicht gegen den Grundrechtsträger richten.[404] Trotzdem ist es ein legitimes gesetzgeberisches Ziel, Menschen davor zu bewahren, sich selbst einen größeren

---

[399] So Gutmann, MedR 1997, 147 (149).

[400] Im Ergebnis ebenso BVerfG NJW 1999, 3399 (3400).

[401] Pieroth/Schlink, Grundrechte, Rn. 280; Dreier, in: Dreier, GG, Vorb. Rn. 91.

[402] Begründung zu § 7 Abs. 1 S. 2 E-TPG, BT-Drs. 13/4355, S. 20.

[403] Begründung zu § 7 E-TPG, BT-Drs. 13/4355, S. 20.

[404] Schulze-Fielitz, in: Dreier, GG, Art. 2 Abs. 2 Rn. 50; Murswiek, in: Sachs, GG Art. 2 Rn. 209.

Schaden zuzufügen.[405] Diese Einschränkung der allgemeinen Handlungsfreiheit bedarf allerdings der verfassungsrechtlichen Rechtfertigung. Mit § 8 Abs. 1 S. 2 TPG werden folglich legitime gesetzgeberische Ziele verfolgt.

(2) Geeignetheit

Die gesetzliche Regelung muß zur Erreichung des gesetzgeberischen Ziels geeignet sein. Geeignet ist das Mittel, wenn es zur Erreichung des konkreten Zwecks überhaupt tauglich ist.[406] Bei der Beurteilung der Geeignetheit des Mittels kommt dem Gesetzgeber eine Einschätzungsprärogative zu.[407]

Wenn und soweit durch § 8 Abs. 1 S. 2 TPG die Entnahme von Organen beim lebenden Spender untersagt wird, ist es ausgeschlossen, daß es in diesen Fällen eine unfreiwillige Spendeentscheidung, einen Organhandel oder eine Gesundheitsgefährdung des Spenders gibt. Damit ist das Verbot des § 8 Abs. 1 S. 2 TPG geeignet, eine unfreiwillige Spendeentscheidung und Organhandel zu verhindern.

In dem Verfassungsbeschwerdeverfahren wurde geltend gemacht, daß § 8 Abs. 1 S. 2 TPG nur dann ein geeignetes Mittel sei, wenn die Regelung dazu führe, daß nach dem Ausschluß der fremden Spender eine Personengruppe übrig bleibe, in der das Risiko der Unfreiwilligkeit der Spendeentscheidung und die Gefahr eines Organhandels geringer sei als vor dem Ausschluß. Hinsichtlich der Freiwilligkeit der Spendeentscheidung bestünden insoweit Bedenken als gerade innerhalb der Familie die Freiwilligkeit des Spenders besonders eingeschränkt sein könne. Hier könnten sich die gegebenen spezifischen Abhängigkeiten und Druckmöglichkeiten auswirken und die Freiwilligkeit in Frage stellen.[408] Das Risiko der Beeinflussung und des Drucks auf den

---

[405] Siehe dazu auch 4. Teil C. III. 3) b).

[406] BVerfGE 30, 292 (316); 81, 156 (192); Dreier, in: Dreier, GG, Vorb. Rn. 92; Starck, in: v.Mangoldt/Klein/Starck, GG, Art. 1 Rn. 243.

[407] BVerfGE 95, 173 (185); Pieroth/Schlink, Grundrechte, Rn. 282.

[408] Vgl. dazu Eigler, MedR 1992, 88 (90); Gutmann, MedR 1997, 147 (149); Schreiber, Ausschuß-Drs. 618/13, 6 (7); Schreiber/Wolfslast, MedR 1992, 189 (194).

Spender sei bei den nach § 8 Abs. 1 S. 2 TPG zulässigen Spendergruppen größer als bei fremden Personen. Mit der Argumentation, daß der Ausschluß der fremden Spender nicht zu einer Spendergruppe führt, in der die Gefahr des Organhandels und der Unfreiwilligkeit der Spendeentscheidung geringer ist, läßt sich aber allenfalls eine noch weitergehende Beschränkung der Lebendspende begründen.[409] Denn der Ausschluß bestimmter Personen verhindert mit Sicherheit eine Unfreiwilligkeit der Spendeentscheidung und Organhandel.

Außerdem liegt die Überlegung des Gesetzgebers nicht ganz fern, daß die Spende für einen Verwandten oder eine andere besonders nahestehende Person eher aus dem Motiv der altruistischen Hilfe erfolgt als bei Fremden. Trotz der möglichen Einflußnahme ist es eher wahrscheinlich, daß jemand für eine Person, die ihm persönlich eng verbunden oder mit ihm verwandt ist, spendet, gerade weil ihm diese Person auf Grund der Beziehung persönlich etwas bedeutet und ihn deshalb Opfer in Kauf nehmen läßt. Insoweit kann die Vermutung bestehen, daß eine Organspende insbesondere in den Fällen freiwillig und unentgeltlich sein wird, in denen die Spende durch die persönliche Nähe motiviert ist. Diese Annahme des Gesetzgebers ist zumindest nicht evident fehlerhaft. Der Gesetzgeber durfte annehmen, daß eine freiwillige und unentgeltliche Spende eher unter Verwandten oder anderen persönlich besonders verbundenen Personen erfolgen wird.

Auch in der Literatur wird das Risiko eines Organhandels bei der Spende innerhalb der Familie als relativ gering angesehen.[410] Dabei ist aber nicht zu verkennen, daß gerade innerhalb der Familie besondere Möglichkeiten bestehen, die Zahlung eines möglichen Entgelts zu verschleiern. Das Fehlen von Verwandtschaft oder einer sonstigen Nähebeziehung muß im Gegenzug auch nicht immer die Entgeltlichkeit der Organspende zur Folge haben.

Im Ergebnis ist das vom Gesetzgeber gewählte Mittel unter Berücksichtigung der gesetzgeberischen Einschätzungsprärogative als geeignet zur Erreichung des Zieles anzusehen.

---

[409] BVerfG NJW 1999, 3399 (3401 f.).
[410] Schreiber, Ausschuß-Drs. 618/13, 6 (7).

(3) Erforderlichkeit

Schließlich muß das vom Gesetzgeber gewählte Mittel erforderlich sein.

Die Erforderlichkeit verlangt, daß kein milderes Mittel zur Erreichung des angestrebten Zwecks zur Verfügung steht, das bei gleicher Effektivität eine weniger intensive Grundrechtseinschränkung zur Folge hat.[411]

Fraglich ist daher, ob ein milderes Mittel als das generelle Verbot der Entnahme sich nicht wieder bildender Organe von lebenden Spendern zur Übertragung auf andere Personen als auf Verwandte ersten oder zweiten Grades, Ehegatten, Verlobte oder andere Personen, die dem Spender in besonderer Verbundenheit nahestehen, existiert.

In Betracht käme eine verfahrensmäßige Überprüfung der Freiwilligkeit der Spendeentscheidung und des Vorliegens von Organhandel in jedem Einzelfall. Diese Überprüfung könnte in einem Verfahren erfolgen, wie es in § 8 Abs. 3 S. 2 TPG für jeden Fall der Organspende vom lebenden Spender zur Prüfung der Freiwilligkeit und der Frage des Organhandels vorgesehen ist. Der Gesetzgeber ist dabei davon ausgegangen, daß insbesondere psychodiagnostische und medizinisch-psychologische Beratungsverfahren eine begründete und verantwortliche Beurteilung der Freiwilligkeit des Spendeentschlusses und der Untersuchung und Bewertung der Beweggründe der Organspende ermöglichen.[412] Diese Einschätzung der zur Verfügung stehenden Mittel gilt ebenfalls für die Überprüfung bei Spendern, die mit dem Empfänger nicht im ersten oder zweiten Grad verwandt, verheiratet oder verlobt sind oder ihm in besonderer persönlicher Verbundenheit nahestehen. Dies folgt auch daraus, daß diese Überprüfung nach dem Willen des Gesetzgebers in jedem Einzelfall vorzunehmen und nicht auf einen bestimmten Spenderkreis beschränkt ist.[413] Mit dieser Einzelfallprüfung könnte deshalb ein milderes Mittel als das generelle Verbot zur Verfügung stehen.

---

[411] BVerfGE 39, 156 (165); 63, 88 (115); Dreier, in: Dreier, GG, Vorb. Rn. 93; Starck, in: v.Mangoldt/Klein/Starck, GG, Art. 1 Rn. 243.

[412] Begründung zu § 7 Abs. 3 E-TPG, BT-Drs. 13/4355, S. 21.

[413] Begründung zu § 7 Abs. 3 E-TPG, BT-Drs. 13/4355, S. 21.

Dies würde aber verkennen, daß es dem Gesetzgeber mit der Regelung des § 8 Abs. 1 S. 2 TPG darum ging, im Bereich der Lebendspende sich nicht wieder bildender Organe eine zusätzliche Sicherung zu schaffen. Für den Bereich der besonders sensiblen - und auch für den Spender schwerwiegenden - Lebendspende regenerierungsunfähiger Organe soll ein weitergehender Schutz des Spenders erreicht werden als bei regenerierungsfähigen Organen. Dies ergibt sich auch aus der Gesetzesbegründung, in der von einer zusätzlichen Einschränkung die Rede ist.[414]

Für diese zusätzliche Einschränkung spricht, daß in dem Kommissionsverfahren ein Willensentschluß zu überprüfen ist. Obwohl der Gesetzgeber davon ausgegangen ist, daß grundsätzlich ein geeignetes Verfahren zur Überprüfung zur Verfügung steht, wird immer das Risiko einer Fehleinschätzung bleiben. Insofern erscheint das Kommissionsverfahren nach der Ansicht des Gesetzgebers für diesen besonders sensiblen Bereich der Lebendspende als nicht allein ausreichend. Das zusätzliche Erfordernis eines bestimmten Näheverhältnisses dient damit der Minimierung dieses Restrisikos.

Die Beschränkung des Empfängerkreises steht also nicht als Alternative neben einer verfahrensmäßigen Einzelfallprüfung, sondern ist eine über die grundsätzlich erforderliche Einzelfallprüfung hinausgehende zusätzliche Anforderung zur Erreichung des angestrebten Zieles. Sie kann sie darum nicht ersetzen oder überflüssig machen, beide Voraussetzungen müssen kumulativ vorliegen. Eine Überprüfung im Einzelfall ist folglich kein milderes Mittel.[415]

Eine Einschränkung des Empfängerkreises bei der Lebendspende sich nicht wieder bildender Organe könnte aber deswegen nicht erforderlich sein, weil der Gesetzgeber bereits durch das Verbot des Organhandels gemäß §§ 17, 18 TPG der möglichen Gefahr einer Kommerzialisierung der Organspende begegnet. Nach diesen Vorschriften machen sich der Spender, der Empfänger und der die Explantation vornehmende Arzt strafbar.

---

[414] Begründung zu § 7 Abs. 1 S. 2 E-TPG, BT-Drs. 13/4355, S. 20.
[415] Im Ergebnis ebenso BVerfG NJW 1999, 3399 (3402).

Aus der Gesetzesbegründung ergibt sich, daß die Strafbewehrung als zusätzliche Maßnahme zur verfahrensmäßigen Überprüfung durch die Kommission gedacht ist.[416] Es handelt sich daher um mehrere Maßnahmen, die vom Gesetzgeber kumulativ eingesetzt werden, um das angestrebte Ziel zu erreichen. Auch die Strafbewehrung ist folglich kein milderes Mittel zu § 8 Abs. 1 S. 2 TPG.

(4) Verhältnismäßigkeit im engeren Sinne

Das Verbot des § 8 Abs. 1 S. 2 TPG darf nicht unverhältnismäßig im engeren Sinne sein.

Die Verhältnismäßigkeit im engeren Sinne verlangt, daß eine angemessene Zweck-Mittel-Relation besteht, ein angemessener Ausgleich zwischen der Schwere der grundrechtlichen Beeinträchtigung und der Bedeutung des mit der Maßnahme verfolgten öffentlichen Belangs erfolgt. Der Betroffene darf nicht übermäßig belastet werden.[417]

Dabei ist der Wert der betroffenen Grundrechte zu berücksichtigen. Dem Grundrecht auf Leben und auf körperliche Unversehrtheit kommt eine besondere Bedeutung zu. Sie haben einen besonders hohen Rang.[418] Insbesondere das Leben stellt einen Höchstwert innerhalb der grundgesetzlichen Ordnung dar. Es ist die vitale Basis der Menschenwürde und die Voraussetzung aller anderen Grundrechte.[419] Deshalb ist eine strenge Prüfung am Grundsatz der Verhältnismäßigkeit geboten.[420]

Dem Kranken droht durch das Verbot der Übertragung eines lebendgespendeten Organs von einem Spender, der mit ihm nicht im ersten oder zweiten Grad verwandt, verheiratet oder verlobt ist oder ihm sonst in besonderer persönlicher Verbundenheit nahesteht, eine Verschlechterung seines gesundheitlichen Zustands. Dies kann zu schwe-

---

[416] Begründung zu § 7 Abs. 3 E-TPG, BT-Drs. 13/4355, S. 21.

[417] BVerfGE 51, 324 (346); 90, 145 (185); Dreier, in: Dreier, GG, Vorb. Rn. 94; Starck, in: v.Mangoldt/Klein/Starck, GG, Art. 1 Rn. 243.

[418] BVerfGE 57, 250 (284 f.).

[419] BVerfGE 39, 1 (42).

[420] Schulze-Fielitz, in: Dreier, GG, Art. 2 Abs. 2 Rn. 39.

ren gesundheitlichen Beeinträchtigungen und im schlimmsten Fall zum Tode des Betroffenen führen.

Auf der anderen Seite ist gerade für die Transplantationsmedizin Seriosität und Rechtssicherheit wichtig. Nur wenn ein entsprechendes Vertrauen in die Transplantationsmedizin besteht, werden sich Menschen zu einer Organspende - sei es eine Lebendspende oder eine postmortale Spende - bereit erklären.[421] Deshalb muß die Transplantationsmedizin von dem Anschein des Zwanges, des Organhandels und möglicher nicht medizinischer Erwägungen freigehalten werden. Damit wird auch den Interessen potentieller Transplantatempfänger gedient. Insofern liegt die Einschränkung nicht nur im Interesse der Transplantationsmedizin, sondern auch aller Kranken, die auf die Spende eines Organs angewiesen sind. Gleichzeitig dient die Einschränkung des Spenderkreises dem Schutz des Spenders vor Zwang und schützt seine gesundheitlichen Interessen.

Fraglich ist, wie intensiv die Beeinträchtigung eines Kranken durch das Verbot des § 8 Abs. 1 S. 2 TPG ist. Bei der Nierenspende als häufigstem Fall der Lebendspende eines sich nicht wieder bildenden Organs ist die Möglichkeit gegeben, die Nierenfunktion über längere Zeit durch die Dialyse zu ersetzen. Hier wird in den meisten Fällen - trotz der langen Wartezeit von augenblicklich ungefähr fünf Jahren[422] - die Möglichkeit der Transplantation eines postmortal gespendeten Organs bestehen. Für Notfälle gibt es einen Hochdringlichkeitsstatus bei der Organverteilung, der eine bevorzugte Berücksichtigung ermöglicht.

Als weiterer Gesichtspunkt ist der Gesundheitsschutz des Spenders zu berücksichtigen. Es besteht durchaus das Risiko, daß der Lebendspender einer Niere auf Grund einer Krankheit oder eines Unfalls die verbleibende Niere verliert und selbst behandlungsbedürftig wird.

---

[421] Dies betont auch Seidenath, MedR 2000, 33.

[422] 1998 standen über 11.000 Patienten auf der Warteliste, vorgenommen wurden 2.304 Transplantationen. Auf Grund der die Anzahl der Transplantationen übersteigende Zahl der Neuanmeldungen steigt die Zahl der Patienten auf der Warteliste allerdings kontinuierlich an, deshalb wird die Wartezeit weiter zunehmen. Vgl. Smit u.a., Organspende, S. 21 Abb. 32, 33.

Der Eingriff ist deshalb nicht als unverhältnismäßig im engeren Sinne anzusehen.[423]

Die Regelung des § 8 Abs. 1 S. 2 TPG greift nicht unverhältnismäßig in das Grundrecht aus Art. 2 Abs. 2 S. 1 GG ein.

Eine Verletzung des Grundrechts auf Leben und auf körperliche Unversehrtheit eines potentiellen Organempfängers liegt nicht vor.[424]

3) Verletzung von Art. 3 Abs. 1 GG (Organempfänger)

§ 8 Abs. 1 S. 2 TPG könnte den allgemeinen Gleichheitssatz aus Art. 3 Abs. 1 GG verletzen. Eine Verletzung des allgemeinen Gleichheitssatzes kann darin liegen, daß die Lebendorganspende nicht regenerierungsfähiger Organe nur zugunsten eines bestimmten Empfängerkreises zulässig ist und damit den ausgeschlossenen potentiellen Empfängern eine Heilungsmöglichkeit genommen wird.

Eine Verletzung des Gleichheitssatzes ist gegeben, wenn wesentlich Gleiches willkürlich ungleich behandelt wird.[425] Damit soll nicht nur eine willkürliche Verschiedenbehandlung von Personen verhindert werden, sondern der Gleichheitssatz ist auch anwendbar, wenn eine Ungleichbehandlung von Sachverhalten mittelbar zur Ungleichbehandlung von Personengruppen führt.[426] Entgegen dem Wortlaut bindet Art. 3 Abs. 1 GG auch den Gesetzgeber.[427]

a) Ungleichbehandlung

Zunächst müßte überhaupt eine Ungleichbehandlung vorliegen, die verfassungsrechtlicher Rechtfertigung bedarf.

---

[423] Im Ergebnis ebenso BVerfG NJW 1999, 3399 (3402).

[424] A.A. Seidenath, MedR 2000, 33 (34) für den Fall einer anonymen Lebendspende.

[425] BVerfGE 4, 144 (155); 49, 148 (165).

[426] BVerfGE 88, 87 (96); 91, 346 (362 f.); 95, 267 (316).

[427] Pieroth/Schlink, Grundrechte, Rn. 428; Heun, in: Dreier, GG, Art. 3 Rn. 39; Starck, in: v.Mangoldt/Klein/Starck, GG, Art. 3 Rn. 2.

§ 8 Abs. 1 S. 2 TPG erlaubt die Entnahme nicht regenerierungsfähiger Organe vom lebenden Spender nur, wenn der Empfänger mit dem Spender im ersten oder zweiten Grad verwandt, verheiratet oder verlobt ist oder ihm sonst in besonderer persönlicher Verbundenheit offenkundig nahesteht. Damit ist es für einen Organempfänger unmöglich, ein derartiges Organ von einem Spender zu erhalten, mit dem ihn kein solches Verhältnis verbindet. Verschieden behandelt wird also der Sachverhalt der Lebendspende zwischen Personen, die in einem bestimmten Näheverhältnis stehen, und der Sachverhalt der Lebendspende zwischen Personen, zwischen denen kein Näheverhältnis der gesetzlich vorausgesetzten Art besteht. Diese Ungleichbehandlung von Sachverhalten führt zur Ungleichbehandlung von Personen. Aus der Gruppe der potentiellen Empfänger eines lebendgespendeten nicht regenerierungsfähigen Organs werden diejenigen ausgenommen, die über keinen Spender verfügen, zu dem eine Nähebeziehung der vorausgesetzten Art besteht. Dadurch wird bei ihnen die Möglichkeit eingeschränkt, ihre Krankheit durch ein lebendgespendetes Organ behandeln zu können.

§ 8 Abs. 1 S. 2 TPG hat damit die tatsächliche Wirkung, daß diese potentiellen Organempfänger gegenüber den anderen potentiellen Organempfängern benachteiligt werden. Ein solcher faktischer Nachteil ist ausreichend.[428] Es liegt eine Ungleichbehandlung vor.

b) Verfassungsrechtliche Rechtfertigung

Der Gleichheitssatz ist nur dann verletzt, wenn sich ein vernünftiger, aus der Natur der Sache oder sonstwie sachlicher Grund für die gesetzliche Differenzierung oder Gleichbehandlung nicht finden läßt.[429] Die Ungleichbehandlung darf also nicht sachfremd und deshalb willkürlich sein.[430] Nach der sogenannten neuen Formel des Bundesverfassungsgerichts verletzt eine Ungleichbehandlung den Gleichheits-

---

[428] Osterloh, in: Sachs, GG, Art. 3 Rn. 84 ff..

[429] BVerfGE 1, 14 (52); 61, 138 (147); 89, 132 (141).

[430] BVerfGE 17, 122 (130); Pieroth/Schlink, Grundrechte, Rn. 439; Osterloh, in: Sachs, GG, Art. 3 Rn. 9.

satz, wenn eine Gruppe von Normadressaten im Vergleich zu anderen Normadressaten anders behandelt wird, obwohl zwischen beiden Gruppen keine Unterschiede von solcher Art und solchem Gewicht bestehen, daß sie die Ungleichbehandlung rechtfertigen könnten.[431] Die Ungleichbehandlung bedarf danach einer Prüfung am Maßstab der Verhältnismäßigkeit.[432]

Bei Ungleichbehandlungen hat der Gesetzgeber einen weiten Ermessensspielraum; nicht kontrolliert werden kann, ob der Gesetzgeber die jeweils gerechteste oder zweckmäßigste Regelung getroffen hat.[433] Dem Gestaltungsspielraum sind aber um so engere Grenzen gezogen, je stärker sich die ungleiche Behandlung von Sachverhalten oder Personen auf die Ausübung grundrechtlich geschützter Freiheiten nachteilig auswirken kann[434] und je weniger der Betroffene die Kriterien der Ungleichbehandlung beeinflussen kann[435].

Der Gesetzgeber verfolgt mit der Regelung das Ziel, die Freiwilligkeit der Spendeentscheidung zu sichern und Organhandel zu verhindern. Dies sind, wie oben dargelegt, legitime gesetzgeberische Ziele. Dabei geht der Gesetzgeber davon aus, daß eine allgemeine Freigabe der Lebendspende die Gefahr des Organhandels in letztlich nicht mehr kontrollierbarer Weise erhöhen würde. Eine verwandtschaftliche oder vergleichbare enge persönliche Beziehung wird als beste Gewähr für die Sicherung der Freiwilligkeit der Spendeentscheidung und der Verhinderung des Organhandels angesehen.[436] Dieses Differenzierungskriterium ist als solches nicht verboten.[437] Unter Berücksichtigung der

---

[431] BVerfGE 55, 72 (88); 82, 126 (146); 95, 39 (45).

[432] Pieroth/Schlink, Grundrechte, Rn. 440; Osterloh, in: Sachs, GG, Art. 3 Rn. 14 ff.; siehe auch Starck, in: v.Mangoldt/Klein/Starck, GG, Art. 3 Rn. 11; kritisch Heun, in: Dreier, GG, Art. 3 Rn. 24 ff..

[433] BVerfGE 52, 277 (280 f.); 64, 158 (168 f.); Pieroth/Schlink, Grundrechte, Rn. 444.

[434] BVerfGE 60, 123 (134); 82, 126 (146).

[435] BVerfGE 95, 267 (316); NJW 1993, 1517.

[436] Begründung zu § 7 Abs. 1 S. 2 E-TPG, BT-Drs. 13/4355, S. 20.

[437] Vgl. zu Differenzierungsverboten Starck, in: v.Mangoldt/Klein/Starck, GG, Art. 3 Rn. 16 ff..

Einschätzungsprärogative des Gesetzgebers handelt es sich hinsichtlich der Geeignetheit und Erforderlichkeit des angewendeten Mittels um eine vertretbare Einschätzung. Durch sie werden die Betroffenen nicht unverhältnismäßig belastet.
Die Ungleichbehandlung ist damit durch einen sachlichen Grund gerechtfertigt.[438]
Die Regelung des § 8 Abs. 1 S. 2 TPG verletzt daher den allgemeinen Gleichheitssatz aus Art. 3 Abs. 1 GG nicht.

4) *Verletzung von Art. 2 Abs. 1 GG (Organspender)*

§ 8 Abs. 1 S. 2 TPG könnte einen potentiellen Organspender in seinem Grundrecht aus Art. 2 Abs. 1 GG verletzen, weil es ihm verbietet, ein sich nicht wieder bildendes Organ zugunsten einer Person zu spenden, die mit ihm weder im ersten oder zweiten Grad verwandt noch verheiratet oder verlobt ist noch ihm in besonderer persönlicher Verbundenheit nahesteht.

a) Eingriff in den Schutzbereich

Die herrschende Ansicht versteht Art. 2 Abs. 1 GG als Gewährleistung der allgemeinen Handlungsfreiheit im weitesten Sinne. Art. 2 Abs. 1 GG schützt nicht einen bestimmten, begrenzten Bereich der Persönlichkeitsentfaltung, sondern jegliches menschliche Verhalten, ohne daß es darauf ankommt, welches Gewicht ihm für die Persönlichkeitsentfaltung zukommt. Irrelevant sind Art und Güte der Tätigkeit.[439] Im Gegensatz zum allgemeinen Persönlichkeitsrecht dient die allgemeine Handlungsfreiheit der aktiven Entfaltung der Persönlichkeit.[440] Bei dem weiten Verständnis des Schutzbereichs fällt die Le-

---

[438] Im Ergebnis ebenso BVerfG NJW 1999, 3399 (3402); Höfling, Ausschuß-Drs. 599/13, 4 (11).

[439] BVerfGE 6, 32 (36); 80, 137 (152); Pieroth/Schlink, Grundrechte, Rn. 368; Dreier, in: Dreier, GG, Art. 2 Abs. 1 Rn. 20; Murswiek, in: Sachs, GG, Art. 2 Rn. 52; vgl. zu den anderen Ansichten Starck, in: v.Mangoldt/Klein/Starck, GG, Art. 2 Rn. 8 ff.; Murswiek, in: Sachs, GG, Art. 2 Rn. 34 m.w.N..

[440] BVerfGE 54, 148 (153); Dreier, in: Dreier, GG, Art. 2 Abs. 1 Rn. 16.

bendorganspende als menschliche Handlung in den Schutzbereich des Art. 2 Abs. 1 GG.

Die gesetzliche Regelung des Transplantationsgesetzes muß in den Schutzbereich eingreifen. Der Eingriffsbegriff ist bei Art. 2 Abs. 1 GG wegen der Auflösung des klassischen Eingriffsbegriffs und der Weite des Schutzbereichs umstritten.[441] § 8 Abs. 1 S. 2 TPG enthält mit dem Verbot der Entnahme eines nicht regenerierungsfähigen Organs zu einem anderen Zweck als der Übertragung auf den gesetzlich vorgesehenen Empfängerkreis eine Einschränkung der Handlungsfreiheit. Es handelt sich um eine unmittelbare und finale Beeinträchtigung durch ein Gesetz. Die direkten staatlichen Gebote oder Verbote stellen auf jeden Fall einen Eingriff dar.[442] Ein Eingriff in die allgemeine Handlungsfreiheit des potentiellen Spenders liegt damit vor.

b) Verfassungsrechtliche Rechtfertigung

Die allgemeine Handlungsfreiheit ist in Art. 2 Abs. 1 GG nur in den Schranken der Rechte anderer, der verfassungsmäßigen Ordnung und des Sittengesetzes gewährleistet, sogenannte Schrankentrias.[443] Die größte Bedeutung kommt dabei der Schranke der verfassungsmäßigen Ordnung zu. Unter der verfassungsmäßigen Ordnung werden in Art. 2 Abs. 1 GG entsprechend dem weiten Schutzbereichsverständnis alle formell und materiell mit der Verfassung in Einklang stehenden Normen verstanden.[444] In materieller Hinsicht ist die Regelung insbesondere am Grundsatz der Verhältnismäßigkeit zu überprüfen. § 8 Abs. 1 S. 2 TPG muß deshalb ein legitimes Ziel verfolgen, zur Erreichung des Ziels geeignet und erforderlich sein und den Adressaten nicht unverhältnismäßig belasten.

---

[441] Vgl. Pieroth/Schlink, Grundrechte, Rn. 379 f.; Murswiek, in: Sachs, GG, Art. 2 Rn. 79 ff..

[442] Dreier, in: Dreier, GG, Art. 2 Abs. 1 Rn. 34 m.w.N..

[443] Dreier, in: Dreier, GG, Art. 2 Abs. 1 Rn. 36.

[444] BVerfGE 6, 32 (38); 80, 137 (153); Dreier, in: Dreier, GG, Art. 2 Abs. 1 Rn. 38; Murswiek, in: Sachs, GG, Art. 2 Rn. 89; Pieroth/Schlink, Grundrechte, Rn. 383.

Das Ziel der Sicherung der Freiwilligkeit der Spendeentscheidung und der Verhinderung von Organhandel sind legitime gesetzgeberische Ziele. Wie bereits ausgeführt wurde, ist auch der Schutz des Spenders - selbst gegen dessen Willen - davor, sich selbst einen größeren persönlichen Schaden zuzufügen, ein legitimes gesetzgeberisches Ziel.[445] Hinsichtlich der Geeignetheit, Erforderlichkeit und Verhältnismäßigkeit im engeren Sinne gilt das zu Art. 2 Abs. 2 S. 1 GG Ausgeführte entsprechend.

Bei der Erforderlichkeit stellt sich hier noch die Frage, ob die Zulässigkeit einer anonymen Spende von Organen als milderes Mittel in Betracht kommt. Eine anonyme Spende wäre dazu geeignet, die Freiwilligkeit der Spende zu gewährleisten und Organhandel zu verhindern. Nicht erreicht werden könnte aber das gesetzgeberische Ziel, den Spender davor zu schützen, sich selbst einen größeren persönlichen Schaden zuzufügen.[446] Das Zulassen einer anonymen Spende ist deshalb kein milderes Mittel.

Bei der Verhältnismäßigkeit im engeren Sinne ist darauf hinzuweisen, daß es außerhalb des von § 8 Abs. 1 S. 2 TPG vorausgesetzten Personenkreises gerade an einer engen persönlichen Nähebeziehung fehlt. Bei dem Verbot der Spende zwischen einander fremden Personen erscheint deshalb die dadurch verursachte Belastung des potentiellen Spenders als eher gering. Das Verbot der Lebendspende zwischen Personen, bei denen es am von § 8 Abs. 1 S. 2 TPG vorausgesetzten Näheverhältnis fehlt, beschränkt sich auch nur auf die Spende sich nicht wieder bildender Organe und damit auf einen besonders sensiblen Bereich. Weil sich das Organ nicht wieder bilden kann, ist der Verlust des Organs endgültig. Außerdem erscheint es schon als zweifelhaft, ob der Gesetzgeber überhaupt verfassungsrechtlich verpflichtet ist, die Lebendspende von Organen zuzulassen.[447]

---

[445] Siehe dazu 4. Teil C. III. 3) b).

[446] BVerfG NJW 1999, 3399 (3402).

[447] Dies verneint Höfling, Ausschuß-Drs. 599/13, 4 (10); auch das BVerfG NJW 1999, 3399 (3402) betont, daß das in besonderer Weise abwehrgerichtete Grundrecht aus Art. 2 Abs. 1 GG keinen Anspruch verleiht, daß der Staat eine altruistische, anonyme und fremdgerichtete Organspende ermöglicht.

Der Eingriff ist im Ergebnis folglich gerechtfertigt.[448] Das Grundrecht des potentiellen Organspenders aus Art. 2 Abs. 1 GG ist nicht verletzt.

5) Verletzung von Art. 12 Abs. 1 GG (Transplantationschirurg)

Durch das Verbot, ein nicht regenerierungsfähiges Organ zum Zweck der Übertragung auf einen anderen Empfänger als einen Verwandten ersten oder zweiten Grades des Spenders, dessen Ehegatten oder Verlobten oder einer anderen Person, die dem Spender in besonderer persönlicher Verbundenheit nahesteht, zu entnehmen, könnte das Grundrecht der Berufsfreiheit aus Art. 12 Abs. 1 GG des Transplantationschirurgen verletzt sein.

a) Eingriff in den Schutzbereich

Nach herrschender Ansicht schützt Art. 12 Abs. 1 GG als einheitliches Grundrecht die Berufsfreiheit.[449]

Unter Beruf wird jede auf eine gewisse Dauer angelegte Tätigkeit verstanden, die zur Schaffung und Erhaltung der Lebensgrundlage dient.[450] Zum Teil wird weiter gefordert, daß die einzelnen Handlungen, die zum Inhalt des Berufes gemacht werden, nicht verboten sind[451] oder nicht sozial- oder gemeinschaftsschädlich sind[452].

Für eine berufliche Tätigkeit ist es zunächst erforderlich, daß die Tätigkeit der Schaffung und Erhaltung der Lebensgrundlage dient. Dabei ist ein objektiver Maßstab anzulegen, die Tätigkeit muß ihrer Art nach

---

[448] So auch BVerfG NJW 1999, 3399 (3402).

[449] BVerfGE 7, 377 (401); 92, 140 (151); Pieroth/Schlink, Grundrechte, Rn. 808; Tettinger, in: Sachs, GG, Art. 12 Rn. 8; Manssen, in: v.Mangoldt/Klein/Starck, GG, Art. 12 Rn. 2.

[450] Vgl. BVerfGE 7, 377 (397); 54, 301 (313); Tettinger, in: Sachs, GG, Art. 12 Rn. 29; Manssen, in: v.Mangoldt/Klein/Starck, GG, Art. 12 Rn. 39.

[451] BVerfGE 7, 377 (397); Pieroth/Schlink, Grundrechte, Rn. 810.

[452] BVerwGE 22, 286 (289); Gubelt, in: v.Münch/Kunig, GG, Art. 12 Rn. 9; Manssen, in: v.Mangoldt/Klein/Starck, GG, Art. 12 Rn. 39.

zur Existenzsicherung geeignet sein.[453] Weiterhin muß die Tätigkeit auf Dauer angelegt sein, um Beruf zu sein.[454] Abzustellen ist dabei auf die Absicht des Grundrechtsträgers. Die Tätigkeit muß demnach für einen nicht unerheblichen Zeitraum ausgeübt werden.[455] Nach diesen Kriterien handelt es sich bei der Tätigkeit als Transplantationschirurg als auf Dauer angelegter und dem Erwerb der Lebensgrundlage dienender Tätigkeit um einen Beruf. Die Tätigkeit an sich ist weder verboten noch sozialschädlich. Zur Tätigkeit eines Transplantationschirurgen gehört neben der Übertragung eines Organs auch die Entnahme von Organen bei Spendern zu dem Zweck der Transplantation. Damit fällt die Tätigkeit der Organentnahme beim lebenden Spender in den Schutzbereich der Berufsfreiheit.

§ 8 Abs. 1 S. 2 TPG müßte in den Schutzbereich eingreifen. § 8 Abs. 1 S. 2 TPG normiert als Zulässigkeitsvoraussetzung der Entnahme sich nicht wieder bildender Organe vom lebenden Spender, daß die Entnahme nur zum Zweck der Übertragung auf einen Verwandten ersten oder zweiten Grades, den Ehegatten oder Verlobten des Spenders oder auf eine andere Person erfolgt, die dem Spender in besonderer persönlicher Verbundenheit nahesteht. Vor Erlaß des Transplantationsgesetzes bestand eine spezialgesetzliche Regelung nicht. Ein Transplantationschirurg konnte deshalb im Rahmen der allgemeinen Vorschriften und des Standesrechts eine Explantation bei lebenden und verstorbenen Spendern vornehmen. Dies wird durch § 8 Abs. 1 S. 2 TPG eingeschränkt. § 8 Abs. 1 S. 2 TPG schränkt damit die Art und Weise der Berufsausübung ein.

Ein Eingriff in den Schutzbereich liegt folglich vor.

---

[453] Manssen, in: v.Mangoldt/Klein/Starck, GG, Art. 12 Rn. 34; Tettinger, in: Sachs, GG, Art. 12 Rn. 32.

[454] Pieroth/Schlink, Grundrechte, Rn. 812.

[455] Manssen, in: v.Mangoldt/Klein/Starck, Art. 12 Rn. 38; Wieland, in: Dreier, GG, Art. 12 Rn. 49.

b) Verfassungsrechtliche Rechtfertigung

Art. 12 Abs. 1 S. 2 GG enthält einen einfachen Gesetzesvorbehalt, der auf Grund der Einheitlichkeit des Schutzbereichs einheitlich für Art. 12 Abs. 1 GG gilt.[456] Bei § 8 Abs. 1 S. 2 TPG handelt es sich um ein Parlamentsgesetz, so daß ein Gesetz als Grundlage für den Eingriff vorhanden ist.

Zur weiteren Prüfung der Verfassungsmäßigkeit des Eingriffs wurde von dem Bundesverfassungsgericht die Drei-Stufen-Theorie entwickelt. Danach hat sich die verfassungsrechtliche Rechtfertigung der Regelungsbefugnis des Gesetzgebers bei steigender Intensität der Grundrechtsbeeinträchtigung an entsprechend höherwertigen Gemeinwohlbelangen auszurichten.[457] Je nach Eingriffsintensität sind dabei Berufsausübungsregelungen, subjektive und objektive Berufswahlregelungen zu unterscheiden.[458]

Durch § 8 Abs. 1 S. 2 TPG wird in bestimmten Fällen die Entnahme eines Organs verboten. Dadurch werden Art und Weise der Ausübung des Berufes geregelt. Es handelt sich mithin um eine Berufsausübungsregelung.

Ein Eingriff auf der Ebene der Berufsausübungsregelung ist dann zulässig, wenn vernünftige Erwägungen des Allgemeinwohls sie als zweckmäßig erscheinen lassen.[459] Das Bundesverfassungsgericht selbst versteht dabei die Drei-Stufen-Lehre als Ergebnis einer strikten Anwendung des Verhältnismäßigkeitsgrundsatzes auf Eingriffe in das Grundrecht aus Art. 12 Abs. 1 GG.[460]

Aus diesem Grund läßt sich grundsätzlich auf die obigen Ausführungen verweisen. Die Regelung verfolgt ein legitimes Ziel, sie ist geeignet und erforderlich. Die Sicherung der Freiwilligkeit der Spendeent-

---

[456] BVerfGE 84, 133 (148); Tettinger, in: Sachs, GG, Art. 12 Rn. 82; Manssen, in: v.Mangoldt/ Klein/Starck, GG, Art. 12 Rn. 99.

[457] Vgl. BVerfGE 7, 377 (405 ff.).

[458] Vgl. Tettinger, in: Sachs, GG, Art. 12 Rn. 100 ff.; Manssen, in: v.Mangoldt/Klein/Starck, GG, Art. 12 Rn. 134 ff..

[459] BVerfGE 7, 377 (405); 30, 336 (351).

[460] BVerfGE 13, 97 (104); 30, 292 (315); 46, 120 (138).

scheidung, die Verhinderung von Organhandel und der Gesundheitsschutz potentieller Organspender sind vernünftige Erwägungen des Gemeinwohls.

Sie belastet den Transplantationschirurgen bei der Ausübung seines Berufes auch nicht unangemessen. Das Verbot der Entnahme nicht regenerierungsfähiger Organe bei einem bestimmten Spenderkreis berührt die Tätigkeit nur in einem Randbereich. Zum einen ist die Zahl der Lebendorganspenden sich nicht wieder bildender Organe insgesamt gering. Die den Großteil der Tätigkeit ausmachende postmortale Entnahme von Organen bleibt von der Regelung völlig unberührt.[461] Zum anderen werden mit dem in § 8 Abs. 1 S. 2 TPG festgelegten Spenderkreis wohl auch die meisten Fälle erfaßt werden, in denen sich ein lebender Spender ohne finanzielles Interesse zur Spende nicht regenerierungsfähiger Organe bereit erklärt. Ebenfalls nicht eingeschränkt wird durch § 8 Abs. 1 S. 2 TPG die Entnahme sich wieder bildender Organe von Lebenden. Das Verbot des § 8 Abs. 1 S. 2 TPG erfaßt also schon rein zahlenmäßig nur einen geringen Teil aller Organentnahmen.

Das Verbot ist auch nicht deshalb unverhältnismäßig, weil es den Arzt zum Verzicht auf eine mögliche Therapie zwingt. Denn die Transplantation eines lebendgespendeten Organs ist nur eine Behandlungsmöglichkeit, es bleibt immer noch die Möglichkeit ein postmortal gespendetes Organ zu verpflanzen. Das Verbot bedeutet nicht, daß dem Arzt jede Behandlung verwehrt wird. Ein Anspruch darauf, jede mögliche Behandlungsmethode anwenden zu dürfen, hat der Arzt nicht. Im übrigen ist darauf hinzuweisen, daß die Entnahme eines völlig gesunden Organs bei einem völlig gesunden Menschen unter dem Gesichtspunkt des ärztlichen Grundsatzes „primum nihil nocere" zumindest nicht völlig unbedenklich ist.[462]

Der Eingriff ist daher gerechtfertigt.[463]

---

[461] Der Anteil der Lebendspenden bei der Transplantation betrug 1998 nur 14,7% - und schon dies ist ein starker Anstieg gegenüber den Vorjahren, vgl. Smit u.a., Organspende, S. 25 Abb. 41.

[462] Vgl. Eigler, DMW 1997, 1398 (1399).

[463] Ähnlich BVerfG NJW 1999, 3399 (3403).

§ 8 Abs. 1 S. 2 TPG verletzt nicht das Grundrecht der Berufsfreiheit aus Art. 12 Abs. 1 GG.

6) Verletzung von Art. 4 Abs. 1 GG (Transplantationschirurg)
Die Vorschrift des § 8 Abs. 1 S. 2 TPG könnte das Grundrecht der Religions- und Gewissensfreiheit des Transplantationschirurgen aus Art. 4 Abs. 1 GG verletzen, weil sie es diesem entgegen seiner religiösen Überzeugung und seinem Gewissen verbietet, einem kranken Patienten zu dessen Heilung das lebendgespendete Organ einer Person zu implantieren, die nicht zu dem von § 8 Abs. 1 S. 2 TPG zugelassenen Spenderkreis gehört.

a) Eingriff in den Schutzbereich
Art. 4 Abs. 1 GG gewährleistet die Freiheit des Glaubens und des religiösen und weltanschaulichen Bekenntnisses.[464] Wegen der weiten Fassung der Glaubens- und Bekenntnisfreiheit hat Art. 4 Abs. 2 GG keine eigenständige Bedeutung.[465] Neben der Religions- und Bekenntnisfreiheit wird die Freiheit des Gewissens durch Art. 4 Abs. 1 GG gewährleistet.[466]

Unter Glauben wird ein System religiöser Prägung verstanden.[467] Als Weltanschauung sind gedankliche Systeme zu verstehen, die eine wertende Stellungnahme zum Sinn des Weltgeschehens bieten, ohne dabei auf Gott, das Jenseits oder die Idee der Transzendenz zurückzugreifen.[468] Weltanschauung ist damit ein Gegenbegriff zum Glauben,

---

[464] Starck, in: v.Mangoldt/Klein/Starck, GG, Art. 4 Rn. 10.

[465] BVerfGE 24, 236 (245); Kokott, in: Sachs, GG, Art. 4 Rn. 10 ff.; Starck, in: v.Mangoldt/Klein/ Starck, GG, Art. 4 Rn. 12.

[466] Starck, in: v.Mangoldt/Klein/Starck, GG, Art. 4 Rn. 13.

[467] Morlok, in: Dreier, GG, Art. 4 Rn. 42; ähnlich Kokott, in: Sachs, GG, Art. 4 Rn. 17.

[468] Kokott, in: Sachs, GG, Art. 4 Rn. 20.

der durch seine a- oder antireligiösen Eigenschaften gekennzeichnet ist.[469]

Die Gewissensfreiheit schützt die selbst wahrgenommene Verantwortlichkeit des einzelnen für seine Handlungen.[470] Unter einer Gewissensentscheidung ist jede ernste sittliche, das heißt an den Kategorien von „Gut" und „Böse" orientierte Entscheidung zu verstehen, die der einzelne in einer bestimmten Situation für sich als bindend und unbedingt verpflichtend innerlich erfährt, so daß er nicht ohne ernste Gewissensnot gegen sie handeln könnte.[471]

Der Schutzbereich der Glaubens- und Gewissensfreiheit umfaßt das forum internum und das forum externum, also das Denken, Äußern und entsprechende Handeln.[472] Ein Eingriff in den Schutzbereich liegt unter anderem dann vor, wenn der Zwang zu einem Unterlassen besteht, das gegen eine Glaubens- oder Gewissensposition verstößt.[473]

Soweit sich ein Transplantationschirurg verpflichtet fühlt, einem Kranken durch die Implantation eines lebendgespendeten Organs zu helfen und dies aus seiner religiösen Einstellung und seiner ärztlichen Verpflichtung resultiert, wird durch das Verbot des § 8 Abs. 1 S. 2 TPG in den Schutzbereich der Glaubens- und Gewissensfreiheit eingegriffen.

b) Verfassungsrechtliche Rechtfertigung

Das Grundrecht der Glaubens- und Gewissensfreiheit ist in Art. 4 Abs. 1 GG vorbehaltlos gewährleistet. Ein Eingriff kann deshalb nur aus der Verfassung selbst gerechtfertigt werden, also dadurch, daß unter dem Gesichtspunkt der Einheit der Verfassung ein Ausgleich mit gleichrangigen verfassungsrechtlich geschützten Gütern hergestellt

---

[469] Vgl. Morlok, in: Dreier, GG, Art. 4 Rn. 43 m.w.N..

[470] Morlok, in: Dreier, GG, Art. 4 Rn. 57.

[471] BVerfGE 12, 45 (55); Pieroth/Schlink, Grundrechte, Rn. 522 f..

[472] Pieroth/Schlink, Grundrechte, Rn. 509, 524; Morlok, in: Dreier, GG, Art. 4 Rn. 47 ff., 63 f.; Kokott, in: Sachs, GG, Art. 4 Rn. 25 ff., 74 f..

[473] Pieroth/Schlink, Grundrechte, Rn. 528; Morlok, in: Dreier, GG, Art. 4 Rn. 88.

werden muß.[474] Der Konflikt zwischen den Trägern eines vorbehaltlos gewährleisteten Grundrechts und anderen verfassungsrechtlich geschützten Rechtsgütern ist nach dem Grundsatz der praktischen Konkordanz zu lösen. Dieser fordert, daß nicht eine der widerstreitenden Positionen bevorzugt und behauptet wird, sondern alle einen möglichst schonenden Ausgleich erfahren.[475]

Als konfligierende Rechtspositionen kommen der Schutz der Würde und Selbstbestimmtheit des Menschen, der Schutz von Leben und körperlicher Unversehrtheit und der Schutz der Integrität der Transplantationsmedizin als Teil des Gesundheitswesens in Betracht.

Die Würde des Menschen wird dann verletzt, wenn er unter Ausnutzung einer wirtschaftlichen Notlage dazu gezwungen wird, ein Organ zu verkaufen. In diesem Fall wird er praktisch als Ersatzteillager für einen anderen behandelt, er wird zum Objekt der Gesundheitsinteressen eines Dritten. Dabei wird die Freiwilligkeit der Spende eingeschränkt sein.[476]

Eine wirtschaftliche Notlage kann einen Spender dazu verleiten, um des materiellen Vorteils willen seine Gesundheit oder eventuell sogar sein Leben zu gefährden. Dies ist unter dem Aspekt der umfassenden und besonders ernst zunehmenden Schutzpflicht des Staates für das Leben und die körperliche Unversehrtheit aus Art. 2 Abs. 2 GG i.V.m. Art. 1 Abs. 1 GG nicht hinzunehmen.[477]

Würden Fälle einer unfreiwilligen Spende oder von Organhandel bekannt, so würde das Vertrauen der Bevölkerung in die Integrität der Transplantationsmedizin Schaden erleiden. Auf dieses Vertrauen ist die Transplantationsmedizin aber unter anderem auch wegen der erforderlichen Spendebereitschaft angewiesen. Um im Interesse der Kranken ihre Aufgabe erfüllen zu können, ist deshalb Vorsorge erforderlich. Eine Beschränkung besteht damit gerade auch im Interesse

---

[474] BVerfGE 28, 243 (261); 32, 98 (107 f.); Morlok, in: Dreier, GG, Art. 4 Rn. 93; Kokott, in: Sachs, GG, Art. 4 Rn. 119.

[475] BVerfGE 41, 29 (50); 93, 1 (21); Morlok, in: Dreier, GG, Art. 4 Rn. 93.

[476] Vgl. dazu 6. Teil A. II. 3).

[477] Vgl. zur staatlichen Schutzpflicht für Leben und körperliche Unversehrtheit BVerfGE 46, 160 (164); Murswiek, in: Sachs, GG, Art. 2 Rn. 188 ff..

erkrankter Personen. Wie schon dargelegt ist unter Berücksichtigung der Einschätzungsprärogative des Gesetzgebers eine verfahrensmäßige Einzelfallprüfung kein milderes Mittel zu der Einschränkung des Empfängerkreises nach § 8 Abs. 1 S. 2 TPG.

Die Glaubens- und Gewissensfreiheit eines Transplantationschirurgen wird durch das Verbot des § 8 Abs. 1 S. 2 TPG nur in einem Randbereich betroffen. Es wird dem Arzt nur eine mögliche Art der Behandlung untersagt. Es bleibt ihm aber weiterhin erlaubt, sich auf jede andere denkbare Art und Weise um das Wohl des Patienten zu kümmern und damit den Forderungen seines Glaubens und seines Gewissens nachzukommen.

Der Eingriff ist folglich gerechtfertigt.[478]

§ 8 Abs. 1 S. 2 TPG verletzt die Glaubens- und Gewissensfreiheit aus Art. 4 Abs. 1 GG nicht.

7) Zusammenfassung

Die Grundrechte aus Art. 2 Abs. 2 S. 1 GG und Art. 3 Abs. 1 GG des potentiellen Organempfängers, das Grundrecht des potentiellen Spenders aus Art. 2 Abs. 1 GG und die Grundrechte des Transplantationschirurgen aus Art. 12 Abs. 1 GG und Art. 4 Abs. 1 GG werden durch die Vorschrift des § 8 Abs. 1 S. 2 TPG nicht verletzt.

F. WEITERE VORAUSSETZUNGEN NACH § 8 ABS. 3 TPG

I. Nachbetreuung nach § 8 Abs. 3 S. 1 TPG

Weitere Zulässigkeitsvoraussetzung der Organentnahme beim lebenden Spender ist gemäß § 8 Abs. 3 S. 1 TPG, daß sich der Organspender und der Organempfänger zur Teilnahme an einer ärztlich empfohlenen Nachbetreuung bereit erklärt haben.

Durch die ärztlich empfohlene Nachbetreuung soll eine optimale Betreuung der Betroffenen geschaffen werden, um den Erfolg der Trans-

---

[478] So auch im Ergebnis BVerfG NJW 1999, 3399 (3403).

plantation auf Dauer zu sichern. Die Bereiterklärung des Organspenders und des Organempfängers dient der Sicherung dieses Zwecks.[479]
Die Sicherstellung der erforderlichen psychischen Betreuung des Organempfängers und des Lebendspenders ist nach § 10 Abs. 2 Nr. 5 TPG Aufgabe des Transplantationszentrums. Sie gehört zur Krankenhausbehandlung im Sinne des § 39 Abs. 1 SGB V.

Aus der Gesetzesfassung ergibt sich, daß eine Nachbetreuung nicht in jedem Fall stattzufinden hat, sondern nur, wenn die Nachbetreuung ärztlich empfohlen wird. Diese Beschränkung auf eine nach ärztlicher Auffassung erforderliche und deshalb empfohlene Nachbetreuung ist sachgerecht. Es ergibt keinen Sinn, in jedem Fall, also auch wenn kein Bedarf besteht, eine Nachbetreuung durchzuführen und damit die Betroffenen, insbesondere den Spender, gegebenenfalls zusätzlich zu belasten.

Im gewissen Widerspruch zu der der Sicherstellung der optimalen Betreuung der Betroffenen dienenden Bereiterklärung zur Teilnahme an der Nachbetreuung als Zulässigkeitsvoraussetzung der Organentnahme vom lebenden Spender steht es allerdings, daß die Teilnahme an der Nachbetreuung selbst nicht erzwingbar ist und auch keine Sanktion für eine Verweigerung trotz vorheriger Bereiterklärung vorgesehen ist. Anderseits dürfte eine auf Zwang beruhende, unfreiwillige Teilnahme an der Nachbetreuung wenig Sinn haben.

II. Gutachtliche Stellungnahme der zuständigen Landeskommission nach § 8 Abs. 3 S. 2 TPG

1) Gesetzliche Regelung

Die Organentnahme beim lebenden Spender ist nach § 8 Abs. 3 S. 2 TPG weiterhin erst zulässig, wenn die nach Landesrecht zuständige Kommission dazu Stellung genommen hat, ob begründete tatsächliche Anhaltspunkte dafür vorliegen, daß die Einwilligung in die Organspende nicht freiwillig erfolgt oder das Organ Gegenstand verbotenen Handeltreibens nach § 17 TPG ist.

---

[479] Vgl. Begründung zu § 7 Abs. 3 E-TPG, BT-Drs. 13/4355, S. 21.

Aufgabe der Kommission ist es damit lediglich zu prüfen, ob begründete tatsächliche Anhaltspunkte dafür vorliegen. Nicht verlangt wird, daß die Kommission den Sachverhalt weiter erforscht und eine nähere Beweisaufnahme durchführt, die den Verdacht tatsächlich rechtfertigt. Für den Grad des Verdachts kann eine Orientierung an § 152 Abs. 2 StPO erfolgen.[480] Dort wird in ähnlicher Formulierung für die Einleitung der Strafverfolgung das Vorliegen zureichender tatsächlicher Anhaltspunkte, sogenannter einfacher Anfangsverdacht, gefordert. Ein solcher einfacher Anfangsverdacht liegt vor, wenn ein durch konkrete Tatsachen belegter, in kriminalistischer Erfahrung begründeter Anhalt besteht, daß eine verfolgbare Straftat vorliegt.[481] Entsprechend ist es ausreichend, wenn die Kommission konkrete Tatsachen feststellt, die nach der Erfahrung ein Anhalt dafür sind, daß die Einwilligung in die Spende nicht freiwillig erfolgt ist oder das Organ Gegenstand verbotenen Handeltreibens ist. Dies trägt der gesetzlichen Konzeption des Kommissionsverfahrens Rechnung, durch die eine weitergehende Sachverhaltsaufklärung und Beweisaufnahme ausgeschlossen werden soll. Ferner steht es im Einklang mit dem Willen des Gesetzgebers, die Transplantationsmedizin auch nur von dem Anschein von Organhandel freizuhalten, wenn die Anforderungen für das Vorliegen tatsächlicher Anhaltspunkte niedrig angesetzt werden.

Hinsichtlich der personellen Zusammensetzung der Kommission legt § 8 Abs. 3 S. 3 TPG fest, daß ein Arzt, der weder an der Entnahme noch der Übertragung von Organen beteiligt ist noch den Weisungen eines Arztes untersteht, der an solchen Maßnahmen beteiligt ist, eine Person mit der Befähigung zum Richteramt und eine in psychologischen Fragen erfahrene Person der Kommission als Mitglieder angehören müssen. Die Formulierung der „in psychologischen Fragen erfahrene(n) Person" legt es nahe, daß es sich hierbei nicht notwendig um einen Psychologen handeln muß. Die näheren Bestimmungen, insbesondere der Zusammensetzung der Kommission, zum Verfahren und zur Finanzierung, bleiben gemäß § 8 Abs. 3 S. 4 TPG der Regelung durch Landesrecht überlassen.[482] Gemäß § 26 Abs. 1 S.

---

[480] Ebenso Schreiber, in: Kirste, Nieren-Lebendspende, S. 33 (38).
[481] Roxin, Strafverfahrensrecht, § 37 Rn. 13 m.w.N..
[482] Zu den landesrechtlichen Regelungen siehe sogleich 4. Teil F. 4).

2 TPG tritt die gesetzliche Bestimmung über die Kommission nach §
8 Abs. 3 S. 2 und 3 TPG erst am 1. Dezember 1999 in Kraft.
Mit dieser Regelung des Kommissionsverfahrens hat der Gesetzgeber
sich für eine reine Verfahrensregelung entschieden. Die gutachtliche
Stellungnahme der Kommission soll dem für die Transplantation verantwortlichen Arzt lediglich eine verfahrensrechtliche Sicherheit bieten. Sie entbindet ihn nicht von der Verpflichtung, sich über das Vorliegen einer wirksamen Einwilligung, also Einwilligungsfähigkeit und
Freiwilligkeit, selbst zu versichern. Dies hat der Gesetzgeber in dem
Gesetzesentwurf ausdrücklich klargestellt.[483] Damit wird dem Zweck
der Regelung, nämlich der Ausschluß von Spendern, bei denen eine
unfreiwillige, unter Druck oder durch Vorteilsgewährung entstandene
Bereitschaft zur Lebendspende besteht, Rechnung getragen. Würde
der Arzt seine Entscheidung auf die Kommission übertragen können,
so würde der mit dem Verfahren bezweckte größere Schutz der betroffenen Rechtsgüter nicht erreicht, sondern konterkariert.[484] In diesem
Fall würde die Entscheidung der Kommission an die Stelle der Entscheidung des Arztes treten und damit keine zusätzliche Kontrolle
schaffen.

Aus dem empfehlenden Charakter der Stellungnahme folgt, daß die
Kommission gegen eine von der Stellungnahme abweichende Entscheidung kein Einspruchsrecht hat. Ihr steht kein Vetorecht zu.[485]
Dies hat seinen Grund auch darin, daß bei einem Einspruchsrecht der
Kommission von ihrer Entscheidung unmittelbar die Realisierung wesentlicher Grundrechtspositionen von Organspendern und Organempfängern abhängen würde. Nach der Rechtsprechung des Bundesverfassungsgerichts zur Grundrechtssicherung durch Verfahren wären

---

[483] Begründung zu § 7 Abs. 3 E-TPG, BT-Drs. 13/4355, S. 21; zustimmend: Gutmann, Ausschuß-Drs. 591/13, 32 (35 f.); Schreiber, Ausschuß-Drs. 618/13, 6 (8).

[484] So Gutmann, MedR 1997, 147 (151).

[485] Ebenso Esser, in: Höfling, Transplantationsgesetz, § 8 Rn. 113.

dann aber strengere Anforderungen an Zusammensetzung und Entscheidungsverfahren der Kommission zu stellen.[486]
Die Kommission hat in jedem einzelnen Fall einer Lebendorganspende eine Stellungnahme abzugeben, ob die Einwilligung freiwillig erfolgt oder das Organ Gegenstand verbotenen Handeltreibens ist. Dies gilt für die Lebendspende regenerierungsfähiger Organteile und nicht regenerierungsfähiger Organe gleichermaßen.[487]

2) Kritik in der Literatur

In grundsätzlicher Hinsicht wird an dem Kommissionsverfahren kritisiert, daß durch die Einbeziehung der Kommission die Vertrauensbildung zwischen Patienten und behandelnden Ärzten am Transplantationszentrum beeinträchtigt wird.[488] Bemängelt wird weiter, daß die Kommissionsentscheidung einen gewissen Zwangscharakter hat.[489]
Dieser Kritik kann nicht gefolgt werden. Wenn diese Gefahr einer Beeinträchtigung des Vertrauensverhältnisses zwischen Arzt und Patient durch die Kommissionstätigkeit besteht, so ist es Aufgabe des Arztes, dem Patienten zu verdeutlichen, daß das Kommissionsverfahren zu seinem Schutz stattfindet und damit seinen eigenen Interessen dient. Bei einer entsprechenden Sensibilität der Beteiligten wird sich ein vernünftiger und einsichtiger Patient diesen Argumenten nicht verschließen.
Ebenfalls nicht berechtigt ist die Kritik am Zwangscharakter der Kommissionsentscheidung. Diese Zwangswirkung ist zur Erreichung des mit dem Verfahren angestrebten Zwecks unvermeidbar. Ein Kommissionsverfahren auf freiwilliger Grundlage würde dazu führen,

---

[486] Gutmann, MedR 1997, 147 (151), dort auch Nachweise zur Rechtsprechung des Bundesverfassungsgerichts zur Grundrechtssicherung durch Verfahren; ebenso Ugowski, Rechtsfragen, S. 123 f..

[487] Begründung zu § 7 Abs. 3 E-TPG, BT-Drs. 13/4355, S. 21.

[488] Wolff, Protokoll der 67. Sitzung des Ausschusses für Gesundheit, 13. Wahlperiode, S. 43.

[489] Zickgraf, Protokoll der 67. Sitzung des Ausschusses für Gesundheit, 13. Wahlperiode, S. 35.

daß gerade in den entscheidenden Fällen aus naheliegenden Gründen auf die Durchführung des Verfahrens verzichtet und der damit beabsichtigte Schutz verfehlt würde. Die mit dem Verfahren verbundene Zwangswirkung kann jedoch auch hier dadurch gemildert werden, daß dem Patienten die in dem Verfahren für ihn selbst liegende Schutzfunktion einsichtig gemacht und das Verfahren in einer angemessenen Weise durchgeführt wird.

Kritik richtet sich weiterhin dagegen, daß nicht berücksichtigt wurde, daß bei der Lebendspende in einigen Fällen ein sehr schnelles Vorgehen zur Rettung des Patienten erforderlich sein kann, so eventuell bei der Übertragung von Lebersegmenten auf ein Kind. Hier soll das Kommissionsverfahren sinnvollerweise nicht durchgeführt werden können. Deshalb wird die Forderung erhoben, daß das Gesetz für diesen Fall die Regelung treffen soll, daß die Stellungnahme der Kommission ausnahmsweise dann entfallen kann, wenn auf Grund der Dringlichkeit des Eingriffs der Erfolg durch das Verfahren gefährdet wäre. Dadurch soll verhindert werden, daß der Arzt sehenden Auges in die Grauzone allgemeiner Notstandserwägungen verwiesen wird.[490] Diese Kritik überzeugt nicht. Hinsichtlich des durchzuführenden Kommissionsverfahrens trifft das Transplantationsgesetz nur wenige grundlegende Regelungen. Die nähere Ausgestaltung des Verfahrens bleibt nach § 8 Abs. 3 S. 4 TPG der Regelung durch Landesrecht überlassen. Die Regelung der Detailfragen nicht im Transplantationsgesetz zu treffen, sondern der landesrechtlichen Regelung zu überlassen, ist auch sinnvoll. Anzumerken bleibt hier noch, daß die Möglichkeit ausgeschlossen werden muß, daß ein Eilverfahren zur Umgehung der Verfahrensvoraussetzungen mißbraucht werden kann.

---

[490] So Gutmann, MedR 1997, 147 (151); Bock, Organentnahme, S. 151. Nach Esser, in: Höfling, Transplantationsgesetz, § 8 Rn. 114 soll sich der verantwortliche Arzt in Dringlichkeitsfällen an die Kommission wenden und eine Befreiung von der Durchführung des vorgeschriebenen Verfahrens beantragen. Dem steht aber entgegen, daß es sich bei dem Kommissionsverfahren um eine zwingende gesetzliche Regelung handelt und die Kommission insoweit nicht dispositionsbefugt ist.

3) Effektivität der Kommission

Umstritten ist in der Literatur, ob die Kommission die ihr gestellte Aufgabe effektiv erfüllen kann.

Nach einer Ansicht verbieten sich allzu hohe Erwartungen an die Tätigkeit der Kommission, mehr als die Ausfilterung offensichtlicher „Irrläufer" sei nicht zu erwarten.[491] Eine andere Ansicht geht davon aus, daß eine gutachterliche Untersuchung in der Regel ungeeignet ist, um eine möglicherweise im Hintergrund bestehende Abhängigkeit zwischen Spender und Empfänger auszuschließen. Eine solche Hürde würde im wesentlichen von cleveren Leuten überwunden werden können, während etwas einfacher strukturierte Personen, die aber nicht minder bereite Spender sind, durch eine solche gutachterliche Kommission eingeschüchtert würden.[492]

Eine weitere Auffassung begrüßt grundsätzlich ein zusätzliches Feststellungsverfahren.[493] Das Verfahren würde einen gewissen Filter bilden, insbesondere gegen eine Entgeltlichkeit der Spende.[494] In einem Gespräch mit mehreren Beteiligten lasse sich vielleicht die Motivation und die Genese des Spendewunsches eher feststellen. Auch wenn die

---

[491] Gutmann, MedR 1997, 147 (151); zu einer positiveren Einschätzung der Möglichkeiten gelangt Gutmann dagegen in ZRP 1994, 111 (114). Dort sieht er es als eine auf der Ebene der Transplantationszentren zu leistende Aufgabe an, die Möglichkeiten des Mißbrauchs der Lebendorganspende zu minimieren. Das Instrumentarium dazu soll nicht zuletzt durch verfeinerte psychologische Screenings geliefert werden. An der Einschätzung der Effizienz der prinzipiell zur Verfügung stehenden Mittel kann sich aber durch Übertragung der Aufgabe auf eine andere Einrichtung nichts ändern. Gegen eine Ansiedelung der Mißbrauchskontrolle auf der Ebene der Transplantationszentren Voll, Einwilligung, S. 233 Fußnote 228 mit dem Argument, daß diesen eine parteiische Haltung pro Transplantation nicht abzusprechen sein wird. Wie Gutmann auch Kirste, Protokoll der 67. Sitzung des Ausschusses für Gesundheit, 13. Wahlperiode, S. 37, der dies ebenfalls als Aufgabe der Transplantationszentren ansieht und von einer externen Kommission nicht allzu viel hält; Wolff, Protokoll der 67. Sitzung des Ausschusses für Gesundheit, 13. Wahlperiode, S. 43.

[492] Kirste, Ausschuß-Drs. 593/13, 38 (39).

[493] Schreiber, Ausschuß-Drs. 618/13, 6 (8).

[494] Schreiber, Protokoll der 67. Sitzung des Ausschusses für Gesundheit, 13. Wahlperiode, S. 34.

Wahrheit nicht sicher festgestellt werden könne, biete das Verfahren doch einen gewissen Schutz vor Druck.[495] Ähnlich hält eine Auffassung ein solches Verfahren für nützlich, wenn auch ein lückenloses Verfahren unmöglich sei.[496]
Der Gesetzgeber verbindet dagegen mit der Tätigkeit der Kommission eine wesentlich höhere Erwartung. Er erwartet durch den Einsatz von insbesondere psychodiagnostischen Mitteln und medizinisch-psychologischen Beratungsverfahren eine begründete und verantwortliche Beurteilung im Hinblick auf die Freiwilligkeit des Spenderentschlusses und der Untersuchung und Bewertung der Beweggründe für die Organspende.[497] Diese Bewertung der zur Verfügung stehenden Mittel deckt sich grundsätzlich mit der Einschätzung der Interdisziplinären Arbeitsgruppe Lebendspende der Ludwig-Maximilians-Universität München und der Universität Eichstätt.[498] In diesem Sinne hält eine Auffassung die Wahrscheinlichkeit für sehr hoch, durch eine vorherige Abklärung der Situation durch einen Psychologen oder Psychiater die Freiwilligkeit auf seiten des Spenders und des Empfängers sicherstellen und einen Organhandel ausschließen zu können.[499] Eine weitere Ansicht sieht in einer derartigen Prüfungskommission eine sinnvolle und effektive Ergänzung zu den Transplantationszentren. Durch das interdisziplinäre Prüfungsverfahren werde nicht nur ein Höchstmaß an Spenderschutz gewährleistet, sondern auch gewährleistet, daß aus Organhandel herrührende Organe nicht zur Transplantation verwendet werden.[500]

---

[495] Schreiber, Protokoll der 67. Sitzung des Ausschusses für Gesundheit, 13. Wahlperiode, S. 45.

[496] Höfling, Protokoll der 67. Sitzung des Ausschusses für Gesundheit, 13. Wahlperiode, S. 36.

[497] Begründung zu § 7 Abs. 3 E-TPG, BT-Drs. 13/4355, S. 21.

[498] Hillebrand u.a., TxMed 1996, 101 (106).

[499] Wolff, Protokoll der 67. Sitzung des Ausschusses für Gesundheit, 13. Wahlperiode, S. 43 f.. Wolff bezieht sich allerdings auf das Verfahren bei dem Transplantationszentrum und nicht bei einer Kommission.

[500] Ugowski, Rechtsfragen, S. 124.

Zusammenfassend ergibt sich, daß sich überzogene Erwartungen an die Effizienz der Tätigkeit der Kommission verbieten werden. Es läßt sich aber erwarten, daß mit dem grundsätzlich zur Verfügung stehenden Instrumentarium zumindest die deutlicheren Fälle der Unfreiwilligkeit und des Organhandels erkannt werden können.

Damit bietet die Überprüfung durch eine unabhängige Kommission in der Tat die Möglichkeit, noch einmal die Freiwilligkeit der Einwilligung und die Frage des Vorliegens von Organhandel zu untersuchen. Durch die interdisziplinäre Besetzung der Kommission wird sichergestellt, daß alle relevanten Gesichtspunkte berücksichtigt werden und eine insoweit vollständige Stellungnahme abgegeben werden kann. So kann erreicht werden, daß der verantwortliche Arzt eine Entscheidung unter Berücksichtigung aller Gesichtspunkte treffen kann, ohne daß ihm auf Grund einer möglicherweise einseitigen medizinischen Sichtweise bedeutsame Aspekte entgangen sind. Dadurch, daß die Kommission nicht an der Transplantation beteiligt ist, wird eine objektive und unabhängige Stellungnahme garantiert. Damit ist bei der Kommission eine mögliche Interessenkollision ausgeschlossen, die sich bei dem Arzt daraus ergeben kann, daß er einerseits zum Schutz des Organspenders die Freiwilligkeit der Spenderentscheidung überprüfen und andererseits zur Rettung des Organempfängers eine Transplantation durchführen soll. Die Stellungnahme führt damit dazu, daß es dem letztlich verantwortlichen Arzt möglich ist, auf einer relativ gesicherten Grundlage seine Entscheidung zu treffen.

Außerdem wird schon allein die Tatsache, daß durch die Stellungnahme der Kommission eine zusätzliche Kontrolle ausgeübt wird, den Arzt zu einer sorgfältigen Prüfung motivieren. Dies gilt erst recht, wenn er eine von der Stellungnahme der Kommission abweichende Entscheidung treffen will. Hierbei besteht allerdings die Gefahr, daß der an sich allein verantwortliche Arzt seine Entscheidung tatsächlich an die Kommission delegiert und sich nach ihrem Votum richtet.

Durch die Einschaltung einer unabhängigen Instanz wird zugleich die Transparenz im Transplantationswesen vergrößert und dadurch das Vertrauen der Bevölkerung in die Transplantationsmedizin gestärkt. Gerade aus diesem Grund empfiehlt es sich nicht, die Kommission an den Transplantationszentren einzurichten. Auch kann die bloße Existenz eines zusätzlichen Kommissionsverfahrens in einzelnen Fällen bereits präventive Wirkung entfalten, indem sie Organhandel oder unzulässige Druckausübung wegen der mit dem zusätzlichen Verfahren verbundenen erhöhten Entdeckungsgefahr verhindert. Insoweit kann das Kommissionsverfahren eine Abschreckungswirkung im Vorfeld bewirken.

Nicht zu verkennen ist aber, daß die Effektivität der Kommission entscheidend von der Erfahrung und dem Einsatz ihrer Mitglieder abhängen wird. Die Stellungnahme der Kommission und das Kommissionsverfahren insgesamt wird daher nur dann das gesteckte Ziel erreichen können und einen Wert haben, wenn für eine entsprechende Qualifikation der Kommissionsmitglieder Sorge getragen wird. Diese Qualitätssicherung ist Aufgabe des Landesgesetzgebers.

Die Einrichtung einer Kommission ist daher grundsätzlich sinnvoll. Sie ist geeignet, den Schutz des Organspenders zu erhöhen. Gleichzeitig kann durch diese zusätzliche Kontrolle das Vertrauen der Bevölkerung in die Transplantationsmedizin gestärkt werden. Ein geeignetes Instrumentarium zur Erfüllung der Aufgaben ist trotz der kontroversen Beurteilung zumindest für die offensichtlicheren Fälle vorhanden. In der Praxis wird die Bedeutung des Kommissionsverfahrens von der Qualifikation und dem Einsatz der Kommissionsmitglieder abhängen.

4) Landesrechtliche Regelungen zur Kommission

a) Bisher erlassene landesrechtliche Regelungen

In § 8 Abs. 3 S. 4 TPG wurden die Landesgesetzgeber ermächtigt, das Nähere zur Kommission, insbesondere zur Zusammensetzung der Kommission, zum Verfahren und zur Finanzierung durch Landesrecht zu regeln. Soweit ersichtlich haben erst die Länder Bayern, Mecklenburg-Vorpommern, Nordrhein-Westfalen und Rheinland-Pfalz von dieser Zuständigkeitsübertragung nach § 8 Abs. 3 S. 4 TPG Gebrauch gemacht und Näheres zur Kommission durch Gesetz oder Verordnung bestimmt.[501]

---

[501] Mittlerweile haben auch die übrigen Länder die landesrechtlichen Regelungen getroffen: Baden-Württemberg (Gesetz zur Änderung des Kammergesetzes vom

Die am wenigsten detaillierte Regelung hat Mecklenburg-Vorpommern mit der Landesverordnung zur Regelung von Zuständigkeiten und zur Übertragung von Verordnungsermächtigungen nach dem Transplantationsgesetz (Zuständigkeitslandesverordnung Transplantationsgesetz - ZustLVOTPG M-V) vom 7. Juni 1999[502] getroffen. In § 2 Abs. 2 ZustLVOTPG M-V wird die Ärztekammer Mecklenburg-Vorpommern dazu ermächtigt, eine Kommission (Transplantati-

---

25. November 1999 – Gesetzblatt für Baden-Württemberg 1999, S. 453); Berlin (Achtes Gesetz zur Änderung des Berliner Kammergesetzes vom 5. Oktober 1999 – Gesetz- und Verordnungsblatt für Berlin 1999, S. 537); Brandenburg (Verordnung zur Ausführung des Transplantationsgesetzes (TPGAV) vom 9. Dezember 1999 – Gesetz- und Verordnungsblatt für das Land Brandenburg Teil II 2000, S. 24 f.); Bremen (Fünftes Gesetz zur Änderung des Heilberufsgesetzes vom 26. Oktober 1999 – Gesetzblatt der Freien Hansestadt Bremen 1999, S. 263); Hamburg (Fünftes Gesetz zur Änderung des Hamburgischen Ärztegesetzes vom 21. Dezember 1999 – Hamburgisches Gesetz- und Verordnungsblatt 1999, S. 338); Hessen (Hessisches Gesetz zur Ausführung des Transplantationsgesetzes (HAGTPG) vom 29. November 2000 – Gesetz- und Verordnungsblatt für das Land Hessen Teil I 2000, S. 514 f.); Niedersachsen (Gesetz zur Änderung des Kammergesetzes für die Heilberufe und zur Errichtung einer Psychotherapeutenkammer vom 16. Dezember 1999 – Niedersächsisches Gesetz- und Verordnungsblatt 1999, S. 423); Saarland (Gesetz Nr. 1443 Saarländisches Ausführungsgesetz zum Transplantationsgesetz (AGTPG) vom 26. Januar 2000 – Amtsblatt des Saarlandes 2000, S. 886); Sachsen (Verordnung des Sächsischen Staatsministeriums für Soziales, Gesundheit, Jugend und Familie zur Errichtung einer Kommission bei einer Lebendspende (KommTPGVO) vom 14. Dezember 1999 – Sächsisches Gesetz- und Verordnungsblatt 2000, S. 8); Sachsen-Anhalt (Gesetz zur Änderung des Gesundheitsdienstgesetzes vom 14. Juni 2000 – Gesetz- und Verordnungsblatt für das Land Sachsen-Anhalt 2000, S. 424); Schleswig-Holstein (Landesverordnung zur Bestimmung der Zuständigkeiten nach dem Transplantationsgesetz vom 2. Dezember 1999 – Gesetz- und Verordnungsblatt für Schleswig-Holstein 2002, S. 4 f.); Thüringen (Drittes Gesetz zur Änderung des Heilberufegesetzes vom 21. November 2001 – Gesetz- und Verordnungsblatt für den Freistaat Thüringen 2001, S. 309).

Die landesrechtlichen Regelungen sind abgedruckt bei Miserok/Sasse/Krüger, Transplantationsrecht, Teil B.

Vgl. zu den landesrechtlichen Regelungen auch Esser, in: Höfling, Transplantationsgesetz, § 8 Rn. 121 ff.; Fateh-Moghadam, MedR 2003, 245 ff..

[502] Gesetz- und Verordnungsblatt für Mecklenburg-Vorpommern 1999, S. 402.

onskommission) zu der Beurteilung zu bestellen, ob bei einer Lebendspende begründete tatsächliche Anhaltspunkte dafür vorliegen, daß die Einwilligung des Spenders in die Organentnahme nicht freiwillig erfolgt oder das Organ Gegenstand verbotenen Handeltreibens ist. Nach § 2 Abs. 3 ZustLVOTPG M-V ist die Ärztekammer Mecklenburg-Vorpommern berechtigt, für Amtshandlungen bei der Durchführung des Transplantationsgesetzes Gebühren nach § 12 Abs. 2 und 3 des Heilberufegesetzes zu erheben; im übrigen hat sie die Kosten selbst zu tragen. Inhaltliche Vorgaben an Zusammensetzung und Verfahren sieht die Landesverordnung nicht vor. Sie beschränkt sich damit auf die Aufgabenübertragung auf die Ärztekammer.

Eine ausführlichere Regelung sieht dagegen das bayerische Gesetz zur Ausführung des Transplantationsgesetzes und des Transfusionsgesetzes (AGTTG)[503] vor. Gemäß Art. 1 Abs. 2 S. 1 AGTTG wird bei der Bayerischen Landesärztekammer für jedes Transplantationszentrum, das Lebendspenden durchführt, jeweils eine Kommission zur Prüfung von Freiwilligkeit und Unentgeltlichkeit der Lebendspende gebildet. Nach Art. 1 Abs. 2 S. 2 AGTTG tagen die Kommissionen jeweils am Ort des Transplantationszentrums, für das sie zuständig sind.

In Art. 3-5 AGTTG werden nähere Regelungen zur Zusammensetzung der Kommission, zum Verfahren und zur Finanzierung festgelegt. Hinsichtlich der personellen Zusammensetzung bestimmt Art. 3 Abs. 1 S. 1 AGTTG entsprechend § 8 Abs. 3 S. 3 TPG, daß die Kommission aus einer in psychologischen Fragen erfahrenen Person, einem Arzt, der weder an der Entnahme noch der Übertragung von Organen beteiligt ist, und einer Person mit der Befähigung zum Richteramt besteht. Insoweit weitergehend bestimmt Art. 3 Abs. 1 S. 2 AGTTG, daß kein Mitglied der Kommission den Weisungen eines Arztes, der an der Entnahme oder Übertragung von Organen beteiligt ist, unterstehen darf. Art. 3 Abs. 2 S. 1 AGTTG legt fest, daß die Mitglieder der Kommission und ihre Stellvertreter von der Bayerischen Landesärztekammer im Benehmen mit den Transplantationszentren sowie den Betroffenenverbänden der Dialysepatienten und der Organtransplantier-

---

[503] Bayerisches Gesetz- und Verordnungsblatt 1999, S. 464 ff..

ten auf vier Jahre ernannt werden, wobei nach Art. 3 Abs. 2 S. 2 AGTTG eine Wiederernennung zulässig ist.

Hinsichtlich des Verfahrens legt Art. 4 Abs. 1 S. 1 AGTTG fest, daß die Bayerische Landesärztekammer eine Geschäftsordnung für die Kommission erläßt, die insbesondere Aussagen über die Unabhängigkeit der Stellungnahme, die Beschlußfähigkeit und die Abstimmung sowie die Anfertigung von Protokollen, deren Aufbewahrung und Einsichtsrechte der Betroffenen enthält. Diese Geschäftsordnung muß nach Art. 4 Abs. 1 S. 2 AGTTG durch das Staatsministerium für Arbeit und Sozialordnung, Familie, Frauen und Gesundheit genehmigt werden. Weiter bestimmt Art. 4 Abs. 2 AGTTG, daß die Bayerische Landesärztekammer die übrigen Kommissionen von dem ablehnenden Votum einer Kommission in Kenntnis zu setzen hat. Außerdem hat die Landesärztekammer dem Staatsministerium für Arbeit und Sozialordnung, Familie, Frauen und Gesundheit jährlich Bericht zu erstatten, Art. 4 Abs. 3 AGTTG.

Art. 5 AGTTG regelt die Finanzierung der Kommission. Danach erhalten die Mitglieder der Kommission eine angemessene Aufwandsentschädigung von der Landesärztekammer, Art. 5 Abs. 1 AGTTG. Die Transplantationszentren sind nach Art. 5 Abs. 2 AGTTG verpflichtet, der Landesärztekammer die durch die jeweilige Kommission entstandenen Kosten zu ersetzen.

Das nordrhein-westfälische Gesetz zur Ausführung des Transplantationsgesetzes (AG-TPG) vom 9. November 1999[504] sieht in § 1 Abs. 1 S. 1 AG-TPG ebenfalls die Bildung einer Kommission bei der Ärztekammer Nordrhein als unselbständige Einrichtung vor. Bei Bedarf sollen mehrere Kommissionen gebildet werden können, § 1 Abs. 1 S. 2 AG-TPG. Die Zusammensetzung der Kommission regelt § 1 Abs. 2 AG-TPG, der vorsieht, daß der Kommission ein Arzt oder eine Ärztin, eine Person mit der Befähigung zum Richteramt und eine in psychologischen Fragen erfahrene Person angehören. Mindestens ein Kommissionsmitglied muß eine Frau sein. Über § 8 Abs. 3 S. 3 TPG hinausgehend bestimmt § 1 Abs. 2 S. 3 AG-TPG, daß nicht Mitglied der Kommission sein kann, wer als Arzt an der Entnahme oder Übertra-

---

[504] Gesetz- und Verordnungsblatt für das Land Nordrhein-Westfalen 1999, S. 599.

gung von Organen beteiligt ist oder den Weisungen von an solchen Maßnahmen beteiligten Ärzten unterliegt, oder wer mit Transplantationszentren oder Organisationen, die Transplantationen unterstützen, derartig verbunden ist, daß eine Beeinträchtigung der objektiven Beurteilung nicht auszuschließen ist, oder wer aus sonstigen Gründen ungeeignet ist. Nach § 1 Abs. 3 AG-TPG führt das Mitglied mit der Befähigung zum Richteramt den Vorsitz. Die Kommissionsmitglieder und Stellvertretungen werden durch den Vorstand der Ärztekammer Nordrhein im Einvernehmen mit dem Vorstand der Ärztekammer Westfalen-Lippe und dem für das Gesundheitswesen zuständigen Ministerium für fünf Jahre berufen, § 1 Abs. 4 S. 1 AG-TPG. Eine erneute Berufung ist zulässig, § 1 Abs. 4 S. 2 AG-TPG.

§ 1 Abs. 5 AG-TPG legt fest, daß die Kommissionsmitglieder ehrenamtlich tätig sind und keinen Weisungen unterliegen. Nach § 1 Abs. 6 AG-TPG haben die Kommissionsmitglieder Anspruch auf eine Entschädigung. Gemäß § 1 Abs. 7 AG-TPG führt die Ärztekammer Nordrhein die Geschäfte der Kommission und stellt auch sicher, daß in ärztlich begründeten Eilfällen die Kommission kurzfristig zusammentreten kann.

Für das Verfahren bestimmt § 2 Abs. 1 AG-TPG, daß die Kommission auf Antrag des Transplantationszentrums tätig wird, in dem das Organ entnommen werden soll. Die Kommission hört nach § 2 Abs. 2 S. 1 AG-TPG die Person, die ein Organ spenden will. Sie kann auch den Organempfänger sowie weitere Personen und Sachverständige anhören, § 2 Abs. 2 S. 2 AG-TPG. Die Sitzungen der Kommission sind nicht öffentlich, § 2 Abs. 3 S. 1 AG-TPG. Die Kommission hat ihre Entscheidung über die Stellungnahme gemäß § 2 Abs. 3 S. 2 AG-TPG mit Stimmenmehrheit zu treffen, wobei Enthaltungen unzulässig sind.

Gemäß § 3 AG-TPG erhebt die Ärztekammer Nordrhein vom antragstellenden Transplantationszentrum für die Tätigkeit der Kommission unabhängig von der tatsächlichen Durchführung der Transplantation eine Gebühr gemäß ihrer Gebührenordnung.

In ähnlicher Weise regelt auch das rheinland-pfälzische Landesgesetz zur Ausführung des Transplantationsgesetzes (AGTPG) vom 30. November 1999[505] die Errichtung der Kommission. Nach § 2 Abs. 1 S. 1 AGTPG errichtet die Landesärztekammer Rheinland-Pfalz eine Kommission für die Erstattung der gutachtlichen Stellungnahme nach § 8 Abs. 3 S. 2 TPG als unselbständige Einrichtung. Die Zusammensetzung der Kommission ist in § 2 Abs. 1 S. 2 AGTPG wie in § 8 Abs. 3 S. 3 TPG geregelt. Die Kommissionsmitglieder sowie je zwei stellvertretende Mitglieder werden durch den Vorstand der Landesärztekammer Rheinland-Pfalz im Einvernehmen mit dem fachlich zuständigen Ministerium bestellt, § 2 Abs. 2 S. 1 AGTPG. Die Kommissionsmitglieder bestimmen selbst das vorsitzende Mitglied, § 2 Abs. 2 S. 2 AGTPG. Die Amtsdauer der Mitglieder der Kommission beträgt gemäß § 2 Abs. 3 S. 1 AGTPG fünf Jahre. Die Kommissionsmitglieder sind ehrenamtlich tätig und unterliegen keinen Weisungen, § 2 Abs. 4 AGTPG. Sie haben nach § 2 Abs. 5 AGTPG einen Anspruch auf Entschädigung für Zeitversäumnis, Fahrtkosten und Aufwand.

§ 3 AGTPG enthält eine Regelung des Kommissionsverfahrens: Der Antrag auf Erstattung einer gutachtlichen Stellungnahme ist durch die die Organentnahme durchführende Einrichtung an das vorsitzende Kommissionsmitglied zu richten, § 3 Abs. 1 AGTPG; das vorsitzende Mitglied ruft die Kommission nach Bedarf ein, wobei er Ort, Zeit und Gegenstände der Sitzung festlegt, § 3 Abs. 2 AGTPG. Gemäß § 3 Abs. 4 S. 1 AGTPG soll die Kommission den Lebendspender und den Organempfänger persönlich anhören. Weitere Personen, insbesondere Zeugen und Sachverständige, können angehört werden, § 3 Abs. 4 S. 2 AGTPG.

Die gutachtliche Stellungnahme wird nach § 3 Abs. 5 AGTPG auf Grund des Gesamtergebnisses der Sitzung erstattet; dabei entscheidet die Kommission mit Stimmenmehrheit, Enthaltungen sind unzulässig. In § 3 Abs. 6 AGTPG wird eine Regelung für Eilfälle getroffen. Danach kann das vorsitzende Mitglied in dringenden Fällen im Einvernehmen mit den übrigen Mitgliedern eine fernmündliche Verhandlung durchführen und auf Grund des Ergebnisses dieser Verhandlung die Stellungnahme erstatten. In diesen Fällen kann das vorsitzende Mit-

---

[505] Gesetz- und Verordnungsblatt für das Land Rheinland-Pfalz 1999, S. 424 f..

glied die Anhörung nach § 3 Abs. 4 AGTPG durchführen, falls erforderlich ebenfalls fernmündlich. Die Landesärztekammer stellt der antragstellenden Einrichtung für den Antrag auf Erstattung eines Gutachtens unabhängig von der tatsächlichen Durchführung der Organübertragung die durch die Entschädigung der Kommissionsmitglieder entstehenden Kosten und eine Verwaltungskostenpauschale in Rechnung, § 4 AGTPG.

b) Diskussion

Alle bisher erlassenen landesrechtlichen Regelungen sehen die Errichtung der Kommission bei der Landesärztekammer vor. Dies entspricht dem ursprünglichen Gesetzentwurf für das Transplantationsgesetz, der eine Kommission bei der Ärztekammer vorsah.[506] Auch die personelle Zusammensetzung der Kommissionen ist identisch mit den Mindestvorgaben in § 8 Abs. 3 S. 3 TPG.

Soweit die landesrechtlichen Regelungen inhaltliche Regelungen treffen, versuchen sie zum Teil, die Unabhängigkeit der Kommissionsmitglieder weitergehend als § 8 Abs. 3 S. 3 TPG dadurch sicherzustellen, daß auch die übrigen Mitglieder der Kommission nicht den Weisungen eines an Organentnahmen und Organübertragungen beteiligten Arztes unterstehen dürfen beziehungsweise keine Verbindungen zu Organisationen vorliegen dürfen, die die Objektivität der Stellungnahme in Frage stellen können (Art. 3 Abs. 1 S. 2 AGTTG, § 1 Abs. 2 AG-TPG). Zum Teil wird noch ausdrücklich klargestellt, daß die Kommissionsmitglieder keinen Weisungen unterliegen (§ 2 Abs. 4 S. 1 AGTPG, § 1 Abs. 5 S. 1 AG-TPG). Diese Regelungen bringen das Bemühen um eine Sicherung der Objektivität und Unabhängigkeit der Kommission zum Ausdruck. Dem Ziel dient auch das Erfordernis des Einvernehmens mit anderen Stellen bei der Berufung der Kommissionsmitglieder durch die jeweilige Ärztekammer. Dieses Bemühen um eine Sicherung der Unabhängigkeit und Objektivität der Kommissionsmitglieder ist im Interesse der Glaubwürdigkeit der Kommission

---

[506] Vgl. § 7 Abs. 3 S. 1 E-TPG, BT-Drs. 13/4355, S. 5.

und ihrer Entscheidungen und zur Stärkung des Vertrauens der Bevölkerung in die Transplantationsmedizin zu begrüßen. Problematisch ist, daß in den landesrechtlichen Regelungen nicht hinreichend deutlich wird, daß zumindest die persönliche Anhörung des Lebendspenders unabdingbar ist, um eine begründete Stellungnahme abgeben zu können. Das nordrhein-westfälische Gesetz sieht insoweit nur vor, daß der Spender persönlich angehört wird; nach dem rheinland-pfälzischen Gesetz sollen Spender und Empfänger angehört werden. Das bayerische Gesetz sieht überhaupt keine derartige Vorschrift vor. Die persönliche Anhörung ist aber unverzichtbar für die Kommission, wenn sie sich ein eigenes Bild von dem Spender und seiner Motivation machen will. Ohne eine persönliche Anhörung wird die Kommission kaum in der Lage sein, etwas wesentliches zur Klärung der Freiwilligkeit der Einwilligung in die Spende und des Vorliegens von Organhandel beizutragen.[507]

Nur zum Teil sehen die landesrechtlichen Regelungen ein Eilverfahren vor. In den anderen Fällen könnte ein solches über die Geschäftsordnung der Kommission eingerichtet werden. Das rheinland-pfälzische Gesetz in § 3 Abs. 6 AGTPG sieht für dringende Fälle eine fernmündliche Verhandlung der Kommission und fakultativ eine, auch fernmündliche, Anhörung von Spender, Empfänger und weiteren Personen durch den Kommissionsvorsitzenden vor. Vorzugswürdig erscheint hier aber die nordrhein-westfälische Regelung in § 1 Abs. 7 S. 1 AG-TPG, die bestimmt, daß die Ärztekammer sicherstellt, daß die Kommission in ärztlich begründeten Eilfällen kurzfristig zusammentreten kann. Dies würde eine persönliche Anhörung des Spenders durch die Kommission gewährleisten. Generell besteht aber bei Eilverfahren die Gefahr, daß sie zur Umgehung des regulären Kommissionsverfahrens und zur Einschränkung der Prüfung durch die Kommission mißbraucht werden. Deswegen sollte von ihnen nur zurückhaltend Gebrauch gemacht werden.

---

[507] Ebenfalls für eine persönliche Anhörung der Beteiligten durch die Kommission Schreiber, in: Kirste, Nieren-Lebendspende, S. 33 (38); Gutmann/Schroth, Organlebendspende, S. 36.

Ein weiteres grundsätzliches Problem zeigt Art. 4 Abs. 2 AGTTG auf. Danach hat die Bayerische Landesärztekammer die übrigen Kommissionen von dem ablehnenden Votum einer Kommission in Kenntnis zu setzen. Sinn der Regelung ist es zu verhindern, daß Spender und Empfänger sich nach einem negativen Votum und einer daraufhin erfolgenden Ablehnung der Explantation an ein anderes Transplantationszentrum wenden und dort erneut versuchen, die Lebendspende zu verwirklichen. Die Möglichkeit, sich bei ungünstiger Kommissionsentscheidung an ein anderes Transplantationszentrum zu wenden und eine neue Stellungnahme einer anderen Kommission zu erreichen, würde die Bedeutung des Kommissionsverfahrens relativieren und seinem Zweck zuwiderlaufen. Gleichzeitig würde die Gefahr sich widersprechender Stellungnahmen bestehen. Entsprechende Regelungen müßten daher sicherstellen, daß sämtliche Kommissionen bundesweit über ablehnende Stellungnahmen anderer Kommissionen informiert sind.

G. Nicht ausdrücklich im Transplantationsgesetz geregelte Fälle der Organentnahme

I. Der Anenzephalus als Organspender

Nicht ausdrücklich im Transplantationsgesetz geregelt ist die Frage der Organentnahme beim Anenzephalus.

Unter Anenzephalie wird das angeborene vollständige oder weitgehende Fehlen der Großhirnhemisphären, der Neurohypophyse sowie des Schädeldaches verstanden.[508] Der Hirnstamm kann fast vollständig erhalten sein, aber auch fast vollständig fehlen. Er ist immer fehlgebildet. Das Kleinhirn kann vorhanden sein oder fehlen.[509] Die Überlebenszeit anenzephaler Kinder nach der Geburt beläuft sich auf Minu-

---

[508] Roche-Medizin Lexikon, Stichwort Anenzephalie, S. 69.
[509] V. Loewenich, in: Hiersche/Hirsch/Graf-Baumann, Organtransplantation, S. 106 (111).

ten bis Stunden, in Extremfällen auf Tage. Ein Überleben ist ausgeschlossen.[510]

Im Zusammenhang mit einer Transplantation stellt sich die Frage des Status des Anenzephalen. Problematisch ist, ob es sich um eine lebende oder tote Person handelt und ab wann eine Organentnahme zulässig ist.

Zum Teil wird vertreten, daß ein Anenzephaler hirntot sei oder daß kein Leben ohne Großhirn existiere.[511] Dagegen wird eingewendet, daß auch im Fall eines Anenzephalus der Tod anhand der allgemein anerkannten Kriterien des Hirntodes festzustellen ist.[512]

Die erstgenannte Ansicht ist zumindest mit der Konzeption des Transplantationsgesetzes nicht zu vereinbaren. Die Organentnahme bei Verstorbenen ist nach § 3 Abs. 2 Nr. 2 TPG erst nach der Feststellung des Ausfalls der Gesamtfunktion von Großhirn, Kleinhirn und Hirnstamm zulässig. Die Organentnahme ist danach nur zulässig, wenn der Hirntod nach den allgemeinen Kriterien festgestellt worden ist. Dies gilt auch für anenzephale Neugeborene. Bei diesen funktionieren aber nach der Geburt zumindest Teile des Gehirns, insbesondere der Hirnstamm. Bis der Ausfall der Funktionen von Kleinhirn und Hirnstamm, also der Hirntod, festgestellt ist, ist der Anenzephalus daher als Lebender anzusehen.[513] Als lebender Mensch aber untersteht der anenzephale Neugeborene der grundrechtlichen Schutzgarantie des Art. 2 Abs. 2 S. 1 GG, dabei kommt es nicht auf die Lebensfähigkeit an.[514]

---

[510] Laufs, FS Narr, S. 34 (42 f.); v. Loewenich, in: Hiersche/Hirsch/Graf-Baumann, Organtransplantation, S. 106 (111).

[511] Hiersche, MedR 1984, 215 (216); vgl. auch die Nachweise bei Seidler, in: Hiersche/Hirsch/Graf-Baumann, Organtransplantation, S. 113 ff., sowie Wolfslast, MedR 1989, 163 (165 f.).

[512] Hirsch/Schmidt-Didczuhn, Transplantation, S. 23; Hirsch, in: Hiersche/Hirsch/Graf-Baumann, Organtransplantation, S. 118 (120).

[513] Hirsch, in: Hiersche/Hirsch/Graf-Baumann, Organtransplantation, S. 118 (120) m.w.N.; Kloth, MedR 1994, 180 (181).

[514] Laufs, FS Narr, S. 34 (43); Voll, Einwilligung, S. 259; Isemer/Lilie, MedR 1988, 66 (68); Kloth, MedR 1994, 180 (181); in diesem Sinne auch Ugowski, Rechtsfragen, S. 101.

Solange deshalb ein Anenzephalus atmet, ist er nicht hirntot. Er ist ein demnächst Sterbender.[515] Bis zu dem Zeitpunkt des Gesamthirntodes ist folglich eine Organentnahme nur unter den Voraussetzungen der Lebendspende nach § 8 TPG zulässig. Da § 8 Abs. 1 S. 1 Nr. 1a) TPG die Volljährigkeit und die Einwilligungsfähigkeit, § 8 Abs. 1 S. 1 Nr. 1b) TPG die Einwilligung in die Organentnahme verlangt, ist eine Organentnahme zu Lebzeiten des Anenzephalus ausgeschlossen. Eine Organentnahme kann nur bei einem verstorbenen Anenzephalus, also wenn keinerlei Funktionen des Gehirns mehr feststellbar sind, in Betracht kommen.[516]

II. Die anonyme Organspende

Ebenfalls nicht ausdrücklich im Transplantationsgesetz geregelt ist die anonyme Organspende. Aus der Regelung des § 8 Abs. 1 S. 2 TPG folgt aber, daß bei der Spende sich nicht wieder bildender Organe ein bestimmtes Näheverhältnis zwischen Spender und Empfänger bestehen muß. Fehlt dieses Näheverhältnis, so ist eine Lebendspende ausgeschlossen. In dem Bereich sich nicht wieder bildender Organe ist eine anonyme Lebendspende mithin unzulässig.

Fraglich ist, ob ein solches Verbot der anonymen Organspende sinnvoll ist. Unbestritten ist, daß bei der anonymen Spende die Freiwilligkeit sichergestellt ist.[517] Im Gesetzgebungsverfahren wurden Bedenken in der Hinsicht geäußert, daß bei der Entscheidung für eine anonyme Spende alle möglichen Motivationen einfließen können und es zu einer sehr weiten Öffnung der Lebendspende kommen würde. Mit der Vorstellung eines Spendermarktes von unentgeltlich angebotenen Nieren wurde die Befürchtung verbunden, daß dann vielleicht der unausgesprochene Anspruch entstehe, eine Niere zur Verfügung stellen

---

[515] V. Loewenich, in: Hiersche/Hirsch/Graf-Baumann, Organtransplantation, S. 106 (111); Wolfslast, MedR 1989, 163 (164).

[516] So im Ergebnis auch Ugowski, Rechtsfragen, S. 103; Voll, Einwilligung, S. 259; Isemer/Lilie, MedR 1988, 66 (69); Wolfslast, MedR 1989, 163 (164).

[517] Die Freiwilligkeit bejahen Gubernatis, Protokoll der 67. Sitzung des Ausschusses für Gesundheit, 13. Wahlperiode, S. 35; Schreiber, Protokoll der 67. Sitzung des Ausschusses für Gesundheit, S. 42; Gutmann, MedR 1997, 147 (150).

zu sollen, da man auch mit einer Niere leben könne.[518] Die Möglichkeit eines Mißbrauchs der anonymen Spende könne nicht ausgeschlossen werden. Es gebe auch einen Handel, der nicht unbedingt in Geld erfolgen kann sondern in anderen Gegenleistungen.[519]

Soweit Bedenken bestehen, daß ein Anspruch auf die Spende eines Organs, insbesondere einer Niere, entsteht, erscheint dies unbegründet. Niemand wird einer fremden Person ernsthaft ansinnen, ein Organ, auch wenn es verzichtbar ist, anonym zu spenden. Bei der Blutspende gibt es derartige Tendenzen auch nicht. Wenn aber schon bei der praktisch risikolosen und kaum belastenden Spende von Blut, das sich innerhalb kurzer Zeit wieder neu bildet, kein solcher Anspruch besteht, scheint eine solche soziale Anspruchshaltung bei der wesentlich gravierenderen Spende von Organen unwahrscheinlich. Auch ein Handel erscheint angesichts der Anonymität - wenn diese gewährleistet werden kann - als ausgeschlossen. Soweit die „Gegenleistung" in einer ehrenvollen öffentlichen Erwähnung oder dergleichen besteht, ist dagegen nichts einzuwenden.

Allerdings würde die Zulassung der anonymen Spende in der Tat eine weitgehende Öffnung der Lebendspende bedeuten; die Spende sich nicht wieder bildender Organe wäre nicht mehr auf eng begrenzte Ausnahmefälle beschränkt, sondern allgemein zulässig. Gegen die restriktive Ausgestaltung der Lebendspende durch den Gesetzgeber läßt sich verfassungsrechtlich nichts einwenden.[520] Tatsächlich wird aber auch wohl nur eine geringe Anzahl von Personen bereit sein, ein Organ anonym zu spenden. In diesen Fällen erscheint es durchaus über-

---

[518] Schreiber, Protokoll der 67. Sitzung des Ausschusses für Gesundheit, 13. Wahlperiode, S. 42.

[519] Rauschen, Protokoll der 67. Sitzung des Ausschusses für Gesundheit, 13. Wahlperiode, S. 42.

[520] A.A. Seidenath, MedR 2000, 33 (34) im Hinblick auf das Grundrecht des möglichen Organempfängers aus Art. 2 Abs. 2 S. 1 GG.

legenswert, ob nicht eine Spendemöglichkeit auch im Interesse der Kranken eröffnet werden sollte.[521]

---

[521] Für eine anonyme Lebendspende Esser, in: Höfling, Transplantationsgesetz, § 8 Rn. 91; Seidenath, MedR 2000, 33 (34); Gutmann, MedR 1997, 147 (150); wohl auch Gutmann/Schroth, Organlebendspende, S. 16. Vgl. auch den Vorschlag für eine anonymisierte Lebendspende de lege ferenda bei Rittner/Besold/Wandel, MedR 2001, 118 (122 f.), die sie als „Mainzer Modell" bezeichnen. Gegen eine anonyme Lebendspende Ugowski, Rechtsfragen, S. 78.

5. Teil: Organisatorische Vorschriften mit Bezug zur Lebendspende

A. Transplantationszentren

§ 9 S. 1 TPG bestimmt, daß die Übertragung bestimmter Organe (Herz, Niere, Leber, Lunge, Bauchspeicheldrüse und Darm) nur in bestimmten dafür zugelassenen Transplantationszentren vorgenommen werden darf. Umfaßt wird von dieser Regelung auch die Übertragung von Teilen dieser Organe wie zum Beispiel Lebersegmente, Lungenlappen und Inseln der Bauchspeicheldrüsen, wenn sie zu dem gleichen Zweck wie das vollständige Organ übertragen werden.[522] Durch diese Beschränkung der Zulässigkeit der Übertragung bestimmter Organe sollen unter anderem die gesundheitlichen Risiken des Organempfängers auf ein Mindestmaß reduziert und dem Organhandel entgegengewirkt werden.[523]

Die Transplantationszentren sind in § 10 TPG geregelt. Danach sind Transplantationszentren Krankenhäuser oder Einrichtungen an Krankenhäusern, die nach § 108 SGB V oder § 30 GewO für die Übertragung von in § 9 S. 1 TPG aufgeführten Organen zugelassen sind, § 10 Abs. 1 S. 1 TPG. Die Zulassung als Transplantationszentrum richtet sich damit nach den Vorschriften über die Zulassung von Krankenhäusern. Sie muß sich auf die Übertragung von einer oder mehreren der in § 9 S. 1 TPG genannten Organarten erstrecken.

Im Zulassungsverfahren nach § 108 Abs. 5 SGB V ist zu überprüfen, ob die erforderlichen personellen, apparativen und sonstigen strukturellen Voraussetzungen vorliegen.[524] Gleiches gilt für Krankenhäuser, die nur Privatpatienten behandeln und die deshalb nicht den Vorschriften des Fünften Sozialgesetzbuchs unterliegen, sondern deren Zulassung auf § 30 GewO beruht. An diese Krankenhäuser werden keine über § 30 GewO hinausgehenden Anforderungen gestellt.[525] Für

---

[522] Begründung zu § 8 E-TPG, BT-Drs. 13/4355, S. 21.

[523] Begründung zu § 8 E-TPG, BT-Drs. 13/4355, S. 21.

[524] Zum Zulassungsverfahren BVerwG MedR 2003, 586 ff.; Nickel, MedR 2003, 578 f..

[525] Begründung zu § 9 Abs. 1 E-TPG, BT-Drs. 13/4355, S. 22.

Krankenhäuser, deren Zulassung auf § 108 Abs. 5 SGB V beruht, legt § 10 Abs. 1 S. 2 TPG fest, daß bei der Zulassung Schwerpunkte für die Übertragung bestimmter Organe zu bilden sind. Damit soll sowohl eine bedarfsgerechte, leistungsfähige und wirtschaftliche Versorgung gewährleistet werden als auch die erforderliche Qualität der Organübertragung gesichert werden.

In § 10 Abs. 2 TPG werden die grundlegenden Aufgaben der Transplantationszentren bestimmt. Im Hinblick auf die Lebendspende von Organen sind § 10 Abs. 2 Nr. 4, 5 und 6 TPG relevant.

Nach § 10 Abs. 2 Nr. 4 TPG ist jede Organübertragung so zu dokumentieren, daß eine lückenlose Rückverfolgung der Organe vom Empfänger zum Spender ermöglicht wird. Ziel dieser Dokumentationspflicht ist es, die Transparenz von Lebendspenden sicherzustellen und im Falle einer durch das übertragene Organ ausgelösten Gesundheitsgefahr für die Organempfänger rasch geeignete Maßnahmen zum Schutz der Empfänger von Organen desselben Spenders einzuleiten.[526]

Durch § 10 Abs. 2 Nr. 5 TPG soll die im Zusammenhang mit einer Organübertragung erforderliche psychische Betreuung im Krankenhaus sichergestellt werden. Sichergestellt werden soll damit nicht nur die psychologisches Betreuung des Organempfängers, sondern auch die des lebenden Organspenders.

Nach § 10 Abs. 2 Nr. 6 TPG haben die Transplantationszentren die Aufgabe, nach Maßgabe des Fünften Sozialgesetzbuchs Maßnahmen zur Qualitätssicherung durchzuführen. Diese sollen auch einen Vergleich zu anderen Transplantationszentren ermöglichen. Entsprechend gilt dies für die Nachbetreuung von Organspendern nach § 8 Abs. 3 S. 1 TPG.

B. KOORDINIERUNGSSTELLE

§ 11 Abs. 1 TPG bestimmt, daß zur Organisation der Entnahme vermittlungspflichtiger Organe einschließlich der Vorbereitung von Entnahme, Vermittlung und Übertragung eine geeignete Einrichtung als

---

[526] Begründung zu § 9 Abs. 2 Nr. 3 E-TPG, BT-Drs. 13/4355, S. 22.

Koordinierungsstelle errichtet oder beauftragt werden soll. Dies soll nach § 10 Abs. 1 S. 2 TPG durch die Spitzenverbände der Krankenkassen gemeinsam, die Bundesärztekammer und die Deutsche Krankenhausgesellschaft oder die Bundesverbände der Krankenhausträger gemeinsam erfolgen.

Nach der Definition in § 9 S. 2 TPG sind solche Organe vermittlungspflichtige Organe, die Spendern nach § 3 oder § 4 TPG entnommen worden sind. In Verbindung mit § 9 S. 1 TPG ergibt sich, daß sich die Vermittlungspflicht auf Herz, Niere, Leber, Lunge, Bauchspeicheldrüse und Darm sowie Teile dieser Organe beschränkt. Vermittlungspflichtig sind folglich nur bestimmte Organe verstorbener Spender; Organe von lebenden Spendern sind nicht vermittlungspflichtig und werden auch nicht vermittelt.

Dennoch wurde der Koordinierungsstelle im Zusammenhang mit der Lebendspende von Organen durch das Transplantationsgesetz eine Aufgabe übertragen. Gemäß § 11 Abs. 5 TPG hat die Koordinierungsstelle die Aufgabe, in einem jährlichen Bericht die Tätigkeit jedes Transplantationszentrums darzustellen. Dieser Bericht soll insbesondere - auch im Hinblick auf die Lebendspende - Angaben enthalten über die Anzahl der durchgeführten Transplantationen und ihre Ergebnisse, getrennt nach lebenden und verstorbenen Organspendern (§ 11 Abs. 4 S. 1 Nr. 1 TPG), über Altersgruppe, Geschlecht, Familienstand und Versichertenstatus der zu § 11 Abs. 5 S. 1 Nr. 1 TPG betroffenen Personen (§ 11 Abs. 5 S. 1 Nr. 4 TPG), über die Nachbetreuung der Spender nach § 8 Abs. 3 S. 1 TPG und die Dokumentation ihrer durch die Organspende bedingten gesundheitlichen Risiken (§ 11 Abs. 5 S. 1 Nr. 5 TPG) sowie über die durchgeführten Maßnahmen zur Qualitätssicherung nach § 10 Abs. 2 Nr. 6 TPG (§ 11 Abs. 5 S. 1 Nr. 6 TPG). Gemäß § 11 Abs. 5 S. 2 TPG können in dem Vertrag nach § 11 Abs. 2 TPG einheitliche Vorgaben für den Tätigkeitsbericht und die ihm zugrundeliegenden Angaben der Transplantationszentren vereinbart werden.

Mit dieser Berichtspflicht verfolgt der Gesetzgeber das Ziel, in der Öffentlichkeit eine größere Transparenz des Transplantationsgeschehens bei lebenswichtigen Organen zu erreichen, da die Transparenz nach der Auffassung des Gesetzgebers für die gesellschaftliche Akzeptanz der Transplantationsmedizin eine wesentliche Grundlage ist. Außerdem sollen die Berichte die notwendige Grundlage für gesundheitspolitische Entscheidungen auf dem Gebiet der Hochleistungsmedizin liefern.[527]

C. Datenschutz und Fristen

In § 14 TPG enthält das Transplantationsgesetz Vorschriften über den Datenschutz, in § 15 TPG sind Aufbewahrungs- und Löschungsfristen festgelegt.[528]

§ 14 Abs. 2 S. 1 TPG verbietet unter anderem die Offenbarung personenbezogener Daten der Organspender und Organempfänger durch an der Stellungnahme nach § 8 Abs. 3 S. 2 TPG und an der Organentnahme oder Organübertragung beteiligte Personen. Nicht erlaubt ist auch die Verarbeitung oder Nutzung von im Rahmen des Transplantationsgesetzes erhobenen personenbezogenen Daten zu anderen als in dem Gesetz vorgesehenen Zwecken, § 14 Abs. 2 S. 3 TPG. Erlaubt ist dagegen nach § 14 Abs. 2 S. 4 TPG die Verarbeitung oder Nutzung der Daten für gerichtliche Verfahren, deren Gegenstand die Verletzung des Offenbarungsverbots nach Satz 1 ist.

§ 15 S. 1 TPG bestimmt, daß Aufzeichnungen zur Aufklärung nach § 8 Abs. 2 S. 3 TPG, zur gutachtlichen Stellungnahme nach § 8 Abs. 3 S. 2 TPG und die Dokumentation der Organentnahme und der Organübertragung mindestens zehn Jahre aufzubewahren sind. § 15 S. 2 TPG enthält eine Löschungsfrist für personenbezogene Daten. Personenbezogene Daten in den Aufzeichnungen und Dokumentationen sind spätestens bis zum Ablauf eines weiteren Jahres nach dem Ende der Aufbewahrungsfrist nach § 15 S. 1 TPG zu vernichten.[529]

---

[527] Begründung zu § 10 Abs. 4a E-TPG, BT-Drs. 13/8017, S. 42.

[528] Zum Datenschutz im Transplantationsgesetz vgl. Rixen, DuD 1998, 75 ff..

[529] Bei dem Verweis in § 15 S. 2 TPG auf die „in Aufzeichnungen und Dokumentationen nach den Sätzen 1 *und 2* enthaltenen personenbezogenen Daten" handelt es sich um ein Redaktionsversehen. § 15 TPG besteht nur aus zwei Sätzen. Wie sich aus dem Zusammenhang ergibt, bezieht sich der Verweis in § 15 S. 2 TPG

Die Pflicht zur Aufbewahrung der Unterlagen soll der Rechtssicherheit und Transparenz dienen. Weiteres Ziel ist die Ermittlung der Ursachen möglicher Krankheitsübertragungen. Durch die lange Aufbewahrungsfrist soll möglichen langen Inkubationszeiten Rechnung getragen werden.[530]

D. Richtlinienkompetenz der Bundesärztekammer nach § 16 TPG

I. Gesetzliche Regelung

§ 16 TPG weist der Bundesärztekammer die Aufgabe zu, den Stand der Erkenntnisse der medizinischen Wissenschaft im Bereich der Organtransplantation in Richtlinien festzustellen. Für den Bereich der Lebendspende sind § 16 Abs. 1 S. 1 Nr. 4 und 6 TPG bedeutsam.[531]

In § 16 Abs. 1 S. 1 Nr. 4 TPG wird der Bundesärztekammer die Aufgabe übertragen, in Richtlinien den Stand der Erkenntnisse der medizinischen Wissenschaft hinsichtlich der Anforderungen an die im Zusammenhang mit einer Organentnahme zum Schutz der Organempfänger erforderlichen Maßnahmen einschließlich ihrer Dokumentation festzustellen. Diese beziehen sich insbesondere auf die Untersuchung des Organspenders, der entnommenen Organe und der Organempfänger, um die Risiken für den Organempfänger, besonders das Risiko der Übertragung von Krankheiten, so gering wie möglich zu halten, § 16 Abs. 1 S. 1 Nr. 4a) TPG. Ausweislich der Gesetzesbegründung umfassen die Richtlinien in diesem Bereich die klinischen, apparativen und labortechnischen Untersuchungen zur Eignung des Spenders und der entnommenen Organe. Insbesondere sollen danach Untersuchungen zur Gewebeverträglichkeit (zum Beispiel Typisierung der HLA-

---

auf die Aufzeichnungen und Dokumentationen nach Satz 1. Der Verweis auf Satz 2 geht ins Leere und ergibt keinen Sinn.

[530] Begründung zu § 14 E-TPG, BT-Drs. 13/4355, S. 27.

[531] Die Bundesärztekammer hat bisher erst die Richtlinien zu § 16 Abs. 1 S. 1 Nr. 6 TPG erlassen. Diese sind abgedruckt bei Höfling, Transplantationsgesetz, S. 643 ff..

Antigene, Immunisierungsgrad) einschließlich der Feststellung einer möglicherweise durchgeführten somatischen Gentherapie und zur Verhütung der Übertragung von Krankheiten, so durch Infektionen mit HIV, Hepatitis B- oder Hepatitis C-Viren, Cytomegalie-Viren oder durch Krebs, durchgeführt werden. Zu den medizinischen Anforderungen an die Untersuchungen sollen auch die Qualifikation der untersuchenden Personen und die Anforderungen an die sachliche Ausstattung der Untersuchungseinrichtungen gehören.[532]

Weiterhin soll die Bundesärztekammer Richtlinien hinsichtlich der Konservierung, Aufbereitung, Aufbewahrung und Beförderung der Organe erlassen, um diese in einer zur Übertragung oder weiteren Aufbereitung und Aufbewahrung vor einer Übertragung geeigneten Beschaffenheit zu erhalten, § 16 Abs. 1 S. 1 Nr. 4b) TPG. Umfaßt werden nach der Gesetzesbegründung die medizinischen Anforderungen an die Maßnahmen, soweit sie erforderlich sind, um Organe sachgerecht zu entnehmen und bis zur Transplantation oder bis zu einer pharmazeutischen Aufbereitung und Aufbewahrung vor einer Transplantation in einem dafür geeigneten Zustand zu erhalten. Unter anderem sollen dazu die Anforderungen an geeignete Konservierungslösungen gehören. Im Falle der pharmazeutischen Aufbereitung sollen die arzneimittelrechtlichen Vorschriften gelten; soweit Organe nach § 20 Nr. 1 TPG vom Arzneimittelbegriff oder § 20 Nr. 2 TPG vom Anwendungsbereich des Arzneimittelgesetzes ausgenommen sind, sollen die Richtlinien entsprechende Vorschriften enthalten.[533]

Die Aufzählung in § 16 Abs. 1 S. 1 Nr. 4a) und b) TPG ist, wie sich aus dem Wort „insbesondere" ergibt, nicht abschließend. Dies gilt nach dem Willen des Gesetzgebers im übrigen entsprechend dem Hinweischarakter der Vorschrift des § 16 Abs. 1 S. 1 TPG für die gesamte Bestimmung.[534]

Nach § 16 Abs. 1 S. 1 Nr. 6 TPG soll die Bundesärztekammer in den Richtlinien auch die Anforderungen an die im Zusammenhang mit einer Organentnahme und Organübertragung erforderlichen Maßnah-

---

[532] Begründung zu § 15 Abs. 1 S. 1 Nr. 3a) E-TPG, BT-Drs. 13/4355, S. 28.
[533] Begründung zu § 15 Abs. 1 S. 1 Nr. 3b) E-TPG, BT-Drs. 13/4355, S. 29.
[534] So die Begründung zu § 15 Abs. 1 S. 1 E-TPG, BT-Drs. 13/4355, S. 28.

men zur Qualitätssicherung feststellen. Damit sollen die allgemeinen Anforderungen an Qualitätssicherungsmaßnahmen im Bereich der Tätigkeiten nach § 1 Abs. 1 S. 1 TPG umfaßt sein, einschließlich der Bestimmung medizinischer Anforderungen an diese Maßnahmen. Die Vorschriften der §§ 135-137 SGB V über Maßnahmen zur Qualitätssicherung in der medizinischen Versorgung sollen unberührt bleiben.[535]

In § 16 Abs. 1 S. 2 TPG wird die Vermutung aufgestellt, daß der Stand der Erkenntnisse der medizinischen Wissenschaft eingehalten worden ist, wenn die Richtlinien der Bundesärztekammer beachtet worden sind. Hierbei handelt es sich um eine widerlegliche Vermutung.[536] Durch diese Vermutung soll nach dem Willen des Gesetzgebers die Wirkung der Richtlinien der Bundesärztekammer als Entscheidungshilfen im Hinblick auf die Verpflichtung des Arztes zur gewissenhaften Berufsausübung[537] verdeutlicht werden.[538]

II. Kritik in der Literatur

In der Literatur wird an der Richtlinienkompetenz der Bundesärztekammer Kritik geäußert.

Deutsch kritisiert, daß der Bundesärztekammer durch § 16 TPG außerordentliche Befugnisse gewährt werden. Diese Übertragung der Befugnisse auf eine privatrechtliche Vereinigung werde zusätzlich noch durch die widerlegliche Vermutung des § 16 Abs. 1 S. 2 TPG verschärft. Wenngleich die Vermutung widerlegbar sei, werde die Möglichkeit ihrer Widerlegung nur in den Fällen des offensichtlichen Irrtums, etwa wesentlicher „Druckfehler", bestehen.[539]

---

[535] Begründung zu § 15 Abs. 1 S. 1 Nr. 5 E-TPG, BT-Drs. 13/4355, S. 29.

[536] Begründung zu § 15 Abs. 1 S. 2 E-TPG, BT-Drs. 13/4355, S. 29; ebenso Deutsch, NJW 1998, 777 (780); Kühn, MedR 1998, 455 (457).

[537] Vgl. § 2 (Muster-) Berufsordnung für die deutschen Ärztinnen und Ärzte - MBO-Ä 1997 -, abgedruckt bei Laufs/Uhlenbruck, Hdb. des Arztrechts, Anhang zu Kapitel 1, S. 36 ff..

[538] Begründung zu § 15 Abs. 1 S. 2 E-TPG, BT-Drs. 13/4355, S. 29.

[539] Deutsch, NJW 1998, 777 (780).

Bedenken gegen die Richtlinienkompetenz der Bundesärztekammer äußert auch Kühn. Nach seiner Ansicht begegnet die Übertragung der Richtlinienkompetenz auf die Bundesärztekammer verfassungsrechtlichen Bedenken. Konkret richten sich die Bedenken gegen die Richtlinien zur Feststellung des Hirntodes und die Richtlinien zur Verteilung der Spenderorgane. Angesichts der Bedeutung der Feststellung des Hirntodes und der Konsequenzen der einzelnen Verteilungsentscheidung für das Leben und die Gesundheit der Betroffenen sei die Richtlinienkompetenz der Bundesärztekammer im Hinblick auf den Wesentlichkeitsgrundsatz verfassungsrechtlich bedenklich. Weiter richten sich die Bedenken dagegen, daß die Bundesärztekammer als „Beliehener" - im Gegensatz zu den Landesärztekammern - als Arbeitsgemeinschaft der deutschen Ärztekammern lediglich in der Rechtsform eines nicht eingetragenen Vereins existiert.[540]

Gegen diese Kritik läßt sich einwenden, daß die Bundesärztekammer durch die gesetzliche Regelung lediglich ermächtigt ist, den Stand der Erkenntnisse der medizinischen Wissenschaft in den Richtlinien festzustellen. Die Aufgabe der Bundesärztekammer beschränkt sich damit ausschließlich auf die Feststellung des tatsächlichen Standards. Sie hat keine Befugnis, selbst einen bestimmten Standard zu schaffen oder Methoden und Verfahren entgegen den tatsächlichen Gegebenheiten als Standard in den Richtlinien festzustellen. Den Richtlinien der Bundesärztekammer kommt also keine regelnde, sondern ausschließlich eine feststellende Funktion zu.

Aus der Widerleglichkeit der Richtlinien folgt, daß sich ein Arzt bei seiner Tätigkeit nicht ohne weiteres auf den Inhalt der Richtlinien verlassen kann. Entspricht der Inhalt der Richtlinien nicht dem tatsächlichen Stand der Wissenschaft, so kann sich der Arzt nicht auf die Richtlinien berufen, um zu belegen, daß sein Handeln dem Stand der Wissenschaft entspricht. Die Berufung auf fehlerhafte Richtlinien ist damit ausgeschlossen. Die Richtlinien entlasten den Arzt also nicht davon, sich über die Entwicklungen in der Medizin zu informieren

---

[540] Kühn, MedR 1998, 455 (459). Zu den verfassungsrechtlichen Bedenken – die sich im wesentlichen gegen die Richtlinien im Zusammenhang mit der postmortalen Spende richten – einerseits Höfling, in: Höfling, Transplantationsgesetz, § 16 Rn. 1 ff. und andererseits Taupitz, NJW 2003, 1145 ff..

und auf dem Laufenden zu halten sowie bei seiner ärztlichen Tätigkeit entsprechend zu handeln.[541]

Warum die Möglichkeit der Widerlegung der Vermutung des § 16 Abs. 1 S. 2 TPG nur in den Fällen eines offensichtlichen Irrtums, wie etwa einem wesentlichen Druckfehler[542], bestehen soll, ist nicht ersichtlich. Für die inhaltliche Fehlerfreiheit der Richtlinien kann es nicht auf die Offensichtlichkeit eines Irrtums ankommen. Die Richtlinien sind unrichtig, wenn in ihnen nicht der aktuelle Stand der Erkenntnisse der medizinischen Wissenschaft festgestellt ist. Dies ist von der Offensichtlichkeit des Irrtums unabhängig. Bei einer Differenzierung nach der Offensichtlichkeit des Irrtums würde den Feststellungen der Bundesärztekammer auch regelnde Funktion zukommen, die sie nach dem Gesetz nicht haben sollen. Die Frage der Offensichtlichkeit des Irrtums berührt nur die Problematik der tatsächlichen Feststellung.

Auch die hinsichtlich des Wesentlichkeitsgrundsatzes geäußerten verfassungsrechtlichen Bedenken greifen zumindest hinsichtlich der hier relevanten Vorschriften des § 16 Abs. 1 S. 1 Nr. 4 und 6 TPG nicht durch. Im Hinblick auf die Regelungsmaterie und die Intensität des Eingriffs liegt kein wesentlicher Bereich vor, der durch den Gesetzgeber selber zu regeln ist. Der Wesentlichkeitsgrundsatz verlangt, daß der parlamentarische Gesetzgeber in grundlegenden normativen Bereichen alle wesentlichen Entscheidungen selbst zu treffen hat.[543] Maßgeblich für die Wesentlichkeit ist vor allem die Grundrechtsrelevanz der Maßnahme in Abhängigkeit von der Intensität des staatlichen Eingriffs in die Freiheit des einzelnen[544] oder davon, ob das Staatshandeln bedeutsam für die Verwirklichung der Grundrechte ist[545]. Im Bereich der Lebendspende soll die Bundesärztekammer den Stand der

---

[541] Dies stellt der Gesetzgeber zu der insoweit entsprechenden Vorschrift der §§ 12 Abs. 2, 18 Abs. 2 TFG ausdrücklich fest, Begründung zu §§ 12 Abs. 2, 18 Abs. 2 E-TFG, BT-Drs. 13/9594, S. 21, 24.

[542] So Deutsch, NJW 1998, 777 (780).

[543] BVerfGE 49, 89 (126); 88, 103 (116).

[544] BVerfGE 34, 165 (192 f.); 57, 295 (320 f.).

[545] BVerfGE 41, 251 (259 f.); 47, 46 (79).

Erkenntnisse der medizinischen Wissenschaft für die im Zusammenhang mit einer Organentnahme zum Schutz des Organempfängers erforderlichen Maßnahmen einschließlich ihrer Dokumentation und die erforderlichen Maßnahmen zur Qualitätssicherung im Zusammenhang mit einer Organentnahme oder Organübertragung feststellen. Hierbei handelt es sich um einen medizinisch-technischen Bereich, der für die Verwirklichung von Grundrechtspositionen ohne Bedeutung ist und keinen staatlichen Eingriff enthält.

Wegen der Widerleglichkeit der Vermutung kann sich der behandelnde Arzt auch nicht auf fehlerhafte Richtlinien berufen; er muß sich selbst vergewissern, daß sein Handeln dem Stand der Erkenntnisse der medizinischen Wissenschaft entspricht. Gegen eine fehlerhafte ärztliche Behandlung besteht außerdem ein Schutz durch strafrechtliche und zivilrechtliche Normen. Auch insoweit wird daher die Stellung der Betroffenen nicht verschlechtert.

Dagegen würde eine Regelung der Materie durch den Gesetzgeber eher Bedenken hervorrufen. Zum einen ist die Entwicklung der medizinischen Wissenschaft ständig im Fluß. Der Gesetzgeber wäre daher laufend gezwungen, das Gesetz an den aktuellen Stand der Erkenntnisse der Wissenschaft anzupassen. Zum anderen würde eine Feststellung im Gesetz wegen der nicht auszuschließenden Möglichkeit eines Fehlers wesentlich größeren Bedenken begegnen als widerlegbare Richtlinien der Bundesärztekammer, die nur eine Entscheidungshilfe für die verantwortlichen Ärzte bieten sollen. Außerdem ist zu vermuten, daß bei der Bundesärztekammer ein entsprechender Sachverstand in medizinischen und ärztlichen Fragen vorhanden ist. Unter diesen Aspekten ist deshalb die Regelung des Transplantationsgesetzes als sachgerecht anzusehen.

Im übrigen werden auch bei der Übertragung der Richtlinienkompetenz im Rahmen des Transfusionsgesetzes keine Bedenken geltend gemacht. Die Widerlegbarkeit der Vermutung hinsichtlich der Einhaltung des Standes der medizinischen Wissenschaft und Technik bei Beachtung der Richtlinien wird angesichts möglicher Fehler und schneller Fortschritte der Wissenschaft und Technik für angemessen gehalten.[546]

Im Bereich der Gewinnung von Blut und Blutbestandteilen und bei der Anwendung von Blutprodukten ist der Bundesärztekammer die Aufgabe übertragen worden, im Einvernehmen mit der zuständigen Bundesoberbehörde und nach Anhörung von Sachverständigen in Richtlinien den allgemein anerkannten Stand der medizinischen Wissenschaft und Technik festzulegen.

Im Rahmen des § 12 Abs. 1 TFG kann die Bundesärztekammer Richtlinien festschreiben für die Sachkenntnis des Personals, die Auswahl der spendenden Personen, die Identifizierung und Testung der spendenden Personen, die durchzuführenden Laboruntersuchungen, die ordnungsgemäße Entnahme der Spenden, die Eigenblutentnahme, die Gewinnung von Plasma, insbesondere für die Spenderimmunisierung, die Separation von Blutstammzellen und anderen Blutbestandteilen und die Dokumentation der Spendeentnahme. Durch § 18 Abs. 1 TFG wird die Bundesärztekammer ermächtigt, Richtlinien festzulegen für die Anwendung von Blutprodukten, die Testung auf Infektionsmarker und die Anforderung an die Rückstellproben sowie die Qualitätssicherung, die Qualifikation der tätigen Personen und den Umgang mit nicht angewendeten Blutprodukten. In den §§ 12 Abs. 2, 18 Abs. 2 TFG wird die widerlegbare Vermutung aufgestellt, daß der allgemein anerkannte Stand der medizinischen Wissenschaft und Technik eingehalten worden ist, wenn die Richtlinien der Bundesärztekammer beachtet worden sind.

Die Parallele zu der Regelung im Transplantationsgesetz ist deutlich. Im Unterschied zum Transplantationsgesetz sieht die Regelung im Transfusionsgesetz allerdings vor, daß die Bundesärztekammer den allgemein anerkannten Stand der medizinischen Wissenschaft und Technik in Richtlinien im Einvernehmen mit der zuständigen Bundesoberbehörde und nach der Anhörung von Sachverständigen festlegt. Insoweit sind die Befugnisse der Bundesärztekammer im Rahmen des Transplantationsgesetzes weitergehend, weil sie die Richtlinien ohne die Mitwirkung anderer Stellen oder Personen erlassen kann. Inhalt-

---

[546] Deutsch, NJW 1998, 3377 (3380).

lich führt dies aber zu keiner Änderung der Befugnisse. Die Bundesärztekammer ist ebenfalls verpflichtet, den Stand der Erkenntnisse der medizinischen Wissenschaft festzustellen, eine Regelungsbefugnis steht ihr nicht zu.

Fraglich ist, ob dieser Unterschied eine andere Beurteilung der Regelungen rechtfertigt. Der Gesetzgeber war sich bei Erlaß des Transplantationsgesetzes des Problems der objektiven Feststellung des Standes der Erkenntnisse der medizinischen Wissenschaft bewußt. Er hat durchaus die Gefahr möglicher Interessenkollisionen gesehen. Aus diesem Grund hat er in § 16 Abs. 2 TPG angeordnet, daß bei der Erarbeitung der Richtlinien für bestimmte Bereiche zusätzlich weitere Personen zu beteiligen sind. In der Gesetzesbegründung wird dazu ausgeführt, daß diese Bestimmung im Hinblick auf die Vermutenswirkung der Richtlinien einer objektiven Feststellung des Standes der medizinischen Wissenschaft dienen und dabei möglichen Interessenkollisionen entgegenwirken soll.[547] Im Zuge der Beratungen des Gesundheitsausschusses[548] wurde diese Regelung noch erweitert und ist in dieser Fassung dann Gesetz geworden. So wurde für die Erarbeitung bestimmter Richtlinien die angemessene Vertretung von Personen mit der Befähigung zum Richteramt und von Patienten sowie Personen aus dem Kreis der Angehörigen von Organspendern nach § 3 oder § 4 TPG festgelegt. Damit sollte im Zuge einer Konkretisierung durch Verfahren eine bessere Sicherung dafür getroffen werden, daß die gesetzgeberischen Vorgaben sachgerecht umgesetzt werden. Die Vertretung aus dem Kreis der Angehörigen soll dem Umstand Rechnung tragen, daß in der überwiegenden Zahl der Fälle die Entscheidung über eine postmortale Organspende durch Angehörige entsprechend dem mutmaßlichen Willen des potentiellen Organspenders getroffen wird. Für die Entscheidung der Angehörigen kommt demnach einer transparenten, den Vorgaben des Gesetzes entsprechenden Organvermittlung große Bedeutung zu.[549]

---

[547] So die Begründung zu § 15 Abs. 2 E-TPG, BT-Drs. 13/4355, S. 29.
[548] Vgl. BT-Drs. 13/8017, S. 19.
[549] So die Begründung zu § 15 Abs. 2 E-TPG, BT-Drs. 13/8017, S. 43.

Allerdings erstreckt sich die Beteiligung weiterer Personen gemäß § 16 Abs. 2 TPG nicht auf die Erarbeitung der Richtlinien für den Bereich des § 16 Abs. 1 S. 1 Nr. 4 und 6 TPG. Anscheinend hat der Gesetzgeber dort die Gefahr von Interessenkollisionen geringer erachtet, so daß sich eine zusätzliche Sicherung der Objektivität erübrigte.

Grundsätzlich hätte sich aber wegen der faktischen Wirkung der Richtlinien eine Regelung wie im Transfusionsgesetz angeboten, die die Objektivität und Richtigkeit durch das Einvernehmen mit einer Bundesoberbehörde sicherstellt. Andererseits handelt es sich bei den Richtlinien nach § 16 Abs. 1 S. 1 Nr. 4 und 6 TPG um einen primär technischen Bereich, in dem keine besonderen Interessenkonflikte zu erwarten sind. Durch die Widerlegbarkeit der Vermutung des § 16 Abs. 2 TPG wird auch verhindert, daß sich im Bereich von § 1 Abs. 1 S. 1 TPG tätige Personen auf fehlerhafte Richtlinien berufen können. Schon die Widerlegbarkeit der Vermutung wird deshalb einen gewissen Zwang zur Objektivität bei der Ausarbeitung der Richtlinien bewirken. Auch aus einem Vergleich mit der Regelung des Transfusionsgesetzes ergibt sich folglich keine andere Bewertung.

Insgesamt ergibt sich damit, daß die Richtlinienkompetenz der Bundesärztekammer zumindest für den Erlaß von Richtlinien im Bereich des § 16 Abs. 1 S. 1 Nr. 4 und 6 TPG akzeptabel ist. Die Richtlinien bieten dem Arzt in angemessener Weise eine Entscheidungshilfe im Hinblick auf seine Verpflichtung zur gewissenhaften Berufsausübung, ohne ihn dabei aber von seiner ärztlichen Verantwortung zu befreien. Nicht zu verkennen ist, daß es zur Sicherung der Objektivität und Fehlerfreiheit der Richtlinien wegen ihrer faktischen Wirkung wünschenswert gewesen wäre, den Stand der Erkenntnisse der medizinischen Wissenschaft im Einvernehmen mit einer Bundesoberbehörde festzustellen, wie es in § 12 Abs. 2 und § 18 Abs. 2 TFG vorgesehen ist.

E. KOSTENTRAGUNG BEI DER LEBENDSPENDE VON ORGANEN

Die Transplantation eines Organs verursacht hohe Kosten. Für eine Nierentransplantation sind beispielsweise zwischen 35.000 und 50.000

DM aufzuwenden, hinzukommen jährliche Nachsorgekosten in Höhe von 15.000 DM.[550] Diese Kosten entstehen nicht nur bei der Übertragung eines Organs auf den Empfänger, sondern auch bei der Entnahme eines Organs vom Spender. Insbesondere bei der Lebendspende stellt sich die Frage, wer für die entstandenen Kosten aufkommt und entstandene Aufwendungen des Spenders ersetzt.

I. Tragung der Kosten der Übertragung eines Organs

Zunächst ist zu klären, wer die Kosten für die Einpflanzung eines gespendeten Organs beim Empfänger zu tragen hat. Hierbei ist zwischen Organempfängern zu unterscheiden, die krankenversichert sind und solchen, die nicht krankenversichert sind.

1) Krankenversicherte Organempfänger

Die gesetzliche Krankenversicherung ist gemäß § 27 Abs. 1 S. 1 SGB V verpflichtet, den bei ihr Versicherten eine Krankenbehandlung zu gewähren, wenn sie notwendig ist, um eine Krankheit zu erkennen, zu heilen, ihre Verschlimmerung zu verhüten oder Krankheitsbeschwerden zu lindern. Nach § 27 Abs. 1 S. 2 SGB V umfaßt die Krankenbehandlung unter anderem die ärztliche Behandlung, die Versorgung mit Arznei-, Verband-, Heil- und Hilfsmitteln und die Krankenhausbehandlung. Die Leistungen werden gemäß § 2 Abs. 1 i.V.m. § 12 Abs. 1 SGB V in einem Umfang zur Verfügung gestellt, der ausreichend, zweckmäßig und wirtschaftlich ist und das Maß des Notwendigen nicht überschreitet.[551] Die notwendigen medizinischen Leistungen bei einer indizierten Organtransplantation gehören deshalb zur Krankenbehandlung.[552] Die gesetzlichen Krankenkassen sind infolgedessen verpflichtet, alle bei der zur Heilung einer Krankheit erforderlichen Implantation eines Organs beim Empfänger entstehenden notwendigen Kosten zu übernehmen. Nicht zu den in § 27 Abs. 1 S. 2 SGB V aufgeführten Leistungen gehören die Kosten für die „Selbstbeschaf-

---

[550] Hirsch/Schmidt-Didczuhn, Transplantation, S. 4 f..
[551] Vgl. dazu Höfler, in: Kasseler Komm., § 12 SGB V Rn. 5 ff..
[552] Höfler, in: Kasseler Komm., § 27 SGB V Rn. 78.

fung" eines Organs, selbst wenn die Transplantation medizinisch notwendig war und ohne den Kauf des Organs nicht zustande gekommen wäre.[553] Ebenfalls ausgeschlossen ist die Übernahme der Kosten durch die Krankenkasse, wenn der Versicherte eine Transplantation im Ausland vornehmen läßt, die in Deutschland wegen ethisch-moralischer Bedenken nicht durchgeführt wird.[554]

Gleiches gilt für Versicherte in einer privaten Krankenversicherung. Auch hier übernimmt der Krankenversicherer die Transplantationskosten des Organempfängers; eine besondere vertragliche Vereinbarung ist dafür nicht erforderlich.

2) Nicht krankenversicherte Organempfänger

Bei nicht krankenversicherten Organempfängern ist zwischen Deutschen und Ausländern zu unterscheiden.

a) Nicht krankenversicherte Deutsche

Sofern ein Organempfänger nicht in der gesetzlichen Krankenversicherung pflichtversichert oder mitversichert ist, nicht in einer gesetzlichen Krankenversicherung freiwillig versichert oder in einer privaten Krankenversicherung versichert ist, so hat er selbst die Kosten für eine Transplantation zu zahlen. Dies ist angemessen, weil der Nichtversicherte sich vorher die Krankenversicherungsbeiträge zur Absicherung von Krankheitsrisiken erspart hat.

Sollte der nicht krankenversicherte Organempfänger finanziell nicht in der Lage sein, die Kosten der Transplantation aufzubringen, wird dem Kranken nach § 37 BSHG Krankenhilfe als Hilfe in besonderen Lebenslagen durch den Träger der Sozialhilfe zu gewähren sein. Nach § 37 Abs. 2 S. 2 BSHG sollen die Leistungen in der Regel den Leistungen entsprechen, die nach den Vorschriften über die gesetzliche Krankenversicherung gewährt werden. Die Leistungen der Krankenhilfe

---

[553] BSG NJW 1997, 823 f.; NJW 1997, 3114 (3115 f.).
[554] BSG NJW 1997, 3114 (3115); SG Lüneburg NJW 1994, 1614 (1615 f.); Höfler, in: Kasseler Komm., § 27 SGB V Rn. 78.

entsprechen daher grundsätzlich denen der gesetzlichen Krankenversicherung.[555] Entsprechend werden deshalb die notwendigen Kosten einer indizierten Transplantation vom Träger der Sozialhilfe übernommen werden müssen.

b) Nicht krankenversicherte Ausländer

Soweit Ausländer gegen Entgelt in der Bundesrepublik Deutschland beschäftigt und deshalb in der gesetzlichen Krankenversicherung pflichtversichert sind[556], bestehen keine Unterschiede zu den in der gesetzlichen Krankenversicherung versicherten Deutschen.

Bei nicht krankenversicherten Ausländern ist zu unterscheiden. Ist der Ausländer leistungsfähig, so wird er die Kosten der Transplantation selbst zu tragen haben. Ist der Ausländer selbst nicht finanziell leistungsfähig, ist weiter zu differenzieren.

Ist das Europäische Fürsorgeabkommen auf den Ausländer anwendbar, ist er bei der Gewährung von Sozialhilfe den Deutschen gleichgestellt.[557] Auch in diesem Fall hat der Träger der Sozialhilfe Krankenhilfe nach § 37 BSHG zu gewähren und deshalb die Kosten der Transplantation zu übernehmen.

Unterliegt der Ausländer Sonderregelungen (dies sind unter anderem Asylberechtigte nach § 2 Abs. 1 AsylVfG, Konventionsflüchtlinge im Sinne des § 3 AsylVfG, Kontingentflüchtlinge im Sinne des § 1 des Gesetzes über Maßnahmen für im Rahmen humanitärer Hilfsaktionen aufgenommener Flüchtlinge, heimatlose Ausländer im Sinne des § 1 des Gesetzes über die Rechtsstellung heimatloser Ausländer im Bundesgebiet), hat er in der Sozialhilfe dieselben Rechte wie ein Deutscher.[558] In diesen Fällen ist ebenfalls Krankenhilfe nach § 37 BSHG zu gewähren.

---

[555] Vgl. Fichtner, in: Fichtner, BSHG, § 37 Rn. 4.
[556] Vgl. dazu Peters, in: Kasseler Komm., § 5 SGB V Rn. 143.
[557] Fasselt, in: Fichtner, BSHG, § 120 Rn. 3; Birk, in: LPK-BSHG, § 120 Rn. 13.
[558] Fasselt, in: Fichtner, BSHG, § 120 Rn. 3; Birk, in: LPK-BSHG, § 120 Rn. 8.

Gleiches gilt für Ausländer, die nach § 120 BSHG unter modifizierten Voraussetzungen Sozialhilfe erhalten. Ihnen ist Krankenhilfe nach § 37 BSHG im selben Umfang wie Deutschen zu gewähren.[559] Eine Einschränkung ergibt sich allerdings aus § 120 Abs. 3 S. 2 BSHG. Wenn sich ein Ausländer zum Zwecke der Behandlung oder Linderung einer Krankheit in die Bundesrepublik Deutschland begeben hat, soll Krankenhilfe insoweit nur zur Behebung eines akut lebensbedrohlichen Zustandes oder für eine unaufschiebbare und unabweisbar gebotene Behandlung einer schweren oder ansteckenden Erkrankung geleistet werden.[560]

Leistungsberechtigte Ausländer nach § 1 AsylbLG (unter anderem Asylbewerber mit Aufenthaltsgestattung nach § 55 AsylVfG, Kriegs- und Bürgerkriegsflüchtlinge im Sinne der §§ 32, 32a AuslG, geduldete Ausländer im Sinne des § 55 AuslG, nach § 42 AuslG vollziehbar zur Ausreise verpflichtete Ausländer)[561] erhalten gemäß § 120 Abs. 2 BSHG keine Leistungen der Sozialhilfe, sondern Leistungen nach dem Asylbewerberleistungsgesetz. Sie erhalten nach § 4 Abs. 1 S. 1 AsylbLG zur Behandlung akuter Erkrankungen und Schmerzzustände die erforderliche ärztliche Behandlung einschließlich der Versorgung mit Arznei- und Verbandsmitteln sowie sonstiger zur Genesung, zur Besserung oder Linderung von Krankheiten oder Krankheitsfolgen erforderlichen Leistungen gewährt. Eine weitergehende Einschränkung enthält § 1a AsylbLG, wonach bestimmte Leistungsberechtigte unter bestimmten Voraussetzungen nur Leistungen erhalten, soweit dies im Einzelfall nach den Umständen unabweisbar geboten ist.[562] Sofern Leistungsberechtigte nach § 1 AsylbLG über eine Dauer von 36 Monaten, frühestens beginnend am 1. Juni 1997, Leistungen nach § 3 AsylbLG erhalten haben, bekommen sie gemäß § 2 Abs. 1 AsylbLG Leistungen nach dem Bundessozialhilfegesetz in analoger Anwen-

---

[559] Fasselt, in: Fichtner, BSHG, § 120 Rn. 4; Birk, in: LPK-BSHG, § 120 Rn. 19.

[560] Dazu Fasselt, in: Fichtner, BSHG, § 120 Rn. 11; Birk, in: LPK-BSHG, § 120 Rn. 25.

[561] Vgl. zum Personenkreis Fasselt, in: Fichtner, BSHG, § 120 Rn. 8; Birk, in: LPK-BSHG, § 1 AsylbLG Rn. 1 ff..

[562] Vgl. Birk, in: LPK-BSHG, § 1a AsylbLG Rn. 1 ff..

dung, wenn die Ausreise nicht erfolgen kann und aufenthaltsbeendende Maßnahmen nicht vollzogen werden können, weil humanitäre, rechtliche oder persönliche Gründe oder das öffentliche Interesse entgegenstehen.

Im Fall eines nach § 1 Abs. 1 S. 1 AsylbLG Leistungsberechtigten hat das VG Frankfurt am Main im Verfahren des einstweiligen Rechtsschutzes entschieden, daß die Kosten für eine erforderliche Lebertransplantation auf Grund einer chronischen Erkrankung als nicht zur Finanzierung der gemäß § 4 Abs. 1 S. 1 AsylbLG erforderlichen Maßnahmen gehörig erscheinen. Begründet wurde dies damit, daß der Begriff „akute Erkrankung" nicht in dem Sinne erweiternd ausgelegt werden könne, daß eine akute Erkrankung auch dann vorliege, wenn bei einer chronischen Erkrankung ein akuter Behandlungsbedarf bestehe, also die Behandlung nicht weiter aufgeschoben werden könne. Eine solche Auslegung stünde im Widerspruch zur Gesetzesbegründung und Entstehungsgeschichte des Gesetzes.[563] Allerdings kommt hier eine Leistungsgewährung nach § 6 S. 1 AsylbLG in Betracht.[564] Danach können sonstige Leistungen gewährt werden, wenn sie im Einzelfall zur Sicherung der Gesundheit unerläßlich sind. Darunter fällt auch die Behandlung einer chronischen Krankheit.[565] Im Ergebnis werden damit die Kosten für eine Transplantation zur unaufschiebbaren Behandlung einer chronischen Erkrankung als sonstige Leistung nach § 6 S. 1 AsylbLG zu gewähren sein.

II. Tragung der Kosten der Organentnahme beim Spender und Ersatz der Aufwendungen des Spenders

Auch bei der Entnahme des zu transplantierenden Organs entstehen Kosten. Dies sind zum einen die Kosten der Entnahme des Organs selbst mit der erforderlichen ärztlichen Vorbehandlung und Nachbehandlung des Spenders, aber auch Aufwendungen des Spenders wie

---

[563] VG Frankfurt am Main NDV-RD 1997, 138; im Ergebnis ebenso Theis, NJ 1993, 505 (506); a.A. Birk, in: LPK-BSHG, § 4 AsylbLG Rn. 4.
[564] Dies wurde vom VG Frankfurt am Main nicht angesprochen.
[565] Vgl. Sauer, NDV-RD 1997, 139 m.w.N..

Fahrt- und Unterbringungskosten oder ein Verdienstausfall. Die Krankenkasse des Spenders wird diese Kosten nicht übernehmen, da der Spender sich die Krankheit vorsätzlich zugezogen hat und sie deshalb nach § 52 SGB V berechtigt ist, die Leistung zu verweigern.[566] Fraglich ist also, wer diese Kosten zu tragen hat. Hierbei ist wiederum zwischen krankenversicherten und nicht krankenversicherten Organempfängern zu unterscheiden.

1) Krankenversicherte Organempfänger

Das Bundessozialgericht hat Ende 1972 festgestellt, daß die Kosten für die durch das Spenden eines Organs erforderliche stationäre Heilbehandlung des Spenders durch die Krankenkasse des Empfängers zu übernehmen sind, da es sich um eine Nebenleistung handele, die der stationären Behandlung des Empfängers des Transplantats zuzurechnen sei.[567] Es handele sich bei der Organspende um eine Maßnahme zur Wiederherstellung der Gesundheit des Organempfängers oder zur Besserung seines Zustandes. Wie alle Vor- und Nebenleistungen im Zusammenhang mit solchen Maßnahmen gehörten daher auch die Aufwendungen für eine ambulante oder stationäre Behandlung des Organspenders zu der dem Empfänger zu gewährenden Krankenhilfe.[568]

Entsprechend der Auffassung des Bundessozialgerichts hatten sich die Spitzenverbände der Krankenkassen schon 1971 darauf geeinigt, daß die Kasse des Organempfängers generell die Kosten der Transplantation übernimmt.[569] Dort wurde auch die Entgeltfortzahlung in Höhe der Nettobezüge an den Organspender vereinbart.

Im Ergebnis hat damit die Krankenkasse des Organempfängers alle Kosten der Organentnahme zu übernehmen und entstandene erforder-

---

[566] Ugowski, Rechtsfragen, S.127.

[567] BSG NJW 1973, 1432.

[568] BSG NJW 1973, 1432 (1433); bestätigt von BAG NJW 1987, 1508; Höfler, in: Kasseler Komm., § 27 SGB V Rn. 40, 78.

[569] Vgl. Deutsch, ZRP 1994, 179 (180).

liche Aufwendungen des Spenders sowie seinen Verdienstausfall zu ersetzen.

Daran ändert sich auch nichts, wenn die Organentnahme fehlschlagen sollte oder das entnommene Organ zur Transplantation untauglich ist. Denn die Organentnahme ist als Teil der Krankenbehandlung des Organempfängers zu betrachten, sie ist Teil der Behandlung einer bestimmten kranken Person. Bei der Kostenübernahme für die Behandlung einer kranken Person wird aber auch nicht danach differenziert, ob die Behandlung letztlich erfolgreich war oder nicht. Gleiches hat deshalb für die Organentnahme vom lebenden Spender als Teil der Behandlung einer erkrankten Person zu gelten. Die Krankenkasse ist also unabhängig vom Erfolg der Organentnahme zur Kostentragung verpflichtet. Da die Lebendspende sich nicht wieder bildender Organe wegen § 8 Abs. 1 S. 2 TPG nur zugunsten eines bestimmten Empfängers zulässig ist und auch ansonsten eine Lebendspende regelmäßig zugunsten einer bestimmten Person erfolgen wird, ergeben sich auch hinsichtlich der Bestimmung der Person, für die die Organentnahme Teil der Krankenbehandlung ist, und damit für die Feststellung der kostenpflichtigen Krankenversicherung keine Probleme.

Gleiches gilt für die private Krankenversicherung. Auch dort übernimmt die Krankenkasse des Organempfängers die Kosten der Explantation und ersetzt entstandene Aufwendungen und einen Verdienstausfall des Spenders.

2) Nicht krankenversicherte Organempfänger

a) Nicht krankenversicherte Deutsche

Im Falle eines nicht krankenversicherten Organempfängers wird dieser ebenfalls die Kosten der Organentnahme und den Ersatz der dem Spender entstandenen Aufwendungen zu übernehmen haben. Dafür bedarf es einer vertraglichen Vereinbarung zwischen Spender und Empfänger.

Sollte der Organempfänger nicht in der Lage sein, die Kosten zu tragen, wird sie der Träger der Sozialhilfe im Rahmen der Krankenhilfe übernehmen müssen, da es sich bei der Spende des Organs um einen

Teil der Maßnahmen zur Wiederherstellung der Gesundheit des Organempfängers handelt. Eine subsidiäre Leistungspflicht der Krankenkasse des versicherten Spenders, wenn der Empfänger nicht versichert ist und auch sonst nicht leisten kann, ist dagegen abzulehnen.[570] Es ist nicht einzusehen, warum die Solidargemeinschaft einer bestimmten Krankenkasse die Kosten einer Spende als Teil der Heilbehandlung für eine nicht bei ihr versicherte Person tragen soll. Es erscheint daher sachgerechter, daß der Träger der Sozialhilfe die Kosten übernimmt und damit die Allgemeinheit das Risiko der fehlenden Leistungsfähigkeit des nicht versicherten Organempfängers trägt.

b) Nicht krankenversicherte Ausländer

Keine Probleme ergeben sich wiederum bei Ausländern, die in Deutschland gegen Entgelt beschäftigt und deshalb in der gesetzlichen Krankenversicherung pflichtversichert sind. Dort übernimmt die Krankenkasse ganz normal wie bei deutschen Pflichtversicherten die Explantationskosten und Aufwendungen des Spenders.

Ein leistungsfähiger nicht versicherter Ausländer wird die Kosten der Organspende und die entstandenen Aufwendungen des Spenders selbst zu zahlen haben. Dazu ist eine vertragliche Vereinbarung erforderlich.

Soweit ein nicht leistungsfähiger Ausländer im Sozialhilferecht den Deutschen gleichgestellt ist, sind die Kosten der Organentnahme als Teil der Krankenhilfe durch den Träger der Sozialhilfe zu tragen. Gleiches muß gelten, wenn einem Leistungsberechtigten nach dem Asylbewerberleistungsgesetz ausnahmsweise eine Transplantation als Krankenhilfe geleistet werden sollte.

---

[570] So wohl Ecker, SGb 1972, 81 (83); offengelassen von BSG NJW 1973, 1432 (1433).

III. Kostentragung bei einer Organtransplantation auf Grund eines Arbeitsunfalls

Eine Organübertragung kann auch auf Grund eines Arbeitsunfalls im Sinne des Unfallversicherungsrechts erforderlich werden, wenn auf Grund einer die Voraussetzungen eines Arbeitsunfalls erfüllenden Körperverletzung eine Organtransplantation notwendig wird. Fraglich ist, wer in diesem Fall die Kosten für die Organübertragung und die Organentnahme beim lebenden Spender zu tragen hat und die Aufwendungen des Spenders und einen Lohnausfall ersetzt.

Das Bundesarbeitsgericht hat dazu festgestellt, daß die vom Bundessozialgericht entwickelten Grundsätze auch auf die Unfallversicherung anzuwenden sind.[571] Die Organtransplantation ist deshalb Teil der durch den Unfallversicherungsträger zu gewährenden Heilbehandlung des Organempfängers, dazu zählen als Nebenleistung die Kosten der Organentnahme. Zu ersetzen sind daher vom Unfallversicherungsträger des Empfängers auch Aufwendungen des Spenders und ein Lohnausfall. Entsprechend wurde vom Bundesarbeitsgericht ein Anspruch des Spenders auf Lohnfortzahlung gegen den Arbeitgeber abgelehnt.[572]

Damit hat der Träger der Unfallversicherung des Organempfängers die Kosten für eine durch einen Arbeitsunfall erforderliche Transplantation und die dazu erfolgende Organentnahme beim lebenden Spender zu tragen sowie die Aufwendungen und einen Lohnausfall des Spenders zu ersetzen.

IV. Versicherungsrechtliche Absicherung eines Spendeunfalls

Durch § 23 TPG wird § 2 Abs. 1 Nr. 13b) SGB VII geändert. § 2 Abs. 1 Nr. 13b) SGB VII hat danach folgenden Wortlaut: „b) Blut oder körpereigene Organe, Organteile oder Gewebe spenden." § 2 Abs. 1 Nr. 13b) SGB VII enthält damit die gesetzliche Regelung der versicherungsrechtlichen Absicherung eines Spendeunfalls. Der Organ-

---

[571] BAG NJW 1987, 1508.
[572] BAG NJW 1987, 1508.

spender wird durch die Vorschrift kraft Gesetzes in die gesetzliche Unfallversicherung einbezogen.[573]

Die Gesetzesänderung hat lediglich klarstellenden Charakter, da schon in der früheren Fassung des § 2 Abs. 1 Nr. 13b) SGB VII beziehungsweise § 539 Abs. 1 Nr. 10 RVO Organspender in die gesetzliche Unfallversicherung kraft Gesetzes einbezogen waren. Dort wurde allerdings auf Personen, die körpereigenes Gewebe spenden, abgestellt. Der Begriff des Gewebes wurde dort als Oberbegriff für Organ, Organteil und Gewebe verwendet. Mit der Gesetzesänderung soll die Terminologie im Siebten Buch Sozialgesetzbuch an die des Transplantationsgesetzes angepaßt werden. Die Gesetzesänderung dient nach dem Willen des Gesetzgebers der Rechtsklarheit durch die Verwendung einheitlicher Begriffe; eine sachliche Änderung des Rechts der gesetzlichen Unfallversicherung war dadurch nicht beabsichtigt.[574]

Im einzelnen gilt folgendes:

Erfaßt werden nur Gesundheitsschädigungen, die den Tatbestand eines „Arbeitsunfalls" erfüllen. Es sind nicht die Schäden gedeckt, die durch die Organspende als solche unvermeidbar eintreten.[575] Denn die Organspende selbst ist die versicherte Tätigkeit und damit kein Unfaller-

---

[573] Umstritten ist, ob ein Organspender auch dann nach § 2 Abs. 1 Nr. 13b) SGB VII unfallversichert ist, wenn die Organentnahme zu wissenschaftlichen Zwecken erfolgt, vergleiche dazu Schwerdtfeger, in: Lauterbach, SGB VII, § 2 Rn. 464 m.w.N. zum Streitstand und neuerdings verneinend Wolber, SozVers 1998, 147 (148). Eine Spende zu wissenschaftlichen Zwecken fällt wegen § 1 Abs. 1 S. 1 TPG, der eine Spende zum Zwecke der Übertragung auf andere Menschen verlangt, nicht in den Anwendungsbereich des Transplantationsgesetzes. Die Problematik ist daher hier nicht weiter zu vertiefen. Im Ergebnis wird die Frage aber zu bejahen sein, weil auch die Entnahme zu Forschungszwecken dem Gesundheitsinteresse potentieller Organempfänger dient und damit der § 2 Abs. 1 Nr. 13b) SGB VII zugrundeliegenden Motivlage entspricht. Auch kann das Transplantationsgesetz nur für den von ihm geregelten Bereich der Spende und Entnahme von Organen zur Übertragung auf andere Menschen als abschließend angesehen werden.

[574] Vgl. die Begründung zu § 21a E-TPG, BT-Drs. 13/8017, S. 45.

[575] Schwerdtfeger, in: Lauterbach, SGB VII, § 2 Rn. 464; Ricke, in: Kasseler Komm., § 2 SGB VII Rn. 71; a.A. Vollmar, BG 1969, 267 (269); ihm wohl folgend Ecker, SGb 1972, 81 (83 Fn. 37).

eignis im Sinne des § 8 Abs. 2 Nr. 1 SGB VII. Die infolge einer Organspende eintretenden Komplikationen sind daher keine „Verschlimmerung" im unfallrechtlichen Sinne, sondern der „Unfall", also das erste Glied der Kausalkette.[576] Erfaßt werden also nur Gesundheitsschädigungen infolge der Organentnahme. Darunter sind die mit dem Spendevorgang kausal im Zusammenhang stehenden Komplikationen und mögliche Folgeerkrankungen des Organspenders sowie sonstige von der Norm des Wiederherstellungsprozesses abweichende klinische Erscheinungen zu verstehen.[577] Dazu zählen zum Beispiel auch Schäden aus der sogenannten Einnierigkeit, also ein Schaden an der verbliebenen Niere, der mittelbar zum Krankheitsfall wird, weil die andere Niere gespendet wurde. In diesem Fall ist aber zu beachten, daß eine Organspende wegen § 8 Abs. 1 S. 1 Nr. 1c) TPG unzulässig ist, wenn der Schaden nach ärztlicher Beurteilung zu erwarten ist.

Einschränkend können Komplikationen im vorgenannten Sinne aber nur dann angenommen werden, wenn sie über das übliche Ausmaß der zu erwartenden und allgemein mit der Organentnahme verbundenen Nachteile hinausgehen. Es kann nicht jede Gesundheitsschädigung oder Komplikation ausreichen. Die Grenze zwischen den hinzunehmenden üblichen Nachteilen und den nicht mehr hinzunehmenden unüblichen Nachteilen ist nach dem medizinischen Kenntnisstand und der Schwere des Nachteils zu ziehen. Allerdings wird hier ein strenger Maßstab, der sich an der schweren gesundheitlichen Beeinträchtigung im Sinne des § 8 Abs. 1 S. 1 Nr. 1c) TPG orientiert, anzulegen sein, weil der Lebendspender mit seiner Einwilligung in die Spende eines Organs bewußt und freiwillig ein gesundheitliches Risiko zugunsten eines bestimmten Dritten auf sich nimmt. Anders als beispielsweise bei der Regelung zum Ersatz von Impfschäden in § 60 IfSG wird dem Spender hier auch kein Sonderopfer im Interesse der Gesundheit der Allgemeinheit auferlegt, so daß ein strenger Maßstab gerechtfertigt ist. Deshalb kann hier auch keine Beweiserleichterung wie in § 61 S. 1 IfSG hinsichtlich des ursächlichen Zusammenhangs zwischen Organ-

---

[576] So für die Blutspende Schwerdtfeger, in: Lauterbach, SGB VII, § 2 Rn. 462.
[577] Vgl. dazu Bundesverband der Unfallkassen, Rundschreiben Nr. 58/1998 vom 30.07.1998, S. 2.

entnahme, erlittener Gesundheitsschädigung und Folgen der Schädigung eingreifen.[578]

Von der gesetzlichen Unfallversicherung gedeckt sind auch die Wegunfälle auf Wegen im Sinne des § 8 Abs. 2 Nr. 1 SGB VII. Ebenfalls versichert sind Unfälle bei vorbereitenden Maßnahmen wie Untersuchungen des Spenders und dem Aufklärungsgespräch nach § 8 Abs. 2 TPG.[579] Gleiches gilt für die Teilnahme an der ärztlich empfohlenen Nachbetreuung nach § 8 Abs. 3 S. 1 TPG.[580] Die Bereiterklärung zur Teilnahme an der ärztlich empfohlenen Nachbetreuung ist Zulässigkeitsvoraussetzung der Organentnahme vom lebenden Spender. Die Teilnahme an der Nachbetreuung hängt deshalb eng mit der Organspende als der versicherten Tätigkeit zusammen und ist wesentlich durch sie motiviert; sie ist ihr aus diesem Grunde normativ zuzurechnen. Die zeitliche Zäsur zum Spendevorgang kann keine andere Beurteilung rechtfertigen.[581]

Nach § 2 Abs. 3 S. 3 SGB VII gilt § 2 Abs. 1 Nr. 13b) SGB VII auch für Personen, die im Ausland tätig werden.

Von der Vorschrift nicht erfaßt werden die Fälle, in denen die Übertragung körpereigener Organe, Organteile oder Gewebe auf den Spender selbst erfolgt, also Spender und Empfänger identisch sind. In diesem Fall kann von einer „Spende" nicht die Rede sein.[582]

Die sachliche und örtliche Zuständigkeit des Unfallversicherungsträgers für Unfälle von Organspendern folgt dem Krankenhaus/Transplantationszentrum oder der Einrichtung, in deren Organisationsbereich die Entnahme erfolgt sowie dem Sitz dieser Unternehmen oder Einrichtungen (§§ 133 Abs. 1, 130 Abs. 1 S. 1 SGB VII). Unfallversicherungsträger für private und kirchliche Transplantationszentren und

---

[578] Vgl. zum IfSG Bales/Baumann, Infektionsschutzgesetz, § 2 Rn. 25 ff.; Etmer/Lundt, Infektionsschutz, Erl. § 51 Abs. 1, 52 Abs. 2 BundesSeuchenG.

[579] Ebenso Wolber, SozVers 1998, 147 (148).

[580] Bundesverband der Unfallkassen, Rundschreiben Nr. 58/1998 vom 30.07.1998, S. 2; a.A. Wolber, SozVers 1998, 147 (148).

[581] So aber Wolber, SozVers 1998, 147 (148).

[582] H.M.; vgl. Schwerdtfeger, in: Lauterbach, SBG VII, § 2 Rn. 465; Ricke, in: Kasseler Komm., § 2 SGB VII Rn. 71; Vollmar, BG 1969, 267 (268).

Krankenhäuser ist entsprechend der gewerbespezifischen Gliederung der Berufsgenossenschaften im Regelfall die Berufsgenossenschaft für Gesundheitsdienst und Wohlfahrtspflege. Für Einrichtungen der Länder sind die für das Land zuständigen Landesunfallkassen oder die gemeinsamen Unfallkassen für den Landes- oder kommunalen Bereich als Unfallversicherungsträger zuständig, § 116 Abs. 1 SGB VII. Für Einrichtungen der Gemeinden und Gemeindeverbände sowie übernommene private Einrichtungen (§§ 128 Abs. 4, 129 Abs. 3 SGB VII) sind die Unfallversicherungsträger die gemeinsamen Unfallkassen für den Landes- und den kommunalen Bereich, die Gemeindeunfallversicherungsverbände oder die städtischen Unfallkassen, §§ 116 Abs. 1 S. 2, 117 Abs. 1, 218 Abs. 1 S. 1 SGB VII.[583] Umstritten ist die Zuständigkeit für einen Unfall bei einer Spende im Ausland.[584]

Der Umfang der Leistungen der gesetzlichen Unfallversicherung ergibt sich aus den §§ 26 ff. SGB VII. Danach haben Versicherte einen Anspruch auf Heilbehandlung (§ 27 ff. SGB VII), auf berufsfördernde Leistungen zur Rehabilitation (§§ 35 ff. SGB VII), auf Leistungen zur sozialen Rehabilitation und ergänzende Leistungen (§§ 39 ff. SGB VII), auf Leistungen bei Pflegebedürftigkeit (§ 44 SGB VII), auf Geldleistungen während der Heilbehandlung und der beruflichen Rehabilitation wie Verletztengeld und Übergangsgeld (§§ 45 ff. SGB VII), auf eine Rente im Falle einer Minderung der Erwerbsfähigkeit (§§ 56 ff. SGB VII). Ferner haben im Todesfall die Hinterbliebenen einen Anspruch auf Leistung (§§ 63 ff. SGB VII).

Der Rentenanspruch bei Minderung der Erwerbsfähigkeit berechnet sich gemäß § 56 Abs. 2, 3 SGB VII nach dem Grad der Minderung der Erwerbsfähigkeit und dem Jahresarbeitsverdienst. Ein Anspruch auf Verletztenrente besteht nach § 56 Abs. 1 S. 1 SGB VII nur, wenn die Erwerbsfähigkeit infolge des Versicherungsfalls länger als 26 Tage gemindert ist und die Minderung der Erwerbsfähigkeit mindestens 20% beträgt.

---

[583] Vgl. Leube, SozVers 1998, 232 (233); Wolber, SozVers 1998, 147 (149).
[584] Siehe dazu einerseits Leube, SozVers 1998, 232 (233 f.) und andererseits Wolber, SozVers 1998, 147 (149).

Im Falle einer Minderung der Erwerbsfähigkeit um 100% wird eine Vollrente in Höhe von 2/3 des Jahresarbeitsverdienstes gezahlt, § 56 Abs. 3 S. 1 SGB VII. Bei teilweiser Minderung der Erwerbsfähigkeit wird nach § 56 Abs. 3 S. 2 SGB VII eine Teilrente gezahlt, die dem Teil der Vollrente entspricht, der dem Grad der Minderung der Erwerbsfähigkeit entspricht.

Gemäß § 82 Abs. 1 S. 1 SGB VII wird zur Berechnung des Jahresarbeitsverdienstes auf das Einkommen in den letzten zwölf Kalendermonaten vor dem Arbeitsunfall abgestellt.[585] Bei Auszubildenden, Schülern, Studenten und Personen unter 30 Jahren kann das Jahresarbeitsverdienst gemäß § 90 SGB VII in bestimmten Zeitabständen neu festgesetzt werden, um die Rente an einem entsprechenden Einkommen nach voraussichtlicher Berufsausbildung oder längerer Arbeitszeit auszurichten.

Wegen ihrer Schadensersatzfunktion unterliegt die Verletztenrente nicht der Steuerpflicht.[586] Es besteht ebenfalls keine Beitragspflicht zur Sozialversicherung. Unter diesen Gesichtspunkten ist die Verletztenrente zur Absicherung des Spenders als angemessen anzusehen.

Kein Rentenanspruch besteht allerdings für eine Minderung der Erwerbsfähigkeit allein infolge des Substanzverlustes durch die Spende des Organs, da die Spende kein Unfallereignis ist. Der erwerbsmindernde Zustand nach einer komplikationslos verlaufenen Organentnahme ist also unversichert. Deshalb kann zum Beispiel der Verlust der gespendeten Niere an sich nicht berücksichtigt werden und kann darum auch keinen Rentenanspruch wegen einer Minderung der Erwerbsfähigkeit in Höhe von 20%[587] - wie sonst im Unfallversicherungsrecht - begründen.

---

[585] Ausnahmen bei der Zugrundelegung des Zeitraums können sich aus § 82 Abs. 2 - 4 SGB VII ergeben.

[586] Sacher, in: Lauterbach, SGB VII, § 56 Rn. 11.

[587] Prozentangabe nach Ricke, in: Kasseler Komm., § 56 SGB VII Rn. 57. Ecker, SGb 1972, 81 (83) gibt für den Verlust einer Niere eine Minderung der Erwerbsfähigkeit von 15 - 30% an.

Nicht überzeugen kann die Ansicht, die schon den Spendevorgang von Beginn der Organentnahme als Arbeitsunfall werten will.[588] Dagegen spricht schon, daß die Spende selbst die versicherte Tätigkeit ist. Außerdem ist wegen der Voraussetzungen des § 8 Abs. 1 S. 1 Nr. 1c) TPG eine Organentnahme nur zulässig, wenn der Spender gesundheitlich nicht schwer beeinträchtigt wird. Falls die Organentnahme den Spender so erheblich gesundheitlich schädigen würde, daß es sich auf die Erwerbsfähigkeit tatsächlich deutlich auswirken würde, wäre eine Lebendspende wegen dieser gravierenden Folgen unzulässig. Die Lebendspende ist also nur zulässig, wenn der Spender nicht erheblich beeinträchtigt wird, so daß auch tatsächlich keine relevante Minderung der Erwerbsfähigkeit eintreten wird.

Im Zusammenhang mit einer Rente wegen Minderung der Erwerbsfähigkeit ist weiter zu berücksichtigen, daß im Unfallversicherungsrecht die Rentenleistungen abstrakt nach dem Grad der Minderung der Erwerbsfähigkeit bemessen werden.[589] Abgestellt wird nicht auf einen tatsächlichen Entgeltschaden und dessen Höhe, sondern allein auf den abstrakt bemessenen Verlust von Erwerbsmöglichkeiten.[590] Die Zahlung der Verletztenrente ist daher unabhängig davon, ob der Verletzte durch den Unfall tatsächlich ein geringeres Entgelt bezieht. Sollte dagegen nach einer Lebendspende die Erwerbsfähigkeit tatsächlich gemindert sein, werden auch Komplikationen oder Folgeerkrankungen der Organentnahme vorliegen, da die Organentnahme selbst wegen § 8 Abs. 1 S. 1 Nr. 1c) TPG nicht zu einer erheblichen Beeinträchtigung des Spenders führen darf. In diesem Fall liegt aber ein Unfallereignis vor, so daß die Unfallversicherung eingreift. Der Spender wird also nur das Risiko der Minderung der potentiellen Erwerbsfähigkeit selbst zu tragen haben. Dagegen läßt sich aber nichts einwenden, weil der Spender nicht damit rechnen darf, daß die Spende eines Organs zu Lebzeiten als altruistische Hilfeleistung für ihn völlig ohne negative finanzielle Auswirkungen bleibt und er insoweit auch aufgeklärt worden ist und dieses Risiko mit der Lebendspende bewußt in Kauf ge-

---

[588] So Vollmar, BG 1969, 267 (269 f.).

[589] Sacher, in: Lauterbach, SGB VII, § 56 Rn. 6.

[590] Ricke, in: Kasseler Komm., § 56 SGB VII Rn. 2.

nommen hat. Gleiches hat für eine Rente wegen Minderung der Erwerbsfähigkeit wegen anderer üblicherweise mit der Lebendspende verbundener Folgen zu gelten.

Durch die gesetzliche Unfallversicherung nicht ersetzt werden Sachschäden bei der Organspende und den Vorbereitungsmaßnahmen zur Organentnahme sowie bei der Nachbetreuung nach § 8 Abs. 3 S. 1 TPG. Dies ergibt sich im Gegenschluß aus § 13 SGB VII, der § 2 Abs. 1 Nr. 13b) SGB VII nicht aufführt.

V. Weitergehende Absicherung von Risiken

Das Risiko einer Erwerbsminderung, der Berufsunfähigkeit oder des Todes kann - soweit es nicht schon durch die gesetzliche Unfallversicherung abgedeckt wird - zusätzlich durch den Abschluß einer entsprechenden Versicherung durch den Organempfänger zugunsten des Spenders abgesichert werden.[591] Hierzu ist dann eine vertragliche Vereinbarung zwischen Spender und Empfänger erforderlich.

Für die Absicherung des Risikos von Sachschäden ist ebenfalls eine besondere vertragliche Vereinbarung notwendig.

---

[591] Von der Zulässigkeit der versicherungsrechtlichen Absicherung des Berufsunfähigkeitsrisikos geht der Gesetzgeber aus, vgl. Begründung zu § 16 Abs. 1 S. 2 Nr. 1 E-TPG, BT-Drs. 13/4355, S. 30.

6. Teil: Strafvorschriften und Bußgeldvorschriften mit Bezug zur Lebendspende

A. Strafbarkeit des Handels mit Organen lebender Spender gemäß § 18 TPG

I. Gesetzliche Regelung

Nach § 18 Abs. 1 TPG wird mit Freiheitsstrafe bis zu fünf Jahren oder mit Geldstrafe bestraft, wer entgegen § 17 Abs. 1 S. 1 TPG mit einem Organ Handel treibt oder entgegen § 17 Abs. 2 TPG ein Organ entnimmt, überträgt oder sich übertragen läßt.

§ 18 Abs. 2 TPG sieht eine Qualifikation vor, wenn der Täter im Fall des § 18 Abs. 1 TPG gewerbsmäßig handelt. Die Strafe ist Freiheitsstrafe von einem Jahr bis zu fünf Jahren. Die Tat ist damit ein Verbrechen.

§ 18 Abs. 3 TPG stellt den Versuch unter Strafe.

§ 18 Abs. 4 TPG enthält für das Gericht die Möglichkeit, bei Organspendern und bei Organempfängern von einer Bestrafung nach § 18 Abs. 1 TPG abzusehen oder die Strafe nach seinem Ermessen zu mildern.

II. Geschützte Rechtsgüter

Ziel und Aufgabe des Strafrechts in einem liberalen Rechtsstaat ist der Rechtsgüterschutz.[592] Deswegen ist zu untersuchen, welche Rechtsgüter durch die Strafvorschrift geschützt werden.

In dem Gesetzentwurf der Fraktionen der CDU/CSU, SPD und F.D.P.[593] und der Beschlußempfehlung des Ausschusses für Gesundheit[594] werden mehrere geschützte Rechtsgüter benannt. Als primärer Schutzzweck der Norm wird die Verhinderung der wucherischen Ausbeutung gesundheitlicher Notlagen von potentiellen Organemp-

---

[592] Jescheck/Weigend, AT, S. 7 f.; Roxin, AT, § 2 Rn. 1.
[593] BT-Drs. 13/4355.
[594] BT-Drs. 13/8017.

fängern angeführt.[595] Daneben soll aber auch die Ausnutzung wirtschaftlicher Notlagen potentieller Organspender verhindert werden.[596] Weiteres Schutzobjekt soll die körperliche Integrität lebender Organspender sein.[597] Weiterhin soll die durch Art. 1 Abs. 1 GG garantierte Menschenwürde und das Pietätsgefühl der Allgemeinheit geschützt werden.[598] Danach verletzt es die Menschenwürde, wenn der Mensch beziehungsweise seine sterblichen Überreste zum Objekt finanzieller Interessen würden. Mit den Strafvorschriften soll schließlich die Transplantationsmedizin vor dem Anschein sachfremder Erwägungen bewahrt werden.[599] Diese Schutzzwecke werden als teilweise nicht überzeugend oder als unzweckmäßig kritisiert.[600]

1) Schutz vor Ausnutzung gesundheitlicher oder wirtschaftlicher Notlagen

So wird angenommen, daß das Verbot des Organhandels zur Verhinderung der Ausnutzung gesundheitlicher Notlagen von potentiellen Organempfängern und wirtschaftlicher Notlagen von potentiellen Organspendern nicht zweckmäßig sei. Erforderlich wäre eine Strafvorschrift mit der Struktur des Wuchers gewesen, weil der Unrechtsgehalt des Wuchers gerade darin liege, daß der Täter eine individuelle Schwächesituation des Opfers zu seinem eigenen Vorteil materiell ausnutze. Das Verbot des Handels an sich sei unsinnig, um die Ausnutzung von Notlagen zu verhindern. Nicht jeder Handel bedeute die Ausnutzung gesundheitlicher oder wirtschaftlicher Notlagen.[601]

---

[595] BT-Drs. 13/4355, S. 15, 29.

[596] Begründung zu § 16 Abs. 2 E-TPG, BT-Drs. 13/8017, S. 44.

[597] Begründung zu § 16 Abs. 1 S. 1 E-TPG, BT-Drs. 13/4355, S. 29.

[598] Begründung zu § 16 Abs. 1 S. 1 E-TPG, BT-Drs. 13/4355, S. 29.

[599] BT-Drs. 13/4355, S. 15.

[600] Siehe hierzu auch Rixen, in: Höfling, Transplantationsgesetz, § 17 Rn. 11 ff..

[601] Schroth, JZ 1997, 1149 (1150) und ebenso in: Roxin/Schroth, Medizinstrafrecht, S. 271 (276 f.), wo weiterhin ein Qualifikationstatbestand zum Nötigungstatbestand zur Absicherung der Freiwilligkeit der Spenderentscheidung für erforderlich gehalten wird.

Grundsätzlich ist es zwar richtig, daß ein Handel nicht notwendigerweise mit der Ausbeutung einer wirtschaftlichen oder gesundheitlichen Notlage einhergehen muß. Im Bereich des Organhandels wird aber regelmäßig auf beiden Seiten eine gewisse Zwangssituation vorliegen. Der Organspender, der sich gegen Zahlung einer bestimmten Geldsumme bereit erklärt, ein Organ zu spenden, wird dies typischerweise tun, weil er das Geld dringend benötigt. Bei einer rein altruistischen Motivation wäre dagegen zu erwarten, daß der Organspender völlig auf ein Entgelt verzichtet. Im Gegenzug wird der Organempfänger regelmäßig nur dann zur Zahlung einer hohen Summe bereit sein, wenn er nicht die Möglichkeit hat, zur Heilung seiner Krankheit auf ein unentgeltlich zur Verfügung stehendes Transplantat oder eine gleichwertige alternative Heilbehandlung zurückzugreifen. Bei beiden wird also im Regelfall eine Zwangslage bestehen. Gerade diese Zwangslage schafft überhaupt erst die Bedingungen für die Entstehung des Organhandels und das Entstehen eines Marktes. Der Organhandel wird also typischerweise mit einer gewissen Ausnutzung von Notlagen einhergehen. Dies rechtfertigt es, den Organhandel an sich unter Strafe zu stellen.

2) Schutz der körperlichen Integrität des Spenders

Weiterhin wird bezweifelt, daß die körperliche Integrität als geschütztes Rechtsgut angesehen werden kann. Aus der Zulässigkeit der Lebendspende von Organen folge, daß nicht die körperliche Integrität im Mittelpunkt stehe. Dies werde dadurch bestätigt, daß bei Zahlung oder Annahme eines bloßen Unkostenersatzes nach § 17 Abs. 1 S. 2 Nr. 1 TPG der Tatbestand des Organhandelsverbots nicht eingreift. Die körperliche Unversehrtheit werde sowohl bei altruistischer Motivation des Spenders als auch bei kommerzieller Motivation verletzt.[602] Außerdem wird eingewandt, daß diese Regelung nicht berücksichtigt, daß Rechtsgut und Verfügungsbefugnis über das Rechtsgut eine Einheit bilden und der Inhaber eines individuellen Rechtsguts auf dieses verzichten kann.[603]

---

[602] Gragert, Organhandel, S. 73.
[603] Schroth, JZ 1997, 1149 (1150).

Diese Kritik geht fehl.[604] Es ist richtig, daß sowohl bei einer altruistisch wie auch bei einer kommerziell motivierten Organspende die körperliche Unversehrtheit des Lebendspenders durch die Organentnahme verletzt wird. Allerdings fällt durch das Verbot des Organhandels der Anreiz fort, um materieller Vorteile willen seine Gesundheit zu gefährden. Der Organspender wird also nicht dadurch zur Inkaufnahme eines erhöhten gesundheitlichen Risikos motiviert, daß er ein Entgelt erhält. Insoweit wird verhindert, daß das Eingehen eines gesundheitlichen Risikos durch finanzielle Leistungen kompensiert wird. Der Schutz des Organspenders davor, um materieller Vorteile willen seine Gesundheit zu gefährden, entspricht auch dem ausdrücklichen Willen des Gesetzgebers.[605] Mit dem Verbot des Organhandels läßt sich folglich durchaus ein Schutz der körperlichen Integrität des Organspenders erreichen.

3) Schutz der Menschenwürde des Spenders

Ebenfalls abgelehnt wird zum Teil die Menschenwürde als Begründung für eine generelle Bestrafung des Organhandels. Die Menschenwürde fordere, daß der Mensch nicht als Instrument für andere benutzt werden dürfe; die Menschenwürde verbiete es deshalb, den Menschen zum bloßen Objekt des Staates zu machen oder ihn in einer Art zu behandeln, die seine Subjektsqualität prinzipiell in Frage stelle. Die Subjektsqualität des Organspenders werde aber nicht in Frage gestellt, wenn er sich nach einer Aufklärung freiwillig zur Spende eines Organs gegen Zahlung einer bestimmten Geldsumme bereit erkläre.[606] Zweifelhaft sei schon, ob die Würde eines bestimmten Spenders als ein höherer Wert als seine Selbstbestimmung anzusehen sei.[607]

---

[604] Ebenfalls ablehnend König, Organhandel, S. 128 Fn. 609.

[605] So ausdrücklich in BT-Drs.13/4355, S.15, 29.

[606] Gutmann, MedR 1997, 147 (154); Schroth, JZ 1997, 1149 (1150); eine Verletzung der Menschenwürde verneint auch König, Organhandel, S. 112 ff..

[607] Schroth, JZ 1997, 1149 (1150) und in: Roxin/Schroth, Medizinstrafrecht, S. 271 (276).

Eine andere Ansicht nimmt dagegen an, daß der Verkauf von Körperorganen generell die Menschenwürde verletzt. Durch den Verkauf von Körperorganen werde der in Art. 1 Abs. 1 GG verbürgte Fundamentalkonsens beeinträchtigt, weil das aus der Würdegarantie abgeleitete Verbot, den Körper für Zwecke zu nutzen, die außerhalb seiner selbst liegen, berührt werde.[608] Die Kommerzialisierung des menschlichen Körpers führe zu einer Korrumpierung der Gesellschaft, ähnlich wie es der Fall wäre, wenn reiche und mächtige Menschen innerhalb der Justiz ihr Recht erkaufen könnten.[609] Nach dieser Ansicht würde das generelle Verbot des Handels mit Organen also die Menschenwürde des Spenders schützen.

Diese Auffassung entspricht dem Standpunkt des Gesetzgebers, daß die Menschenwürde verletzt wird, wenn der Mensch zum Objekt finanzieller Interessen wird. Nach seiner Ansicht sind weder der Verkauf von Organen noch die entgeltliche Organspende mit der Schutzgarantie des Art. 1 Abs. 1 GG vereinbar.[610]

Die Garantie der Menschenwürde aus Art. 1 Abs. 1 GG entfaltet unmittelbare Drittwirkung und erlegt dem Staat eine Schutzpflicht auf.[611] Der Staat ist also verpflichtet, die Menschenwürde aktiv gegen Angriffe durch Dritte zu schützen. Eine Verletzung der Menschenwürde wird nach der sogenannten Objektformel von Dürig dann angenommen, wenn der konkrete Mensch zum Objekt, zu einem bloßen Mittel, zur vertretbaren Größe herabgewürdigt wird.[612] Die Objektformel wurde vom Bundesverfassungsgericht aufgegriffen.[613] Es formuliert auch, daß mit dem Begriff der Menschenwürde der soziale Wert- und Achtungsanspruch des Menschen verbunden ist, der es verbietet, den Menschen zum bloßen Objekt des Staates zu machen oder ihn einer

---

[608] Sasse, Veräußerung von Organen, S. 100.

[609] Sasse, Veräußerung von Organen, S. 101.

[610] Begründung zu § 16 Abs. 1 S. 1 E-TPG, BT-Drs. 13/4355, S. 29; ebenso BSG NJW 1997, 3114 (3115); SG Lüneburg NJW 1994, 1614 (1616).

[611] Dürig, in: Maunz/Dürig, GG, Art. 1 Rn. 2 f.; Kunig, in: v.Münch/Kunig, GG, Art. 1 Rn. 27 f..

[612] Dürig, AöR 81 (1956), 117 (127); ders., in: Maunz/Dürig, GG, Art. 1 Rn. 28.

[613] Zum Beispiel BVerfGE 9, 89 (95); 45, 187 (228).

Behandlung auszusetzen, die seine Subjektsqualität prinzipiell in Frage stellt.[614] Andere Ansichten verstehen unter Menschenwürde den dem Menschen mitgegebenen Eigenwert (Mitgifttheorie) oder sehen als das Entscheidende der Menschenwürde die Leistung der Identitätsbildung an (Leistungstheorie).[615]

Problematisch an der Objektformel ist ihre große Unbestimmtheit.[616] Eine sichere Aussage ermöglicht sie nur in den eindeutigen Fällen, in denen eine Menschenwürdeverletzung herkömmlicher Art auf der Hand liegt.[617] Einigkeit besteht darüber, daß die Menschenwürde nur einen absoluten Kernbereich menschlicher Existenz schützt.[618] Es ist ein restriktives Verständnis der Menschenwürde geboten. Sie darf nicht zu kleiner Münze verkommen.[619]

Ob eine Verletzung der Menschenwürde vorliegt, wenn ein freiverantwortlich handelnder und ärztlich umfassend aufgeklärter Mensch in die Spende eines Organs gegen Zahlung eines Entgelts freiwillig einwilligt, ist durchaus zweifelhaft. Wo eine freie und selbstbestimmte Entscheidung vorliegt, kann keine Rede davon sein, daß eine Person zum Objekt und ihre Subjektsqualität schlechthin verneint wird. In einer freien und vollverantwortlichen Entscheidung findet gerade die Subjektsqualität ihren Ausdruck. Eine Verletzung der Menschenwürde liegt nicht allein deshalb vor, weil eine Person sich freiwillig als Mittel zum Zweck für andere hergibt. Dies wird auch für das insoweit ähnlich gelagerte Humanexperiment vertreten.[620] Eine Verletzung der Menschenwürde kann auch nicht allein deswegen angenommen wer-

---

[614] BVerfGE 87, 209 (228).

[615] Vgl. dazu m.w.N. Pieroth/Schlink, Grundrechte, Rn. 354 ff.; Dreier, in: Dreier, GG, Art. 1 Abs. 1 Rn. 41 f..

[616] Pieroth/Schlink, Grundrechte, Rn. 360; Dreier, in: Dreier, GG, Art. 1 Abs. 1 Rn. 39; Höfling, in: Sachs, GG, Art. 1 Rn. 14.

[617] Dreier, in: Dreier, GG, Art. 1 Abs. 1 Rn. 39.

[618] Höfling, in: Sachs, GG, Art. 1 Rn. 16 f. m.w.N..

[619] Dürig, in: Maunz/Dürig, GG, Art. 1 Rn. 29; Dreier, in: Dreier, GG, Art. 1 Abs. 1 Rn. 35; Höfling, in: Sachs, GG, Art. 1 Rn. 18.

[620] Vgl. dazu Schimikowski, Experiment, S. 50 f.; Dreier, in: Dreier, GG, Art. 1 Abs. 1 Rn. 92; siehe auch Günther, ZStW 102 (1990), 269 (283 ff.).

den, weil die große Mehrheit der Bevölkerung den Handel mit menschlichen Organen wohl als verwerflich ansieht und das Organhandelsverbot im Gesetzgebungsverfahren - soweit ersichtlich - grundsätzlich unumstritten war. Selbst eine allgemeine Ablehnung des Handels mit Organen bedeutet nicht, daß eine Spende gegen Entgelt notwendig die Menschenwürde des Spenders berührt.

Etwas anderes könnte sich aber dann ergeben, wenn die Entscheidung zur Organspende nicht freiwillig erfolgt. Wie oben dargelegt, wird der Spender, der sich gegen Zahlung eines Entgelts zur Hergabe eines Organs bereiterklärt, dazu regelmäßig durch eine finanzielle Notsituation motiviert sein. Diese finanzielle Notsituation schafft einen faktischen Zwang, der die Freiwilligkeit der Entscheidung zumindest einschränkt. In der typischen Fallkonstellation wird die Entscheidung des Spenders nicht völlig frei sein und kann es auch wegen der finanziellen Not kaum jemals sein.[621]

Nach einhelliger Ansicht ist eine zwangsweise Organentnahme stets als Verletzung der Menschenwürde anzusehen.[622] Damit ist eine unfreiwillige Spendeentscheidung nicht gleichzusetzen, denn immerhin liegt überhaupt eine Entscheidung für die Spende vor. Allerdings ist in diesem Fall die Einwilligung zur Spende nicht Ausdruck freier Selbstbestimmung, sondern regelmäßig Ausdruck materieller Zwänge. Daß aber jemand durch materielle Not gezwungen wird, Substanz seines Körper zu veräußern, verletzt die Menschenwürde, weil in diesem Fall der Mensch nicht als Individuum geachtet, sondern tatsächlich zum lebenden Ersatzteillager gemacht wird.

Der von der eine Menschenwürdeverletzung ablehnenden Ansicht ins Auge gefaßte Fall, daß ein Spender nicht durch die gebotene Geld-

---

[621] Zweifel an der Freiwilligkeit der Entscheidung bei Zahlung eines Entgelts äußert Schreiber, Transplantation und Recht, S. 17 (22); Rüping, GA 1978, 129 (132) fordert ein Verbot eines Entgelts, damit die Spende freiwillig bleibt. Die Freiwilligkeit der Entscheidung der sich in großer wirtschaftlicher Not befindenden Spender wird bei den Verhältnissen in der Dritten Welt - wo der Verkauf von Organen seinen Schwerpunkt hat - von Abouna u.a., in: Land/Dossetor, Organ Replacement Therapy, S. 164 (166) ausgeschlossen.

[622] Dreier, in: Dreier, GG, Art. 1 Abs. 1 Rn. 86; Laufs, FS Narr, S. 34 (40); Schmidt-Didczuhn, ZRP 1991, 264 (265 und 266 f.).

summe zur Spende motiviert wird, sondern ohne finanziellen Bedarf das Geld als angenehmen Nebeneffekt gleichsam mitnimmt, dürfte tatsächlich eher die Ausnahme sein. Bei der Beurteilung ist aber grundsätzlich vom typischen Fall auszugehen. Auch das Argument, Personen in der Dritten Welt durch eine entgeltliche Organspende ein besseres und menschenwürdigeres Dasein zu ermöglichen, kann nicht durchgreifen.[623] Daß Menschen in einem menschenunwürdigen Zustand leben müssen, vermag nicht zu begründen, warum es zulässig sein soll, ihre Menschenwürde durch den Verkauf eines Organs zu verletzen, um ihre menschenunwürdigen Lebensbedingungen zu verbessern. Der positive Effekt auf seiten des Spenders kann an dem „schlechten Mittel" nichts ändern.[624]

Im übrigen scheinen unter den gegenwärtigen Bedingungen der Verkauf eines Organs und dessen Transplantation weder für den Spender noch für den Empfänger als befriedigend oder gar wünschenswert: Ausbeutung und Betrug des Spenders, schlechte medizinische Versorgung, Ansteckung des Organempfängers mit HIV und anderen Krankheiten scheinen mit der entgeltlichen Organspende in der Dritten Welt Hand in Hand zu gehen.[625] Nicht zu begründen vermögen menschenunwürdige Zustände in anderen Teilen der Welt auch, warum der deutsche Gesetzgeber eine Verletzung der Menschenwürde zulassen

---

[623] In diesem Sinne aber König, Organhandel, S. 115 Fn. 535, der anführt, daß es bei den Verhältnissen in Drittweltstaaten schlicht darum gehe, ob es menschenwürdiger sei, den armen Menschen im Extremfall verhungern zu lassen.

[624] Die Menschenwürde als Fundamentalnorm des Grundgesetzes läßt in diesem Fall keine Abwägung zu. Das hat nichts mit „Hybris der westlichen Welt" und „hantieren mit abstrakten Idealen mit Hang zur Arroganz" zu tun, so aber König, Organhandel, S. 115 Fn. 535 im Anschluß an Schroeder, ZRP 1997, 265 (267).

[625] Abouna u.a., in: Land/Dossetor, Organ Replacement Therapy, S. 164 (165 ff.). Auch die Möglichkeit des „rewarded gifting" (belohntes Schenken) wird von ihnen ausgeschlossen; diese ist nach ihrer Ansicht ein begrifflicher Widerspruch und lediglich eine subtilere Form des Organhandels, Abouna u.a.. in: Land/Dossetor, Organ Replacement Therapy, S. 164. Zu den Risiken für den Organempfänger vgl. den Fall BSG NJW 1997, 3114 ff.: Infektion des Empfängers mit Cytomegalie- und Hepatitis-C-Virus.

soll. Insgesamt ist es deshalb gerechtfertigt, den Organhandel zum Schutz der Menschenwürde generell zu verbieten.[626] [627]

III. Tathandlungen

Als Tathandlungen führt § 18 Abs. 1 TPG das Handeltreiben mit einem Organ entgegen § 17 Abs. 1 S. 1 TPG oder die Entnahme, Übertragung oder sich Übertragenlassen eines Organs entgegen § 17 Abs. 2 TPG auf.

1) Handeltreiben

a) Auslegung des Begriffs „Handeltreiben"

Strafbar macht sich, wer mit einem Organ Handel treibt, das einer Heilbehandlung zu dienen bestimmt ist, § 18 Abs. 1 TPG i.V.m. § 17 Abs. 1 S. 1 TPG. Strafbar ist damit nur das Handeltreiben mit einer Körpersubstanz, die einer Heilbehandlung zu dienen bestimmt ist. Nicht erfaßt wird dagegen die Abgabe von Körpersubstanzen zu anderen Zwecken. Nach dem Willen des Gesetzgebers bleibt eine Verbotsvorschrift insoweit dem Landesgesetzgeber vorbehalten.[628] Der Anwendungsbereich des Organhandelsverbots ist auf Grund des erforderlichen Heilzwecks nicht identisch mit dem Anwendungsbereich des Transplantationsgesetzes im übrigen. Das Transplantationsgesetz gilt gemäß § 1 Abs. 1 S. 1 TPG für die Spende und Entnahme menschlicher Organe zur Übertragung auf andere Menschen. Entscheidend ist also die Tatsache der Übertragung auf andere Menschen und nicht der verfolgte Zweck. Das Transplantationsgesetz im übrigen ist deswegen

---

[626] Für das Verbot eines kommerziellen Systems von Organhandel auch Gutmann, ZTxMed 1993, 75 (84).

[627] Wie die Ermittlungen der Staatsanwaltschaft Essen (vgl. FAZ, Nr. 90 vom 16.04.2003, S. 11) zeigen, scheint es auch in Deutschland durchaus entsprechende Vorgänge zu geben. So sollen sich dreimal in Essen und einmal in Jena jeweils ein Israeli die Organe eines angeblich verwandten Spenders aus Moldawien haben transplantieren lassen.

[628] Begründung zu § 16 Abs. 1 S. 1 E-TPG, BT-Drs. 13/4355, S. 29; dazu kritisch König, Organhandel, S. 149 f..

auch anwendbar, wenn die Übertragung zum Beispiel kosmetischen Zwecken und nicht einer Heilbehandlung dient. Ebenfalls unerheblich ist der Anlaß, aus dem das Organ zum Zwecke der Übertragung entnommen wird.[629]

Zur Auslegung des Begriffs „Handeltreiben" verweisen die Gesetzesmaterialien auf die umfangreiche Rechtsprechung des Reichsgerichts und des Bundesgerichtshof zu diesem Begriff, die der Gesetzgeber im Betäubungsmittelgesetz aufgegriffen hat und die seither eine weitere Differenzierung erfahren hat.[630]

Unter Handeltreiben ist danach jede eigennützige, auf Güterumsatz gerichtete Tätigkeit zu verstehen, selbst wenn es sich nur um eine gelegentliche, einmalige oder vermittelnde Tätigkeit handelt.[631] Unter Berufung auf den Normzweck hat das Reichsgericht den Begriff sehr weit ausgelegt.[632] Der Bundesgerichtshof behielt diese weite Auslegung im Zusammenhang mit dem Opiumgesetz bei.[633] Insbesondere im Zusammenhang mit § 29 BtMG wurde diese Rechtsprechung fortgeführt.[634] Dort wird unter Handeltreiben jede eigennützige Tätigkeit verstanden, die darauf gerichtet ist, den Umsatz mit Betäubungsmitteln zu ermöglichen oder zu fördern.[635] Als täterschaftliches Handeltreiben hat der Bundesgerichtshof entgeltliche Verpflichtungsgeschäfte wie Kauf-, Dienst- und Werkverträge[636], Ein- und Ausfuhrgeschäfte[637] oder Verwahrungs- und Lagergeschäfte[638] angesehen. Unter das Handeltreiben fallen auch Kauf- und Verkaufsbemühungen[639] und die

---

[629] Begründung zu § 1 Abs. 1 E-TPG, BT-Drs. 13/4355, S. 16.

[630] Begründung zu § 16 Abs. 1 S. 1 E-TPG, BT-Drs. 13/4355, S. 29 f..

[631] RGSt 52, 169 (170); 53, 310 (316); BGHSt 6, 246 (247); 29, 239 (240).

[632] RGSt 53, 310 (313).

[633] BGHSt 6, 246 (247).

[634] BGH NJW 1979, 1259.

[635] Körner, BtMG, § 29 Rn. 140 m.w.N..

[636] Vgl. Körner, BtMG, § 29 Rn. 181.

[637] BGH NStZ 1986, 274.

[638] BGH NJW 1992, 381 (382).

[639] BGH NJW 1954, 1537.

Vermittlung oder Förderung fremder Geschäfte[640]. Zum Handeltreiben gehören ebenfalls Vorbereitungshandlungen, die auf den Umsatz von Betäubungsmitteln gerichtet sind.[641] Der Tatbestand des Handeltreibens wird als Unternehmensdelikt aufgefaßt.[642] Nicht erforderlich ist, daß die Handlung zu einem Erfolg führt.

Von dieser weiten Auslegung ausgehend würde unter Handeltreiben im Transplantationsgesetz jede eigennützige Tätigkeit zu verstehen sein, die darauf gerichtet ist, den Umsatz von Organen zu ermöglichen oder zu fördern, selbst wenn es sich nur um eine einmalige oder vermittelnde Tätigkeit handelt.[643]

Nach dem Willen des Gesetzgebers sind bereits der Abschluß des schuldrechtlichen Verpflichtungsgeschäfts über Organe, Verhandlungen vor Vertragsschluß, Verkaufsangebote, selbst ernsthafte, wenngleich mißlungene Ankaufsbemühungen in Weiterverkaufsabsicht auf Umsatz gerichtet und stellen ein vollendetes Handeltreiben dar. Nicht erforderlich ist ein Erfolg der Handlung.[644]

Wegen Organhandels können sich deshalb der Organhändler, der Organvermittler und der Organspender strafbar machen. Keinen Handel soll dagegen der Kranke treiben, der ein Organ zur Übertragung auf sich selbst erwirbt, weil es bei ihm am Ziel der Umsatzförderung fehlt.[645] Eine Teilnahme des Organempfängers am Handeltreiben einer

---

[640] Vgl. Liemersdorf/Miebach, MDR 1979, 981.

[641] BGHSt 31, 145 (147 f.).

[642] Körner, BtMG, § 29 Rn. 202.

[643] Unter Bezugnahme auf diesen in der Gesetzesbegründung zum Ausdruck gekommenen Willen des Gesetzgebers hat das LG München I (NJW 2002, 2655) in der wohl ersten strafrechtlichen Entscheidung den Begriff des Handeltreibens denn auch unter Rückgriff auf das Betäubungsmittelstrafrecht entsprechend ausgelegt.

[644] Begründung zu § 16 Abs. 1 S. 1 E-TPG, BT-Drs. 13/4355, S. 30.

[645] Begründung zu § 16 Abs. 1 S. 1 E-TPG, BT-Drs. 13/4355, S. 30. Im Ergebnis ebenso Schroth, in: Roxin/Schroth, Medizinstrafrecht, S. 271 (283); Rixen, in: Höfling, Transplantationsgesetz, § 17 Rn. 23, der darauf hinweist, daß es nicht an dem Ziel der Umsatzförderung sondern am Eigennutz fehlt. Ebenso LSG NRW NWVBl 2001, 401 (408).

dritten Person soll nach dem Willen des Gesetzgebers über die Rechtsfigur der notwendigen Teilnahme ausgeschlossen sein können. Dies, wenn der Empfänger nur das tut, was zur Verwirklichung des Delikts des Handeltreibens durch den anderen begrifflich notwendig ist. Bei einem darüber hinausgehenden Tatbeitrag soll dagegen eine Strafbarkeit wegen Anstiftung oder Beihilfe möglich sein, die aber eventuell nach § 34 StGB gerechtfertigt oder nach § 35 StGB entschuldigt sein kann.[646]

b) Kritik in der Literatur

In der Literatur stößt diese Übernahme der weiten Auslegung des Begriffs „Handeltreiben" auf Kritik. Argumentiert wird in erster Linie mit den unterschiedlichen Schutzrichtungen und den geschützten Rechtsgütern.

Zunächst bezwecke das Handelsverbot im Betäubungsmittelgesetz den Gesundheitsschutz der Bevölkerung, das Handelsverbot im Transplantationsgesetz solle dagegen vor der Ausnutzung existentieller Notlagen schützen. Während jeder dem Betäubungsmittelrecht zuwiderlaufende Mitwirkungsakt zu einer Gefährdung oder Schädigung des Endverbrauchers führe, bezwecke das Organhandelsverbot nicht den Schutz von Leib und Leben des Abnehmers. Ebenso lasse sich das Argument, daß wegen der Gefährlichkeit von Drogen die Schließung von Strafbarkeitslücken erforderlich sei, nicht auf den Organhandel übertragen. Es fehle daher eine vergleichbare Wertigkeit der Rechtsgüter, die eine durch die weite Auslegung vorverlagerte Strafbarkeit rechtfertigen können.[647]

Eine Vorverlagerung der Strafbarkeit lasse sich auch nicht durch den Schutz vor wucherischer Ausbeutung einer Notlage rechtfertigen. Bei dem ebenfalls dem Schutz vor wucherischer Ausbeutung dienenden Straftatbestand des Wuchers nach § 291 StGB sei ebenso wie bei Vermögensdelikten sonst, ein Erfolg in Form eines Vermögensschadens oder einer konkreten Vermögensgefährdung erforderlich. Auch

---

[646] Vgl. Begründung zu § 17 Abs. 1 E-TPG, BT-Drs. 13/4355, S. 31.
[647] Vgl. Gragert, Organhandel, S. 82 f.; Paul, MedR 1999, 214 (215).

die relativ geringe Strafdrohung spreche gegen eine Strafbarkeit lediglich abstrakter Gefährdungen.[648]

Allein der Schutz der körperlichen Integrität könne eine weite Auslegung des Handeltreibens ebenfalls nicht rechtfertigen. Ansonsten hätte das abstrakte Gefährdungsdelikt gemäß § 18 Abs. 1 TPG den gleichen Strafrahmen wie das entsprechende Erfolgsdelikt der Körperverletzung gemäß § 223 StGB.[649]

Zur Begründung soll auch nicht die vom BGH[650] herangezogenen Besonderheiten des Rauschgifthandels wie Tarnung und Arbeitsteilung abgestellt werden können. Sie seien beim Organhandel nicht denkbar. Ein Transport im Verborgenen wie durch doppelte Böden sei bei Organen schon aus technischen Gründen nicht möglich. Die Weitergabe an einen Empfänger könne nur in Kliniken oder speziell ausgestatteten Arztpraxen erfolgen, nicht aber wie bei Rauschgift an dunklen Straßenecken unter der Hand.[651]

Hinsichtlich der aus der Rechtsfigur der notwendigen Teilnahme folgenden Straflosigkeit des als Anstifter oder Gehilfen beteiligten Organspenders wird eingewendet, daß der Organspender typischerweise eine treibende Kraft in dem Geschehen darstellen und damit regelmäßig das zur Tatbestandserfüllung notwendige Maß überschreiten wird.[652]

Dieser Kritik ist zuzustimmen. Schon die tatsächlichen Gegebenheiten sind beim Organhandel und beim Handel mit Betäubungsmitteln sehr unterschiedlich. Während Betäubungsmittel ohne großen Aufwand transportiert und nahezu überall und jederzeit gehandelt werden können, sind beim Organhandel ein erheblicher Aufwand und ein entsprechendes Wissen erforderlich. Eine dem Betäubungsmittelhandel entsprechende Gefährlichkeit des Organhandels besteht nicht. Aus-

---

[648] Paul, MedR 1999, 214 (215).
[649] Paul, MedR 1999, 214 (216).
[650] NJW 1979, 1259.
[651] Gragert, Organhandel, S. 83.
[652] Gragert, Organhandel, S. 107 f.; Schreiber, Ausschuß-Drs. 618/13, 6 (14), der eine Unterscheidung nach notwendiger und nicht notwendiger Teilnahme, wie sie die Entwurfsbegründung versucht, für kaum möglich hält.

schlaggebend sind aber die unterschiedlichen Schutzgüter. Das Organhandelsverbot bezweckt nicht den Schutz der Volksgesundheit. Ein Vorfeldschutz vor nur abstrakten Gefährdungen ist deshalb nicht notwendig.

Gegen eine extensive Auslegung läßt sich weiter anführen, daß sie die Unterschiede zwischen Täterschaft und Teilnahme[653] und zwischen Versuch und Vollendung verwischt. So würde zum Beispiel der Transport eines Organs als auf Umsatz gerichtete Handlung unter das Handeltreiben fallen. Dies stellt sich aber eher als Beihilfehandlung dar. Da das Handeltreiben auch Vorbereitungshandlungen, durch die der Umsatz mit Organen ermöglicht oder gefördert werden soll, umfaßt und ein Erfolg nicht notwendig ist, wäre eine Versuchsstrafbarkeit praktisch überflüssig.[654] Der Begriff des Handeltreibens sollte daher im Bereich des Organhandels zumindest restriktiv ausgelegt werden.[655]

Angemessener wäre es wegen der mit dem Begriff des Handeltreibens verbundenen Probleme jedoch, im Transplantationsgesetz auf den Rückgriff auf Begriffe des Betäubungsmittelstrafrechts zu verzichten.[656] Anstelle dessen sollten die einzelnen Tathandlungen im Gesetz aufgeführt werden: Das eigennützige Ankaufen, Verkaufen und Vermitteln von Organen. Mit diesen Tathandlungen würde der Kernbereich des strafbaren Verhaltens erfaßt, die Versuchsstrafbarkeit nach § 18 Abs. 3 TPG bekäme einen Anwendungsbereich und die Unterscheidung zwischen Täterschaft und Teilnahme hätte eine eigenständige Bedeutung.[657]

---

[653] Beispiele für Beihilfehandlungen bei Rixen, in: Höfling, Transplantationsgesetz, § 18 Rn. 5.

[654] Ebenso Schroth, JZ 1997, 1149 (1151).

[655] Vgl. auch Roxin, StV 1992, 517 (519 f.), für das Handeltreiben im Bereich des § 29 BtMG; dort auch Nachweise zu den teilweise einschränkenden Tendenzen der Rechtsprechung.

[656] Ebenso Heuer/Conrads, MedR 1997, 195 (202).

[657] So auch Kühl, Ausschuß-Drs. 618/13, 1 (4).

c) Handeltreiben bei der Überkreuz-Lebendspende

Zu klären ist, ob die Organspende bei einer Überkreuz-Lebendspende bei dieser weiten Auslegung unter den Begriff des Handeltreibens fällt und damit gegen das Verbot des Organhandels verstößt.

Nach einer Ansicht ist das Handeltreiben im juristischen Sprachgebrauch geldlich kommerzialisiert und konnotiert. Außerdem soll bei der Überkreuz-Lebendspende nicht dem jeweiligen Spender etwas zufließen, sondern nur dessen Ehegatten. Die Ehegatten erhielten nicht mehr als bei einer direkten Spende durch den eigenen Partner, die nach § 8 Abs. 1 S. 2 TPG zulässig ist. Deshalb soll in der Überkreuz-Lebendspende kein Handeltreiben mit Organen gesehen werden können.[658]

Diese Auffassung kann aus mehreren Gründen nicht überzeugen. Der Gesetzgeber hat in der Gesetzesbegründung zur Auslegung des Begriffs „Handeltreiben" im Transplantationsgesetz ausdrücklich auf den im Betäubungsmittelgesetz verwendeten identischen Begriff verwiesen. Unter Handeltreiben ist deshalb jede eigennützige auf Umsatz gerichtete Tätigkeit zu verstehen. Umsatz bedeutet die einvernehmliche Übertragung von Dingen.[659] Eine solche Übertragung liegt mit der Spende zu Transplantationszwecken vor. Für die Eigennützigkeit ist es ausreichend, daß irgendein Vorteil erstrebt wird. Dieser muß nicht in Geld bestehen und nicht geldwert sein. Es genügt die Erwartung immaterieller Vorteile.[660] Nicht erforderlich ist es auch, daß die Leistung dem Handeltreibenden selbst zufließt.[661] Bei der Überkreuz-Lebendspende verfolgt der Spender das Ziel, durch seine Spende eine Transplantation für seinen Ehegatten zu ermöglichen. Bei der Spende für einen Ehegatten besteht die Motivation unter anderem auch darin,

---

[658] Seidenath, MedR 1998, 253 (256); Koch, in: Kirste, Nieren-Lebendspende, S. 49 (58). Im Ergebnis ebenso Nickel/Schmidt-Preisigke/Sengler, Transplantationsgesetz, Erl. § 18 Rn. 3, mit der Begründung, daß es an einem eigennützigen, auf das Erzielen von Güterumsatz gerichteten Verhalten fehle. Siehe auch LSG NRW NWVBl 2001, 401 (409).

[659] BGHSt, 30, 277 (278); Weber, BtMG, § 29 Rn. 130; Schroth, MedR 1999, 67.

[660] Körner, BtMG, § 29 Rn. 207.

[661] Weber, BtMG, § 29 Rn. 142.

die eigene Beziehung zu und mit dem Partner wieder befriedigender zu gestalten.[662] Dies ist als immaterieller Vorteil ausreichend. Deshalb fällt die Überkreuz-Lebendspende bei der weiten Auslegung unter die Tathandlung Handeltreiben.[663]

Eine Herausnahme der Überkreuz-Lebendspende aus dem Begriff des Handeltreibens ist nur im Wege einer teleologischen Reduktion des Tatbestandes möglich. Die weite Auslegung des Handelsverbots im Betäubungsmittelgesetz dient einem umfassenden Gesundheitsschutz der Bevölkerung. Das Organhandelsverbot bezweckt dagegen den Schutz vor der Ausbeutung existentieller Notlagen; es soll die Kommerzialisierung menschlicher Organe verhindert werden.

Bei der Überkreuz-Lebendspende handelt es sich um eine indirekte Spende für den eigenen Ehegatten. Deshalb ist nicht zu befürchten, daß existentielle Notlagen zur Gewinnerzielung ausgenutzt werden; der gewinnorientierte Umgang mit menschlichen Organen erscheint ausgeschlossen. Auch der Schutz der Freiwilligkeit des Spenders erfordert eine weite Auslegung nicht, weil die Überkreuz-Lebendspende insoweit ebenso wie eine direkte Spende für den Ehegatten zu bewerten ist. Die Überkreuz-Lebendspende sollte deshalb vom Tatbestand des Handeltreibens im Wege der teleologischen Reduktion ausgenommen werden.[664]

An der Überkreuz-Lebendspende zeigt sich wiederum, daß die Anknüpfung an Begriffe des Betäubungsmittelgesetzes im Transplantationsgesetz nicht sachgerecht ist.

2) Entnahme, Übertragen und sich Übertragenlassen von Organen

§ 18 Abs. 1 TPG enthält als weitere Tathandlungen die Entnahme, das Übertragen und das sich Übertragenlassen eines Organs entgegen § 17 Abs. 2 TPG. Strafbar macht sich danach, wer ein Organ, das Gegen-

---

[662] Gutmann, MedR 1997, 147 (150 Fn. 39).

[663] So auch Schroth, MedR 1999, 67; einschränkend König, Organhandel, S. 176.

[664] Ebenso Schroth, MedR 1999, 67 und in: Roxin/Schroth, Medizinstrafrecht, S. 271 (280 f.); Gutmann/Schroth, Organlebendspende, S. 15; LSG NRW NWVBl 2001, 401 (408 f.).

stand verbotenen Handeltreibens ist, entnimmt, überträgt oder sich übertragen läßt.

Unter Entnahme und Übertragen eines Organs ist die Explantation beim Spender und Implantation beim Empfänger zu verstehen. Diese Strafdrohung richtet sich gegen den Arzt, der derartige Eingriffe vornimmt. Dies ist auch berechtigt. Denn der Arzt leistet durch seine Tätigkeit, selbst wenn er ohne Eigennutz, aber in Kenntnis des Organhandels tätig wird, einen wesentlichen Beitrag zur Kommerzialisierung der Organe lebender Personen, weil der Organhandel ohne Entnahme und Übertragung letztlich nicht verwirklicht werden kann.[665] Mit der Bestrafung dieses unverzichtbaren Beitrags zur Transplantation soll bereits die mittelbare Förderung des Organhandels unterbunden werden.[666] Mit dieser berechtigten Strafdrohung wird der Bedeutung der Stellung des Arztes angemessen Rechnung getragen.[667]

Strafbar ist auch das sich Übertragenlassen eines Organs, das Gegenstand verbotenen Handeltreibens ist. Diese Strafdrohung richtet sich damit gegen den Empfänger des Organs. Im ursprünglichen Gesetzentwurf der Fraktionen der CDU/CSU, SPD und F.D.P. war eine Strafbarkeit des Organempfänger wegen des sich Übertragenlassens des Organs nicht vorgesehen, sie wurde erst bei den Beratungen im Gesundheitsausschuß eingefügt. Begründet wurde dies damit, daß der Empfänger mit seiner Bereitschaft, für die Beschaffung eines Transplantats möglicherweise ein hohes Entgelt zu leisten, zur Kommerzialisierung menschlicher Körpersubstanzen beiträgt. Ein solches Verhalten sei in gleicher Weise verwerflich wie das kommerzielle Verhalten des Spenders. Durch die Strafbarkeit werde dem Ziel des Entwurfes, die gewinnorientierte Ausnutzung existentieller Notlagen zu verhindern, entsprochen und das Verhalten des Empfängers in gleicher Weise wie das Verhalten des Spenders strafrechtlich geahndet. Außerdem

---

[665] Vgl. die Begründung zu § 16 Abs. 2 E-TPG, BT-Drs. 13/4355, S. 30.

[666] Vgl. die Begründung zu § 16 Abs. 2 und § 17 Abs. 1 E-TPG, BT-Drs. 13/4355, S. 30 f..

[667] A.A. Schroth, in: Roxin/Schroth, Medizinstrafrecht, S. 271 (277), der die Notwendigkeit der Bestrafung des Arztes als Täter bezweifelt, da der Arzt als Teilnehmer des Organhandels strafbar sei und eine Teilnahmehandlung ohne rechtlichen Grund zur Täterhandlung aufgewertet werde.

könne der Empfänger durch das Strafbarkeitsrisiko davon abgehalten werden, mit Organhändlern zusammenzuwirken und auch die sonst für den Organhändler bestehende Möglichkeit, den Zugriff der Strafverfolgungsorgane zu erschweren, zumindest einschränken. Dadurch werde der Schutz der sich in wirtschaftlichen Notlagen befindenden Organspender besser gewährleistet.[668] In der Tat wird man annehmen müssen, daß auch das Verhalten des Organempfängers unter Strafe gestellt werden muß, wenn sich der Organspender strafbar macht. Denn der auf den Markt drängende Organempfänger schafft überhaupt erst die Nachfrage nach Organen und leistet so einen unverzichtbaren Beitrag zur Entstehung des Organhandels. Auch in der Literatur wurde eine Strafbarkeit des Organempfängers gefordert, um einen Organhandel ernsthaft zu unterbinden.[669]

3) Tatbestandsausschluß nach § 17 Abs. 1 S. 2 Nr. 1 TPG

§ 17 Abs. 1 S. 2 Nr. 1 TPG schränkt das Tatbestandsmerkmal des Handeltreibens ein. Ein Handeltreiben liegt danach nicht vor bei der Gewährung oder Annahme eines angemessenen Entgelts für die zur Erreichung des Ziels der Heilbehandlung gebotenen Maßnahmen, insbesondere für die Entnahme, die Konservierung, die weitere Aufbereitung einschließlich der Maßnahmen zum Infektionsschutz, die Aufbewahrung und die Beförderung der Organe.

Mit dieser Regelung wird für bestimmte Maßnahmen die Zahlung eines Entgelts erlaubt. Aus der Formulierung „insbesondere" ergibt sich, daß die Aufzählung der Maßnahmen nicht abschließend ist. Klargestellt ist aber, daß es sich um eine zur Erreichung des Ziels der Heilbehandlung gebotene Maßnahme handeln muß. Erfaßt werden sollen mit dieser Regelung Zahlungen, die im Zusammenhang mit einer legalen Transplantation stehen.

---

[668] So die Begründung der Änderung zu § 16 Abs. 2 E-TPG, BT-Drs. 13/8017, S. 43 f..

[669] Kühl, Ausschuß-Drs. 618/13, 1 (5); Schreiber, Ausschuß-Drs. 618/13, 6 (14); Heuer/Conrads, MedR 1997, 195 (202); Gutmann, MedR 1997, 147 (154 f.). A.A. Schroth, in: Roxin/Schroth, Medizinstrafrecht, S. 271 (277 f.).

Problematisch ist, wann die Zahlung eines Entgelts als angemessen anzusehen ist. Hier ist zu Zahlungen abzugrenzen, deren Höhe unangemessen ist und die deshalb dem Bereich des Organhandels zuzurechnen sind. Den Begriff des Entgelts hat der Gesetzgeber in der Begründung des Gesetzentwurfes näher erläutert. Der Begriff des Entgelts umfaßt danach jeden vermögenswerten Vorteil.[670] Damit entspricht der Begriff der Legaldefinition des § 11 Abs. 1 Nr. 9 StGB. Dort werden nur Gegenleistungen erfaßt, die in einem Vermögensvorteil bestehen; immaterielle Vorteile sind nicht ausreichend.[671]

Wann ein Entgelt als angemessen anzusehen ist, hat der Gesetzgeber dagegen nicht genauer definiert. Aus der Gesetzesbegründung lassen sich allerdings Anhaltspunkte entnehmen. So wird ausgeführt, daß nicht eigennützig handelt, wer ein Entgelt annimmt oder gewährt, das den angemessenen Ersatz für die zur Erreichung des Ziels der Heilbehandlung gebotenen Maßnahmen nicht übersteigt. Dies schließe ein Entgelt für das Organ selbst aus, nicht aber eine angemessene Vergütung für die in diesem Rahmen durchzuführenden Tätigkeiten, wie zum Beispiel Klärung der Voraussetzungen für eine Entnahme nach den §§ 3, 4 oder § 8 TPG, ärztliche, pflegerische oder sonstige Leistungen im Zusammenhang mit der Organentnahme oder -übertragung einschließlich der Vorbereitung.[672] Angemessen sollen insbesondere die üblichen Vergütungen sein, wie sie zum Beispiel in den Vereinbarungen mit Leistungsträgern im Sinne des § 16 SGB I oder durch Gesetz oder Rechtsverordnung oder in auf Grund gesetzlicher Bestimmung getroffenen Vereinbarungen festgesetzt sind.[673] Ebenfalls keine Tathandlung soll der Ersatz der unmittelbar mit der Organentnahme bei einem Lebenden entstandenen Aufwendungen des Lebendspenders sein. Als Beispiele werden Verdienstausfall, Fahrt- und Unterbringungskosten sowie die angemessene Absicherung eines durch die Organentnahme bedingten erhöhten Risikos der Arbeitsunfähigkeit angeführt.

---

[670] Begründung zu § 16 Abs. 1 S. 2 Nr. 1 E-TPG, BT-Drs. 13/4355, S. 30.
[671] Eser, in: Schönke/Schröder, StGB, § 11 Rn. 71.
[672] Begründung zu § 16 Abs. 1 S. 2 Nr. 1 E-TPG, BT-Drs. 13/4355, S. 30.
[673] Begründung zu § 16 Abs. 1 S. 2 Nr. 1 E-TPG, BT-Drs. 13/4355, S. 30.

Eine Ansicht in der Literatur will zur Bestimmung der Angemessenheit auf einen Vergleich mit dem in § 264 Abs. 7 StGB verwendeten Begriff der marktmäßigen Gegenleistung zurückgreifen.[674] Eine Gegenleistung ist dann marktmäßig, wenn sie ihrem objektiven Wert nach dem entspricht, was auch sonst unter den konkreten Verhältnissen des Marktes für die Leistung normalerweise aufgewendet werden muß.[675] Unter Marktmäßigkeit wird also eine nach den Maßstäben des Marktes zu beurteilende Gleichwertigkeit von Leistung und Gegenleistung verstanden.[676] Angemessen sollen deshalb nur die Entgelte sein, die auf einem legalen, nicht im Widerspruch zur Rechtsordnung stehenden Markt erzielt werden können.[677] Diesem Ansatz ist nicht zuzustimmen. Es gibt keinen legalen kommerziellen Markt für Organe und soll ihn auch gerade nicht geben. Deshalb läßt sich daraus insoweit kein Maßstab für die Angemessenheit ableiten.

Dies ist auch nicht nötig, denn zur Bestimmung der Angemessenheit des Entgelts kann auf den in den Gesetzesmaterialien zum Ausdruck gekommenen Willen des Gesetzgebers zurückgegriffen werden. Danach soll jeder wirtschaftliche Vorteil für den Organspender ausgeschlossen sein. Nur ein wirtschaftlicher Vorteil vermag hier Eigennützigkeit des Spenders und damit strafbaren Organhandel zu begründen. Erlaubt soll also nur der Ersatz der dem Organspender selbst tatsächlich entstandenen Aufwendungen sein. Die Vermögenslage soll sich durch die Lebendspende nicht verbessern. Wie sich aus der Zulässigkeit der Absicherung eines erhöhten Arbeitsunfähigkeitsrisikos ergibt, soll sich die Lage des Organspenders aber auch nicht verschlechtern.[678] Angestrebt wird, daß der Lebendspender weder materielle

---

[674] Gragert, Organhandel, S. 92.

[675] Lackner/Kühl, StGB, § 264 Rn. 6.

[676] Lenckner, in: Schönke/Schröder, StGB, § 264 Rn. 11.

[677] Gragert, Organhandel, S. 92.

[678] Schroth, in: Roxin/Schroth, Medizinstrafrecht, S. 271 (281 f.) vertritt die Ansicht, daß nach der Gesetzesfassung auch hier ein Handeltreiben vorliege und eine Ausnahmeklausel in § 17 TPG zur Herausnahme vom Handeltreiben erforderlich gewesen wäre; der gesetzgeberische Wille habe im Gesetzestext keinen Ausdruck gefunden. Da der Wille des historischen Gesetzgebers aber eindeutig feststellbar

Vorteile noch Nachteile hat, seine Vermögenslage soll unverändert bleiben.[679]

Entsprechendes gilt für die übrigen an der Transplantation Beteiligten. Hier sind die üblicherweise gezahlten Entgelte für die entsprechenden Leistungen als angemessen anzusehen. In diesem Fall wird nämlich kein besonderer Vermögensvorteil durch die Transplantation erlangt. Die üblichen Entgelte hat der Gesetzgeber ausdrücklich als angemessen anerkannt.[680] Nur in diesem Zusammenhang könnte deshalb auf eine „Marktmäßigkeit" abgestellt werden.

Insgesamt läßt sich daher feststellen, daß sich die Unzulässigkeit des Entgelts aus dem Grund oder der Höhe der Zahlung ergeben kann. Unzulässig sind folglich Zahlungen für das Organ selbst oder Zahlungen in einer Höhe, die die üblichen Entgelte oder die tatsächlichen Aufwendungen der Beteiligten übersteigen.

Wegen der zulässigen Pauschalierung der Vergütungen[681] wird dennoch befürchtet, daß sich in den legalen Zahlungsmöglichkeiten illegale Entgelte „verstecken" lassen werden.[682] Angesichts der restriktiven Fassung des § 17 Abs. 1 S. 2 Nr. 1 TPG ist die Gefahr der „versteckten" Zahlung bedeutsamer Geldbeträge aber nur als gering anzusehen.

---

ist, ist eine Herausnahme im Wege der Auslegung ohne weiteres möglich; einer besonderen Ausnahmeklausel bedarf es daher nicht.

[679] König, Organhandel, S. 157 kritisiert, daß es unpassend sei, den Ausgleich materieller Nachteile des Spenders unter den Begriff des angemessenen Entgelts zu fassen, es liege näher, schon einen Vorteil des Spenders zu verneinen. Diese Kritik ist nicht berechtigt, da der Gesetzgeber ausdrücklich davon ausgeht, daß bei dem Ersatz entstandener Aufwendungen ein Handeltreiben schon begrifflich nicht gegeben ist, vgl. Begründung zu § 16 Abs. 1 S. 2 Nr. 1 E-TPG, BT-Drs. 13/4355, S. 30. Derartige Fälle werden also auch nach der Ansicht des Gesetzgebers nicht unter § 17 Abs. 1 S. 2 Nr. 1 TPG gefaßt.

[680] Begründung zu § 16 Abs. 1 S. 2 Nr. 1 E-TPG, BT-Drs. 13/4355, S. 30.

[681] Vgl. Begründung zu § 16 Abs. 1 S. 2 Nr. 1 E-TPG, BT-Drs. 13/4355, S. 30.

[682] Kühl, Ausschuß-Drs. 618/13, 1 (5).

4) Tatbestandsausschluß nach § 17 Abs. 1 S. 2 Nr. 2 TPG
Eine weitere Einschränkung enthält § 17 Abs. 1 S. 2 Nr. 2 TPG. Danach gilt § 17 Abs. 1 S. 1 TPG nicht für Arzneimittel, die aus oder unter Verwendung von Organen hergestellt sind und den Vorschriften des Arzneimittelgesetzes über die Zulassung oder Registrierung unterliegen oder durch Rechtsverordnung von der Zulassung oder Registrierung freigestellt sind. Durch diese Vorschrift werden folglich Arzneimittel, die aus oder unter Verwendung von menschlichen Organen hergestellt sind, als taugliche Tatobjekte aus dem Handelsverbot ausgenommen.

Nach der Gesetzesbegründung sollen damit die aus oder unter Verwendung von Organen hergestellten Arzneimittel vom Handelsverbot ausgenommen sein, die vor dem Inverkehrbringen auf Qualität, Wirksamkeit und Unbedenklichkeit nach arzneimittelrechtlichen Vorschriften behördlich überprüft werden müssen. Darunter sollen unter anderem Präparate aus harter Hirnhaut, Augenhornhaut-, Oberflächenhaut-, Faszien- und Knochenpräparate fallen. Dadurch soll dem Umstand Rechnung getragen werden, daß bestimmte menschliche Gewebe als zugelassene Arzneimittel nach den Vorschriften des Arzneimittelgesetzes in den Verkehr gebracht und entgeltlich abgegeben werden dürfen.[683]

Der Begriff des Arzneimittels ist in § 2 Abs. 1 AMG legaldefiniert. Arzneimittel sind Stoffe oder Zubereitungen aus Stoffen, die durch Anwendung am oder im menschlichen oder tierischen Körper eine in § 2 Abs. 1 Nr. 1-5 AMG näher bezeichnete therapeutische Wirkung entfalten sollen. Stoffe sind nach der Definition in § 3 Nr. 3 AMG unter anderem Körperteile und Körperbestandteile von Menschen. Bei Organen, die einem Menschen zum Zwecke der Übertragung auf einen anderen Menschen entnommen werden, handelt es sich grundsätzlich um Arzneimittel, da sie in den Körper eingebracht werden und Funktionen des Körpers beeinflussen.[684] Dies entspricht der Ansicht

---

[683] Begründung zu § 16 Abs. 1 S. 2 Nr. 2 E-TPG, BT-Drs. 13/4355, S. 30.

[684] König, Organhandel, S. 91; Kloesel/Cyran, AMG, § 2 Anmerkung 33; Bender, VersR 1999, 419 (420); ausführlich Wolfslast/Rosenau, NJW 1993, 2348 f.; a.A. Deutsch, NJW 1998, 777 (782).

des Gesetzgebers, der in § 2 Abs. 3 Nr. 8 AMG explizit bestimmte Organe von Arzneimittelbegriff ausgenommen hat. Das ist nur verständlich, wenn Organe Arzneimittel sind.[685]

Durch die Einführung des § 2 Abs. 3 Nr. 8 AMG durch § 21 Nr. 1 TPG werden bestimmte Organe vom Arzneimittelbegriff ausgenommen, wenn sie zur Übertragung auf andere Menschen bestimmt sind. Dies sind die in § 9 S. 1 TPG genannten vermittlungspflichtigen Organe (Herz, Niere, Leber, Lunge, Bauchspeicheldrüse und Darm) und Augenhornhäute. Gleichfalls ausgenommen sind die von § 9 S. 1 TPG umfaßten Teile dieser Organe.[686] Sie sind folglich keine Arzneimittel und werden durch § 17 Abs. 1 S. 2 Nr. 2 TPG nicht erfaßt.

Weiterhin findet § 17 Abs. 1 S. 2 Nr. 2 TPG nur Anwendung auf die Abgabe von aus oder unter Verwendung von Organen hergestellten Arzneimitteln. Nicht vom Organhandelsverbot ausgenommen wurde dagegen der Ankauf von Organen zu diesem Zweck.[687] Insoweit kommt nur eine Spende der Organe in Betracht. Eine Lebendspende zu diesen Zwecken ist aber ausgeschlossen, da § 8 Abs. 1 S. 1 Nr. 2 TPG für die Zulässigkeit der Organentnahme verlangt, daß die Übertragung des Organs auf den vorgesehenen Empfänger nach ärztlicher Beurteilung geeignet ist, das Leben dieses Menschen zu erhalten oder bei ihm eine schwerwiegende Krankheit zu heilen, ihre Verschlimmerung zu verhüten oder ihre Beschwerden zu lindern. An einer Übertragung zu diesem Zweck würde es bei einer Organspende zur Herstellung von Arzneimitteln fehlen. Insoweit kommt § 17 Abs. 1 S. 2 Nr. 2 TPG keine Bedeutung zu.

Nicht in den Anwendungsbereich des § 17 Abs. 1 S. 2 Nr. 2 TPG fallen auch die durch § 80 S. 1 Nr. 4 AMG vom Anwendungsbereich des Arzneimittelgesetzes ausgenommenen Organe. Durch diese Regelung

---

[685] Bestätigt wird dies durch die Begründung zu § 21 Nr. 1 TPG, durch den § 2 Abs. 3 Nr. 8 AMG eingeführt wurde: „Alle anderen Organe, Organteile und Gewebe unterliegen weiterhin dem Arzneimittelbegriff", Begründung zu § 20 Nr. 1 E-TPG, BT-Drs. 13/4355, S. 32.

[686] Dies ergibt sich aus der Begründung zu § 20 Nr. 1 E-TPG, BT-Drs. 13/4355, S. 32.

[687] So auch König, Organhandel, S. 198.

werden die arzneimittelrechtlichen Zulassungs- und Registrierungspflichten ausgeschlossen. Der durch § 21 Nr. 2a) TPG eingeführte § 80 S. 1 Nr. 4 AMG sieht insoweit vor, daß das Arzneimittelgesetz keine Anwendung findet auf menschliche Organe, Organteile und Gewebe, die unter der fachlichen Verantwortung eines Arztes zum Zwecke der Übertragung auf andere Menschen entnommen werden, wenn diese Menschen unter der fachlichen Verantwortung dieses Arztes behandelt werden. Als Begründung für diese Regelung hat der Gesetzgeber angeführt, daß der Umgang mit diesen Organen aus Gründen der Gleichbehandlung ebenfalls der ärztlichen Leistung „Transplantation" zuzurechnen ist.[688]

In den übrigen Fällen kommt es entscheidend darauf an, ob das Organ den Vorschriften über die Zulassung nach § 21 Abs. 1 S. 1 AMG oder die Registrierung nach § 38 Abs. 1 S. 1 AMG unterfällt oder durch Rechtsverordnung nach §§ 36, 39 Abs. 3 AMG von der Zulassung oder Registrierung freigestellt ist.

5) Ausgrenzung von Geringfügigkeiten aus dem Tatbestand?

Eine Ansicht fordert, nicht gewichtige Zuwendungen an den Spender, die nicht geeignet sind, die Schutzgüter Gesundheit, Entscheidungsfreiheit oder Vermögen und auch Menschenwürde auch nur ansatzweise zu beeinträchtigen, im Wege der teleologischen Reduktion aus dem Tatbestand auszunehmen. Eine nicht gewichtige Zuwendung soll bei „absoluten Minima" wie dem Abendessen, dem Blumenstrauß oder der Flasche Wein vorliegen. Bei gewichtigeren Zuwendungen soll der Maßstab sein, ob nach der Art der Zuwendung unter Berücksichtigung der Situation des Spenders und der Art des Organs mit einem „Schwachwerden" des Spenders zu rechnen ist.[689]

Diese Ansicht kann nicht überzeugen. Die Kriterien „Situation des Spenders" und „Art des Organs" erlauben im Zusammenhang mit ei-

---

[688] Begründung zu § 20 Nr. 2a E-TPG, BT-Drs. 13/4355, S. 32; a.A. Bender, VersR 1999, 419 (420 f.), der die Regelung als Ausfluß der ärztlichen Therapiefreiheit versteht.
[689] König, Organhandel, S. 164. Ebenso Nickel/Schmidt-Preisigke/Sengler, Transplantationsgesetz, Erl. § 17 Rn. 5.

ner Zuwendung keine objektive Beurteilung, wann ein „Schwachwerden" des Spenders zu befürchten ist. Immer hängt es von der Beurteilung des Spenders ab, wie er die ihm gebotenen Vorteile und die Nachteile durch die Spende des Organs bewertet. In dem Bereich der die „absoluten Minima" überschreitenden Zuwendungen wird es deshalb einen großen Bereich geben, in dem der gebotene Vorteil für den einen Spender schon ein Anreiz zum Schwachwerden ist und für den anderen nicht. Diese subjektive Beurteilung läßt sich nicht durch eine Bewertung der Situation des Spenders objektivieren. Denn auch diese unterliegt seiner subjektiven Einschätzung. In dem Bereich zwischen den „absoluten Minima"[690] und den evident gewichtigen Zuwendungen ist deshalb keine sichere Bewertung möglich.[691] Im relevanten Bereich versagen die Kriterien.[692]

IV. Subjektiver Tatbestand

1) Vorsatz

Im subjektiven Tatbestand ist zunächst erforderlich, daß der Täter vorsätzlich handelt. Nach dem Gesetz ist weder absichtliches Handeln erforderlich noch fahrlässiges Handeln ausreichend. Der Täter muß daher vorsätzlich unter Einschluß des Eventualvorsatzes handeln.[693]

---

[690] Wobei auch dieser Begriff nicht so objektiv ist wie er scheint: Was für den einen nur ein Minimum ist, kann für den anderen schon eine ganze Menge sein.

[691] Auch König, Organhandel, S. 164 räumt ein, daß auf Grund der Variablen „Situation des Spenders" und „Art des Organs" Unsicherheiten in der Bewertung bestehen.

[692] Im übrigen könnte diese Ansicht zu dem Resultat führen, daß einer Person desto größere Zuwendungen gemacht werden können, je wohlhabender sie ist, weil man annehmen könnte, daß bei wohlhabenden Personen auf Grund dieser Situation erst eine entsprechend größere Zuwendung die Gefahr des Schwachwerdens begründen kann. Dieses Ergebnis könnte nur schwerlich als richtig angesehen werden.

[693] Vgl. zum Eventualvorsatz Jescheck/Weigend, AT, S. 299 ff.; Kühl, AT, § 5 Rn. 43 ff.; Cramer, in: Schönke/Schröder, StGB, § 15 Rn. 72 ff.; Tröndle/Fischer, StGB, § 15 Rn. 9 ff..

Insbesondere ist hier das Wissen erforderlich, daß es sich bei dem Organ um einen Gegenstand verbotenen Handeltreibens handelt.

2) Eigennützigkeit

Zusätzlich muß der Täter bei der Tathandlung des Handeltreibens eigennützig handeln. Das Merkmal der Eigennützigkeit folgt aus der Definition des Handeltreibens, das eine eigennützige Tätigkeit verlangt. Wie in § 29 BtMG ist die Eigennützigkeit als subjektives Merkmal aufzufassen.[694]

Bei § 29 BtMG handelt derjenige eigennützig, der sich vom Streben nach Gewinn leiten läßt oder zumindest für sich persönlich materielle oder immaterielle Vorteile erwartet.[695] Voraussetzung ist also eine Bereicherungsabsicht des Täters. Diese Definition gilt auch für den Bereich des Organhandels.

V. Rechtswidrigkeit und Schuld

Fraglich ist, ob eine (über die notwendige Teilnahme hinausgehende) Teilnahme des Organempfängers am Handeltreiben nach § 34 StGB gerechtfertigt oder nach § 35 entschuldigt sein kann. Der Gesetzgeber geht davon aus, daß dies im Einzelfall möglich ist.[696]

Die Möglichkeit einer Rechtfertigung sieht sich jedoch Bedenken ausgesetzt. Erforderlich ist, daß es sich bei der Tat um ein angemessenes Mittel handelt, die Gefahr abzuwenden. Angemessen ist das Mittel nur, wenn das Verhalten des Notstandstäters auch nach den allgemein anerkannten Wertvorstellungen der Allgemeinheit als eine sachgemä-

---

[694] Ebenso Gragert, Organhandel, S. 96.

[695] BGHSt 28, 308 (309); BGH NJW 1986, 2584 (2585); Körner, BtMG, § 29 Rn. 207.

[696] Begründung zu § 17 Abs. 1 E-TPG, BT-Drs. 13/4355, S. 31. Von dem Vorliegen einer Gefahr soll hier ausgegangen werden, obgleich dies nicht unproblematisch ist, vgl. Kramer, Organtransplantation, S. 142 ff. m.w.N.; Schreiber, FS Klug, S. 341 (352 f.).

ße und dem Recht entsprechende Lösung der Konfliktlage erscheint.[697]

Durch das Transplantationsgesetz hat der Gesetzgeber das Transplantationswesen umfassend geregelt. So hat er die Voraussetzungen für eine Organentnahme festgelegt und den Organhandel ausdrücklich verboten. Dabei war er sich auch der Notlage der Kranken bewußt.[698] Die Regelungen des Transplantationsgesetzes dienen gerade der Verhinderung der Kommerzialisierung menschlicher Organe und der Kontrolle des Transplantationswesens. Bezweckt wird eine rechtliche Steuerung der Transplantation. Der Gesetzgeber muß es deshalb auch in Kauf genommen haben, daß sich der Gesundheitszustand eines Organspenders wegen fehlender Verfügbarkeit eines Organs verschlechtert und eventuell sein Leben bedroht wird. Das Verbot des Organhandels bringt gerade zum Ausdruck, daß es für eine Privatperson nicht zulässig ist, sich „im Handel" ein Organ zu beschaffen.

Außerdem wird im Regelfall nur ein schwer Kranker, für den keine andere Alternative besteht, sich um die mit erheblichen finanziellen Aufwendungen verbundene Beschaffung eines Organs über den Organhandel bemühen. Damit wird regelmäßig eine Notstandssituation auf seiten des Organempfängers vorliegen. Ein regelmäßig möglicher Rückgriff auf § 34 StGB bei der Teilnahme am Handeltreiben mit Organen würde aber das für den Organempfänger geltende Verbot des Organhandels bedeutungslos machen. Selbst bei Vorliegen aller anderen Voraussetzungen kann daher der Organempfänger wegen fehlender Angemessenheit des Mittels nicht nach § 34 StGB gerechtfertigt sein.[699]

Damit stellt sich die Frage, ob wenigstens eine Entschuldigung des Organempfängers nach § 35 StGB möglich ist. Eine Notstandslage des Kranken wird regelmäßig anzunehmen sein. Allerdings könnte der

---

[697] So die Begründung zu § 39 E-StGB, BT-Drs. 4/650, S. 159; Kühl, AT, § 8 Rn. 166; Amelung/Schall, JuS 1975, 565 (569).

[698] Vgl. Begründung zu § 16 Abs. 1 S. 1 E-TPG, BT-Drs. 13/4355, S. 30: „[...] des Empfängers, für den die Transplantation häufig die einzige Möglichkeit zur Lebensrettung darstellt, [...]".

[699] Ebenso Gragert, Organhandel, S. 101 f..

Kranke auf Grund einer gesetzlich institutionalisierten Duldungspflicht verpflichtet sein, diese Gefahren zu ertragen. Eine gesetzlich institutionalisierte Duldungspflicht kann sich aus einem Rechtsverhältnis ergeben, das durch hoheitliche Maßnahme begründet ist und bei dem der Betroffene wegen besonderer öffentlicher Interessen Eingriffe in seine Freiheit und Körperintegrität hinnehmen muß.[700] Sinn ist es, staatliche Verfahren dadurch zu ermöglichen oder sicherzustellen, daß dem Betroffenen die Duldung bestimmter gesetzlich geregelter Eingriffe auferlegt wird, obwohl davon an sich notstandsfähige Rechtsgüter betroffen sind.[701]

Durch das Transplantationsgesetz werden Voraussetzungen und Verfahren der Transplantation von Organen geregelt. Dadurch wird vom Gesetzgeber eine allgemeinverbindliche Regelung getroffen, die die Verhinderung von Organhandel bezweckt. Diese zwingt kranke Patienten, die eine Organtransplantation benötigen, dazu, bis zur Zuteilung eines Organs auf eine Transplantation zu warten, wenn für sie nicht ein unter den Voraussetzungen des Transplantationsgesetzes legal gespendetes Organ eines Lebendspenders zur Verfügung steht. Private Initiative zur Beschaffung des Organs ist nicht vorgesehen. Implizit folgt aus dieser Regelung, daß der Organspender die sich aus der Wartezeit ergebenden Nachteile und Risiken auf sich nehmen muß.[702]

Nicht hinzunehmen ist im Rahmen der erhöhten Gefahrtragungspflicht eine Gefahr aber dann, wenn mit ihr der sichere oder höchstwahrscheinliche Tod verbunden ist.[703] Der Organempfänger kann also nur dann nach § 35 StGB entschuldigt sein, wenn das weitere Zuwarten

---

[700] Hirsch, in: Leipziger Komm. StGB, § 35 Rn. 58; Lenckner, in: Schönke/Schröder, StGB, § 35 Rn. 24. Roxin, AT, § 22 Rn. 42 verneint schon das Vorliegen eines Notstandes im Sinne des § 35 Abs. 1 S. 1 StGB, da staatliche Zwangsrechte von vornherein keine von § 35 Abs. 1 S. 1 StGB vorausgesetzte überproportionale Belastung begründen.

[701] Kühl, AT, § 12 Rn. 78.

[702] Ebenso Gragert, Organhandel, S. 103 f..

[703] Jescheck/Weigend, AT, S. 487; Kühl, AT, § 12 Rn. 74; Roxin, AT, § 22 Rn. 41; Lenckner, in: Schönke/Schröder, StGB, § 35 Rn. 25; Tröndle/Fischer, StGB, § 35 Rn. 12.

für ihn mit dem sicheren oder höchstwahrscheinlichen Tod verbunden ist.

Zusammenfassend läßt sich feststellen, daß eine Rechtfertigung nach § 34 StGB ausgeschlossen ist, eine Entschuldigung nach § 35 StGB nur im Ausnahmefall der akuten Lebensgefahr vorliegen wird. Gleiches wird auch für das täterschaftliche sich Übertragenlassen eines Organs als Tathandlung des § 18 Abs. 1 TPG zu gelten haben.

Eine Rechtfertigung des Organspenders nach § 34 StGB wird schon wegen des Fehlens einer Notstandslage ausgeschlossen sein. Eine rein finanzielle Notlage begründet keine Gefahr für ein notstandsfähiges Rechtsgut.[704] Außerdem wird es ebenfalls an der Angemessenheit des Mittels fehlen.[705]

VI. Qualifikation nach § 18 Abs. 2 TPG

§ 18 Abs. 2 TPG enthält eine Qualifikation zu § 18 Abs. 1 TPG. Danach wird der Täter mit Freiheitsstrafe von einen Jahr bis zu fünf Jahren bestraft, wenn er in den Fällen des § 18 Abs. 1 TPG gewerbsmäßig handelt. Zur Auslegung des Begriffs „gewerbsmäßig" soll nach den Gesetzesmaterialien auf die Rechtsprechung des Bundesgerichtshofes zum Begriff der Gewerbsmäßigkeit im Betäubungsmittelrecht zurückgegriffen werden.[706] Nach dieser Rechtsprechung handelt gewerbsmäßig, wer sich durch wiederholte Tatbegehung eine fortlaufende Einnahmequelle von einiger Dauer und einigem Umfang verschaffen will.[707] Damit entspricht die Gewerbsmäßigkeit dem unter anderen auch in § 243 Abs. 1 S. 2 Nr. 3 StGB[708], § 253 Abs. 4 S. 2 StGB[709], § 260 Abs. 1 Nr. 1 StGB[710] verwendeten Begriff.

---

[704] Hirsch, in: Leipziger Komm. StGB, § 34 Rn. 38.

[705] Für eine restriktive Anwendung Rixen, in: Höfling, Transplantationsgesetz, § 18 Rn. 12.

[706] Begründung zu § 17 Abs. 1a E-TPG, BT-Drs. 13/8017, S. 44.

[707] BGHSt 1, 383; 19, 63 (76); BGH StV 1993, 248.

[708] Vgl. dazu Eser, in: Schönke/Schröder, StGB, § 243 Rn. 31.

[709] Vgl. dazu Lackner/Kühl, StGB, § 253 Rn. 12.

[710] Vgl. dazu Tröndle/Fischer, StGB, § 260 Rn. 2.

Die Qualifikation war im ursprünglichen Gesetzentwurf nicht vorgesehen, sie wurde erst in der Beschlußempfehlung des Ausschusses für Gesundheit eingefügt. Mit dieser Strafverschärfung gegenüber § 18 Abs. 1 TPG soll der Entstehung und Ausweitung eines illegalen Organhandels entgegengewirkt werden.[711] Auffällig ist hierbei aber, daß die Strafrahmen des Grunddelikts und der Qualifikation weitestgehend übereinstimmen. Das Höchstmaß der Freiheitsstrafe ist bei beiden identisch.[712]

Diese Vorschrift richtet sich daher in erster Linie gegen professionelle Organhändler und Organvermittler. Erfaßt werden aber auch Ärzte, die gewerbsmäßig illegale Transplantationen vornehmen. Dies ist berechtigt, um ihrer unverzichtbaren Tätigkeit im Rahmen des Organhandels angemessen zu begegnen. Ein gewerbsmäßiges Handeln des Organempfängers hinsichtlich der Entnahme, Übertragung und des sich Übertragenlassens ist dagegen nicht vorstellbar. Es wird an dem Willen fehlen, sich durch wiederholte Tatbegehung eine fortlaufende Einnahmequelle zu verschaffen. Bei dem Organspender ist ein gewerbsmäßiges Handeln zwar vorstellbar, aber zumindest in Deutschland aus tatsächlichen Gründen wohl eher unwahrscheinlich.[713] [714]

VII. Absehen von Strafe und Strafmilderung nach § 18 Abs. 4 TPG

§ 18 Abs. 4 TPG sieht für das Gericht die Möglichkeit vor, bei Organspendern, deren Organe Gegenstand verbotenen Handeltreibens waren, und bei Organempfängern von einer Bestrafung nach § 18 Abs. 1

---

[711] Begründung zu § 17 Abs. 1a E-TPG, BT-Drs. 13/8017, S. 44.

[712] Kritisch dazu König, Organhandel, S. 212 f..

[713] In Betracht käme insoweit der Verkauf mehrer Organe, zum Beispiel eine Niere und dann ein Lebersegment. Eine wiederholte Spende läßt sich bei Haut denken. Die wohl eher praktischen Fälle der Spende von Blut (und Knochenmark) werden wegen § 1 Abs. 2 TPG nicht vom Anwendungsbereich des Transplantationsgesetzes erfaßt.

[714] Für zu weit gefaßt hält Schroth, in: Roxin/Schroth, Medizinstrafrecht, S. 271 (278 f.) den Qualifikationstatbestand, weil auch Inhaber einer Gewebebank, die zu hoch abrechneten, erfaßt würden.

TPG abzusehen oder die Strafe nach seinem Ermessen zu mildern (§ 49 Abs. 2 StGB).

Diese Regelung wurde erst durch Beschluß des Gesundheitsausschusses in den Gesetzentwurf eingefügt. Der ursprüngliche Gesetzentwurf der Fraktionen der CDU/CSU, SPD und F.D.P. sah eine entsprechende Regelung nicht vor. Er hielt den vorgesehenen Strafrahmen für hinreichend flexibel für eine angemessene Sanktion, in geeigneten Fällen sollte ein Absehen von Strafe nach § 60 StGB angezeigt sein und in besonderen Fallkonstellationen von den erweiterten Einstellungsmöglichkeiten nach §§ 153 ff. StPO Gebrauch gemacht werden.[715]

Die Möglichkeit des Absehens von Strafe nach § 18 Abs. 4 TPG eröffnet über § 153b Abs. 1 StPO der Staatsanwaltschaft die Möglichkeit, im Ermittlungsverfahren mit Zustimmung des zuständigen Gerichts bei Vorliegen der Voraussetzungen des Absehens von Strafe von der Erhebung der öffentlichen Klage abzusehen. Für das Gericht besteht nach Erhebung der öffentlichen Klage gemäß § 153b Abs. 2 StPO die Möglichkeit, bis zum Beginn der Hauptverhandlung mit Zustimmung der Staatsanwaltschaft und des Angeschuldigten das Verfahren einzustellen.

Die Rechtsfolgenanordnung des § 18 Abs. 4 TPG wird von einer Ansicht insoweit als Verstoß gegen das Verbot, unbestimmte Rechtsnormen zu erlassen, angesehen, als nicht geregelt ist, unter welchen Gesichtspunkten von Strafe abgesehen werden kann. Begründet wird dies damit, daß der Gesetzgeber im Gesetz kein normatives Kriterium dafür bereitgestellt hat, wann das Gericht von Strafe absehen kann. Das Absehen von Strafe liege damit allein in der Entscheidungskompetenz des Richters, es liege deshalb keine greifbare Selbstbindung der staatlichen Strafgewalt vor.[716]

Der Bestimmtheitsgrundsatz aus Art. 103 Abs. 2 GG gilt auch hinsichtlich der Rechtsfolgen einer Straftat, er verlangt eine hinreichende Bestimmtheit der Strafe und der sonstigen Deliktsfolgen.[717] In anderen

---

[715] Begründung zu § 17 Abs. 1 E-TPG, BT-Drs. 13/4355, S. 31.

[716] Schroth, JZ 1997, 1149 (1151); ebenso Dippel, FS Hanack, S. 665 (692).

[717] BVerfGE 25, 269 (285); 45, 363 (371); 86, 288 (311); BGHSt 18, 136 (140); Roxin, AT, § 5 Rn. 80; Gribbohm, in: Leipziger Komm. StGB, § 1 Rn. 60.

Vorschriften, die ein Absehen von Strafe zulassen, sind Hinweise enthalten, in welchen Fällen das Absehen von Strafe in Betracht kommt. Bei § 113 Abs. 4 StGB und § 129 Abs. 5 StGB wird auf den Gesichtspunkt der geringen Schuld abgestellt; bei § 139 Abs. 1 StGB darauf, daß die Tat nicht versucht worden ist; bei § 157 Abs. 1 StGB darauf, daß die Tat zugunsten eines Angehörigen oder des Täters selbst begangen worden ist; bei § 129 Abs. 6 StGB auf den Aspekt der tätigen Reue usw.. Dort werden durch das Gesetz Gesichtspunkte bezeichnet, die den jeweiligen Fall als besonderen Ausnahmefall kennzeichnen und somit, trotz der teilweise weiterhin bestehenden relativen Unbestimmtheit der Voraussetzungen, die gesetzliche Wertung deutlich machen, die zum Absehen von Strafe führt.

§ 18 Abs. 4 TPG läßt sich jedoch unmittelbar kein solcher Hinweis auf die gesetzgeberische Wertung entnehmen. Zur Konkretisierung der Vorschrift kann allerdings auf die allgemeinen Gedanken zum Absehen von Strafe zurückgegriffen werden.

Das Absehen von Strafe kennzeichnet allgemein die Untergrenze in den Fällen, in denen Unrecht oder Schuld stark gemindert sind oder in denen es aus besonderen Gründen an der Notwendigkeit einer Sanktion zur symbolischen Zurückweisung der Normverletzung oder zur Einwirkung auf den Täter fehlt.[718] § 60 StGB sieht das Absehen von Strafe vor, wenn die Folgen der Tat, die den Täter getroffen haben, so schwer sind, daß die Verhängung einer Strafe offensichtlich verfehlt wäre. Diese Folgen wirken ähnlich wie eine Strafe und heben das Präventionsbedürfnis auf. In den übrigen Vorschriften des Strafgesetzbuches beruht das Absehen von Strafe auf unterschiedlichen Erwägungen. Gemeinsam ist ihnen, daß sie sich auf Fallgestaltungen beziehen, in denen das Unrecht der Tat und/oder die Schuld des Täters auf Grund besonderer Umstände stark gemindert ist. Die Strafwürdigkeit der Tat ist deshalb so deutlich herabgesetzt, daß die Sanktion bis zum bloßen Ausspruch der Schuld reduziert werden kann.[719]

Weiterhin kann der Grundsatz der Schuldangemessenheit des Strafens herangezogen werden. Dieser folgt aus Art. 1 Abs. 1 und Art. 2 Abs. 1

---

[718] Jescheck/Weigend, AT, S. 862.
[719] Vgl. Jescheck/Weigend, AT, S. 867.

GG und dem Rechtsstaatsprinzip.[720] Seinen Ausdruck hat er in § 46 Abs. 1 StGB gefunden; in § 46 Abs. 2 StGB sind Gesichtspunkte festgelegt, die bei der Strafzumessung insbesondere zu beachten sind.
In der Beschlußempfehlung des Gesundheitsausschusses sind mehrere Beispiele für den Anwendungsbereich des Absehens von Strafe aufgeführt. So soll der gesundheitlichen Notlage des Empfängers, der auf Grund seiner Erkrankung unmittelbar betroffen ist und das Organ möglicherweise im Einzelfall zur Lebensrettung dringend braucht, Rechnung getragen werden. Bei dem Organspender soll die im Einzelfall gegebene Motivationslage, eigene wirtschaftliche Not oder auch gesundheitliches Leid eines schwer kranken Menschen abzuwenden, berücksichtigt werden können.[721] Damit hat der Gesetzgeber Fälle geringer Schuld als Beispiele aufgeführt. Zu denken wäre auch noch an Fälle, in denen der Organspender durch die Spende selber gravierende gesundheitliche Nachteile erleidet. Insofern kann wegen der den Täter treffenden Folgen ein Strafbedürfnis entfallen.
Gegen eine Verletzung von Art. 103 Abs. 2 GG kann außerdem ein Vergleich zu den Milderungen des Regelstrafrahmens für unbenannte minderschwere Fälle gezogen werden. Diese berühren Art. 103 Abs. 2 GG nicht, weil ihre Anwendung den Täter begünstigt.[722] Ähnlich liegt es bei dem Absehen von Strafe in § 18 Abs. 4 TPG, auch dort wird der Täter ausschließlich begünstigt.
Ein Verstoß gegen Art. 103 Abs. 2 GG liegt folglich nicht vor. Das Absehen von Strafe in § 18 Abs. 4 TGP wird durch die dem Absehen von Strafe allgemein zugrundeliegenden Gedanken hinreichend konkretisiert. Ein Absehen von Strafe nach § 18 Abs. 4 TPG wird deshalb insbesondere bei geringer Schuld, die sich aus einer besonderen notstandsähnlichen Situation beim Organspender oder Organempfänger ergibt, und bei schweren gesundheitlichen Nachteilen, die der Organspender erleidet, in Betracht kommen.

---

[720] BVerfGE 45, 187 (259); 50, 205 (214); 80, 244 (255).
[721] Begründung zu § 17 Abs. 3 E-TPG, BT-Drs. 13/8017, S. 44.
[722] Vgl. dazu Gribbohm, in: Leipziger Komm. StGB, § 1 Rn. 63.

VIII. Versuchsstrafbarkeit nach § 18 Abs. 3 TPG

§ 18 Abs. 3 TPG sieht die Strafbarkeit des Versuchs vor. Im Bereich des weit ausgelegten Handeltreibens sollen bereits Vorbereitungshandlungen, die auf den Umsatz von Organen gerichtet sind, ein vollendetes Handeltreiben darstellen.[723] Die nach der Ansicht des Gesetzgebers weite Auslegung wird dazu führen, daß in aller Regel bereits ein vollendetes Delikt anzunehmen ist.[724] In diesem Fall ist eine Versuchsstrafbarkeit aber praktisch bedeutungslos und damit überflüssig. Nur bei einer engen Auslegung kann die Versuchsstrafbarkeit daher eine Bedeutung erlangen.[725]

IX. Auslandstaten

§ 24 TPG sieht eine Ergänzung des § 5 StGB vor. Im Anschluß an § 5 Nr. 14 StGB wird durch § 24 Nr. 2 TPG eine weitere Nummer mit dem Wortlaut „15. Organhandel (§ 18 des Transplantationsgesetzes), wenn der Täter zur Zeit der Tat Deutscher ist." angefügt. Aus dieser Ergänzung ergibt sich, daß das deutsche Strafrecht unabhängig vom Recht des Tatorts für im Ausland begangenen Organhandel anwendbar ist; die Strafbarkeit am Tatort ist deshalb unerheblich.[726] Mit dieser Regelung wurde im Transplantationsgesetz auf das im Referenten-

---

[723] Vgl. BGH 31, 145 (147 f.).

[724] Dessen war sich auch der Gesetzgeber bewußt, vgl. die Begründung zu § 17 Abs. 2 E-TPG, BT-Drs. 13/4355, S. 31.

[725] Zu einer Strafbarkeit wegen versuchten Handeltreibens kam das LG München I NJW 2002, 2665 in einem Fall, in dem der Angeklagte Kliniken im Ausland (noch zu beschaffende) Organe per Telefax zum Kauf anbot, der Zugang der Schreiben aber nicht beweisbar war. Hier konnte die Versuchsstrafbarkeit über Beweisschwierigkeiten hinsichtlich der Vollendung des Tatbestands hinweghelfen. Zumindest der Intention des Gesetzgebers, eine möglichst umfassende Strafbarkeit zu erreichen, dürfte dies entgegenkommen.
Weitere Beispiele bei Rixen, in: Höfling, Transplantationsgesetz, § 18 Rn. 9.

[726] Zur Frage der Teilnehmerstrafbarkeit siehe König, Organhandel, S. 224 ff..

entwurf eines Gesetzes gegen den Organhandel[727] vorgesehene Weltrechtsprinzip[728] verzichtet.[729]

Dadurch soll nach dem Willen des Gesetzgebers sichergestellt werden, daß diese Taten auch dann dem deutschen Strafrecht unterliegen, wenn sie von deutschen Staatsangehörigen im Ausland begangen werden, erfaßt werden soll damit die Beteiligung Deutscher am verbotenen Organhandel bei Auslandstaten. Die Erweiterung sei geboten, weil die bekannt gewordenen Fälle zeigten, daß angesichts der vielfältigen Möglichkeiten einer Auslandsberührung, insbesondere im Bereich von Vermittlungstätigkeiten, eine Beschränkung auf Inlandstaten keinen effektiven Schutz gewährleisten könne.[730]

Diese Vorschrift richtet sich damit auch gegen den sogenannten Organ- beziehungsweise Transplantationstourismus. Bei diesem läßt sich ein Deutscher das Organ eines Ausländers im Ausland übertragen. Dies ist grundsätzlich sinnvoll, da gerade in armen Ländern der Dritten Welt - wie beispielsweise Indien - die Bereitschaft zur Veräußerung eines Organs und damit die Gefahr des Organhandels wegen der wirtschaftlichen Not besonders groß ist.

B. Strafvorschriften hinsichtlich der Lebendspende gemäß § 19 Abs. 2 TPG

I. Gesetzliche Regelung

In § 19 Abs. 2 TPG sind Verstöße gegen die speziellen Regelungen zur Organentnahme bei lebenden Spendern unter Strafe gestellt. Danach wird mit Freiheitsstrafe bis zu fünf Jahren oder mit Geldstrafe bestraft, wer entgegen § 8 Abs. 1 S. 1 Nr. 1a), b), Nr. 4 TPG oder § 8 Abs. 1 S. 2 TPG ein Organ entnimmt.

---

[727] Vgl. den Nachweis bei Deutsch, ZRP 1994, 179.

[728] Vgl. dazu Jescheck/Weigend, AT, S. 170, 173 f.; Eser, in: Schönke/Schröder, StGB, Vorbem §§ 3-7 Rn. 8, § 6 Rn. 1.

[729] Das Weltrechtsprinzip wurde von Deutsch, ZRP 1994, 179 als übermäßig kritisiert.

[730] So die Begründung zu § 22 E-TPG, BT-Drs. 13/4355, S. 32.

Strafbar macht sich, wer ein Organ bei einer nicht volljährigen oder nicht einwilligungsfähigen Person entnimmt. Die Entnahme ist auch strafbar, wenn der Organspender nicht nach § 8 Abs. 2 S. 1 TPG durch den Arzt aufgeklärt worden ist oder der Organspender nicht in die Organentnahme eingewilligt hat. Die Organentnahme durch einen Nichtarzt ist ebenfalls unter Strafe gestellt. Strafbewehrt ist auch ein Verstoß gegen die Vorschrift zur Beschränkung des Empfängerkreises auf in einem besonderen Näheverhältnis stehende Personen bei der Lebendspende sich nicht wieder bildender Organe.

II. Verhältnis zu den Körperverletzungstatbeständen gemäß §§ 223 ff. StGB

Problematisch ist das Verhältnis von § 19 Abs. 2 TPG zu den Körperverletzungsdelikten. Der Entwurf der Fraktionen der CDU/CSU, SPD und F.D.P. sah vor, daß ein Verstoß gegen § 8 Abs. 1 TPG auch als Körperverletzung strafbar sein kann, soweit die aus den Zulässigkeitsvoraussetzungen nach § 8 Abs. 1 TPG folgenden Verbote die Befugnis des Spenders einschränken, in eine Verletzung seiner körperlichen Integrität einzuwilligen.[731]

Aus der Überschrift des § 8 TPG („Zulässigkeit der Organentnahme") und der Formulierung in § 8 Abs. 1 S. 1 und 2 TPG („[...] nur zulässig [...]") läßt sich entnehmen, daß alle in § 8 Abs. 1 TPG aufgezählten Voraussetzungen zugleich Zulässigkeitsvoraussetzungen der Organentnahme beim lebenden Spender sind. Bei Fehlen jeder einzelnen Voraussetzung ist daher die Befugnis des Spenders zur Einwilligung in die Organentnahme eingeschränkt. Jedes Fehlen einer Voraussetzung des § 8 Abs. 1 TPG würde deshalb zu einer Strafbarkeit des Arztes wegen Körperverletzung führen können.[732]

Der Gesundheitsausschuß ist dagegen bei seinen Beratungen zu dem Ergebnis gelangt, daß die Klärung des Konkurrenzverhältnisses der §§ 223 ff. StGB und § 19 Abs. 2 TPG der Rechtsprechung und Lehre überlassen bleiben soll. Aus diesem Grund wurde der in der Begrün-

---

[731] So die Begründung zu § 18 Abs. 2 E-TPG, BT-Drs. 13/4355, S. 31.
[732] Ebenso Gutmann, MedR 1997, 147 (153).

dung des Gesetzentwurfs der Fraktionen der CDU/CSU, SPD, F.D.P. enthaltene Hinweis auf das Verhältnis der Körperverletzungsdelikte zu § 19 Abs. 2 TPG in der Beschlußempfehlung des Gesundheitsausschusses nicht aufrecht erhalten.[733]

Damit ist das Konkurrenzverhältnis zwischen § 19 Abs. 2 TPG und den Körperverletzungsdelikten zu klären. Geschütztes Rechtsgut der Körperverletzungstatbestände ist das körperliche Wohl eines anderen Menschen durch Schutz seiner körperlichen Integrität und Gesundheit.[734] Geschützte Rechtsgüter des § 19 Abs. 2 TPG sind neben der körperlichen Integrität auch die Menschenwürde des Organspenders, die Verhinderung der Ausnutzung wirtschaftlicher Notlagen des Lebendspenders und die Verhinderung eines Organhandels.[735] § 19 Abs. 2 TPG schützt damit andere Rechtsgüter als die §§ 223 ff. StGB.

Würde man die §§ 223 ff. StGB neben § 19 Abs. 2 TPG anwenden, so würde das Fehlen jeder Voraussetzung des § 8 Abs. 1 TPG zu einer Strafbarkeit des explantierenden Arztes wegen Körperverletzung führen. Im Gegensatz dazu stellt § 19 Abs. 2 TPG aber nur bestimmte Verstöße gegen § 8 Abs. 1 TPG, nämlich gegen § 8 Abs. 1 S. 1 Nr. 1a), b), Nr. 4 und S. 2 TPG, unter Strafe.[736] Es stünde damit im Widerspruch zum Willen des Gesetzgebers, durch die Regelung des § 19 Abs. 2 TPG die strafrechtlichen Unrechtscharakter tragenden Verstöße gegen die Voraussetzungen der Lebendspende zu sanktionieren[737], wenn alle Verstöße gegen § 8 Abs. 1 TPG zur Strafbarkeit führen können. Im Gegenschluß aus § 19 Abs. 2 TPG muß der Gesetzgeber die Verstöße gegen die nicht genannten Voraussetzungen als nicht strafwürdig angesehen haben. Deshalb sollte die Strafvorschrift des §

---

[733] Vgl. die Begründung zu § 18 Abs. 2 E-TPG, BT-Drs. 13/8017, S. 44.

[734] Eser, in: Schönke/Schröder, StGB, § 223 Rn. 1; Tröndle, StGB, § 223 Rn. 2.

[735] Vgl. Begründung zu § 16 Abs. 1 S. 1 E-TPG, BT-Drs. 13/4355, S. 29.

[736] Zu den nicht unter Strafe gestellten Voraussetzungen der Lebendspende vgl. Schroth, in: Roxin/Schroth, Medizinstrafrecht, S. 271 (273 ff.).

[737] Vgl. die Begründung zu § 18 Abs. 2 E-TPG, BT-Drs. 13/4355, S. 31.

19 Abs. 2 TPG im Verhältnis zu den Körperverletzungsdelikten als speziellere und abschließende Regelung angesehen werden.[738]

III. Verfassungsrechtliche Bedenken

1) Einleitung

Gegen die Strafvorschrift des § 19 Abs. 2 TPG i.V.m. § 8 Abs. 1 S. 2 TPG wurden in der Literatur verfassungsrechtliche Bedenken geäußert. Die Bedenken richten sich gegen die Strafbewehrung der Entnahme eines sich nicht wieder bildenden Organs vom lebenden Spender zu dem Zweck der Übertragung auf einen Empfänger, der mit dem Spender nicht im ersten oder zweiten Grad verwandt, verheiratet oder verlobt ist oder dem Spender in besonderer persönlicher Verbundenheit nahesteht. Zum einen wird gerügt, daß die Vorschrift des § 19 Abs. 2 TPG i.V.m. § 8 Abs. 1 S. 2 TPG gegen das strafrechtliche Bestimmtheitsgebot aus Art. 103 Abs. 2 GG verstößt. Zum anderen wird ein Verstoß gegen den Schuldgrundsatz aus Art. 1 Abs. 1 GG angenommen.

2) Verstoß gegen das Bestimmtheitsgebot aus Art. 103 Abs. 2 GG

Gegen § 19 Abs. 2 TPG i.V.m. § 8 Abs. 1 S. 2 TPG wird eingewendet, daß das strafbewehrte Verbot der Entnahme sich nicht wieder bildender Organe zum Zweck der Übertragung auf Personen, die mit dem Spender nicht im ersten oder zweiten Grad verwandt, verheiratet oder verlobt sind oder ihm sonst in besonderer persönlicher Verbundenheit offenkundig nahestehen, gegen das Bestimmtheitsgebot verstößt. Die Formulierung „andere Personen, die dem Spender in besonderer persönlicher Verbundenheit offenkundig nahestehen" sei als Anknüpfungspunkt der Strafbarkeit zu unbestimmt. Sie lasse sich nicht durch

---

[738] So auch Schreiber, Ausschuß-Drs. 618/13, 6 (14); König, Organhandel, S. 227; ausführlich Niedermair, Körperverletzung, S. 229 ff.; Gutmann, MedR 1997, 147 (153); Schroth, in: Roxin/Schroth, Medizinstrafrecht, S. 271 (272); Gutmann/Schroth, Organlebendspende, S. 39.

Auslegung konkretisieren und sei deshalb für den Adressaten nicht erkennbar und verstehbar.[739]

Art. 103 Abs. 2 GG konkretisiert für den Bereich der staatlichen Strafgewalt das in Art. 20 Abs. 3 GG niedergelegte Rechtsstaatsprinzip.[740] Durch Art. 103 Abs. 2 GG wird das allgemeine rechtsstaatliche Bestimmtheitsgebot konkretisiert und verschärft.[741] Das strafrechtliche Bestimmtheitsgebot verlangt, daß die Voraussetzungen der Strafbarkeit so konkret beschrieben sind, daß Tragweite und Anwendungsbereich der Straftatbestände zu erkennen sind und sich durch Auslegung ermitteln lassen.[742] Dadurch soll erreicht werden, daß jeder vorhersehen kann, welches Verhalten verboten und mit Strafe bedroht ist.[743] Außerdem soll sichergestellt werden, daß der Gesetzgeber und nicht die Gerichte über die Strafbarkeit eines Verhaltens entscheiden.[744] Für die Frage der Bestimmtheit ist darauf abzustellen, ob der Wortlaut der Norm für den Adressaten verstehbar und erkennbar ist.[745] Die Verwendung von unbestimmten, wertausfüllungsbedürftigen Begriffen und von Generalklauseln ist dem Gesetzgeber durch das Bestimmtheitsgebot nicht verboten.[746] Die von Art. 103 Abs. 2 GG geforderte Bestimmtheit ist also durch Auslegungsbedürftigkeit nicht ausgeschlossen.[747]

Als Ansatzpunkt zur Bestimmung, ob eine Strafvorschrift hinreichend bestimmt ist, werden die Grundsätze der Auslegung im Strafrecht vorgeschlagen. Eine Strafnorm ist nach dieser Ansicht hinreichend bestimmt, wenn und soweit sich ihr ein klarer gesetzgeberischer Schutz-

---

[739] Schroth, JZ 1997, 1149 (1153); Dippel, FS Hanack, S. 665 (693); Bedenken auch bei König, Organhandel, S. 234.

[740] Rüping, in: Bonner Komm. GG, Art. 103 Rn. 15; Degenhart, in: Sachs, GG, Art. 103 Rn. 49.

[741] BVerfGE 49, 168 (181); Degenhart, in: Sachs, GG, Art. 103 Rn. 67.

[742] BVerfGE 55, 144 (152); 73, 206 (234).

[743] BVerfGE 73, 206 (234 f.).

[744] BVerfGE 87, 399 (411); NJW 1995, 3050 (3051); Roxin, AT, § 5 Rn. 69.

[745] BVerfGE 47, 109 (121); 71, 108 (115).

[746] BVerfGE 45, 363 (371); 86, 288 (311).

[747] BVerfGE 85, 69 (73); 87, 363 (391 f.); Roxin, AT, § 5 Rn. 69.

zweck entnehmen läßt und der Wortlaut einer beliebigen Ausdehnung der Interpretation immerhin noch Grenzen setzt.[748]

Der Gesetzgeber hat mit der Regelung des § 8 Abs. 1 S. 2 TPG die Sicherung der Freiwilligkeit der Spendeentscheidung, die Verhinderung von Organhandel und den Gesundheitsschutz des Organspenders angestrebt.[749] Ein klarer Schutzzweck läßt sich deshalb § 19 Abs. 2 TPG i.V.m. § 8 Abs. 1 S. 2 TPG entnehmen.

Dem Gesetzeswortlaut und der Gesetzesbegründung lassen sich hinreichende Kriterien entnehmen, um den Inhalt der Formulierung „andere Personen, die dem Spender in besonderer persönlicher Verbundenheit offenkundig nahestehen" durch Auslegung zu ermitteln.[750] Eine beliebige Interpretation ist nicht möglich. Die verbleibende Unschärfe ist unvermeidlich, um der Funktion als Auffangtatbestand gerecht werden zu können. Eine Auslegung der Formulierung des § 8 Abs. 1 S. 2 TPG ist damit möglich, die auf § 8 Abs. 1 S. 2 TPG bezogene Strafnorm des § 19 Abs. 2 TPG ist für den Adressaten verstehbar.

Im übrigen werden auch gegen die in § 35 Abs. 1 S. 1 StGB verwendete Formulierung der nahestehenden Person hinsichtlich des Bestimmtheitsgebots keine Bedenken geäußert.[751] Diese Formulierung erfaßt einen noch weiteren Personenkreis und ist nicht präziser als die Formulierung in § 8 Abs. 1 S. 2 TPG. Schließlich hat auch das Bundesverfassungsgericht vor einer Übersteigerung des Bestimmtheitsgebots gewarnt und verlangt eine Präzisierung nur innerhalb eines bestimmten Rahmens.[752]

---

[748] Roxin, AT, § 5 Rn. 75; vgl. auch BVerfGE 86, 288 (311).

[749] Begründung zu § 7 Abs. 1 S. 2 E-TPG, BT-Drs. 13/4355, S. 20.

[750] Siehe oben 4. Teil E. III..

[751] Zur Auslegung des Begriffs siehe Begründung zu § 40 E-StGB, BT-Drs. 4/650, S. 161; Jescheck/Weigend, AT, S. 483; Roxin, AT, § 22 Rn. 30 f.; Hirsch, in: Leipziger Komm. StGB, § 35 Rn. 33 ff.; Lenckner, in: Schönke/Schröder, StGB, § 35 Rn. 15.

[752] BVerfGE 26, 41 (43); 45, 363 (371); 75, 329 (342).

Im Ergebnis liegt folglich kein Verstoß gegen das Bestimmtheitsgebot durch die auf § 8 Abs. 1 S. 2 TPG bezogene Strafnorm des § 19 Abs. 2 TPG vor.[753]

3) Verstoß gegen den Schuldgrundsatz aus Art. 1 Abs. 1 GG

Gegen den Straftatbestand des § 19 Abs. 2 TPG i.V.m. § 8 Abs. 1 S. 2 TPG wird weiter eingewendet, daß er gegen den Grundsatz des schuldangemessenen Strafens verstößt. Ein Arzt, der entgegen dem Verbot des § 8 Abs. 1 S. 2 TPG ein Organ entnimmt, werde selbst dann nach § 19 Abs. 2 TPG i.V.m. § 8 Abs. 1 S. 2 TPG bestraft, wenn der Spender wirksam eingewilligt habe und kein Organhandel vorliege. Ein solches Handeln des Arztes verletze aber keine Rechtsgüter, sondern schütze sie. Das Fehlen der besonderen persönlichen Verbundenheit bei der Entnahme eines Organs von einem erwachsenen, aufgeklärten und freiverantwortlich handelnden Menschen sei nicht strafwürdig. Außerdem werde durch den Straftatbestand der Grundsatz aus Art. 2 Abs. 1 GG i.V.m. Art. 1 Abs. 1 GG i.V.m. Art. 2 Abs. 2 GG verletzt, das nur sozialschädliches Verhalten unter Strafe gestellt werden darf. Eine Spende für eine fremde Person sei nicht sozialschädlich, sondern ein hochgradig sozial- und fremdnütziges Verhalten.[754]

Der Bereich des staatlichen Strafens wird durch das Schuldprinzip, das seine Grundlage in Art. 1 Abs. 1 GG findet, und durch den Verhältnismäßigkeitsgrundsatz, der aus dem Rechtsstaatsprinzip und den Freiheitsrechten abzuleiten ist, begrenzt.[755] Danach setzt jede Strafe

---

[753] So auch im Ergebnis BVerfG NJW 1999, 3399 (3400).

[754] Vgl. Gutmann, MedR 1997, 147 (153 f.); ders., NJW 1999, 3387 (3389); Gutmann/Schroth, Organlebendspende, S. 17. In diesem Sinne auch Schroth, in: Roxin/Schroth, Medizinstrafrecht, S. 271 (286), der weiter die Vorverlagerung des Strafrechtsschutzes im Sinne einer „Sanktionierung des Vorfeldes des Vorfeldes des Rechtsgüterschutzes" nicht für überzeugend hält und die strafbewehrte Begrenzung des Spenderkreises als einen unverhältnismäßigen Eingriff in Art. 2 Abs. 1 GG ansieht.

[755] BVerfGE 90, 145 (173); Schulze-Fielitz, in: Dreier, GG, Art. 20 (Rechtsstaatsprinzip) Rn. 180.

eine Schuld voraus.⁷⁵⁶ Die angedrohte Sanktion muß im gerechten Verhältnis zur Schwere der Tat und zum Verschulden des Täters stehen⁷⁵⁷, Tatbestand und Rechtsfolge müssen also sachgerecht aufeinander abgestimmt sein⁷⁵⁸. Das Strafrecht soll als ultima ratio die Grundlagen des Gemeinschaftslebens schützen, wenn ein Verhalten über das Verbotensein hinaus in besonderer Weise sozialschädlich und für das geordnete Zusammenleben der Menschen unerträglich, seine Verhinderung deswegen dringlich ist.⁷⁵⁹ Androhung, Verhängung und Vollzug von Strafe bringen den Vorwurf zum Ausdruck, daß der Täter elementare Werte des Gemeinschaftslebens verletzt hat.⁷⁶⁰ Daher kommt dem Grundsatz der Verhältnismäßigkeit bei der Prüfung einer Strafvorschrift gesteigerte Bedeutung zu.⁷⁶¹ Der durch die Freiheitsstrafe ermöglichte Eingriff in die Freiheit der Person ist wegen des hohen Wertes des Rechtsguts nur aus besonders gewichtigen Gründen zulässig.⁷⁶² Dabei ist es grundsätzlich Sache des Gesetzgebers, den Bereich des strafbaren Handelns verbindlich festzulegen.⁷⁶³ Die Entscheidung darf nicht daraufhin überprüft werden, ob die zweckmäßigste, vernünftigste oder gerechteste Lösung gefunden wurde.⁷⁶⁴ Es ist lediglich zu prüfen, ob die Entscheidung des Gesetzgebers mit der verfassungsrechtlichen Wertordnung im Einklang steht und den Grundentscheidungen des Grundgesetzes entspricht.⁷⁶⁵ Dazu gehört das Übermaßverbot.⁷⁶⁶

---

[756] BVerfGE 20, 323 (331); 86, 288 (313).

[757] BVerfGE 6, 389 (439); 73, 206 (253).

[758] BVerfGE 25, 269 (286); 50, 125 (133); 80, 244 (255).

[759] BVerfGE 88, 203 (257 f.); 90, 145 (213) - abweichende Meinung Richter Sommer -.

[760] BVerfGE 45, 187 (253); 90, 145 (213) - abweichende Meinung Richter Sommer -.

[761] BVerfGE 88, 203 (258).

[762] BVerfGE 90, 145 (172).

[763] BVerfGE 27, 18 (30); 37, 201 (212).

[764] BVerfGE 90, 145 (173).

[765] BVerfGE 80, 182 (186).

[766] BVerfGE 27, 18 (30); 51, 60 (74).

Die Strafvorschrift des § 19 Abs. 2 TPG soll die Einhaltung des Verbots des § 8 Abs. 1 S. 2 TPG gewährleisten. Durch die Vorschrift des § 8 Abs. 1 S. 2 TPG soll die Freiwilligkeit der Spendeentscheidung, die Verhinderung von Organhandel und der Gesundheitsschutz für den Spender sichergestellt werden. Hierbei handelt es sich um wichtige Gemeinschaftsbelange. Diesem Schutz dient damit auch die Strafbewehrung des § 19 Abs. 2 TPG i.V.m. § 8 Abs. 1 S. 2 TPG.

Der Gesetzgeber hat im Rahmen seiner Einschätzungsprärogative die Regelung des § 8 Abs. 1 S. 2 TPG für geeignet und erforderlich gehalten, um die angestrebten Ziele im besonders schwerwiegenden und sensiblen Bereich der Lebendspende sich nicht wieder bildender Organe zu erreichen. Mit § 8 Abs. 1 S. 2 TPG wird daher der Schutz wichtiger Gemeinschaftsbelange bezweckt. Die Annahme der Strafwürdigkeit eines Verstoßes ist deshalb als eine sachgerechte Erwägung des Gesetzgebers anzusehen. Eine übermäßige Belastung der Betroffenen ist dabei nicht ersichtlich.

Dem Gesetzgeber ist es auch erlaubt, zum Schutz wichtiger Gemeinschaftsgüter eine Strafbarkeit in den Bereich der abstrakten Gefährdung vorzuverlagern. Dies läßt sich hier mit den erwarteten schweren Folgen eines Verstoßes für den Spender und für das Vertrauen der Bevölkerung in die Transplantationsmedizin rechtfertigen. Die Strafvorschrift des § 19 Abs. 2 TPG i.V.m. § 8 Abs. 1 S. 2 TPG wird folglich nicht als Verstoß gegen das Schuldprinzip angesehen werden können.[767]

Fraglich ist aber, ob dieser Straftatbestand sinnvoll ist. Im Falle des Vorliegens von Organhandel sind die Beteiligten nach § 18 Abs. 1 TPG strafbar. Sollte der Arzt ein Organ ohne wirksame Einwilligung entnehmen, macht er sich gemäß § 19 Abs. 2 TPG i.V.m. § 8 Abs. 1 S. 1 Nr. 1b) TPG strafbar. Bei einer Verletzung der geschützten Rechtsgüter sind die Beteiligten also bereits nach anderen Straftatbeständen strafbar. Insoweit erscheint die Strafbarkeit nach § 19 Abs. 2 TPG i.V.m. § 8 Abs. 1 S. 2 TPG verzichtbar.

Allerdings kann durch diese Strafvorschrift auf den Nachweis einer konkreten Rechtsgutsverletzung, die im Falle eines Organhandels

---
[767] Einen Verstoß verneint auch das BVerfG NJW 1999, 3399 (3403).

möglicherweise nur schwer nachweisbar ist, weil alle Beteiligten an der Verdeckung ein Interesse haben, verzichtet werden. Damit würde der nach Ansicht des Gesetzgebers besonders großen Gefährdung bei einer Spende zwischen Fremden Rechnung getragen.

C. STRAFVORSCHRIFTEN HINSICHTLICH DER VERLETZUNG VON DATENSCHUTZBESTIMMUNGEN GEMÄß § 19 ABS. 3 TPG

Eine weitere Strafvorschrift enthält § 19 Abs. 3 TPG. Danach macht sich strafbar, wer entgegen § 14 Abs. 2 S. 1 und 3 TPG personenbezogene Daten offenbart, verarbeitet oder nutzt. Die Strafe ist Freiheitsstrafe bis zu einem Jahr oder Geldstrafe. Voraussetzung der Strafbarkeit nach § 19 Abs. 3 TPG ist, daß die Tat nicht schon in § 203 StGB mit Strafe bedroht ist. Die Vorschrift ist damit kraft gesetzlicher Anordnung subsidiär zu § 203 StGB, es handelt sich um einen Fall formeller Subsidiarität. Erforderlich ist vorsätzliches Handeln. Der Versuch und die fahrlässige Begehung der Tat sind nicht strafbar.

Zweck der Vorschrift ist die Schließung von nach Ansicht des Gesetzgebers nicht hinnehmbaren Strafbarkeitslücken bei Verstößen gegen Geheimhaltungspflichten, da § 203 StGB keine umfassende Strafbewehrung enthalte.[768]

Im Bereich der Lebendspende sanktioniert die Vorschrift damit die Offenbarung personenbezogener Daten der Organspender und Organempfänger durch Personen, die an der Stellungnahme nach § 8 Abs. 3 S. 2 TPG und an der Organentnahme und Organübertragung beteiligt sind. Sanktioniert wird auch die Verarbeitung oder Nutzung von personenbezogenen Daten, die im Rahmen des Transplantationsgesetzes erhoben worden sind, zu anderen als in dem Gesetz vorgesehenen Zwecken.

Für die Definition des Begriffs der personenbezogenen Daten kann auf die Definition des § 3 Abs. 1 BDSG zurückgegriffen werden. Unter personenbezogenen Daten werden dort Einzelangaben über persön-

---

[768] Begründung zu § 18 Abs. 3 E-TPG, BT-Drs. 13/4355, S. 32.

liche oder sachliche Verhältnisse einer bestimmten oder bestimmbaren natürlichen Person verstanden.

Ebenfalls im Bundesdatenschutzgesetz legaldefiniert ist das Verarbeiten von Daten. Unter Verarbeiten ist nach § 3 Abs. 5 BDSG das Speichern, Verändern, Übermitteln, Sperren und Löschen personenbezogener Daten zu verstehen, ohne daß es auf das dabei angewendete Verfahren ankommt. Die einzelnen Modalitäten des Verarbeitens sind in § 3 Abs. 5 Nr. 1-5 BDSG näher definiert.

Eine Legaldefinition des Begriffs „Nutzen" enthält § 3 Abs. 6 BDSG. Unter Nutzen ist danach jede Verwendung personenbezogener Daten zu verstehen, soweit es sich nicht um Verarbeitung handelt.

Für den Begriff „offenbaren" kann die zu § 203 StGB entwickelte Definition verwendet werden. Unter offenbaren wird dort jede Mitteilung über die geheimzuhaltende Tatsache (einschließlich der Person, auf die sie sich bezieht) an einen Dritten verstanden, der das Geheimnis oder die Einzelangabe noch nicht oder noch nicht sicher kennt.[769]

D. BUSSGELDVORSCHRIFTEN GEMÄSS § 20 TPG

§ 20 TPG enthält eine Reihe von Bußgeldvorschriften. Durch sie werden in erster Linie Verstöße gegen die formalen organisatorischen Vorschriften hinsichtlich der Pflichten zur Feststellung und Aufbewahrung von Untersuchungsergebnissen geahndet.

Gemäß § 20 Abs. 1 Nr. 2 TPG handelt ordnungswidrig, wer vorsätzlich oder fahrlässig ein Organ entgegen § 9 überträgt. Sanktioniert wird damit im Bereich der Lebendorganspende die Organübertragung außerhalb eines dafür zugelassenen Transplantationszentrums. Die Ordnungswidrigkeit kann gemäß § 20 Abs. 2 TPG mit einer Geldbuße bis zu fünfzigtausend Deutsche Mark geahndet werden.

Ordnungswidrig nach § 20 Abs. 1 Nr. 3 TPG handelt, wer vorsätzlich oder fahrlässig entgegen § 10 Abs. 2 Nr. 4 TPG die Organübertragung nicht oder nicht in der vorgesehenen Weise dokumentiert. Im Fall des

---

[769] BGHSt 27, 120 (121); Lackner/Kühl, StGB, § 203 Rn. 17; Tröndle/Fischer, StGB, § 203 Rn. 26.

Verstoßes gegen die Dokumentationspflicht kann gemäß § 20 Abs. 2 TPG ebenfalls eine Geldbuße bis zu fünfzigtausend Deutsche Mark verhängt werden.

Eine Ordnungswidrigkeit gemäß § 20 Abs. 1 Nr. 4 TPG begeht, wer vorsätzlich oder fahrlässig entgegen § 15 S. 1 TPG eine Unterlage nicht oder nicht mindestens zehn Jahre aufbewahrt. Diese Ordnungswidrigkeit kann nach § 20 Abs. 2 TPG mit einer Geldbuße bis zu fünftausend Deutsche Mark geahndet werden.

7. Teil: Die Regelung der Lebendspende von Organen in Europa

Im folgenden wird ein kurzer Überblick über die Regelung der Lebendspende von Organen in Europa gegeben.[770]

In Belgien muß der Lebendspender seine Einwilligung ausdrücklich, freiwillig und bewußt erklären. Die Einwilligung ist schriftlich in Anwesenheit eines volljährigen Zeugen zu erklären. Ausdrücklich bestimmt das Gesetz die jederzeitige Widerruflichkeit der Einwilligung. Zusätzlich ist beim verheirateten Lebendspender die Zustimmung des mit ihm zusammenlebenden Ehepartners erforderlich, wenn der Eingriff für den Spender schwerwiegende Konsequenzen haben kann oder ein nicht regenerierbares Organ gespendet werden soll. Der Einwilligung des Spenders muß eine Aufklärung durch den Arzt am Transplantationszentrum vorausgehen.

Die Entnahme von Organen oder Geweben zu Transplantationszwecken bei unter 18jährigen Personen ist grundsätzlich verboten. Eine Entnahme Organen und Geweben ist bei über 15 Jahre alten Personen zulässig, wenn sie keine schwerwiegenden Auswirkungen auf den Lebendspender hat oder wenn es sich um regenerierbare Organe oder Gewebe handelt und die Spende zugunsten von Schwester oder Bruder erfolgt. Der Lebendspender muß selbst einwilligen. Bei einem verheirateten Minderjährigen muß zusätzlich die Zustimmung des mit ihm zusammenlebenden Ehepartners und der Person, die der Eheschließung eines Minderjährigen zustimmen muß, vorliegen. Auch bei der Lebendspende von 18 aber nicht 21 Jahre alten Personen muß die Person zustimmen, die der Eheschließung eines Minderjährigen zustimmen müßte.

Das Gesetz ordnet die Subsidiarität der Lebendspende sich nicht wieder bildender Organe und Gewebe an. Diese ist nur zulässig, wenn das Leben des Empfängers in Gefahr ist und mit der Transplantation von

---

[770] Vgl. hierzu Gutmann/Schroth, Organlebendspende, S. 41 ff.; Nickel/Schmidt-Preisigke/Sengler, Transplantationsgesetz, Einführung Rn. 8 ff..

Organen und Geweben verstorbener Spender kein vergleichbar gutes Ergebnis erzielt werden kann. Eine Lebendspende, bei der die Entnahme für den Spender schwerwiegende Konsequenzen haben kann, ist ebenfalls nur unter diesen Voraussetzungen zulässig.

In Bulgarien ist eine Lebendspende unter strengen Bedingungen bei schriftlicher Einwilligung des Spenders zulässig. Die Eignung des Lebendspenders wird durch eine Kommission von drei unabhängigen Ärzten überprüft.

In Dänemark muß der Lebendspender seine Einwilligung schriftlich erklären. Er muß durch den Arzt ordnungsgemäß über die Natur des Eingriffs, seine Folgen und Risiken aufgeklärt werden.

Die Entnahme sich wieder bildender Organe ist bei Personen unter 18 Jahren mit deren Einwilligung zulässig, wenn es besondere Gründe für die Spende gibt und der Inhaber der elterlichen Sorge zustimmt.

Verboten ist die Entnahme von Organen oder Geweben, wenn sie ein voraussehbares beträchtliches Risiko für Leben oder Gesundheit des Lebendspenders darstellt. Eine Einschränkung des Spenderkreises zugunsten bestimmter Organempfänger sieht das Gesetz nicht vor. Auch eine Subsidiarität der Lebendspende zur postmortalen Spende besteht nicht.

In Finnland bestimmt das Gesetz, daß der Lebendspender seine Einwilligung freiwillig und schriftlich zu erteilen hat. Der Lebendspender muß durch einen Arzt über die Art des Eingriffs, seine Folgen und Risiken aufgeklärt werden. Der aufklärende Arzt darf nicht gleichzeitig als Arzt für den Organempfänger tätig sein. Die jederzeitige Widerruflichkeit der Einwilligung ist im Gesetz ausdrücklich vorgesehen.

Verboten ist die Entnahme von Substanzen, wenn sie ein vorhersehbares beträchtliches Risiko für Leben oder Gesundheit des Lebendspenders beinhaltet.

Zur Entnahme von Organen und nicht regenerierbaren Geweben ist die Zustimmung des nationalen Gesundheitsamtes erforderlich. Ein entsprechender Antrag auf Zustimmung ist durch das Krankenhaus, in dem die Organentnahme stattfinden soll, unter Beigabe eines Berichts von Experten der Transplantationschirurgie und der Psychiatrie zu stellen.

Unter 18 Jahre alte Personen dürfen regenerierbare Gewebe bei schriftlicher Einwilligung des Sorgeberechtigten lebend spenden. Auch hier muß das nationale Gesundheitsamt der Entnahme zustimmen. Das nationale Gesundheitsamt entscheidet auf Grund eines chirurgischen und psychiatrischen Berichts sowie der Stellungnahme eines Kinderpsychologen oder Pädiaters.

Eine Subsidiarität der Lebendspende zur postmortalen Spende ist nicht angeordnet.

In Frankreich bestimmt das Gesetz, daß die Einwilligung zur Lebendspende ausdrücklich, freiwillig und bewußt erteilt werden muß. Ausdrücklich wird festgelegt, daß die Einwilligung jederzeit widerrufen werden kann und der Widerruf an keine Form gebunden ist. Der Lebendspender ist durch den zuständigen Arzt am Transplantationszentrum über alle Risiken und möglichen Folgen der Organentnahme aufzuklären. Eine ergänzende Verordnung führt aus, daß die Aufklärung alle voraussehbaren Folgen physischer und psychischer Natur unter Einschluß der möglichen Rückwirkungen der Organentnahme auf das persönliche, berufliche und familiäre Leben des Spenders sowie auf die zu erwartenden Folgen der Organübertragung auf den Empfänger umfassen muß.

Der Lebendspender muß die Einwilligung gegenüber einem Gericht erklären. Das Gericht hat dann zu überprüfen, ob die gesetzlichen Voraussetzungen für eine Entnahme vorliegen und der Spender hinreichend aufgeklärt wurde. Das Gericht hat die Einwilligung des Lebendspenders zur Niederschrift zu geben und sie vom Spender unterschreiben zu lassen.

Die Organentnahme bei Minderjährigen ist grundsätzlich verboten. Zulässig ist lediglich die Knochenmarkspende zugunsten von Schwester oder Bruder des Lebendspenders bei Zustimmung des Spenders und der sorgeberechtigten Eltern unter Beteiligung einer vom Gesundheitsminister ernannten Expertenkommission. Ebenfalls verboten ist die Organentnahme bei volljährigen Personen, die unter besonderem gesetzlichen Schutz wie Vormundschaft, Pflegschaft oder Betreuung stehen.

Die Lebendspende ist – mit Ausnahme von Knochenmark – nur zugunsten eines Elternteils, eines Kindes, Bruder oder Schwester und im Notfall zugunsten des Ehepartners zulässig. Hinsichtlich der Beschränkung des Empfängerkreises ist eine Gesetzesänderung geplant, nach der unter Beteiligung einer Expertenkommission eine Spende auch zugunsten einer Person erlaubt sein soll, zu der eine enge Beziehung besteht.

Eine Subsidiarität der Lebendspende ist nicht vorgesehen.

In Griechenland muß der Lebendspender seine freiwillige Einwilligung in notariell beglaubigter Form nach ordnungsgemäßer Aufklärung durch einen Arzt über die Art des Eingriffs, seine Folgen und Risiken erklären. Alternativ kann die Einwilligungserklärung mit einer durch die Polizeibehörde beglaubigten Unterschrift versehen sein oder mündlich in Anwesenheit von zwei Zeugen abgegeben und auf Tonträger aufgezeichnet werden. Das Gesetz sieht die jederzeitige Widerruflichkeit der Einwilligung vor. Zusätzlich erforderlich ist, daß der Organempfänger keine Einwände gegen die Transplantation geltend macht.

Die Entnahme von Organen oder Geweben ist verboten, wenn voraussehbar ist, daß sie ein beträchtliches Risiko für Leben oder Gesundheit des Spenders darstellt.

Die Lebendspende darf nur zugunsten eines Verwandten erfolgen. Bei minderjährigen Personen ist ausschließlich die Lebendspende von Knochenmark zugunsten eines voll histokompatiblen Geschwisters bei Einwilligung der rechtlich verantwortlichen Person zulässig.

Die Lebendspende ist nicht subsidiär zur postmortalen Spende.

In Großbritannien besteht eine gesetzliche Regelung nur für die Lebendspende zwischen genetisch nicht verwandten Personen.

Die Spende zugunsten einer genetisch bis zum vierten Grad verwandten Person richtet sich nach allgemeinen Rechtsgrundsätzen. Danach ist die Organentnahme bei ausdrücklicher und freiwilliger Einwilligung des einwilligungsfähigen Spenders nach angemessener ärztlicher Aufklärung zulässig.

Die Lebendspende zugunsten eines nicht verwandten Empfängers ist grundsätzlich untersagt. Ausnahmsweise ist sie zulässig. Der Lebendspender muß hierzu nach Aufklärung durch einen registrierten praktischen Arzt über die Art und Weise des medizinischen Vorgehens und die mit dem Eingriff verbundenen Risiken eingewilligt haben. Die Einwilligung darf nicht durch Druck oder Zwang oder das Angebot sonstiger Anreize beeinflußt sein. Erforderlich ist zusätzlich die Genehmigung durch eine spezielle Genehmigungsbehörde. Der praktische Arzt muß sich dazu an die Genehmigungsbehörde wenden. Die Genehmigungsbehörde erteilt die Genehmigung, wenn sie zu dem Schluß gekommen ist, daß keine Bezahlung stattgefunden hat oder stattfinden wird, der Arzt die klinische Verantwortung (nur) für den Spender hat und der Lebendspender in Kenntnis der Widerrufsmöglichkeit die Einwilligung nicht zurückgenommen hat. Zuvor werden der Lebendspender und der Empfänger durch eine Person, die von der Genehmigungsbehörde als qualifiziert erachtet wird, befragt. Diese Person berichtet der Genehmigungsbehörde, ob eine freiwillige und nicht widerrufene Einwilligung des Lebendspenders nach umfassender Aufklärung durch den Arzt vorliegt.

Nicht gesetzlich geregelt ist auch die Lebendspende minderjähriger und nicht einwilligungsfähiger Personen. Nach allgemeinen Rechtsgrundsätzen kann ein Minderjähriger nach Vollendung des 16. Lebensjahrs mit der Einwilligung der Eltern und gerichtlicher Genehmigung in die Entnahme auch eines sich nicht wieder bildenden Organs einwilligen. Bei jüngeren Personen wird die Einwilligung der Eltern nach überwiegender Ansicht als unwirksam angesehen.

Die Lebendspende ist nicht subsidiär.

In Italien sind nach dem Zivilgesetzbuch grundsätzlich Eingriffe in den eigenen Körper verboten, wenn sie zu einer bleibenden Einbuße der körperlichen Integrität führen. Ausnahmeregelungen enthalten die Gesetze zur Lebendtransplantation von Nieren und Leberteilen. Der Lebendspender muß nach ordnungsgemäßer ärztlicher Aufklärung über die Art des Eingriffs, seine Folgen und Risiken freiwillig in die Entnahme eingewilligt haben. Ausdrücklich ist die jederzeitige Widerruflichkeit der Einwilligung angeordnet. Auch der Organempfänger muß nach hinreichender ärztlicher Aufklärung freiwillig und ausdrücklich einwilligen. Davon darf nur abgesehen werden, wenn eine Verzögerung des angemessenen Vorgehens das Leben des Empfängers bedroht oder es unmöglich ist, seine Einwilligung einzuholen.

Die Erklärung des Lebendspenders, für einen bestimmten Empfänger zu spenden, muß gegenüber dem Amtsrichter am Wohnort des Spenders oder des Sitzes des Transplantationsklinikums abgegeben werden. Der Richter genehmigt die Transplantation durch Beschluß und sorgt für eine schriftliche Ausfertigung der Erklärung, wenn nach seiner Überzeugung die Einwilligung freiwillig und im eigenen Interesse des Spenders erfolgt ist. Dem geht ein Prüfungsverfahren voran: Der Direktor eines staatlich zugelassenen Transplantationsklinikums hat nach Durchführung aller notwendigen Untersuchungen ein ärztliches Kollegium - dem auch ein Vertrauensarzt des Spenders angehört - einzuberufen, das auch die Fragen des Vorliegens der klinischen Indikation für eine Transplantation und der Histokompatibilität behandelt. Kommt das Kollegium zu einer günstigen medizinisch-technischen Einschätzung, leitet es eine abschließende Stellungnahme an den Bezirksarzt. Der Bezirksarzt überprüft diese und leitet sie an den Amtsrichter weiter.

Die Lebendspende ist vorrangig begrenzt auf eine Spende zugunsten von Eltern, Kindern und Geschwistern. Ist ein derartiger Spender nicht verfügbar, können auch andere Verwandte oder außenstehende Personen spenden. Die Lebendspende Minderjähriger und nicht einwilligungsfähiger Personen ist unzulässig.

Eine Subsidiarität der Lebendspende besteht nicht.

In Luxemburg muß der Lebendspender einwilligungsfähig sein und nach Aufklärung durch den Arzt am Transplantationszentrum schriftlich in die Organentnahme eingewilligt haben. Die Organentnahme bei Minderjährigen ist zulässig, wenn der Minderjährige einsichtsfähig ist und schriftlich einwilligt und die Spende zugunsten von Bruder oder Schwester erfolgt. Zusätzlich müssen der gesetzliche Vertreter und eine vom Gesundheitsminister ernannte Kommission zustimmen.

In den Niederlanden muß der Lebendspender nach Aufklärung durch den Arzt am Transplantationszentrum freiwillig und schriftlich in die Organentnahme einwilligen. Die jederzeitige Widerruflichkeit der Einwilligung wird ausdrücklich bestimmt.

Eine Organentnahme, die bleibende Auswirkungen auf die Gesundheit des Spenders haben wird, ist nur zulässig, wenn der zukünftige Empfänger sich in Lebensgefahr befindet und dieser nicht ohne weiteres in anderer Weise begegnet werden kann. Die Entnahme sich nicht wieder bildender Organe bei Minderjährigen und bei in dieser Angelegenheit nicht einwilligungsfähigen Personen ist unzulässig. Bei Minderjährigen dürfen sich wieder bildende Organe zugunsten eines Blutsverwandten, der sich in nicht anders abwendbarer Lebensgefahr befindet, bei Erfüllung weiterer, nach Alter und Einsichtsfähigkeit gestaffelter Bedingungen entnommen werden.

Eine weitere Beschränkung des Spenderkreises besteht nicht.

In Norwegen muß der Lebendspender nach ordnungsgemäßer ärztlicher Aufklärung über die Art des Eingriffs, seine Folgen und Risiken schriftlich in die Organentnahme eingewilligt haben. Die Organentnahme ist verboten, wenn sie mit einem vorhersehbaren beträchtlichen Risiko für das Leben oder die Gesundheit des Lebendspenders verbunden ist.

Ein Minderjähriger kann bei Vorliegen besonderer Gründe und der Zustimmung des gesetzlichen Vertreters und des Direktoriums der Gesundheitsdienste in die Organentnahme einwilligen.

Eine Subsidiarität der Lebendspende ist durch das Gesetz nicht angeordnet.

In Österreich besteht keine spezielle gesetzliche Regelung der Lebendspende von Organen. Nach allgemeinen zivil- und strafrechtlichen Grundsätzen ist die Organentnahme zulässig, wenn der Lebendspender ausdrücklich, persönlich, frei, bestimmt und verständlich erklärt eingewilligt hat. Einer bestimmten Form bedarf die Einwilligung nicht. Der Einwilligungserklärung muß eine umfassende und zeitgerechte ärztliche Aufklärung über Risiken, Folgen, Aussichten und Alternativen des Eingriffs vorausgehen.

Der Lebendspender muß volljährig sein. Nach allgemeinen Grundsätzen ist eine Spende nicht einwilligungsfähiger Personen ausgeschlossen. Urteilsfähige Minderjährige können in die Organentnahme einwilligen, wenn der gesetzliche Vertreter einwilligt und das Pflegschafts- oder Vormundschaftsgericht zustimmt.

Eine Subsidiarität der Lebendspende besteht nicht.

In Polen muß der Lebendspender nach ärztlicher Aufklärung über die Art des Eingriffs, seine Folgen und Risiken freiwillig und schriftlich in die Organentnahme einwilligen. Schwangere sind zusätzlich über mögliche Folgen für das ungeborene Kind aufzuklären. Weiterhin ist der potentielle Spender über die möglichen Folgen eines Widerrufs der Einwilligung in der finalen Phase der Vorbereitung des Organempfängers auf die Transplantation aufzuklären. Der aufklärende Arzt darf nicht unmittelbar an der Transplantation beteiligt sein. Auch der Organempfänger muß seine Einwilligung in die Transplantation nach Aufklärung über die Risiken der Organentnahme für den Spender erklären.

Eine Entnahme von Organen und Geweben ist verboten, wenn vorhersehbar ist, daß die Entnahme ein beträchtliches Risiko für das Leben oder die Gesundheit des Lebendspenders bedeutet. Das Explantationsrisiko muß sich im Rahmen des für vergleichbare Fälle Üblichen halten.

Eine Lebendspende ist mit Ausnahme von Knochenmark und regenerierbaren Geweben und Zellen nur zugunsten von Personen zulässig, mit denen der Spender in gerader Linie oder durch Adoption verwandt ist oder bei denen es sich um Schwester, Bruder oder Ehegatten handelt. Sollen Organe, Gewebe oder Zellen mit Ausnahme von Knochenmark und regenerierbaren Geweben und Zellen entnommen werden, um auf einen Empfänger übertragen zu werden, mit dem der Spender eine enge Beziehung unterhält, so ist eine Gerichtsentscheidung über die Zulässigkeit der Entnahme erforderlich. Zuständig ist das Gericht, das für den Wohnort oder den Aufenthaltsort des Spenders zuständig ist. Der potentielle Spender muß einen entsprechenden Antrag stellen, der die schriftliche Einwilligung des Organempfängers in die Organentnahme und eine Bescheinigung des die Transplantation ausführenden Arztes, aus der sich Begründetheit und Zweckmäßigkeit der Entnahme sowie die Erfüllung der gesetzlichen Anforderungen an Aufklärung, Einwilligung und Spendersicherheit ergibt, enthält.

Die Organentnahme bei Minderjährigen und nicht einwilligungsfähigen Personen ist unzulässig, weil das Gesetz die unbeschränkte Geschäftsfähigkeit des Spenders verlangt. Eine Ausnahme besteht bei der Knochenmarkspende zugunsten eines Verwandten bei unmittelbarer, nicht anders abwendbarer Lebensgefahr.

Die Lebendspende ist nicht subsidiär.

In Portugal muß der Lebendspender die Einwilligung in die Organentnahme nach ärztlicher Aufklärung über die Art des Eingriffs, seine Folgen und Risiken freiwillig, ausdrücklich und bewußt erteilen. Das Gesetz stellt ausdrücklich klar, daß die Einwilligung jederzeit widerrufen werden kann. Erforderlich ist weiter die auf hinreichender Aufklärung beruhende freiwillige und ausdrückliche Zustimmung des Organempfängers.

Die Lebendspende ist verboten, wenn ein vorhersehbares beträchtliches Risiko für Leben oder Gesundheit des Spenders besteht. Die Lebendspende sich nicht wieder bildender Organe und Gewebe ist nur zugunsten Verwandter bis zum 3. Grad zulässig. Bei Minderjährigen und nicht einwilligungsfähigen Personen dürfen sich nicht wieder bildende Organe und Gewebe nicht entnommen werden. Die Entnahme sich wieder bildender Organe und Gewebe ist bei Minderjährigen – sofern nicht ihr Wille entgegensteht – mit Zustimmung der Eltern zulässig. Bei nicht einwilligungsfähigen Erwachsenen ist die Zustimmung des Gerichts zur Entnahme sich wieder bildender Organe und Gewebe erforderlich.

In Rumänien ist die schriftliche Einwilligung des Lebendspenders in die Organentnahme erforderlich. Bei Minderjährigen ist lediglich die Knochenmarkspende zugunsten von Geschwistern mit Einwilligung des gesetzlichen Vertreters zulässig.

In der Russischen Föderation muß der Lebendspender in die Organentnahme nach Aufklärung durch einen Arzt über die Art des Eingriffs, die Folgen und Risiken freiwillig und schriftlich einwilligen. Auch der Organempfänger muß schriftlich seine Einwilligung erklären. Eine Ausnahme gilt für den Fall, daß die Einholung der Zustimmung des Organempfängers nicht möglich ist oder durch die mit der Einholung der Zustimmung verbundene Verzögerung das Leben des Organempfängers bedroht würde.
Die Lebendspende ist nur zugunsten eines genetisch verwandten Empfängers zulässig. Einem potentiellen Lebendspender, der von dem Empfänger auf Grund seiner Funktion oder in irgendeiner anderen Weise abhängig ist, darf kein Organ entnommen werden. Außerdem darf der Lebendspender durch die Entnahme nicht voraussehbar einem erheblichen Risiko für Leben oder Gesundheit ausgesetzt werden.
Über die Notwendigkeit der Transplantation und die Zulässigkeit des Eingriffs entscheidet eine bei der Klinik eingerichtete medizinische Kommission.

In Schweden muß der Lebendspender nach ärztlicher Aufklärung über die Art des Eingriffs, seine Folgen und Risiken in die Organentnahme einwilligen. Die Einwilligung ist schriftlich zu erklären, wenn ein nicht regenerierbares Organ gespendet wird oder wenn die Wahrscheinlichkeit besteht, daß durch den Eingriff beträchtliche Unannehmlichkeiten oder Verletzungen für den Spender verursacht werden.
Die Organentnahme ist verboten, wenn sie mit einem vorhersehbaren beträchtlichen Risiko für Leben oder Gesundheit des Spenders verbunden ist. Die Lebendspende sich nicht wieder bildender Organe ist

grundsätzlich nur zugunsten von verwandten oder nahestehenden Personen erlaubt. In besonderen Fällen ist die Entnahme auch bei anderen Personen zulässig, zum Beispiel bei Fehlen von verwandten oder nahestehenden Spendern. Hier ist zusätzlich eine Entscheidung der nationalen Gesundheitsbehörde erforderlich.

Die Lebendspende von Minderjährigen und nicht einwilligungsfähigen Personen ist erlaubt, wenn Spender und Empfänger miteinander verwandt sind und kein anderer Spender zur Verfügung steht. Eine Entnahme gegen den Willen des Spenders ist aber unzulässig. Zusätzlich muß die nationale Gesundheitsbehörde eine Genehmigung erteilen. Bei der Entnahme nicht regenerierbarer Organe wird diese Genehmigung nur erteilt, wenn besondere Gründe den Eingriff rechtfertigen.

Die Lebendspende ist nicht subsidiär zur postmortalen Spende.

In der Slowakei muß der Lebendspender schriftlich in die Organentnahme einwilligen. Er ist durch einen Arzt über die Art des Eingriffs, seine Folgen und Risiken aufzuklären. Auch der Organempfänger muß seine Einwilligung schriftlich erklären.

Die Erfolgsaussichten der Transplantation müssen durch ein sachverständiges Gremium positiv beurteilt werden. Grundsätzlich verboten ist eine Lebendorganspende von Strafgefangenen. Eine Subsidiarität der Lebendspende besteht nicht.

In Slowenien muß der Lebendspender seine Einwilligung schriftlich erklären. Der Spender ist durch den zuständigen Arzt am Transplantationszentrum aufzuklären. Die Aufklärung darf nicht suggestiv sein und muß den Spender über die gesetzlich vorgesehenen Rechte und Schutzmaßnahmen in Kenntnis setzen. Das Gesetz bestimmt ausdrücklich die jederzeitige Widerruflichkeit der Einwilligung.

Das Gesundheitsrisiko des Lebendspenders darf nicht außer Verhältnis zum erwarteten Nutzen für den Empfänger stehen. Bei der Spende von Nieren oder Leberteilen muß eine Ethikkommission der Entnahme zustimmen. Die Entnahme ist nur zulässig, wenn sie zum Zweck der Übertragung auf genetisch, familiär oder emotional verwandte

Personen erfolgt. Bei regenerierbaren Organen und Geweben ist der Spenderkreis ansonsten nicht beschränkt.

Die Organentnahme ist grundsätzlich nur bei urteilsfähigen Personen über 18 Jahren zulässig. Ausnahmsweise dürfen mit Zustimmung der Ethikkommission regenerierbare Gewebe zugunsten von Schwester oder Bruder entnommen werden.

Die Lebendspende von Nieren oder Leberteilen ist subsidiär. Eine Entnahme beim Lebendspender darf nur erfolgen, wenn ein Leichenorgan in angemessener Zeit nicht zur Verfügung steht und die Transplantation eines Organs vom lebenden Spender aller Voraussicht nach eine wesentlich bessere medizinische Behandlungsmöglichkeit darstellt als jede andere Ersatztherapie für terminales Nieren- oder Leberversagen.

In Spanien muß der Lebendspender ausdrücklich, freiwillig und bewußt in die Organentnahme einwilligen. Der Spender ist über die Art des Eingriffs, seine Folgen und Risiken sowie über die voraussehbaren physischen, mentalen und psychischen Konsequenzen der Spende und ihre Auswirkungen auf das persönliche, familiäre und berufliche Leben sowie über die durch die Transplantation erhofften Vorteile für den Organempfänger aufzuklären. Das Gesetz bestimmt ausdrücklich, daß die Einwilligung jederzeit widerrufen werden kann, der Widerruf an keine Form gebunden ist und keine Haftungsansprüche aus dem Widerruf der Einwilligung entstehen können. Der aufklärende Arzt darf weder an der Organentnahme noch an der Transplantation beteiligt sein. Er muß eine Bescheinigung über den Gesundheitszustand des Spenders, die erteilte Aufklärung, die vom Spender mitgeteilten Motive für die Lebendspende und über eventuelle Anhaltspunkte für äußeren Druck auf den Spender erstellen. Der Lebendspender muß seine Einwilligung schriftlich vor dem zuständigen Richter des örtlichen Standesamtes erklären, nachdem zuvor der die Organentnahme vornehmende Arzt eine Stellungnahme abgegeben hat. Bei dieser Stellungnahme müssen der aufklärende Arzt, der die Transplantation vornehmende Arzt und die für die Erteilung der Genehmigung innerhalb des Transplantationszentrums zuständige Person zugegen sein. Die Ethikkommission des Transplantationszentrums ist zu beteiligen. Die

Verfahrensbeteiligten können ein Veto einlegen, wenn sie Zweifel haben, ob die Einwilligung ausdrücklich, freiwillig, bewußt und uneigennützig erteilt wurde. Ansonsten ist die schriftliche Einwilligungserklärung des Spenders als zwingende Voraussetzung für die Entnahme von den anderen Verfahrensbeteiligten zu unterzeichnen. Zwischen Unterzeichnung und Organentnahme müssen mindestens 24 Stunden liegen.

Die Lebendspende ist nur bei Organen zulässig, deren Entnahme nicht das Leben des Spenders bedroht und deren Funktion vom Spenderorganismus in geeigneter und ausreichender Weise kompensiert werden kann. Unzulässig ist die Entnahme oder Nutzung von Organen, wenn Anhaltspunkte eine ökonomische, soziale oder psychologische Konditionierung der Lebendspende nahelegen.

Die Lebendspende minderjähriger und nicht einwilligungsfähiger Personen ist verboten. Eine weitergehende Beschränkung des Spenderkreises besteht nicht. Die Lebendspende ist nicht subsidiär zur postmortalen Spende.

In der Türkei hat die Aufklärung des Lebendspenders durch den zuständigen Arzt am Transplantationszentrum zu erfolgen. Das Gesetz bestimmt, daß bei einem verheirateten Organspender zusätzlich der mit dem Spender zusammenlebende Ehepartner der Organentnahme zustimmen muß. Eine Organentnahme ist unzulässig, wenn das Leben des Organspenders gefährdet wird.

Die Organentnahme bei Personen unter 18 Jahren oder nicht geschäftsfähigen Personen ist zulässig, wenn diese Person in Anwesenheit von zwei Zeugen und ohne jeden Druck eine entsprechende Erklärung anfertigt und unterschreibt oder wenn in Anwesenheit von zwei Zeugen eine mündliche Befragung durchgeführt wurde und der Spender eine vom Arzt gegengezeichnete Erklärung unterschreibt. Der Arzt hat aber eine Organentnahme abzulehnen, wenn der Spender entscheidungsunfähig ist.

Das Gesetz schreibt keine Subsidiarität der Lebendspende vor.

In Ungarn hat der Lebendspender die Einwilligungserklärung freiwillig und unbeeinflußt in Anwesenheit eines Notars abzugeben. Er muß zuvor durch einen Arzt über die Art des Eingriffs, seine Folgen und Risiken aufgeklärt worden sein. Das Gesetz bestimmt ausdrücklich die jederzeitige, an keine Form gebundene Widerruflichkeit der Einwilligung. Der Widerruf der Einwilligung kann keine Haftungsansprüche auslösen. Nach dem Gesetz ist auch die schriftliche Einwilligung des Organempfängers erforderlich. Weiterhin ist die einstimmige Zustimmung einer Gruppe von drei Ärzten, die weder an der Organentnahme noch an der Transplantation beteiligt sind, notwendig.
Eine Subsidiarität der Lebendspende besteht nicht.

In Zypern muß der Lebendspender nach ärztlicher Aufklärung über die Art des Eingriffs, seine Folgen und Risiken schriftlich in die Organentnahme einwilligen. Die Entnahme von Substanzen, die ein vorhersehbares erhebliches Risiko für Leben oder Gesundheit des Spenders bedeutet, ist verboten.
Die Lebendspende ist nicht subsidiär zur postmortalen Spende.

In der Schweiz existieren in den Kantonen unterschiedliche Regelungen zur Lebendspende. Auf Bundesebene wird nunmehr ein Gesetzgebungsverfahren für ein Transplantationsgesetz durchgeführt. Nach dem derzeitigen Stand muß der Lebendspender nach umfassender Information freiwillig in die Organentnahme einwilligen. Die Entnahme von Organen, Geweben und Zellen soll verboten sein, wenn für Leben oder Gesundheit des Spenders ein ernsthaftes Risiko besteht. Grundsätzlich verboten sein soll die Organentnahme bei Minderjährigen und bei urteilsunfähigen Personen. Die Entnahme sich wieder bildender Gewebe und Zellen soll aber bei Zustimmung einer unabhängigen Instanz zur Übertragung auf Geschwister, Eltern oder Kind des Spenders zulässig sein. Eine Restriktion des Spenderkreises ist nicht vorgesehen. Die anonyme Spende zugunsten eines unbekannten Empfängers soll möglich sein, die Zuteilung soll nach denselben Kriterien wie bei postmortal gespendeten Organen erfolgen. Die Lebendspende soll subsidiär sein, wenn eine andere therapeutische Methode von vergleichbarem Nutzen zur Verfügung steht.

ZUSAMMENFASSUNG

Die Entnahme von Organen einer lebenden Person ist nur zulässig, wenn der Spender volljährig und einwilligungsfähig ist. Das Erfordernis der Volljährigkeit und der Einwilligungsfähigkeit tragen der erhöhten Schutzbedürftigkeit Minderjähriger und geistig Behinderter im Rahmen des Transplantationsgesetzes angemessen Rechnung.

Der lebende Organspender muß nach einer umfassenden Aufklärung in die Organentnahme eingewilligt haben. Eine Vertretung des Organspenders ist ausgeschlossen, die Erklärung der Einwilligung muß höchstpersönlich erfolgen. Eine Rechtfertigung der Organentnahme unter Notstandsgesichtspunkten ist ausgeschlossen.

Die Aufklärung des Spenders muß umfassend sein und alle für die Spendeentscheidung bedeutsamen Aspekte enthalten. Aufgeklärt werden muß über die Art des Eingriffs, seine Bedeutung und mögliche Folgen und Spätfolgen für die Gesundheit des Spenders sowie über sonstige für den Spender erkennbar bedeutsame Umstände. Die Aufklärung muß vollständig sein, Folgen und Risiken dürfen auch bei der Möglichkeit einer Entscheidung gegen eine Spende nicht verschwiegen oder verharmlost werden. Ein Aufklärungsverzicht durch den Spender ist unzulässig.

Die Aufklärung hat sich weiterhin auf die versicherungsrechtliche Absicherung der gesundheitlichen Risiken zu erstrecken. Dies ist sachgerecht, weil eine Information des Spenders sichergestellt wird und der Arzt als derjenige, der sich am besten mit den im Zusammenhang mit einer Transplantation auftauchenden Fragen auskennt, für die Durchführung in die Verantwortung genommen wird.

Bei den formellen Anforderungen an Einwilligung und Aufklärung handelt es sich um Zulässigkeitsvoraussetzungen der Organentnahme. Ihr Fehlen führt nicht zur Unwirksamkeit der Einwilligung. Hinsichtlich der Einwilligungserklärung wäre die Schriftform als Wirksamkeitserfordernis angemessener gewesen. Durch die Formalisierung könnte zum Schutz des Spenders beigetragen werden.

Der Spender muß nach ärztlicher Beurteilung als Spender geeignet sein und darf voraussichtlich nicht über das Operationsrisiko hinaus gefährdet oder über die unmittelbaren Folgen der Entnahme hinaus schwer beeinträchtigt werden. Hinsichtlich der schweren gesundheitlichen Beeinträchtigung kann eine Orientierung an der schweren Körperverletzung nach § 226 StGB erfolgen. Außerdem muß die Übertragung des Organs geeignet sein, bei dem Empfänger einen krankhaften Zustand zu heilen, zu verhüten oder zu lindern. Diese Erfordernisse entsprechen dem Ziel des Transplantationsgesetzes, einem Kranken durch die Transplantation eines Organs zu helfen und eine unnütze Gefährdung des Lebendspenders zu verhindern. Dies ist berechtigt und verletzt keine Grundrechte.

Die Lebendspende eines Organs ist subsidiär zur Transplantation eines Leichenorgans. Die Organentnahme vom lebenden Spender ist also unzulässig, wenn ein geeignetes Organ eines verstorbenen Spenders im Zeitpunkt der Organentnahme zur Verfügung steht. Ein geeignetes Organ eines verstorbenen Spenders steht dann nicht zur Verfügung, wenn dem Transplantationszentrum, auf dessen Warteliste der Patient gemeldet ist, im Zeitpunkt des Erforderlichwerdens der Transplantation durch die Vermittlungsstelle kein Organ eines verstorbenen Spenders angeboten wird oder das angebotene Organ nach ärztlicher Ansicht nicht ungefähr genauso geeignet ist wie das lebendgespendete Organ, das Leben des Organempfängers zu erhalten oder bei ihm eine schwerwiegende Krankheit zu heilen, ihre Verschlimmerung zu verhüten oder ihre Beschwerden zu lindern. Eine Auslegung des Subsidiaritätsgrundsatzes in dem Sinne, daß überhaupt kein transplantierbares Organ eines Verstorbenen verfügbar sein darf, würde dagegen das Grundrecht des Organempfängers aus Art. 2 Abs. 2 S. 1 GG verletzen.

Die Übertragung eines sich nicht wieder bildenden Organs wird weitergehend dahin eingeschränkt, daß die Entnahme vom lebenden Spender nur zum Zwecke der Übertragung auf Verwandte ersten oder zweiten Grades, Ehegatten, Verlobte oder andere Personen, die dem Spender in besonderer persönlicher Verbundenheit offenkundig nahestehen, zulässig ist. Bei den Begriffen der Verwandtschaft ersten oder zweiten Grades, Ehe und Verlöbnis wird an die familienrechtlichen Begriffe angeknüpft. Personen stehen sich in besonderer persönlicher Verbundenheit nahe, wenn zwischen ihnen intensive Zusammengehörigkeitsgefühle und das Gefühl gegenseitiger Verantwortung bestehen.

Dabei muß es sich der Art nach um eine Einstehungs- und Beistandsgemeinschaft handeln. Die Beziehung muß auf Dauer angelegt und über einen nicht unerheblichen Zeitraum gewachsen sein. Ein besondere persönliche Verbundenheit ist deshalb im Falle einer nichtehelichen Lebensgemeinschaft und einer homosexuellen Lebensgemeinschaft regelmäßig zu bejahen; bei ökonomisch motivierten Beziehungen und zwischen einander unbekannten Personen ist sie zu verneinen. In den übrigen Fällen ist eine Entscheidung nach dem jeweiligen Einzelfall zu treffen. Eine Ausnahme stellt die Überkreuz-Lebendspende dar. Sie ist als indirekte Spende für den eigenen Ehegatten zulässig. Die Beschränkung der Zulässigkeit der Lebendspende sich nicht wieder bildender Organe verletzt keine Grundrechte des Organempfängers, des Organspenders und des Transplantationschirurgen.

Vor einer Lebendspende muß weiterhin eine nach Landesrecht zuständige Kommission gutachtlich dazu Stellung genommen haben, ob die Einwilligung in die Organentnahme freiwillig erfolgt ist und ob das Organ Gegenstand verbotenen Handeltreibens ist. Diese Stellungnahme ist nicht verbindlich, sondern beläßt dem verantwortlichen Arzt die Entscheidung. Sie soll insoweit dem Arzt nur eine zusätzliche verfahrensrechtliche Sicherheit bieten. Dieses Kommissionsverfahren ist grundsätzlich als sinnvoll anzusehen, weil es noch einmal die Möglichkeit der Überprüfung der Freiwilligkeit der Spendeentscheidung und des Vorliegens von Organhandel durch eine unabhängige, an der Transplantation unbeteiligte Instanz bietet. Dies trägt zum Schutz des Organspenders bei und ist geeignet, das Vertrauen der Bevölkerung in die Transplantationsmedizin zu stärken. In der Praxis wird die Bedeutung der Kommission nicht zuletzt von der Erfahrung und dem Einsatz der Kommissionsmitglieder abhängen.

Die Bundesärztekammer wird durch das Transplantationsgesetz ermächtigt, in Richtlinien den Stand der Erkenntnisse der medizinischen Wissenschaft festzustellen. Dies begegnet zumindest für den Bereich der Lebendspende keinen verfassungsrechtlichen Bedenken.

Hinsichtlich der Kostentragung der Lebendspende ist zwischen krankenversicherten und nicht krankenversicherten Organempfängern zu unterscheiden. Bei krankenversicherten Organempfängern übernimmt dessen Krankenkasse sowohl die Kosten für eine indizierte Transplantation als auch die Kosten der Lebendspende. Die Krankenkasse des Organempfängers ersetzt ebenfalls Aufwendungen des Spenders und einen Verdienstausfall. Der nicht krankenversicherte Organempfänger wird diese Kosten selbst zu tragen haben, im Bedarfsfall muß der Träger der Sozialhilfe die Kosten übernehmen. Im Falle von kausal mit der Organspende im Zusammenhang stehenden Komplikationen und Folgeerkrankungen des Spenders greift die gesetzliche Unfallversicherung ein.

Im Transplantationsgesetz wird der Handel mit Organen umfassend unter Strafe gestellt. Strafbar macht sich, wer mit einem Organ, das einer Heilbehandlung zu dienen bestimmt ist, Handel treibt oder ein Organ, das Gegenstand verbotenen Handeltreibens ist, entnimmt, auf einen anderen Menschen überträgt oder sich übertragen läßt. Das grundsätzliche Verbot des Organhandels ist richtig; die Strafvorschriften sind gerechtfertigt, um den vom Gesetzgeber beabsichtigten Rechtsgüterschutz zu gewährleisten. Verfehlt ist dagegen die Anknüpfung an den Begriff des Handeltreibens im Betäubungsmittelrecht. Angemessener wäre es, auf den Rückgriff auf das Betäubungsmittelstrafrecht zu verzichten. Statt dessen hätten das eigennützige Ankaufen, Verkaufen und Vermitteln von Organen als einzelne Tathandlungen in das Gesetz aufgenommen werden sollen. Unter Strafe gestellt werden auch Verstöße gegen Vorschriften zur Zulässigkeit der Organentnahme von lebenden Personen. Diese Vorschriften sind als speziellere und abschließende Vorschriften im Verhältnis zu den Körperverletzungstatbeständen der §§ 223 ff. StGB anzusehen. Die Strafvorschrift des § 19 Abs. 2 TPG i.V.m. § 8 Abs. 1 S. 2 TPG verletzt weder das Bestimmtheitsgebot aus Art. 103 Abs. 2 GG noch den Schuldgrundsatz.

Im großen und ganzen ist damit die gesetzliche Regelung der Lebendspende durch das Transplantationsgesetz als gelungen anzusehen. Durch die Regelung wird die Lebendspende auf eine gesetzliche Grundlage gestellt und dadurch in einem sensiblen Bereich Rechtsklarheit und damit Rechtssicherheit geschaffen. Die restriktive Einstellung des Transplantationsgesetzes läßt sich mit guten Gründen vertreten und ist als gesetzgeberische Entscheidung zu akzeptieren.[771] Insgesamt ist zu hoffen, daß im Interesse der Kranken und auch im Interesse der Lebendspender auf der Grundlage des Transplantationsgesetzes von den bestehenden Möglichkeiten der Lebendspende in verantwortungsvoller Weise Gebrauch gemacht wird.

---

[771] Laufs, NJW 2000, 1757 (1769) konstatiert aber, daß es das Transplantationsgesetz nicht vermocht habe, den Rechtsfrieden voll herzustellen. Ein Blick in das neuere Schrifttum bestätigt diese Einschätzung.

LITERATURVERZEICHNIS

Abouna, G. M. / Sabawi, M. M. / Kumar, M. S. A. / Samhan, M.: The Negative Impact of Paid Organ Donation, in: Walter Land, John B. Dossetor (Hrsg.), Organ Replacement Therapy: Ethics, Justice and Commerce; Berlin, Heidelberg 1991, S. 164 – 172

Amelung, Knut / Schall, Hero: Zum Einsatz von Polizeispitzeln: Hausfriedensbruch und Notstandsrechtfertigung, Wohnungsgrundrecht und Durchsuchungsbefugnis - OLG München, DVBl 1973, 221, JuS 1975, S. 565 – 572

Arbeitskreis Organspende (Hrsg.): Organspende rettet Leben! Antworten auf Fragen; Neu-Isenburg 1998

Bales, Stefan / Baumann, Hans Georg: Infektionsschutzgesetz, Kommentar und Vorschriftensammlung, bearbeitet von Stefan Bales; Stuttgart 2001

Bauer, Karl Heinrich: Über Rechtsfragen bei homologer Organtransplantation aus der Sicht des Klinikers (unter besonderer Berücksichtigung der Krebsübertragung), Der Chirurg 1967, S. 245 – 251

Behl, Wilfried: Organtransplantation, Verfehlen beide Gesetzentwürfe ihr Ziel?, DRiZ 1980, S. 342 – 343

Bender, Albrecht W.: Organtransplantation und AMG, VersR 1999, S. 419 – 424

Birk, Ulrich-Arthur u.a.: Bundessozialhilfegesetz, Lehr- und Praxiskommentar (LPK-BSHG), erläutert von Ulrich-Arthur Birk u.a., 5. Auflage; Baden-Baden 1998

Bock, Nadine: Rechtliche Voraussetzungen der Organentnahme von Lebenden und Verstorbenen; Frankfurt am Main 1999 (zugleich Diss. Jur. Köln 1998)

Bockelmann, Paul: Strafrecht des Arztes; Stuttgart 1968

Breitner, B. / Land, Walter (Hrsg.): Chirurgische Operationslehre, Band XII Transplantationschirurgie, 2. Auflage; München, Wien, Baltimore 1996

Brenner, Günter: Organtransplantation, in: Armand Mergen (Hrsg.), Die juristische Problematik in der Medizin, Band I: Der Arzt und seine Beziehung zum Recht; München 1971, S. 126 – 147

ders.: Arzt und Recht; Stuttgart, New York 1983

Brockhaus: Enzyklopädie in vierundzwanzig Bänden, Einundzwanzigster Band Sr-Teo, 19. Auflage; Mannheim 1993

Bubnoff, Eckhart von: Rechtsfragen zur homologen Organtransplantation aus der Sicht des Strafrechts, GA 1968, S. 65 – 81

Bucher, Eugen: Rechtliche Probleme im Zusammenhang der Transplantatbeschaffung, in: Felix Largiadèr (Hrsg.), Organtransplantation; Stuttgart 1966, S. 75 – 84

Carstens, Thomas: Das Recht der Organtransplantation; Frankfurt am Main 1978 (zugleich Diss. Jur. Göttingen 1978)

ders.: Organtransplantation in Frankreich und der DDR - ein Kodifikationsvergleich, ZRP 1978, S. 146 – 149

ders.: Organtransplantation, Zu den Gesetzentwürfen von Bundesregierung und Bundesrat, ZRP 1979, S. 282 – 284

Cecka, J. Michael / Terasaki, Paul I.: Living Donor Kidney Transplants: Superior Success Rates Despite Histoincompatibilities, Transplantation Proceedings 29 (1997), S. 203

Damrau, Jürgen / Zimmermann, Walter: Betreuung und Vormundschaft, Kommentar zum materiellen und formellen Recht, 2. Auflage; Stuttgart, Berlin, Köln 1995

Deutsch, Erwin: Die rechtliche Seite der Transplantation, ZRP 1982, S. 174 – 177

ders.: Haftungsfreistellung von Arzt oder Klinik und Verzicht auf Aufklärung durch Unterschrift des Patienten, NJW 1983, S. 1351 – 1354

ders.: Das Persönlichkeitsrecht des Patienten, AcP 192 (1992), S. 161 – 180

ders.: Zum geplanten strafrechtlichen Verbot des Organhandels, ZRP 1994, S. 179 – 181 *ders.*: Allgemeines Haftungsrecht, 2. Auflage; Köln, Berlin, Bonn, München 1996

ders.: Medizinrecht, 3. Auflage; Berlin, Heidelberg 1997

ders.: Das Transplantationsgesetz vom 5.11.1997, NJW 1998, S. 777 – 782

ders.: Sicherheit bei Blut und Blutprodukten: Das Transfusionsgesetz von 1998, NJW 1998, S. 3377 – 3381

ders.: Medizinrecht, 4. Auflage; Berlin, Heidelberg 1999

Deutsche Stiftung Organtransplantation (Hrsg.): Organspende und Transplantation in Deutschland 2002; Neu-Isenburg 2003

Dippel, Karlhans: Zur Entwicklung des Gesetzes über die Spende, Entnahme und Übertragung von Organen (Transplantationsgesetz - TPG) vom 5.11.1997, in: Udo Ebert, Peter Rieß, Claus Roxin, Eberhard Wahle (Hrsg.), Festschrift für Ernst-Walter Hanack zum 70. Geburtstag am 30. August 1999; Berlin, New York 1999, S. 665 – 696

Dolzer, Rudolf / Vogel, Klaus (Hrsg.): Bonner Kommentar zum Grundgesetz, Band 8 Art. 92-104; Heidelberg 1950 ff. Loseblatt Stand: 91. Lieferung (August 1999)

Dreier, Horst (Hrsg.): Grundgesetz, Kommentar, Band I Artikel 1-19; Tübingen 1996

ders. (Hrsg.): Grundgesetz, Kommentar, Band II Artikel 20-82; Tübingen 1998

Dürig, Günter: Der Grundrechtssatz von der Menschenwürde, Entwurf eines praktikablen Wertsystems der Grundrechte aus Art. 1 Abs. I in Verbindung mit Art. 19 Abs. II des Grundgesetzes, AöR 81 (1956), S. 117 – 157

Dufková, Jarmila: Zur Frage der Zulässigkeit von sog. Cross-Spenden bei Nierentransplantationen lebender Organspender unter Berücksichtigung der Entscheidung des Bundesverfassungsgerichts vom 11.8.1999 zur altruistischen fremdnützigen Lebendspende, MedR 2000, S. 408 – 412

Ecker, Walter: Das Problem der Organtransplantation aus der Sicht der Sozialgerichtsbarkeit, SGb 1972, S. 81 – 85

Edelmann, Hervé: Ausgewählte Probleme bei der Organspende unter Lebenden, VersR 1999, S. 1065 – 1069

Eigler, Friedrich Wilhelm: Probleme der Organtransplantation, MedR 1992, S. 88 – 92

ders.: Das Problem der Organspende von Lebenden, DMW 1997, S. 1398 – 1401

Engisch, Karl: Die rechtliche Bedeutung der ärztlichen Operation; Jena 1958

ders.: Über Rechtsfragen bei homologer Organtransplantation, Ergänzende Bemerkungen aus der Sicht des Juristen (des Kriminalisten), Der Chirurg 1967, S. 252 – 255

ders.: Heileingriff und ärztliche Aufklärungspflicht, in: Karl Engisch, Wilhelm Hallermann, Die ärztliche Aufklärungspflicht aus rechtlicher und ärztlicher Sicht; Köln, Berlin, Bonn, München 1970, S. 7 – 43

Esser, Dirk: Verfassungsrechtliche Aspekte der Lebendspende von Organen zu Transplantationszwecken; Diss. Jur. Gießen 2000

Etmer, Friedrich / Lundt, P. V.: Infektionsschutz und Seuchenrecht, Kommentar zum Infektionsschutzgesetz und Sammlung deutscher und internationaler Vorschriften, Band I, fortgeführt von P. V. Lundt und Peter Schiwy; Starnberg 2003 Loseblatt Stand: 1. April 2003

Fateh-Moghadam, Bijan: Zwischen Beratung und Entscheidung – Einrichtung, Funktion und Legitimation der Verfahren vor den Lebendspendekommissionen gemäß § 8 Abs. 3 S. 2 TPG im bundesweiten Vergleich, MedR 2003, S. 245 – 257

Fichtner, Otto (Hrsg.): Bundessozialhilfegesetz, Kommentar, bearbeitet von Ernst Bräutigam u.a.; München 1999

Forkel, Hans: Verfügungen über Teile des menschlichen Körpers, JZ 1974, S. 593 – 599

Geilen, Gerd: Rechtsfragen der Organtransplantation, in: Martin Honecker (Hrsg.), Aspekte und Probleme der Organverpflanzung; Neukirchen-Vluyn 1973, S. 127 – 182

Gernhuber, Joachim / Coester-Waltjen, Dagmar: Familienrecht, 4. Auflage; München 1994

Giesen, Dieter: Die zivilrechtliche Haftung des Arztes bei neuen Behandlungsmethoden und Experimenten; Bielefeld 1976

ders.: Arzthaftungsrecht, Die zivilrechtliche Haftung aus medizinischer Behandlung in der Bundesrepublik Deutschland, in Österreich und der Schweiz, 4. Auflage; Tübingen 1995

Gragert, Jörg: Strafrechtliche Aspekte des Organhandels; Hamburg 1997 (zugleich Diss. Jur. Gießen 1997)

Gramer, Eugen: Das Recht der Organtransplantation; Diss. Jur. Würzburg 1981

Grimm, Jacob / Grimm, Wilhelm: Deutsches Wörterbuch, Band 20 Strom-Szische; München 1994 (Nachdruck der Erstausgabe 1942)

Großmann, Ruprecht: Für eine gesetzliche Regelung der Organtransplantation, RuP 1992, S. 60 – 68

Gründel, J.: Ethische Probleme bei Lebendspende von Organen II., ZTxMed 1993, S. 70 – 74

Günther, Hans-Ludwig: Strafrecht und Humangenetik, Unter besonderer Berücksichtigung des genetischen Humanexperiments, ZStW 102 (1990), S. 269 – 291

Gutmann, Thomas: Rechtsphilosophische Aspekte der Lebendspende von Nieren, ZTxMed 1993, S. 75 – 87

ders.: Lebendspende von Organen - nur unter Verwandten?, ZRP 1994, S. 111 – 114

ders.: Probleme einer gesetzlichen Regelung der Lebendspende von Organen, MedR 1997, S. 147 – 155

ders.: Gesetzgeberischer Paternalismus ohne Grenzen?, Zum Beschluß des Bundesverfassungsgerichts zur Lebendspende von Organen, NJW 1999, S. 3387 – 3389

Gutmann, Thomas / Schroth, Ulrich: Organlebendspende in Europa, Rechtliche Regelungsmodelle, ethische Diskussion und praktische Dynamik; Berlin, Heidelberg 2002

Hammer, C. / Eberbach, W.: Zukunftsperspektiven der Organtransplantation, in: Hans-Dieter Hiersche, Günter Hirsch, Toni Graf-Baumann (Hrsg.), Rechtliche Fragen der Organtransplantation; Berlin, Heidelberg 1990, S. 12 – 20

Heberer, Georg / Köle, Wolfgang / Tscherne, Harald (Hrsg.): Chirurgie und angrenzende Gebiete, 6. Auflage; Berlin, Heidelberg, New York 1993

Heinze, M.: Juristisch-ethische Grundsatzfragen in der Transplantationsmedizin, in: Harald Schütz, Hans-Jürgen Kaatsch, Holger Thomsen (Hrsg.), Medizinrecht - Psychopathologie - Rechtsmedizin, Diesseits und jenseits der Grenzen von Recht und Medizin, Festschrift für Günter Schewe; Berlin, Heidelberg 1991, S. 61 – 71

Heuer, Stefanie / Conrads, Christoph: Aktueller Stand der Transplantationsgesetzgebung 1997, MedR 1997, S. 195 – 202

Hiersche, Hans-Dieter: Schwangerschaftsabbruch und Anencephalus, MedR 1984, S. 215 – 216

Hillebrand, G. F. / Schmeller, N. / Theodorakis, J. / Illner, W. D. / Schultz-Gambard, E. / Schneewind, K. A. / Land, W.: Nierentransplantation - Lebendspende zwischen verwandten und nicht verwandten Personen: das Münchener Modell, TxMed 1996, S. 101 – 110

Hirsch, Günter: Anenzephalus als Organspender: Rechtsfragen, in: Hans-Dieter Hiersche, Günter Hirsch, Toni Graf-Baumann (Hrsg.), Rechtliche Fragen der Organtransplantation; Berlin, Heidelberg 1990, S. 118 – 121

Hirsch, Günter / Schmidt-Didczuhn, Andrea: Transplantation und Sektion; Heidelberg 1992

Höfling, Wolfram (Hrsg.): Kommentar zum Transplantationsgesetz (TPG), bearbeitet von Dirk Esser u.a.; Berlin 2003

Höfling, Wolfram / Rixen, Stephan: Verfassungsfragen der Transplantationsmedizin, Hirntod und Transplantationsgesetz in der Diskussion; Tübingen 1996

Höppner, W. / Grosse, K. / Dreikorn, K.: Aktuelle Überlegungen zum Thema Lebendspende, TxMed 1994, S. 217 – 219

Holznagel, Bernd: Aktuelle verfassungsrechtliche Fragen der Transplantationsmedizin, DVBl 2001, S. 1629 – 1636

Hoyer, J. / Fricke, L. / Müller, G. / Sack, K.: Erfahrungen mit der Lebendspende bei Nierentransplantation, TxMed 1994, S. 211 – 216

Isemer, Friedrich-Eckart / Lilie, Hans: Rechtsprobleme bei Anencephalen, MedR 1988, S. 66 – 71

Isensee, Josef / Kirchhof, Paul (Hrsg.): Handbuch des Staatsrechts der Bundesrepublik Deutschland, Band V, Allgemeine Grundrechtslehren; Heidelberg 1992

Jähnke, Burkhard / Laufhütte, Heinrich Wilhelm / Odersky, Walter (Hrsg.): Strafgesetzbuch, Leipziger Kommentar, Großkommentar, 11. Auflage

- 1. Lieferung: Einleitung, §§ 1 - 2, bearbeitet von Hans-Heinrich Jescheck und Günter Gribbohm; Berlin, New York 1992
- 16. Lieferung: §§ 28 - Vor § 32, bearbeitet von Claus Roxin und Hans Joachim Hirsch; Berlin, New York 1994
- 13. Lieferung: §§ 34, 35, bearbeitet von Hans Joachim Hirsch; Berlin, New York 1994

Jescheck, Hans-Heinrich / Ruß, Wolfgang / Willms, Günther (Hrsg.): Strafgesetzbuch, Leipziger Kommentar, Großkommentar, Fünfter Band §§ 185 bis 262, 10. Auflage; Berlin, New York 1989

Jescheck, Hans-Heinrich / Weigend, Thomas: Lehrbuch des Strafrechts, Allgemeiner Teil, 5. Auflage; Berlin 1996

Kallmann, Rainer: Rechtsprobleme bei der Organtransplantation, FamRZ 1969, S. 572 – 579

Kaufmann, Arthur: Die eigenmächtige Heilbehandlung, ZStW 73 (1961), S. 341 – 384

Kern, Bernd-Rüdiger: Die Bedeutung des Betreuungsgesetzes für das Arztrecht, MedR 1991, S. 66 – 71

ders.: Die rechtliche Grundlage für die Organtransplantation - Zur Gesetzeslage in den neuen Bundesländern, DtZ 1992, S. 348 – 350

ders.: Zum Entwurf eines Transplantationsgesetzes (der Länder?), MedR 1994, S. 389 – 392 *ders.*: Fremdbestimmung bei der Einwilligung in ärztliche Eingriffe, NJW 1994, S. 753 – 759

Kern, Bernd-Rüdiger / Laufs, Adolf: Die ärztliche Aufklärungspflicht; Berlin, Heidelberg 1983

Kirste, Günter: Organlebendspende unter Nichtverwandten, DÄBl 1996, B 2163 – 2165

Kloesel, Arno / Cyran, Walter: Arzneimittelrecht mit amtlichen Begründungen, weiteren Materialien und einschlägigen Rechtsvorschriften sowie Sammlung gerichtlicher Entscheidungen, Kommentar, fortgeführt von Karl Feiden und Hermann Josef Pabel, 3. Auflage; Stuttgart Loseblatt Stand: 1. Mai 1999

Kloth, Karsten: Anenzephale als Organspender - Eine rechtsvergleichende Betrachtung, MedR 1994, S. 180 – 188

Koch, H.-G.: Aktuelle Rechtsfragen der Lebend-Organspende, in: Günter Kirste (Hrsg.), Nieren-Lebendspende, Rechtsfragen und Versicherungs-Regelungen für Mediziner; Lengerich, Berlin, Riga, Rom, Wien, Zagreb 2000, S. 49 – 63

König, Peter: Strafbarer Organhandel; Frankfurt am Main 1999 (zugleich Diss. Jur. München 1998)

Körner, Harald Hans: Betäubungsmittelgesetz, Arzneimittelgesetz, 4. Auflage; München 1994

Kohlhaas, Max: Rechtsfragen zur Transplantation von Körperorganen, NJW 1967, S. 1489 – 1493

Kollhosser, Helmut / Kubillus, Manfred: Grundfragen des Arztrechts, JA 1996, S. 339 – 345

Korthals, Gernot: Strafrechtliche Probleme der Organtransplantation; Diss. Jur. Hamburg 1969

Kramer, Hans-Jürgen: Rechtsfragen der Organtransplantation; München 1987 (zugleich Diss. Jur. München 1985)

Kuckuk, Bernd: Der Hamburger „Entwurf zur strafrechtlichen Regelung der Organtransplantation" - Reform ohne Programm?, JR 1974, S. 410 – 415

Kühl, Kristian: Strafrecht, Allgemeiner Teil, 2. Auflage; München 1997

Kühn, Hermann Christoph: Das neue deutsche Transplantationsgesetz, MedR 1998, S. 455 – 461

Kunert, Karl-Heinz: Die Organtransplantation als legislatorisches Problem, Jura 1979, S. 350 – 357

Lackner, Karl / Kühl, Kristian: Strafgesetzbuch mit Erläuterungen, 23. Auflage; München 1999

Land, Walter: Medizinische Aspekte der Lebendspende: Nutzen/Risiko-Abwägung, ZTxMed 1993, S. 52 – 56

ders.: Lebendspende von Organen - derzeitiger Stand der internationalen Debatte, ZTxMed 1993, S. 59 – 63

Laufs, Adolf: Schutz der Persönlichkeitssphäre und ärztliche Heilbehandlung, VersR 1972, S. 1 – 9

ders.: Rechtliche Grenzen der Transplantationsmedizin, in: Hans Kamps, Adolf Laufs (Hrsg.), Arzt- und Kassenarztrecht im Wandel, Festschrift für Prof. Dr. iur. Helmut Narr zum 60. Geburtstag; Berlin, Heidelberg 1988, S. 34 – 46

ders.: Rechtsfragen der Organtransplantation, in: Hans-Dieter Hiersche, Günter Hirsch, Toni Graf-Baumann (Hrsg.), Rechtliche Fragen der Organtransplantation; Berlin, Heidelberg 1990, S. 57 – 74

ders.: Die Entwicklung des Arztrechts 1991/92, NJW 1992, S. 1529 – 1539

ders.: Arztrecht, 5. Auflage; München 1993

ders.: Ein deutsches Transplantationsgesetz - jetzt?, NJW 1995, S. 2398 – 2399

ders.: Entwicklungslinien des Medizinrechts, NJW 1997, S. 1609 – 1618

ders.: Nicht der Arzt allein muß bereit sein, das Notwendige zu tun, NJW 2000, S. 1757 – 1769

Laufs, Adolf / Uhlenbruck, Wilhelm (Hrsg.): Handbuch des Arztrechts, 2. Auflage; München 1999

Lauterbach, Herbert: Unfallversicherung, Sozialgesetzbuch VII, Kommentar zum Siebten Buche des Sozialgesetzbuchs und zu weiteren die Unfallversicherung betreffenden Gesetzen, Band I, fortgeführt von Friedrich Watermann, 4. Auflage; Stuttgart, Berlin, Köln 1997 Loseblatt 8. Lieferung (Stand: November 1998)

Lemke, Michael: Stand der Diskussion zum Entwurf eines Transplantationsgesetzes - Eine rechtspolitische Bestandsaufnahme, MedR 1991, S. 281 – 289

Leube, Konrad: Unfallversicherung bei Organspenden, Unternehmer - Zuständiger Unfallversicherungsträger, Anmerkungen und Ergänzungen zu dem Artikel von Wolber in „Die Sozialversicherung" Heft 6/1998 Seite 147-150, SozVers 1998, S. 232 – 234

Liemersdorf, Thilo / Miebach, Klaus: Beihilfe zum „Handeltreiben" nach § 11 Abs. 1 des Betäubungsmittelgesetzes, MDR 1979, S. 981 – 985

Lilie, Hans: Juristische Aspekte der Lebend-Organspende, in: F. W. Albert (Hrsg.), Praxis der Nierentransplantation (III): IX. Symposium des Nephrologischen Arbeitskreises Saar-Pfalz-Mosel e.V. am 9. und 10. Oktober 1987 in Bad Dürkheim; Stuttgart, New York 1989, S. 89 – 98

Linck, Joachim: Gesetzliche Regelung von Sektionen und Transplantationen, JZ 1973, S. 759 – 765

ders.: Vorschläge für ein Transplantationsgesetz, ZRP 1975, S. 249 – 252

Löw-Friedrich, Iris / Schoeppe, Wilhelm: Transplantation, Grundlagen - Klinik - Ethik und Recht; Darmstadt 1996

Loewenich, V. von: Definition, Diagnose und Prognose bei Anenzephalus, in: Hans-Dieter Hiersche, Günter Hirsch, Toni Graf-Baumann (Hrsg.), Rechtliche Fragen der Organtransplantation; Berlin, Heidelberg 1990, S. 106 – 112

Lührs, Wolfgang: Überlegungen zur einheitlichen Kodifizierung des Transplantationswesens, ZRP 1992, S. 302 – 305

Maier, Joachim: Der Verkauf von Körperorganen, Zur Sittenwidrigkeit von Übertragungsverträgen; Heidelberg 1991 (zugleich Diss. Jur. Augsburg 1990)

Mandel, Joachim: Rechtsfragen der Organtransplantation, NJ 1975, S. 621 – 625

Mangoldt, Hermann von / Klein, Friedrich / Starck, Christian (Hrsg.): Das Bonner Grundgesetz (Kommentar), Band 1: Präambel, Artikel 1 bis 19, 4. Auflage; München 1999

Maunz, Theodor / Dürig, Günter / Herzog, Roman / Scholz, Rupert: Grundgesetz, Kommentar, Band I Art. 1-11; München 1958 ff. Loseblatt 35. Lieferung (Stand: Februar 1999)

Maurer, Hartmut: Die medizinische Organtransplantation in verfassungsrechtlicher Sicht, DÖV 1980, S. 7 – 15

Miserok, Karl / Sasse, Ralf / Krüger, Matthias: Transplantationsrecht des Bundes und der Länder mit Transfusionsgesetz, Kommentar; Wiesbaden 2001 Loseblatt 1. Lieferung (Stand: März 2003)

Möx, J.: Zur Zulässigkeit von Organentnahmen, ArztR 1994, S. 39 – 44

Münch, Ingo von / Kunig, Philip (Hrsg.): Grundgesetz-Kommentar, Band 1 (Präambel bis Art. 20), 4. Auflage; München 1992

Murauer, Michael: Organtransplantation, Recht und Öffentlichkeit, Dargestellt an der Entwicklung in der Bundesrepublik Deutschland; Diss. Med. München 1982

Nagel, Eckhard: Anmerkungen zu Bemühungen der gesetzgebenden Instanzen um ein Transplantationsgesetz, EthikMed 1993, S. 203 – 205

Nickel, Lars Christoph: Verfassungsrechtliche Probleme der Transplantationsgesetzgebung am Beispiel des Gesetzesbeschlusses des rheinland-pfälzischen Landtags, MedR 1995, S. 139 – 147

ders.: Die Entnahme von Organen und Geweben bei Verstorbenen zum Zwecke der Transplantation nach dem Transplantationsgesetz vom 5. November 1997 unter Berücksichtigung der nationalen Regelungen der anderen europäischen Staaten; Diss. Jur. Bonn 1999 *ders.*: Kein besonderes Zulassungsverfahren für Transplantationszentren, MedR 2003, S. 578 – 579

Nickel, Lars Christoph / Schmidt-Preisigke, Angelika / Sengler, Helmut: Transplantationsgesetz, Kommentar; Stuttgart, Berlin, Köln 2001

Niedermair, Harald: Körperverletzung mit Einwilligung und die Guten Sitten, Zum Funktionsverlust einer Generalklausel; München 1999 (zugleich Diss. Jur. München 1998)

Niesel, Klaus (Gesamtredaktion): Kasseler Kommentar Sozialversicherungsrecht, bearbeitet von Winfried Funk u.a., 2. Auflage; München Loseblatt (Stand: September 1999)

Palandt, Otto: Bürgerliches Gesetzbuch, bearbeitet von Peter Bassenge u.a., 58. Auflage; München 1999

Paul, Carsten: Zur Auslegung des Begriffs „Handeltreiben" nach dem Transplantationsgesetz, MedR 1999, S. 214 – 216

Pichlmayr, Rudolf / Honecker, Martin / Wolfslast, Gabriele: Organtransplantation, in: Albin Eser, Markus von Lutterotti, Paul Sporken (Hrsg.), Lexikon Medizin, Ethik, Recht; Freiburg im Breisgau, Basel, Wien 1989, Spalte 757 – 774

Pieroth, Bodo / Schlink, Bernhard: Grundrechte, Staatsrecht II, 15. Auflage; Heidelberg 1999

Pschyrembel, Willibald: Klinisches Wörterbuch, 258. Auflage; Berlin, New York 1998

Rebmann, Kurt / Säcker, Franz Jürgen (Hrsg.): Münchener Kommentar zum Bürgerlichen Gesetzbuch, Band 8 Familienrecht II §§ 1589-1921, KJHG, 3. Auflage; München 1992

Renner, Eckehard: Nierentransplantation - Probleme des Fortschritts, in: Richard Toellner, Organtransplantation - Beiträge zu ethischen und juristischen Fragen; Stuttgart, New York 1991, S. 53 – 63

RGRK: Das Bürgerliche Gesetzbuch mit besonderer Berücksichtigung der Rechtsprechung des Reichsgerichts und des Bundesgerichtshofes, Kommentar, hrsg. von Mitgliedern des Bundesgerichtshofes, Band II, 5. Teil §§ 812-831 (Anhang nach § 823: I. Verletzung des Persönlichkeitsrechts, II. Arzthaftungsrecht), bearbeitet von Walter Dunz u.a., 12. Auflage; Berlin, New York 1989

Rieger, Hans-Jürgen: Lexikon des Arztrechts; Berlin, New York 1984

Rittner, Christian / Besold, Andrea / Wandel, Evelyn: Die anonymisierte Lebendspende nach § 9 Satz 1 TPG geeigneter Organe (§ 8 I 2 TPG lege ferenda) – ein Plädoyer pro vita und gegen ärztlichen und staatlichen Paternalismus, MedR 2000, S. 118 – 123

Rixen, Stephan: Datenschutz im Transplantationsgesetz, DuD 1998, S. 75 – 80

Roche-Lexikon Medizin: hrsg. von der Hoffmann-La Roche AG und Urban & Schwarzenberg, bearbeitet von der Lexikon-Redaktion des Verlages Urban & Schwarzenberg unter der Leitung von Dr. med. Norbert Boss, 2. Auflage; München, Wien, Baltimore 1987

Roxin, Claus: Anmerkungen zum Urteil des BGH vom 15.1.1992 - 2StR 267/91, StV 1992, S. 517 – 520

ders.: Strafrecht, Allgemeiner Teil, Band I: Grundlagen, der Aufbau der Verbrechenslehre, 3. Auflage; München 1997

ders.: Strafverfahrensrecht, 25. Auflage; München 1998

Rüping, Hinrich: Individual- und Gemeinschaftsinteressen im Recht der Organtransplantation, GA 1978, S. 129 – 137

Sachs, Michael (Hrsg.): Grundgesetz, Kommentar, 2. Auflage; München 1999

Sasse, Ralf: Zivil- und strafrechtliche Aspekte der Veräußerung von Organen Verstorbener und Lebender; Frankfurt am Main 1996 (zugleich Diss. Jur. Göttingen 1995)

Sauer, Jürgen: Anmerkungen zum Beschluß des VG Frankfurt am Main vom 9. April 1997, 8 G 638/97 (1), NDV-RD 1997, S. 139

Schimikowski, Peter: Experiment am Menschen, Zur strafrechtlichen Problematik des Humanexperiments; Stuttgart 1980

Schlaich, Klaus: Das Bundesverfassungsgericht, 4. Auflage; München 1997

Schmidt-Didczuhn, Andrea: Transplantationsmedizin in Ost und West im Spiegel des Grundgesetzes, ZRP 1991, S. 264 – 270

Schoeller, Birgit: Vorschlag für eine gesetzliche Regelung der Organspende vom lebenden Spender; Frankfurt am Main 1994 (zugleich Diss. Jur. München 1993)

Schönke, Adolf / Schröder, Horst: Strafgesetzbuch, Kommentar, bearbeitet von Theodor Lenckner, Peter Cramer, Albin Eser und Walter Stree, 25. Auflage; München 1997

Schreiber, Christian: Rechtliche Aspekte der Organtransplantation, in: Arthur Kaufmann (Hrsg.), Moderne Medizin und Strafrecht; Heidelberg 1989, S. 73 – 86

Schreiber, Hans-Ludwig: Die rechtliche Zulässigkeit der Transplantatentnahme, Der Internist 1974, S. 551 – 556

ders.: Transplantation und Explantation von Organen bei Kindern, in: Helmuth Müller, Hermann Olbing (Hrsg.), Ethische Probleme in der Pädiatrie und ihren Grenzgebieten; München, Wien, Baltimore 1982, S. 225 – 231

ders.: Vorüberlegungen für ein künftiges Transplantationsgesetz, in: Günter Kohlmann (Hrsg.), Festschrift für Ulrich Klug zum 70. Geburtstag; Köln 1983, S. 341 – 358

ders.: Transplantation und Recht, in: Broschüre „Organtransplantation heute, Ethische, rechtliche und medizinische Aspekte" zur gleichnamigen Vortrags- und Diskussionsveranstaltung in Hannover 1985, S. 17 – 23

ders.: Für ein Transplantationsgesetz, in: Richard Toellner (Hrsg.), Organtransplantation - Beiträge zu ethischen und juristischen Fragen; Stuttgart, New York 1991, S. 97 – 103

ders.: Legal Implications of the Principle Primum Nihil Nocere As It Applies to Live Donors, in: Walter Land, John B. Dossetor (Hrsg.), Organ Replacement Therapy: Ethics, Justice and Commerce; Berlin, Heidelberg 1991, S. 13 – 17 *ders.*: Recht und Ethik der Lebend-Organtransplantation, in: Günter Kirste (Hrsg.), Nieren-Lebendspende, Rechtsfragen und Versicherungs-Regelungen für Mediziner; Lengerich, Berlin, Riga, Rom, Wien, Zagreb 2000, S. 33 – 43

Schreiber, Hans-Ludwig / Wolfslast, Gabriele: Ein Entwurf für ein Transplantationsgesetz, MedR 1992, S. 189 – 195

Schroeder, Friedrich-Christian: Gegen die Spendenlösung bei der Organgabe, ZRP 1997, S. 265 – 267

Schroth, Ulrich: Die strafrechtlichen Tatbestände des Transplantationsgesetzes, JZ 1997, S. 1149 – 1154

ders.: Stellungnahme zu dem Artikel von Bernhard Seidenath: „Lebendspende von Organen - Zur Auslegung des § 8 I 2 TPG", MedR 1998, 253, MedR 1999, S. 67 – 68

ders.: Die strafrechtlichen Grenzen der Lebendspende, in: Claus Roxin, Ulrich Schroth (Hrsg.), Medizinstrafrecht, 2. Auflage; Stuttgart, München, Hannover, Berlin, Weimar, Dresden 2001, S. 271 – 289

Schwab, Dieter: Familienrecht, 9. Auflage; München 1999

Seewald, Otfried: Gutachterliche Stellungnahme zum Entwurf eines Deutschen Transplantationsgesetzes; Passau 1991

Seidenath, Bernhard: Lebendspende von Organen - Zur Auslegung des § 8 Abs. 1 S. 2 TPG, MedR 1998, S. 253 – 256

ders.: Anmerkungen zum Beschluß des BVerfG vom 11.08.1999 – 1 BvR 2181/98, 1 BvR 2182/98, 1 BvR 2183/98, MedR 2000, S. 33 – 35

Seidler, E.: Anenzephalus als Organspender: Ethische Fragen, in: Hans-Dieter Hiersche, Günter Hirsch, Toni Graf-Baumann (Hrsg.), Rechtliche Fragen der Organtransplantation; Berlin, Heidelberg 1990, S. 113 – 117

Sengler, Helmut: Stellungnahme zu rechtlichen Aspekten der Lebendspende aus der Sicht des Bundesgesundheitsministeriums, in: Günter Kirste (Hrsg.), Nieren-Lebendspende, Rechtsfragen und Versicherungs-Regelungen für Mediziner; Lengerich, Berlin, Riga, Rom, Wien, Zagreb 2000, S. 100 – 124

Siegrist, Harald Olav: Organtransplantation und Recht (Betrachtungen eines Schweizer Juristen), MMW 1969, S. 742 – 746

Smit, Heiner / Sasse, Ralf / Molzahn, Martin / Schulin, Bertram: Organspende und Transplantation in Deutschland 1998, 4. Bericht der Deutschen Stiftung Organtransplantation; Neu-Isenburg 1999

Staudinger, Julius von: Kommentar zum Bürgerlichen Gesetzbuch, Viertes Buch. Familienrecht §§ 1589-1600o, bearbeitet von Thomas Rauscher, 13. Bearbeitung; Berlin 1997

Strätz, Hans-Wolfgang: Zivilrechtliche Aspekte der Rechtsstellung des Toten unter besonderer Berücksichtigung der Transplantationen; Paderborn 1971

Sturm, Richard: Zum Regierungsentwurf eines Transplantationsgesetzes (BT-Drucks. 8/2681), JZ 1979, S. 697 – 702

Taupitz, Jochen: Um Leben und Tod: Die Diskussion um ein Transplantationsgesetz, JuS 1997, S. 203 – 208

ders.: Richtlinien in der Transplantationsmedizin, NJW 2003, S. 1145 – 1150

Tempel, Otto: Inhalt, Grenzen und Durchführung der ärztlichen Aufklärungspflicht unter Zugrundelegung der höchstrichterlichen Rechtsprechung, NJW 1980, S. 609 – 617

Terasaki, Paul I. / Cecka, J. Michael / Gjertson, David W. / Takemoto, Steven: High Survival Rates of Kidney Transplants From Spousal And Living Unrelated Donors, The New England Journal of Medicine 333 (1995), S. 333 – 336

Theis, Horst E.: Das Asylbewerberleistungsgesetz, NJ 1993, S. 505 – 506

Tress, Peter: Die Organtransplantation aus zivilrechtlicher Sicht; Diss. Jur. Mainz 1977

Tröndle, Herbert / Fischer, Thomas: Strafgesetzbuch und Nebengesetze, 49. Auflage; München 1999

Ugowski, Patrik J.: Rechtsfragen der Lebendspende von Organen; Diss. Jur. Münster 1998

Vesting, Jan-W. / *Müller, Stefan*: Xenotransplantation: Naturwissenschaftliche Grundlagen, Regelung und Regelungsbedarf, MedR 1997, S. 203 – 209

Vogel, Hans-Jochen: Zustimmung oder Widerspruch, Bemerkungen zu einer Kernfrage der Organtransplantation, NJW 1980, S. 625 – 629

Vogt, Sebastian / *Karbaum, Davia*: Transplantation - geschichtliche Trends und Entwicklungswege, in: Richard Toellner (Hrsg.), Organtransplantation - Beiträge zu ethischen und juristischen Fragen; Stuttgart, New York 1991, S. 7 – 17

Voll, Doris: Die Einwilligung im Arztrecht; Frankfurt am Main 1996 (zugleich Diss. Jur. Heidelberg 1995)

Vollmar, Karl: Zum Unfallversicherungsschutz der Blut- und Gewebespender (§ 539 Abs. 1 Nr. 10 RVO), BG 1969, S. 267 – 270

Wagner, E.: Geschichtlicher Abriß der Organtransplantation, in: Rudolf Pichlmayr (Hrsg.), Transplantationschirurgie; Berlin, Heidelberg 1981, S. 11 – 16

Walter, Ute: Organentnahme nach dem Transplantationsgesetz: Befugnisse der Angehörigen, FamRZ 1998, S. 201 – 211

Weber, Joachim / *Lejeune, Stefanie*: Rechtliche Probleme des rheinland-pfälzischen Transplantationsgesetzes, NJW 1994, S. 2392 – 2397

Weber, Klaus: Betäubungsmittelgesetz; München 1999

Wolber, Kurt: Unfallversicherungsschutz bei Organspenden nach dem Transplantationsgesetz, SozVers 1998, S. 147 – 150

Wolfslast, Gabriele: Grenzen der Organgewinnung - Zur Frage einer Änderung der Hirntodkriterien -, MedR 1989, S. 163 – 168

dies.: Organtransplantation, DÄBl 1995, B 28 – 31

Wolfslast, Gabriele / *Rosenau, Henning*: Zur Anwendung des Arzneimittelgesetzes auf die Entnahme von Organ- und Gewebetransplantaten, NJW 1993, S. 2348 – 2353

ABKÜRZUNGSVERZEICHNIS

a.A.	anderer Ansicht
Abb.	Abbildung(en)
Abg.	Abgeordnete(r)
Abs.	Absatz
AcP	Archiv für die civilistische Praxis
AGTPG	Landesgesetz zur Ausführung des Transplantationsgesetzes (AGTPG) vom 30. November 1999, Gesetz- und Verordnungsblatt für das Land Rheinland-Pfalz 1999, S. 424 f.
AG-TPG	Gesetz zur Ausführung des Transplantationsgesetzes (AG-TPG) vom 9. November 1999, Gesetz- und Verordnungsblatt für das Land Nordrhein-Westfalen 1999, S. 599
AGTTG	Gesetz zur Ausführung des Transplantationsgesetzes und des Transfusionsgesetzes (AGTTG) vom 24. November 1999, Bayerisches Gesetz- und Verordnungsblatt 1999, S. 464 ff.
AMG	Gesetz über den Verkehr mit Arzneimitteln (Arzneimittelgesetz) in der Fassung vom 11. Dezember 1998
Anh.	Anhang
AöR	Archiv des öffentlichen Rechts
ArztR	Arztrecht
AsylbLG	Asylbewerberleistungsgesetz (AsylbLG) in der Fassung der Bekanntmachung vom 5. August 1998
AsylVfG	Gesetz über das Asylverfahren (Asylverfahrensgesetz – AsylVfG) in der Fassung der Bekanntmachung vom 27. Juli 1993
AT	Allgemeiner Teil

AuslG	Gesetz über die Einreise und den Aufenthalt von Ausländern im Bundesgebiet (Ausländergesetz - AuslG) vom 9. Juli 1990
Ausschuß-Drs.	Drucksache des Ausschusses für Gesundheit
BAG	Bundesarbeitsgericht
BDSG	Bundesdatenschutzgesetz (BDSG) vom 20. Dezember 1990
BG	Die Berufsgenossenschaft
BGB	Bürgerliches Gesetzbuch vom 18. August 1896
BGBl. I	Bundesgesetzblatt Teil I
BGH	Bundesgerichtshof
BGHSt	Entscheidungen des Bundesgerichtshofes in Strafsachen, amtliche Sammlung
BGHZ	Entscheidungen des Bundesgerichtshofes in Zivilsachen, amtliche Sammlung
Bonner Komm.	Bonner Kommentar zum Grundgesetz, hrsg. von Rudolf Dolzer und Klaus Vogel
BR-Drs.	Bundesratsdrucksache
BSG	Bundessozialgericht
BSHG	Bundessozialhilfegesetz (BSHG) in der Fassung der Bekanntmachung vom 23. März 1994
BT-Drs.	Bundestagsdrucksache
BtMG	Gesetz über den Verkehr mit Betäubungsmitteln (Betäubungsmittelgesetz) vom 28. Juli 1981
BundesSeuchenG	Gesetz zur Verhütung und Bekämpfung übertragbarer Krankheiten beim Menschen (Bundesseuchen-Gesetz) in der Fassung der Bekanntmachung vom 18. Dezember 1979
BVerfG	Bundesverfassungsgericht
BVerfGE	Entscheidungen des Bundesverfassungsgerichts, amtliche Sammlung
BVerwG	Bundesverwaltungsgericht

BVerwGE	Entscheidungen des Bundesverwaltungsgerichts, amtliche Sammlung
ca.	circa
DÄBl	Deutsches Ärzteblatt
DDR	Deutsche Demokratische Republik
DDR-VO	Verordnung über die Durchführung von Organtransplantationen vom 4. Juli 1975
ders./dies.	derselbe/dieselbe(n)
DMW	Deutsche Medizinische Wochenschrift
DNÄ	Die Neue Ärztliche
DÖV	Die Öffentliche Verwaltung
DRiZ	Deutsche Richterzeitung
DtZ	Deutsch-Deutsche Rechts-Zeitschrift
DuD	Datenschutz und Datensicherheit
DVBl	Deutsches Verwaltungsblatt
Einf (v)	Einführung (vor)
Erl.	Erläuterung
EthikMed	Ethik in der Medizin
E-TFG	Entwurf eines Gesetzes zur Regelung des Transfusionswesens (Transfusionsgesetz - TFG)
E-TPG	Entwurf eines Gesetzes über die Spende, Entnahme und Übertragung von Organen (Transplantationsgesetz - TPG)
EuGH	Europäischer Gerichtshof
f./ff.	folgende
FamRZ	Zeitschrift für das gesamte Familienrecht
FAZ	Frankfurter Allgemeine Zeitung
Fn.	Fußnote
FS	Festschrift
GA	Goltdammers Archiv für Strafrecht

GBl. I	Gesetzblatt Teil I (der DDR)
GewO	Gewerbeordnung in der Fassung vom 1. Januar 1987
GG	Grundgesetz für die Bundesrepublik Deutschland vom 23. Mai 1949
HAZ	Hannoversche Allgemeine Zeitung
Hdb.	Handbuch
h.M.	herrschende Meinung
hrsg.	herausgegeben
Hrsg.	Herausgeber
IfSG	Gesetz zur Verhütung und Bekämpfung von Infektionskrankheiten beim Menschen (Infektionsschutzgesetz – IfSG) in der Fassung vom 20. Juli 2000
i.V.m.	in Verbindung mit
JA	Juristische Arbeitsblätter
JR	Juristische Rundschau
JuS	Juristische Schulung
JZ	Juristen-Zeitung
Kasseler Komm.	Kasseler Kommentar Sozialversicherungsrecht, Gesamtredaktion: Klaus Niesel
Leipziger Komm.	Strafgesetzbuch, Leipziger Kommentar, hrsg. von Hans-Heinrich Jescheck, Wolfgang Ruß und Günther Willms (10. Auflage) beziehungsweise Burkhard Jähnke, Heinrich Wilhelm Laufhütte und Walter Odersky (11. Auflage)
LG	Landgericht
LPK-BSHG	Bundessozialhilfegesetz, Lehr- und Praxiskommentar (LPK-BSHG), erläutert von Ulrich-Arthur Birk u.a.
LSG	Landessozialgericht
LT-Drs.	Landtagsdrucksache

MDR	Monatsschrift für Deutsches Recht
MedR	Medizinrecht
MMW	Münchener Medizinische Wochenschrift
MünchKomm.	Münchener Kommentar zum Bürgerlichen Gesetzbuch, hrsg. von Kurt Rebmann und Franz Jürgen Säcker
m.w.N.	mit weiteren Nachweisen
NDV-RD	Rechtsprechungsdienst als Beilage zum Nachrichtendienst des Deutschen Vereins für öffentliche und private Fürsorge
NJ	Neue Justiz
NJW	Neue Juristische Wochenschrift
Nr.	Nummer
NRW	Nordrhein-Westfalen
NStZ	Neue Zeitschrift für Strafrecht
NWVBl	Nordrhein-Westfälische Verwaltungsblätter
RGSt	Entscheidungen des Reichsgerichts in Strafsachen, amtliche Sammlung
Rn.	Randnummer
RuP	Recht und Politik
RVO	Reichsversicherungsordnung in der Fassung vom 15. Dezember 1924
S.	Satz, Seite
SG	Sozialgericht
SGb	Die Sozialgerichtsbarkeit
SGB V	Sozialgesetzbuch (SGB) Fünftes Buch - Gesetzliche Krankenversicherung - vom 20. Dezember 1988
SGB VII	Gesetzliche Unfallversicherung - SGB VII vom 7. August 1996
SozVers	Die Sozialversicherung

StGB	Strafgesetzbuch (StGB) in der Fassung vom 13. November 1998
StPO	Strafprozeßordnung (StPO) in der Fassung der Bekanntmachung vom 7. April 1987
StV	Strafverteidiger
TFG	Gesetz zur Regelung des Transfusionswesens (Transfusionsgesetz - TFG) vom 1. Juli 1998
TPG	Gesetz über die Spende, Entnahme und Übertragung von Organen (Transplantationsgesetz - TPG) vom 5. November 1997
TxMed	Transplantationsmedizin
u.a.	und andere
usw.	und so weiter
v. Chr.	vor Christus
VersR	Versicherungsrecht
VG	Verwaltungsgericht
vgl.	vergleiche
v.H.	vom Hundert
Vorb.	Vorbemerkungen
ZRP	Zeitschrift für Rechtspolitik
ZStW	Zeitschrift für die gesamte Strafrechtswissenschaft
ZTxMed	Zeitschrift für Transplantationsmedizin
ZustLVOTPG M-V	Landesverordnung zur Regelung von Zuständigkeiten und zur Übertragung von Verordnungsermächtigungen nach dem Transplantationsgesetz (Zuständigkeitslandesverordnung Transplantationsgesetz - ZustLVOTPG M-V) vom 7. Juni 1999, Gesetz- und Verordnungsblatt für Mecklenburg-Vorpommern 1999, S. 402

Die Reihe RECHT UND MEDIZIN wird von den Professoren Deutsch (Göttingen), Laufs (Heidelberg) und Schreiber (Göttingen) herausgegeben. Ihre Aufgabe ist es, Monographien und Dissertationen auf dem Gebiet des medizinischen Rechts zu veröffentlichen. Dieses Gebiet, das an Bedeutung noch zunehmen wird, umfaßt auf der juristischen Seite sowohl zivilrechtliche als auch straf- und öffentlich-rechtliche Fragestellungen. Die Fragen können von der juristischen oder von der medizinischen Seite aus untersucht werden. Übergreifendes Ziel ist es, den medizin-rechtlichen Fragen nicht etwa ein gängiges juristisches Denkschema überzuwerfen, sondern die besonderen Probleme der Regelung medizinischer Sachverhalte eigenständig aufzufassen und darzustellen.

Die Adressen der drei Herausgeber sind:

Prof. Dr. Dr. h.c. Erwin Deutsch (Zivilrecht und Rechtsvergleichung)
Höltystraße 8
37085 Göttingen

Prof. Dr. Dr. h.c. Adolf Laufs (Zivilrecht und Rechtsgeschichte)
Kohlackerweg 12
69151 Neckargemünd

Prof. Dr. Dr. h.c. Hans-Ludwig Schreiber (Strafrecht und Rechtstheorie)
Grazer Str. 14
30519 Hannover

RECHT UND MEDIZIN

Band 1 Erwin Deutsch: Das Recht der klinischen Forschung am Menschen. Zulässigkeit und Folgen der Versuche am Menschen, dargestellt im Vergleich zu dem amerikanischen Beispiel und den internationalen Regelungen. 1979.

Band 2 Thomas Carstens: Das Recht der Organtransplantation. Stand und Tendenzen des deutschen Rechts im Vergleich zu ausländischen Gesetzen. 1979.

Band 3 Moritz Linzbach: Informed Consent. Die Aufklärungspflicht des Arztes im amerikanischen und im deutschen Recht. 1980.

Band 4 Volker Henschel: Aufgabe und Tätigkeit der Schlichtungs- und Gutachterstellen für Arzthaftpflichtstreitigkeiten. 1980.

Band 5 Hans Lilie: Ärztliche Dokumentation und Informationsrechte des Patienten. Eine arztrechtliche Studie zum deutschen und amerikanischen Recht. 1980.

Band 6 Peter Mengert: Rechtsmedizinische Probleme in der Psychotherapie. 1981.

Band 7 Hazel G.S. Marinero: Arzneimittelhaftung in den USA und Deutschland. 1982.

Band 8 Wolfram Eberbach. Die zivilrechtliche Beurteilung der *Humanforschung*. 1982.

Band 9 Wolfgang Deuchler: Die Haftung des Arztes für die unerwünschte Geburt eines Kindes ("wrongful birth"). Eine rechtsvergleichende Darstellung des amerikanischen und deutschen Rechts. 1984.

Band 10 Hermann Schünemann: Die Rechte am menschlichen Körper. 1985.

Band 11 Joachim Sick: Beweisrecht im Arzthaftpflichtprozeß. 1986.

Band 12 Michael Pap: Extrakorporale Befruchtung und Embryotransfer aus arztrechtlicher Sicht; insbesondere: Der Schutz des werdenden Lebens in vitro. 1987.

Band 13 Sabine Rickmann: Zur Wirksamkeit von Patiententestamenten im Bereich des Strafrechts. 1987.

Band 14 Joachim Czwalinna: Ethik-Kommissionen - Forschungslegitimation durch Verfahren. 1987.

Band 15 Günter Schirmer: Status und Schutz des frühen Embryos bei der *In-vitro*-Fertilisation. Rechtslage und Diskussionsstand in Deutschland im Vergleich zu den Ländern des angloamerikanischen Rechtskreises. 1987.

Band 16 Sabine Dönicke: Strafrechtliche Aspekte der Katastrophenmedizin. 1987.

Band 17 Erwin Bernat: Rechtsfragen medizinisch assistierter Zeugung. 1989.

Band 18 Hartmut Schulz: Haftung für Infektionen. 1988.

Band 19 Herbert Harrer: Zivilrechtliche Haftung bei durchkreuzter Familienplanung. 1989.

Band 20 Reiner Füllmich: Der Tod im Krankenhaus und das Selbstbestimmungsrecht des Patienten. Über das Recht des nicht entscheidungsfähigen Patienten, künstlich lebensverlängernde Maßnahmen abzulehnen. 1990.

Band 21 Franziska Knothe: Staatshaftung bei der Zulassung von Arzneimitteln. 1990.

Band 22 Bettina Merz: Die medizinische, ethische und juristische Problematik artifizieller menschlicher Fortpflanzung. Artifizielle Insemination, In-vitro-Fertilisation mit Embryotransfer und die Forschung an frühen menschlichen Embryonen. 1991.

Band 23 Ferdinand van Oosten: The Doctrine of Informed Consent in Medical Law. 1991.

Band 24 Stephan Cramer: Genom- und Genanalyse. Rechtliche Implikationen einer "Prädiktiven Medizin". 1991.

Band 25 Knut Schulte: Das standesrechtliche Werbeverbot für Ärzte unter Berücksichtigung wettbewerbs- und kartellrechtlicher Bestimmungen. 1992.

Band 26 Young-Kyu Park: Das System des Arzthaftungsrechts. Zur dogmatischen Klarstellung und sachgerechten Verteilung des Haftungsrisikos. 1992.

Band 27 Angela Könning-Feil: Das Internationale Arzthaftungsrecht. Eine kollisionsrechtliche Darstellung auf sachrechtsvergleichender Grundlage. 1992.

Band 28 Jutta Krüger: Der Hamburger Barmbek/Bernbeck-Fall. Rechtstatsächliche Abwicklung und haftungsrechtliche Aspekte eines medizinischen Serienschadens. 1993.

Band 29 Alexandra Goeldel: Leihmutterschaft – eine rechtsvergleichende Studie. 1994.

Band 30 Thomas Brandes: Die Haftung für Organisationspflichtverletzung. 1994.

Band 31 Winfried Grabsch: Die Strafbarkeit der Offenbarung höchstpersönlicher Daten des ungeborenen Menschen. 1994.

Band 32 Jochen Markus: Die Einwilligungsfähigkeit im amerikanischen Recht. Mit einem einleitenden Überblick über den deutschen Diskussionsstand. 1995.

Band 33 Meltem Göben: Arzneimittelhaftung und Gentechnikhaftung als Beispiele modernen Risikoausgleichs mit rechtsvergleichenden Ausblicken zum türkischen und schweizerischen Recht. 1995.

Band 34 Regine Kiesecker: Die Schwangerschaft einer Toten. Strafrecht an der Grenze von Leben und Tod – Der Erlanger und der Stuttgarter Baby-Fall. 1996.

Band 35 Doris Voll: Die Einwilligung im Arztrecht. Eine Untersuchung zu den straf-, zivil- und verfassungsrechtlichen Grundlagen, insbesondere bei Sterilisation und Transplantation unter Berücksichtigung des Betreuungsgesetzes. 1996.

Band 36 Jens-M. Kuhlmann: Einwilligung in die Heilbehandlung alter Menschen. 1996.

Band 37 Hans-Jürgen Grambow: Die Haftung bei Gesundheitsschäden infolge medizinischer Betreuung in der DDR. 1997.

Band 38 Julia Röver: Einflußmöglichkeiten des Patienten im Vorfeld einer medizinischen Behandlung. Antezipierte Erklärung und Stellvertretung in Gesundheitsangelegenheiten. 1997.

Band 39 Jens Göben: Das Mitverschulden des Patienten im Arzthaftungsrecht. 1998.

Band 40 Hans-Jürgen Roßner: Begrenzung der Aufklärungspflicht des Arztes bei Kollision mit anderen ärztlichen Pflichten. Eine medizinrechtliche Studie mit vergleichenden Betrachtungen des nordamerikanischen Rechts. 1998.

Band 41 Meike Stock: Der Probandenschutz bei der medizinischen Forschung am Menschen. Unter besonderer Berücksichtigung der gesetzlich nicht geregelten Bereiche. 1998.

Band 42 Susanne Marian: Die Rechtsstellung des Samenspenders bei der Insemination / IVF. 1998.

Band 43 Maria Kasche: Verlust von Heilungschancen. Eine rechtsvergleichende Untersuchung. 1999.

Band 44 Almut Wilkening: Der Hamburger Sonderweg im System der öffentlich-rechtlichen Ethik-Kommissionen Deutschlands. 2000.

Band 45 Jonela Hoxhaj: Quo vadis Medizintechnikhaftung? Arzt-, Krankenhaus- und Herstellerhaftung für den Einsatz von Medizinprodukten. 2000.

Band 46 Birgit Reuter: Die gesetzliche Regelung der aktiven ärztlichen Sterbehilfe des Königreichs der Niederlande – ein Modell für die Bundesrepublik Deutschland? 2001. 2. durchgesehene Auflage 2002.

Band	47	Klaus Vosteen: Rationierung im Gesundheitswesen und Patientenschutz. Zu den rechtlichen Grenzen von Rationierungsmaßnahmen und den rechtlichen Anforderungen an staatliche Vorhaltung und Steuerung im Gesundheitswesen. 2001.
Band	48	Bong-Seok Kang: Haftungsprobleme in der Gentechnologie. Zum sachgerechten Schadensausgleich. 2001.
Band	49	Heike Wachenhausen: Medizinische Versuche und klinische Prüfung an Einwilligungsunfähigen. 2001.
Band	50	Thomas Hasenbein: Einziehung privatärztlicher Honorarforderungen durch Inkassounternehmen. 2002.
Band	51	Oliver Nowak: Leitlinien in der Medizin. Eine haftungsrechtliche Betrachtung. 2002.
Band	52	Christina Herrig: Die Gewebetransplantation nach dem Transplantationsgesetz. Entnahme – Lagerung – Verwendung unter besonderer Berücksichtigung der Hornhauttransplantation. 2002.
Band	53	Matthias Nagel: Passive Euthanasie. Probleme beim Behandlungsabbruch bei Patienten mit apallischem Syndrom. 2002.
Band	54	Miriam Ina Saati: Früheuthanasie. 2002.
Band	55	Susanne Schneider: Rechtliche Aspekte der Präimplantations- und Präfertilisationsdiagnostik. 2002.
Band	56	Uta Oelert: Allokation von Organen in der Transplantationsmedizin. 2002.
Band	57	Jens Muschner: Die haftungsrechtliche Stellung ausländischer Patienten und Medizinalpersonen in Fällen sprachbedingter Mißverständnisse. 2002.
Band	58	Rüdiger Wolfrum / Peter-Tobias Stoll / Stephanie Franck: Die Gewährleistung freier Forschung an und mit Genen und das Interesse an der wirtschaftlichen Nutzung ihrer Ergebnisse. 2002.
Band	59	Frank Hiersche: Die rechtliche Position der Hebamme bei der Geburt. Vertikale oder horizontale Arbeitsteilung. 2003.
Band	60	Hartmut Schädlich: Grenzüberschreitende Telemedizin-Anwendungen: Ärztliche Berufserlaubnis und Internationales Arzthaftungsrecht. Eine vergleichende Darstellung des deutschen und US-amerikanischen Rechts. 2003.
Band	61	Stefanie Diettrich: Organentnahme und Rechtfertigung durch Notstand? Zugleich eine Untersuchung zum Konkurrenzverhältnis von speziellen Rechtfertigungsgründen und rechtfertigendem Notstand gem. § 34 StGB. 2003.
Band	62	Anne Elisabeth Stange: Gibt es psychiatrische Diagnostikansätze, um den Begriff der schweren anderen seelischen Abartigkeit in §§ 20, 21 StGB auszufüllen? 2003.
Band	63	Christiane Schief: Die Zulässigkeit postnataler prädiktiver Gentests. Die Biomedizin-Konvention des Europarats und die deutsche Rechtslage. 2003.
Band	64	Maike C. Erbsen: Praxisnetze und das Berufsrecht der Ärzte. Der Praxisverbund als neue Kooperationsform in der ärztlichen Berufsordnung. 2003.
Band	65	Markus Schreiber: Die gesetzliche Regelung der Lebendspende von Organen in der Bundesrepublik Deutschland. 2004.

Elmar Sebastian Hohmann

Das Transplantationswesen in Deutschland, Österreich und der Schweiz

Unter Einbeziehung ethischer und rechtspolitischer Aspekte

Frankfurt am Main, Berlin, Bern, Bruxelles, New York, Oxford, Wien, 2003.
256 S., zahlr. Tab.
Europäische Hochschulschriften: Reihe 2, Rechtswissenschaft. Bd. 3696
ISBN 3-631-50900-6 · br. € 40.40*

Wie kaum ein anderer medizinischer Bereich ist das Transplantationswesen von der Akzeptanz der Bevölkerung abhängig. Das Recht spielt bei ihrer Förderung eine wichtige Rolle. Es hat die verschiedenen Interessen der an Transplantationen Beteiligten auszugleichen. Ethische und rechtspolitische Fragen sind zu klären. Die Arbeit stellt am Beispiel der drei Nachbarländer Deutschland, Österreich und Schweiz unterschiedliche gesetzliche Lösungen der weltweit ähnlichen Probleme der Transplantationsmedizin vor. Nach Erläuterung der medizinischen Aspekte werden ethische und rechtspolitische Fragen diskutiert. Der Vergleich der Rechtslage in den drei Nachbarländern zeigt die Defizite in den jeweiligen Gesetzen und stellt rechtspolitische Forderungen. Nach einem kurzen Überblick über die europäische Rechtslage wird eine einheitliche Lösung für Europa diskutiert. Die Ergebnisse einer eigenen Umfrage unterstreichen die aufgestellten rechtspolitischen Forderungen.

Aus dem Inhalt: Medizinische Aspekte und wichtige Institutionen im Transplantationswesen · Ethische und rechtspolitische Aspekte des Transplantationswesens · Vergleich der Rechtslage in Deutschland, Österreich und der Schweiz · Rechtslage in Europa · Akzeptanz der Organspende in Deutschland und Österreich

Frankfurt am Main · Berlin · Bern · Bruxelles · New York · Oxford · Wien
Auslieferung: Verlag Peter Lang AG
Moosstr. 1, CH-2542 Pieterlen
Telefax 00 41 (0) 32 / 376 17 27

*inklusive der in Deutschland gültigen Mehrwertsteuer
Preisänderungen vorbehalten

Homepage http://www.peterlang.de